꿈의 거울

초현실주의 시의 이미지와 언어 실험

이화학술총서

꿈의 거울

초현실주의 시의 이미지와 언어 실험

조윤경 지음

이화여자대학교출판문화원

들어가며

그것의 섬광은 그 어떤 갑옷이나 그 어떤 가면도
일그러뜨릴 만큼 찬란하다.

-엘뤼아르, 「한순간의 거울」

우리는 매일 아침을 맞이한다. 일어나 옷을 입고 집을 나서면서 삶을 새롭게 시작할 기회를 갖는 것이다. 아침의 신선한 공기를 쐬며 우리는 정신의 새로운 각성을 하게 된다. 타성에 젖은 시각에서 벗어나 우리를 새롭게 각성시키는 일, 그것이 시가 갖는 힘이다. 시의 언어를 통해 나와 타인과 세상의 다양한 면들을 발견해나가는 것은 의미 있고 즐거운 일이다. 그래서 나는 아침을 맞이하듯이 시를 읽는다. 특히 '매일 다르게 살아야 한다'고 주장한 초현실주의자들의 시를 집중해서 읽는다. 이 책은 그 '각성의 시간들'의 결과물이다.

초현실주의 시인들은 1차 세계대전 말 '다다이즘'의 반문명, 반합리적 예술 운동을 일정 부분 계승하면서도, 다다이즘의 철저한 허무주의를 극복하고 새로운 인간관을 재건하겠다는 목표를 세운다. 그들은 1924년 수장 앙드레 브르통의 초현실주의 선언을 시작으로 1920~1940년대에 본격적으로 초현실주의의 꽃을 피운 후, 브르통이 사망한 1966년까지 공식적으로 활동하게 된다. 그들의 활동기는 프로이트의 무의식 발견, 아인슈타인의 상대성 이론으로 대변되는 지적인 혁명으로 점철된 시기였다. 이에 영향을 받은 초현실주의 시인들은 인간의 의식적인 행위 뒤에 있는 탐사되지 않은 경이로운 영역을 발굴함으로써 현실을 바라보는 새로운 방식을 제시하고자 했다. 그들은 이성과 광기, 합리와 비합리, 일상과 혁명, 문명과 미개 등 제도화되고 분리된 다양한 대립 개념의 모든 경계를 무너뜨림으로써 억압된 무의식과 욕망을 해방하고자 했다.

초현실주의 시인들은 거울의 은유를 즐겨 사용한다. 그들의 거울은 일상에서 우리가 사용하는 거울처럼 대상을 재현하는 매체가 아니다. 브르통과 필립 수포의 '비치는 면이 없는 거울'은 우리가 볼 수 있는 세상의 표면 및 인간의 의식 아래에 꿈틀거리는 꿈과 무의식의 풍경을 비춘다. 그곳에는 "모란 냄새 나는 금갈색 잠자리들이 정오에 머물러 오는 호수"가 있다. 엘뤼아르의 '한순간의 거울'은 "표면에서 해방된 이미지들을 인간들에게 보여준다." 또한 피에르 마빌의 '경이로움의 거울'은 우리의 일상 어디에서나 경이로움을 발견하게 한다. 이러한 초현실주의의 '꿈의 거울'들은 꿈과 현실, 상상과 실재를 하나로 연결시키면서 어디에나 있는 초현실의 세계를 환기시키고 있다. 이를 통해 초현실주의 시인들은 현실 한가운데서 초현실을 발견하고, 초현실이 결코 현실보다 상위에 있거나 바깥에 있지 않음을 보여주고 있다.

초현실주의 시인들은 서구 문명, 데카르트의 합리성, 기독교 체계에 물들지 않은 '야성 상태의 눈'을 가지는 것이 시 창작에 가장 바람직한 태도라고 여겼다. 이를 위해 기존에 등한시했던 어린아이, 광인, 원주민들의 삶에 가치를 부여했으며, 인간의 잠재성을 끌어낼 수 있는 시적 기법, 집단 실험, 초현실주의 놀이들을 고안했다. 그들은 상상력과 창조성에 대한 기존 관념 또한 무너뜨렸다. 시와 예술은 영감을 받는 특별한 존재의 전유물이 아니라, 누구나 자신의 무의식의 소리에 귀를 기울이고, 그것을 옮겨 적는 훈련을 하면 작가가 될 수 있다고 주장했던 것이다.

이 책은 이러한 초현실주의 시 전반에 대한 거시적 설명과 미시적 분석을 함께 제시한다. 1부 '초현실주의 시론의 형성과 근원의 탐구'에서는 초현실주의에 영향을 미친 흐름과 시인들을 살펴봄으로써, 초현실주의의 근원이 된 정신과 시학을 규명한다.

1장 '원시 예술과 마술적 환기력'에서는 초현실주의 시론의 원형으로 자리한 원시 예술을 다룬다. 초현실주의 시인들은 전시회나 잡지에서 초현실주의 작품과 원시 예술 작품을 병치시켜 놓는 방식으로 원시 예술과의 내적 연관 관계를 모색하고 있다. 그들은 특히 오세아니아와 아메리카 원시 예술이 지니고 있는 마술적 환기력에 주목한다. 이를 통해 초현실주의는 개인의 무의식과 닿아 있는 집단 무의식의 힘을 본격적으로 탐색하게 되며, 현실은 초현실 안에, 초현실은 현실 안에 들어 있다는 내재성의 철학을 발전시킨다.

2장 '로트레아몽의 시적 유추와 초현실주의적 수용'에서는 초현실주의의 시적 기법과 시론을 발전시키는 데 결정적인 영향을 미친 시인인 로트레아몽의 선구적 면모를 조명한다. 로트레아몽의 『말도로르의 노래』는 본능과 무의식의 노래를 통해 '악'을 전면화함으로써, 모든 금기에 저항하고자 하는 초현실주의 혁명의 본보기가 된다. 초현실주의 시인들은 "해부대 위의 우산과 재봉틀의 만남처럼 아름다운"이라는 로트레아몽의 시구를 초현실주의의 모토로 삼으면서, '~처럼 아름다운'이라는 시적 유추의 힘이 존재와 세계의 변신을 가능하게 할 수 있음을 강조한다. 초현실주의는 로트레아몽의 시적 유추를 계승하여 이질적인 대상들의 돌연한 만남이 촉발하는 '경련을 일으키는 아름다움la beauté convulsive'이라는 놀라움의 미학으로 발전시킨다.

1부 마지막 3장 '아폴리네르의 새로운 정신'에서는 '초현실주의'라는 용어를 제공한 시인 아폴리네르의 대표 시집 『알코올』과 『칼리그람』을 분석하여 그가 초현실주의 시학에 미친 영향을 밝힌다. 『알코올』에서 시인은 경계가 무너진 혼종의 영역을 조명하고 있는데, 이러한 경계의식은 현실과 상상, 삶과 죽음, 육체와 정신 등의 이분법적인 경계들을 넘어 또 다른 현실로 종합되는 초현실주의의 '지고의 지점le point suprême'으로 변화 · 계승된다. 한편 '칼리그람'은 아폴리네르가 개발한, 글자로 대상의 형태를 재현한 형상시이자 그러한 시들을 모은 시집명이다. 『칼리그람』의 시적 실험은 초현실주의의 언어시각적 유희로 계승되어 '그림-시', '이합체의 시', '언어시각적 콜라주', '오브제-시' 등의 형태로 다감각, 다의미의 세계를 환기시키게 된다.

2부 '초현실주의 시의 기법들과 언어 실험'에서는 초현실주의의 대표적인 시적 기법들인 자동기술법, 초현실주의 놀이들, 그리고 시적 콜라주 및 시적 아포리즘 기법들을 다루고자 한다.

4장 '자동기술법과 글쓰기의 속도 실험'에서는 브르통과 필립 수포가 함께 작업한 자동기술 글쓰기로 된 첫 작품인 『자장』을 자세히 분석하여 자동기술법의 창작 과정과 의미를 밝힌다. 두 초현실주의 시인은 의식의 통제를 벗어난 무의식의 지점에서 마치 한 사람처럼 목소리를 내려 했다. 그들은 글 쓰는 속도를 다양하게 조절했다. 논리와 관습에서 벗어나 자유연상으로 풀어낸 언어들은 비약의 힘과 속도를 갖고 수수께끼와 같은 신비한 이야기를 만들어내며, 독자들이 상상력으로 메워야 할 여지를 극단적인 경계까지 넓히고 있다.

5장 '초현실주의 놀이들과 우발성의 미학'에서는 초현실주의자들이 고안한 놀이 및 언어유희를 살펴봄으로써 초현실주의의 고유한 우발성의 미학을 규명한다. 초현실주의 시인들은 그들 자신이 경이로움의 발견자였다. '우아한 시체놀이', '정의내리기 놀이', '조건 가정 놀이'는 여러 참여자가 서로 의논하지 않은 채 내놓은 단어나 문장들을 결합하여 이전에 한 번도 본 적이 없는 새로운 문장을 만들어내는 실험이다. 우연과 놀이를 통해 새로운 발견을 가능하게 하고, 인간과 언어와 세계의 이면에 있는 예측 불가능한 잠재력을 끌어내고 있는 것이다. 유추의 방식을 집단의 놀이로 응용한 '따지고 보면' 놀이는 서로 이질적인 것들을 중첩시켜감에 따라 하나 안에는 반드시 다른 하나가 들어 있다는 초현실주의의 내재성의 철학을 집단적으로 체험시키고 있다. 한편 초현실주의의 언어유희는 의식적으로 관습화된 언어의 문법과 형식을 해체하여 인간 삶의 역설을 고스란히 경험하게 하고, 의미를 다의적으로 확장할 수 있는 길을 열어놓는다.

6장 '언어콜라주 및 시적 아포리즘의 마술적 감각화'에서는 언어콜라주, 시적 아포리즘처럼 기존의 관습화된 언어를 의도적으로 해체하여 새롭게 재구성하는 기법을 다룬다. 초현실주의의 언어콜라주는 신문 기사나 광고 문구 등에서 오려낸 이질적인 말의 조각들을 결합하는 것이다. 초현실주의 시인들은 이 기법을 통해 얻을 수 있는 '바람직한 돌연함'의 미학과 신화성 및 시적 잠재성에 주목하고 있다. 시적 아포리즘은 속담이나 금언 등을 변형하여 관습화된 언어를 전복하는 방식으로 이뤄진다. 초현실주의 주변에서 독특한 아포리즘 시론을 발전시킨 프랑스어권 시인 샤잘은 아포리즘과 대화시, 서인도 제도의 시랑단 기법을 혼합한 독특한 아포리즘 시를 개척하면서 시각의 전환 및 세상 만물 간 관계의 전환을 가져온다.

3부 '초현실주의 시인들의 중심 주제와 시적 탐색'에서는 초현실주의의 대표적인 시인들인 폴 엘뤼아르, 로베르 데스노스, 앙드레 브르통, 벵자멩 페레의 고유한 시세계를 분석하면서 초현실주의의 중심 주제인 여성과 혁명, 도시와 무의식, 사랑과 자유, 경이로움과 넌센스의 주제를 다루고자 한다.

7장 '폴 엘뤼아르: 삶과 시의 혁명, 그리고 매개적 여성'에서는 초현실주의 대표 시인 엘뤼아르의 시를 살펴본다. 그는 여성을 은유의 중심 축으로 삼고, 빛나고 아름다운 사랑 시와 치열하고 투쟁적인 실천시를 자신의 시 안에 함께 녹여냈다. 초현실주의에서 여성은 영감의 근원이자 신화적 존재이며, 자유와 해방을 표현하는 중심 주제이다. 엘뤼아르에게 있어 여성은 혼돈에서 창조, 매개적 과정을 거쳐 재생으로 향하는 그의 시적 여정을 대변하고 있다.

8장 '로베르 데스노스: 도시 산책, 의식과 무의식에 이르는 길 찾기'에서는 꿈과 무의식의 언어를 가장 자유자재로 구사할 수 있는 시인 데스노스의 시를 다룬다. 파리에서 나고 자란 이 시인은 이 도시를 자신의 욕망을 투영하는 꿈과 삶의 이중적 공간으로 구현한다. 초현실주의자들에게 파리는 뜻밖의 만남, 일상의 경이로움, 놀라움이 가득한 발견의 장소였다. 특히 도시가 감추고 있는 의식과 무의식의 길들을 탐색하기 위해 그들은 밤의 시간을 택한다. 데스노스의 시에서 밤의 파리는 낯섦과 새로운 시각을 가져오고, 어떠한 신비로움도 출현할 수 있는 마술적 공간으로 변형된다.

9장 '앙드레 브르통: 사랑, 삶, 시의 건축술'은 초현실주의 수장인 브르통이 초현실주의 시론을 어떻게 자신의 시로 형상화하여 보여주고 있는지를 살펴본다. 그는 존재에 가해진 온갖 구속들과 금기, 육체와 정신의 이분법적 사유에 의문을 제기한다. 그리고 『광적인 사랑』, 「자유연애」 등으로 대표되는 작품들 안에서 인간의 몸과 우주 만물 간의 자유로운 결합을 형상화하면서 해방된 삶과 사랑의 주제를 전개시키고 있다. 특히 블라종 기법을 변형하여 여성의 몸을 원소, 식물, 동물, 광물, 계절 등으로 다양하게 은유화하면서 기존의 모든 미학적, 윤리적 규범에서 벗어난 '경련을 일으키는 미학'을 구현하고 있다.

마지막 10장 '벵자멩 페레: 경이로움과 넌센스의 시학'에서는 브르통 곁에서 끝까지 초현실주의를 수호했던 시인 페레의 작품을 분석한다. 동화적인 요소가 혼재되어 있는 그의 시는 자동기술법을 연상시키는 매우 빠른 발화 속도와 은유의 연쇄 아래 환상성을 촉발시키고, 이를 통해 관습화된 현실을 뛰어넘는 시적 도약을 성취하고 있다. "나는 귀인 것을 담배라 부른다"라는 그의 시구가 보여주듯, 합리성에서 벗어난 전치된 현실과 대상들의 변신을 구현하는 그의 시는 초현실주의적 넌센스 시의 정수를 보여주고 있다.

마지막으로 부록에는 본문에 언급된 시들을 중심으로 초현실주의 대표 시들을 필자의 번역으로 수록했다. 초현실주의 시는 길이가 긴 시들도 많고 난해하기로 정평이 나 있어 번역된 시들을 접하기 어려운 것이 사실이다. 본문의 분석들을 참조로 하여 번역된 시를 접한다면 독자들이 초현실주의 시에 좀 더 친근하고 깊이 있게 다가갈 수 있으리라 생각한다.

초현실주의 시인들이 개척한 욕망과 상상력의 영역, 이미지의 해방은 유럽, 아메리카, 아프리카, 아시아 등 국제적으로 파급되었다.

한국에서는 시인 이상과 조향이 초현실주의를 처음으로 도입한 이래, 김춘수의 무의미 시, 오규원의 날 이미지, 이승훈의 비非대상의 시 등으로 확대되면서 한국의 초현실주의 계보를 형성해나가고 있다. 또한 우리 시대의 화두인 상상력과 창의성을 조명하는 데에도 초현실주의의 상상력 기법 실험이 실질적인 방법론과 영감을 주는 부분이 크다. 존재, 사물, 예술 사이의 거리를 없애고 삶과 세계를 총체적으로 바라보고자 한 초현실의 비전을 통해, 이 책의 독자들 또한 자신의 삶을 긍정적으로 변화시킬 수 있는 방법을 모색하고 실천할 수 있기를 소망한다.

2018년 10월

조윤경

차례

2부 초현실주의 시의 기법들과 언어 실험

3부 초현실주의 시인들의 중심 주제와 시적 탐색

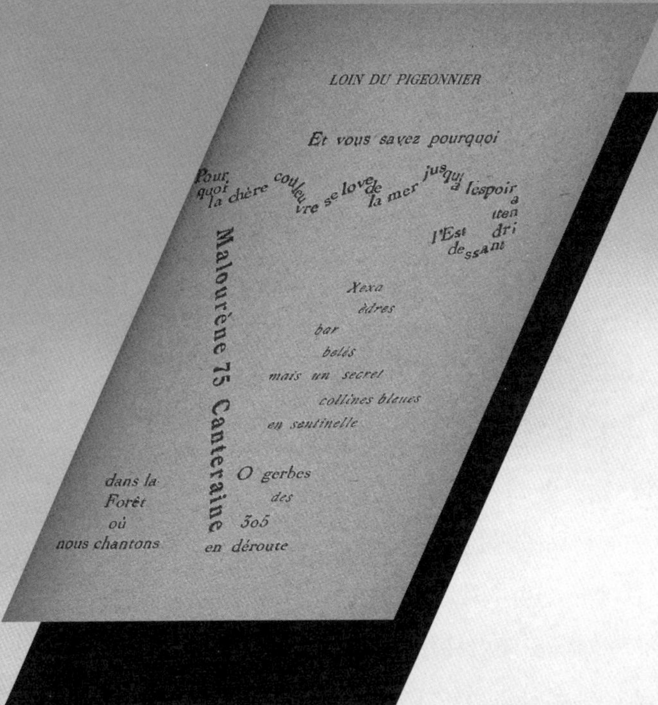

1부

초현실주의 시론의 형성과 근원의 탐구

초현실주의자들은 특정 시대를 넘어 다양한 사상과 흐름, 미학, 선구적인 시인들과 예술가들에 영향을 받았다. 그들은 프로이트의 정신분석에 영향을 받아 무의식과 꿈의 영역을 조명했으며, 신비주의 및 연금술에도 경도되었다. 인간을 구속하는 기독교적인 유산에 반기를 든 작가 사드에게서 욕망을 해방하는 방식을 계승했으며, '세상을 변혁시켜야 한다'는 마르크스의 길을 따라 삶과 예술의 혁명을 꿈꾸었다. 이와 같이 초현실주의는 신비주의, 정신분석, 마르크시즘이라는 일견 서로 배치되는 것처럼 보이는 사상들에 영향을 받았지만, 이러한 사상들을 무비판적으로 수용한 것은 아니었다. 초현실주의는 '초월'이라는 개념을 배제한 신비주의, '치유'라는 개념을 배제한 정신분석, '창조적 존재'라는 개념을 포함하는 마르크시즘을 발전시켜, 기존 현실을 기반으로 새로운 현실을 창조하고, 무의식이 펼쳐내는 창조적인 힘을 발전시키며, 인간들 간의 모든 관계를 변화시키고자 했다.

초현실주의 시인들은 서구 문명, 데카르트의 합리성, 기독교적인 체계에 물들지 않은 시선을 시 창작에 가장 바람직한 상태로 간주한다. 이에 그들은 서구 문명이 소외시킨 원주민들의 원시 예술에 주목하여 인간 문명의 새로운 지형도를 제시하고자 했으며, 광인과 어린아이, 여성을 집중적으로 조명하여 이들의 사고 및 표현 방식을 시화詩化했다.

한편 초현실주의 시인들은 영국의 고딕소설이 갖고 있는 반反사실주의 소설의 경향과 범죄와 살인, 폭력 등 사회적 금기에 도전하는 정신에 열광했다. 이들에게 영향을 미친 대표적인 시인들 가운데, 낭만주의 시인 네르발Nerval은 '초자연주의'라는 개념을 시적으로 발전시켰으며, 꿈이 제2의 삶임을 보여주며 꿈과 무의식에 대한 탐색의 길을 열었다. 상징주의 시인 아르튀르 랭보Arthur Rimbaud는 '삶을 바꿔야 한다'고 주장하여 삶과 시를 일치시키는 초현실주의 혁명의 길을 제시했고, 또 다른 상징주의 시인 로트레아몽Lautréamont은 "시는 한 사람에 의해서가 아니라 모두에 의해 쓰여야 한다"는 말로 예술이 몇몇 개인들의 전유물이 아님을 강조했다. 초현실주의자들은 이를 받아들여 자동기술법, 콜라주, 초현실주의 놀이 등 누구나 창조자가 될 수 있는 시적 기법들을 본격적으로 탐구하게 된다. 한편 직접적으로 '초현실주의'라는 용어를 선사한 모더니티의 기수 기욤 아폴리네르Guillaume Apollinaire는 시적 소재를 비행기, 에펠탑 등 변화하는 일상의 삶으로 확장시켰고, 시각 예술과 시를 종합할 수 있는 형식을 개발하여 초현실주의 시인들과 예술가들의 다양한 협업의 방식들에 영감을 주었다. 마지막으로 초현실주의는 많은 초현실주의 시인들이 젊은 시절에 가담한 바 있는 다다이즘에서 부르주아적 가치에 대한 저항을 물려받았다.

1부에서는 이 많은 선구적 흐름들 중 초현실주의 시론의 원형으로 자리하는 원시 예술과, 초현실주의의 시적 기법과 시론을 발전시키는 데 가장 결정적인 영향을 미친 두 시인 로트레아몽, 아폴리네르의 시적 작업들을 집중적으로 조명하여 초현실주의와의 영향 관계를 구체적으로 밝히고자 한다.

1장

원시 예술과 마술적 환기력

1. 초현실주의와 원시 예술의 접합

초현실주의의 수장인 앙드레 브르통André Breton이 파리 퐁텐 거리에 위치한 자신의 집에 꾸며놓은 작업실(그림 1)은 온갖 이질적인 물건들이 가득 진열되어 있는 것으로 유명하다. 피지에서 온 나무껍질로 만든 옷감인 '타파', 파푸아뉴기니아의 세픽 지방에서 만든 뜨개바늘과 마씸 지방의 방패, 호주 원주민이 나무껍질 위에 그린 그림, 호주 유아트족의 허수아비 등이 프란시스 피카비아Francis Picabia, 호안 미로Joan Miró, 르네 마그리트René Magritte 등 초현실주의 예술가들의 작품과 뒤섞여 벽과 선반을 가득 메우고 있다. 이 모든 오브제들은 브르통이 수집가로서 초현실주의 동료들인 엘뤼아르, 롤랑 튀알Roland

그림 1 브르통의 작업실

Tual 등과 함께 하나하나 직접 사 모은 것이다. 브르통은 왜 이렇게 열심히 원시 예술품들을 수집했으며, 자신의 작업실에 이 모든 것을 진열해놓았을까?

르네상스 시대에는 이와 같이 이질적인 물건들을 모아놓은 작업실을 '호기심의 방Cabinet de curiosités'이라 불렀다. 그러나 초현실주의자들은 단지 호기심 때문에 이 모든 수집을 한 것이 아니었다. 그들은 원시 예술품들을 수집할 때 오래되었거나 희귀한 가치가 있는지, 또는 진품인지를 따지는 일반적인 수집 원칙에 따르지 않았다. 그들의 주된 관심은 원시 예술 작품을 원래의 장소에서 벗어나게 하여 서로 이질적인 것들이 제3의 공간에서 만날 때 일어나는 놀라움의 발견을 도모하고, 이를 통해 예술은 어디에나 있다는 초현실주의의 원리들을 실천하는 데 있었다.

원시 예술art primitif 또는 제1의 예술art premier은 일반적으로 산업화되기 이전 전통 사회에서 비롯된 조각, 가면, 악기, 옷, 가구 등의 시각 예술 생산품들을 지칭한다. 원시 예술의 특징은 "창조의 모든 요소들 — 인간들, 동물들, 식물들, 바위들, 강물들 — 이 초자연적인 힘을 갖고 있고, 제례 의식을 통해 인간이 이를 탐사할 수 있다"(Miller, 2007: 12)고 믿는 데 있다. 이에 따르면 조각 작품이나 마스크는 죽은 선조들이나 죽은 적처럼 개인이나 공동체에 위협을 가할 수 있는 떠도는 영혼들을 대신 받아줄 수 있다. 또한 마스크를 쓰고 벌이는 제례 의식은 초자연적인 형태에 영향을 미쳐 개인과 부족을 이롭게 한다.

초현실주의자들은 사회에 대한 관심과 타자에 대한 개방적인 태도를 갖고 있었다. 그들은 급진적인 반식민주의 운동을 전개함과 동시에, 흑인과 원주민들에 대해 관심을 기울였다. 예컨대, 1931년 식민주의 박람회가 개최되었을 때, 그들은 공산주의 지식인들과 함께 "식민주의 박람회에 가지 마세요!"라는 성명을 발표하여 제국주의에 반대하는 움직임을 적극적으로 표명하기도 하고(Féau, 2006: 23), 서구의 예술 표현 양식이 지배적이었던 당대의 시각을 넘어 비非서구 예술 작품의 가치를 조명함으로써 대중이 원시 예술을 발견하는 데 결정적인 역할을 했다. 원시주의를 받아들이고 소개한 1세대 예술가들인 야수파, 입체파 화가들과 고갱이 주로 아프리카의 예술 작품을 조명했다면, 초현실주의자들은 당시 유행했던 아프리카 예술 작품보다는 오세아니아의 작품과 아메리카 인디언들의 작품에 더 주의를 기울였다(Bounoure, 2014: 261). 아프리카 예술은 이미 모더니즘적인 생각에 젖어 있어서 초현실주의의 '시적 발견물'이라는 성격에 부합하지 못한다고 생각했기 때문이다.

브르통은 그의 작업실에 가득한 원시적인 오브제들의 의미에 대해 질문하는 장 뒤셰Jean Duché에게 다음과 같이 말한다.

"이 오브제들이 초현실주의적 비전에 어떤 증거를 가져다주는지, 어떤 새로운 도약을 가능하게 하는지 보라. 이 에스키모 마스크는 봄에 사냥꾼 쪽으로 흰 고래를 데리고 가는 백조를 나타낸다(여기 머리와 목으로만 축소된 백조는 고래의 입에서 나온다). 이 호피 인형은 옥수수의 여신을 환기시킨다. 머리를 둘러싼 톱니 모양의 테두리에서 당신은 산 위의 구름을 발견할 수 있으리라. 이 작은 바다제비 안 이마 한가운데 이삭이 있다. 입술 주위에는 무지개가 있다. 치마의 세로 줄무늬 속에는 계곡으로 내리는 비가 있다. 여기에 우리가 지속적으로 듣는 그대로의 시가 있지 않은가?"(Breton, 1952: 244-245)

가면 뒤에서 나오는 얼굴, 고래의 입에서 나오는 백조는 가려진 것에서 드러나는 새로운 발견을 상징한다. 또한 작은 인형 안에는 식물, 동물, 인간의 구분 없이 삼라만상의 풍경들이 깃들어 있다. 이와 같이 초현실주의 시인들은 원시 예술의 시적 의미를 적극적으로 드러냈을 뿐 아니라, 원시 예술을 초현실주의 텍스트와 접합시키고자 했다. 이를 통해 원시 예술 작품이 초현실주의 비전의 '증거'가 되기를, 그리고 새로운 시적 도약의 계기가 되기를 염원했다. 원시 예술은 초현실주의 시인들이 종종 '시'라는 용어로 지칭하는 초현실주의의 실천미학을 환기시키고 있으며, 초현실주의의 보이지 않는 원형으로 작용하고 있는 것이다.

2. 원시 예술의 근원적 힘과 영적 에너지

1929년 『바리에테*Variétés*』지 초현실주의 특집호에 '초현실주의자들 시대의 세계'라는 제목의 지도(그림 2)가 실렸는데, 이를 보면 초현실주의자들이 가장 중요하다고 생각한 태평양 섬들이 세상의 중심으로 자리 잡고, 유럽이나 미국은 지도에서 사라져 있다. 또한 아프리카와 크기가 줄어든 남아메리카 사이에 비스마르크 제도와 같이 보통 크기보다 훨씬 확대된 섬들이 위치한다.

초현실주의는 이 지도에서 문명의 기원을 그리스에서 태평양의 섬들로 이동시킴으로써 서구 중심의 시각에서 벗어나고자 했다. 또한 그들은 오세아니아의 오브제들을 "오세아니아의 아테네인 이스트섬"에서 온 것이라고 소개하여 오세아니아를 서구 문명의 근원과 대등하게 간주하고 있다. 이와 더불어 브르통은 "눈은 야성의 상태로 존재한다L'œil existe à l'état sauvage"(Breton, 1965: 11)는 선언으로 시각 중심으로 되어 있었던 서구 예술의 패러다임적 전환을 도모한다. 그에 의하면 야성 상태의 눈이란 "미리 예고 받지 않은 눈, 즉 앞으로 볼 것에 대해 미리 학습 받지 않은 눈, 또한 수 세기 동안 서구에 부과된 '보는 방식'에 의해 왜곡되지 않은 눈"(Breton, 1970: 238)이다. 서구의 예술은 일시적인 혼란만 줄 뿐 "총체적인 원초주의"보다 앞선 예술 작품은 하나도 없다(Breton, 1965: 14)고 브르통은 비판하고 있다. 그는 원시 예술, 특히 오세아니아 예술이 이런 원초성의 총체적 근원을 초현실주의에 제공해주며, 시각 중심으로 되어 있었던 서구 예술의 전환을 가능하게 해줄 것이라 믿었다.

브르통은 아프리카 예술과 태평양의 오세아니아 예술의 차이에 대

그림 2 초현실주의자들 시대의 세계

해 다음과 같이 설명한다.

> 한쪽에는 주제들이 무겁고, 물질적이다. 얼굴, 몸 등 육체적 실재에 할애된 주제인 생식 능력, 집안일, 뿔 달린 짐승들로 구조화되어 있는 것이다. 다른 한쪽은 태곳적의 더 큰 노력을 표현한다. (…) 껍질에만 머무르지 않고, 수액으로 거슬러 올라가며, 주제는 공기적이고, 내가 아는 한 가장 영적인 에너지를 장전하고, 가장 날카롭다(Breton, 1948).

아프리카 예술은 생식, 사냥, 일이라는 기본적인 생존을 형상화하는 사실적인 목적을 가지고 있다. 브르통은 이를 '무겁고, 물질적'이라고 보고 있다. 반면 물질과 표면에 머무르지 않고 근원, 공기, 에너지를 환기시키는 '영적이고, 비물질적'인 오세아니아 예술은 '시적 전망'을 갖고 있기 때문에 더 흥미롭다고 생각한다. 브르통의 이와 같은 주관적인 구분은 초현실주의가 지향하는 바를 보여준다. 일상의 오브제가 일상성과 물질성 그 자체에 머무르지 않고, 그것과 연결된 보이지 않는 근원, 정신, 기본 원소, 힘의 장을 예리하면서 섬세하게 환기시켜야 한다는 것이다. 그는 '오브제의 초현실주의 전시'에서 다음과 같이 언급한다.

> 우리들의 손에 들어온 모든 표류물은 우리 욕망의 침전물로 간주되어야 한다. (…) 어떤 지역들과 어떤 시대들에서 비롯된 '오브제-신神'들은 우리의 것들과 같은 조형예술적 재현의 법칙에 입각해 볼 때 눈부신 실패라는 이유로 다른 것들과 구분되며, 우리는 특히 우리가 정복하고자 하는 은총 자체의 예술적 담지자들인 그 오브제-신들의 환기력을 질투한다(Breton, 1965: 363-364).

이 글은 브르통이 원시 예술에서 특히 주목하는 세 가지 특성을 집약하고 있다. 첫째, 원시 예술품은 그것과 물리적, 거리적으로 멀리 떨어져 있는 서구 초현실주의와 내적 연결고리를 갖는다는 사실이다. '우리들의 손에 들어온 모든 표류물은 우리 욕망의 침전물'이라는 비유는 한 개인의 내적 필연성과 오브제가 원래의 장소를 벗어나 다른 장소로 오게 되고 새로운 만남을 갖게 되는 외적 우연성이 결합된 초현실주의의 '객관적 우연le hasard objectif'의 개념을 반영하고 있다. 내 손에 들어온 원시 예술품은 나의 내적 욕망이 투영되어 새로운 의미를 부여받는 다른 오브제로 거듭나게 된다는 것이다.

둘째, 원시 예술 작품은 서구의 재현의 법칙에서 벗어나 있다. 브르통에 의하면 원시 예술품들의 '개념적 재현représentation conceptuelle'은 우리에게 익숙한 '지각적 재현représentation perceptuelle'을 교란하는 역할을 한다(Breton, 1970: 224-225). 재현의 법칙을 벗어나는 그 '눈부신 실패'로 인해, 원시 예술품은 특별한 환기력을 지니게 된다.

셋째, 원시 예술 작품은 신화성과 고유한 창조성을 갖는다. 브르통은 호주 북쪽 원주민이 나무껍질 위에 그린 그림을 보면서 호주를 "시적詩的 자력을 띠고 있는"(Breton, 1970: 240) 곳으로 명명한다. 나무껍질 위에 그린 오세아니아 부족의 그림은 보존을 고려하지 않는 예술이며, 창조적 예술의 쾌감을 위해서 제작되면서도 이를 통해 부족의 고유한 신화를 퍼뜨리는 것을 간과하지 않는다. 브르통은 이 그림에 관한 쿠프카Kupka의 말을 다음과 같이 인용한다. "호주 예술가가 추구하는 목표는 우리가 한정된 공간들 속에서 시도하는 완성된 작품이 아니라(그는 작품의 보존에 대해 전혀 고려하지 않음으로써 그걸 포기한다) 무엇보다 그걸 완성하는 과정이다. 그림을 그리는 행위, 창조의 행위 자체가 그들에게는 중요하다"(Breton, 1970: 241). 브르통은 창조의 결과보다 창조의 행위가 중요하다는 것, 틀에 박힌 한정된 캔버스에 그려져 전시되는 서구 예술 작품과는 달리, 호주의 원시 예술 작품에는 마음을 끌어당기고 기존의 시각을 전환하는 시적 전환의 장이 형성되어 있음을 강조하고 있다.

오세아니아의 원시 예술품들과 더불어 1920년대에 초현실주의자들의 아메리카 오브제들에 대한 취향은 콜럼버스 발견 이전의 작품들로 향한다. 그들은 제1차 『초현실주의 선언*Manifeste du surréalisme*』 때부터 뉴멕시코의 푸에블로족의 카치나kachina 인형들과 알래스카 극권, 유픽, 그린란드, 캐나다 북부, 시베리아 극동에 거주하는 이누이트의 가면들에 관심을 기울인다(Leclercq, 2014: 24). 브르통은 1927년부터 카치나 인형들을 수집했다. 그는 1936년 파리의 라통 갤러리에서 열린 초현실주의 오브제전(1936. 5. 22~31) 포스터에 카치나 인형의 사진을 싣는다. 이후 막스 에른스트Marx Ernst, 마르셀 뒤샹Marcel Duchamp, 로베르토 마타Roberto Matta, 자크 헤롤드Jacques Hérold 등도 카치나 인형을 구입한다(Jouffroy, 1955: 36). 엘뤼아르는 카치나 인형들을 "세상에서 가장 아름다운 것"(Eluard, 1984: 22)이라고 말한다. 이듬해에 그는 "미국적인 것들"과 "북아메리카와 에스키모 오브제들"에 대해 언급(Eluard, 1984: 25)하고, 자신이 수집한 푸에블로의 카치나 인형을 『초현실주의 혁명*La Révolution surréaliste*』지(n° 9-10, 1927)에 싣는다. 카치나 인형 사진이 실린 페이지의 다른 한쪽에는 초현실주의의 '우아한 시체놀이' 그림이 병렬적으로 놓였고, 이 두 이미지는 「몸을 맞대고Corps à corps」라는 벵자멩 페레의 텍스트의 삽화처럼 나란히 삽입되었다(그림 3). 따라서 마치 카치나 인형의 초현실주의 버전이 우아한 시체 그림이라는 것처럼 읽힌다.

초현실주의자들은 카치나 인형에 왜 그토록 주목했을까? 카치나 인형은 호피족과 주니족이 만드는 것으로, 푸에블로의 종교적 믿음을 담은 정령이다. 이 인형은 크게 세 가지를 상징하고 있는데, 첫째로는 초자연적인 힘을 지닌 정령 및 조상을 지칭한다. 둘째는 종교적 의식을 거행하는 가면 쓴 무용수를 지칭하는데, 이때 무용수들은 정령과 조상 자체를 상징한다. 이런 의미에서 카치나는 현실과 신화의 이중성을 담고 있다고 볼 수 있다. 셋째는 아이에게 주는 인형으로, 호피족은 카치나를 벽에 걸거나 뗏목에 달고 아이들에게 종교와 사회에서의 역할을 가르치는 용도로 사용했다. 이 인형으로 아이들을 교육하며 신화를 전승시키는 의미를 갖고 있는 것이다(Mortal, 1999: 269). 그러므로 카치나는 호피족에게 있어 세상에 있는 모든 것의 정수인 정령이며, 사물이면서 동시에 초자연적인 힘을 재현한다. 호피족 신전

그림 3 카치나 인형(왼쪽)과 초현실주의의 우아한 시체놀이(오른쪽)

에는 대략 300개의 카치나 인형이 있으며, 동물, 곤충, 식물, 구름, 비, 재, 태양, 죽음, 다른 민족들을 집약하여 상징하고 있다. 인간들은 카치나 정령들과 직접적으로 소통할 수 없으며, 입문자들만이 제례적인 춤들을 통해 정령들과의 사이를 매개하게 된다(Laniel-Le François, Pierre, Camacho, 1992: 261).

카치나 인형은 적어도 14세기부터 만들어졌다. 크기는 10cm에서부터 80cm에 이르기까지 다양하다. 상징적인 패턴들과 더불어 색채가 중시되는데, 광물계, 식물계, 인간계, 동물계의 통합을 상징하고 있다.[1] 바로 이 점이 초현실주의가 카치나 인형에 주목한 이유를 설명

---

1 "카치나는 현실과 현실에 대한 마법적인 힘 간의 일종의 타협물이다. 카치나는 죽은 자들을 대지로 귀환시킴으로써 자연과 화합한다. 추구하는 내적 세계와 외부 세계 사이의 이런 소통은 유추에 근거한 사고에서 비롯된다"(Mortal, 1999: 269).

해준다. 초현실주의자들은 경계를 넘어 모든 모순되는 것들이 모순으로 지각되지 않는 정신의 '지고의 지점'을 탐색했다. 삼라만상뿐만 아니라 인간 존재의 장단점을 모두 내포하고 있다고 여겨지는 카치나 인형은 이러한 초현실주의의 목표를 집약하고 있는 것이다.[2]

한편 우아한 시체놀이le jeu du cadavre exquis는 1925년 샤토 거리rue du Château에서 고안된 초현실주의의 대표적인 유희다. 우아한 시체놀이 그림은 종이를 삼등분으로 접어 서로 다른 세 사람이 상대의 그림을 보지 않은 채 자신의 부분을 그려서 완성된다. 그러면 초현실주의의 집단유희에 의해 세상에 없는 하이브리드적인 생명체가 탄생하게 된다. 잡지에 실린 그림을 보면(그림 3 오른쪽), 상부는 텅 빈 기둥에 가발처럼 머리만 씌워지고 얼굴은 텅 비워져 있다. 중간은 거꾸로 솟은 아티초크의 양쪽 옆으로 새 두 마리가 부리를 위로 내밀고 있으며, 하부에는 눈과 코를 달고 뿌리를 뻗치고 있는 나무뿌리 혹은 촉수를 뻗고 있는 문어의 형상이 보인다.

카치나 인형 또한 우리를 낯설게 하고, 전혀 보지 못했던 것을 보게 한다는 점에서 우아한 시체와 동등한 지위에 놓인다. 이 두 그림과 나란히 놓인 페레의 텍스트는 다음과 같이 시작한다.

> 파리 한 마리처럼 멍해진 채 물병 한가운데에서 잠을 깨는 것, 그것은 앞서 말한 물병의 도피 이후 당신으로 하여금 5분 뒤 당신의 엄마를

---

2 이에 관해 브르통은 말한다. "호피족에게는 모든 것이 연결되어 있다. 사회적 무질서, 가정의 사건은 세계의 시스템을 교란시킨다. 세계의 차원들은 다양한 상응들에 의해 연결된다. 하나의 차원의 붕괴는 다른 차원들을 건드리는 다른 붕괴들의 투사로만 감지되고 도덕적으로 용인된다"(Gaulmier, 1961: 11).

> 죽이도록 부추기는 모험이다. 그리고 그런 일이 오늘 아침 내게 일어났다. 그래서 지금 내 머리가 민들레꽃 형태가 되고 내 어깨가 무릎 위로 내려와 있더라도 아무도 놀라지 않는다.

인간, 식물, 동물, 광물, 사물 등의 경계를 넘어 한 몸에 다양한 대상들이 무질서하게 결합된 카치나 인형이나 우아한 시체놀이의 그림처럼, 화자 또한 자신의 몸이 민들레꽃이라는 식물의 몸으로 변하고, 어깨가 무릎 위로 내려와 일반적인 신체 기관의 형태와는 다른 형태로 변형되었음을 술회하고 있다. 이어서 화자는 초현실주의의 질문-대답 놀이에서 할 법한 맥락과 논리를 벗어난 질문들을 쏟아낸다.

> 파리들이 시계추 바늘 위에서 죽지 않는다는 게 사실인가? 볏짚이 고기 완자를 만드는 데 사용된다는 게 정말인가? 오렌지들이 광산의 우물로부터 솟아난다는 게 사실인가? 대형 소시지가 장님들에 의해 만들어지는 게 사실인가?

또한 "냄비가 내 덕분에 철로에 놓인 터널의 크기로 커지는 걸 지체해서는 안 되었으며, 터널의 입구에는 정어리면서 동시에 나비와 비슷한 작은 동물이 나타났다"라는 구절에서 볼 수 있듯이, 사물의 크기가 터무니없이 커지고, 바다와 하늘에서 사는, 서로 이질적인 동물의 속성을 한 몸에 지닌 혼합동물이 생겨나기도 한다. 그리고 '나'는 이 "정어리-나비에게 나와 함께 살자고 청한다면 그 동물은 아마 거절하지 않았을 것이다. 왜냐하면 그는 매우 순하고 매우 사랑스러운 동물이기 때문이다"라고 말한다. '나'의 몸에는 그밖에도 여러 다양한 변화들이 생긴다.

예문 1 내가 발끝으로 서려고 한 순간, 자고새 스무여 마리가, 내가 알아차리진 못했어도, 오래전부터 집을 지었음에 틀림없는 내 주머니들로부터 날아갔다. 이 새들은 거기에 수많은 알들을 남겨놓아 그중 많은 알들이 내 손에서 부화했기 때문이다.

예문 2 당신이 나를 보다시피, 나는 구두약 상자에서 태어났다. 우리 아빠는 밤 장수였고, 우리 엄마는 암퇘지였다. 어떻게 그런 일이 생겨났나? 나는 그 이유를 말할 수 없다. 아빠는 조약돌처럼 마르고 키가 큰 남자였다. 다만 머리만이 사람들이 볼 수도 없을 만큼 뚱뚱했다. 그는 코가 없었고, 그의 귀들은 바람에 떨어져나간 순수한 담쟁이 줄기들 같이 늘어져 있었다. 그는 짐승이었으므로, 자연스럽게 그는 밤 장수였다.

예문 1에서 볼 수 있듯이 내 몸은 수십 마리의 새를 부화시키는 둥지가 된다. 예문 2는 이탤릭으로 서술된 '흰 두더지의 이야기'라는 일종의 이야기 속의 이야기로, 카치나 인형의 큰 머리가 연상되는 두더지의 묘사가 나온다. 흰 두더지는 돼지인 엄마와 '밤 장수' 짐승인 아빠라는 서로 다른 기원에서 비롯된 하이브리드 생명체이다. 논리에 맞지 않는 비유가 인간, 동물, 사물 등의 경계를 넘어 사용된다. '조약돌'은 마르거나 키가 큰 대상이 아닌데 아빠가 '조약돌'처럼 마르고 키가 큰 남자라고 비유하는 식이다. 초현실주의는 종속 관계나 얽매임을 싫어한다. 선후의 인과 관계도, 과거—현재—미래로 이어지는 순차적인 흐름도 거부한다. 페레의 글 제목인 'Corps à corps'는 '몸을 맞잡고', '정면으로', '맞대놓고'라는 뜻을 갖고 있다. 초현실주의자들은 텍스트와 오브제와 그림을, 카치나 인형과 우아한 시체를, 서로 이질적인 텍스트들을 '맞대놓고' 어떤 일이 일어나는지 지켜본다. 겹치고, 꿰매고, 상상하고, 의미를 부여하는 것은 '맞대놓은' 다음의 일이다. 그리고 독자의 몫이기도 한 것이다.

한편 브르통은 에른스트와 함께 멕시코 예술에 심취했다. 브르통은 전쟁을 피해 1941년 미국으로 망명했을 때, 브리티시컬럼비아의 가면들과 에스키모의 오브제들을 수집했다(Féau, 2006: 23). 그는 1938년의 멕시코 여행과, 1941년부터 1945년까지의 미국 체류 기간 동안 인디언들 및 그들의 작품을 직접 만나게 된 후 초현실주의와 인디언의 사유가 갖는 연결 관계에 대해 더 깊이 있게 숙고하게 된다. 그 연결고리는 에로스와 타나토스의 결합에 있으며, 이는 낮과 밤, 삶과 죽음의 양가성을 함께 내포한 초현실주의의 '검은 유머humour noir'[3]로 집약된다.

브르통은 또한 멕시코가 가진 신화적 힘에 이끌린다. 연구자 폴 웨스트하임Paul Westheim에 의하면 고대 그리스의 전통에 의해 생성된 유럽의 취향은 인간에서 출발하여 인간으로 귀결되는 반면, 멕시코의 예술은 신화에서 출발하여 신화로 귀결된다"(Westheim, 1950; Pierre,

---

3 "찬란한 죽음의 장난감들을 갖고 있는 멕시코는 적어도 검은 유머의 선택된 땅임을 증언한다"(Breton, 1950: 13)라고 브르통은 말한다. 그는 고딕소설과 로트레아몽에 영향을 받아 '검은 유머'의 개념을 발전시켰으며, 『검은 유머 총서*Anthologie de l'humour noir*』(19450)를 발간한다. 검은 유머란 밤의 찬란한 속성을 표현한 용어로, 현실의 법칙에 대한 쾌락의 법칙의 우위, 논리의 왜곡, 인과 법칙에 대한 조롱, 부조리를 전면적으로 내세워 기존 가치에 대한 전복을 꾀한다.

1987: 262에서 재인용). 멕시코 예술은 "원초적인 것이 아직 논리적인 의식에 의해 억압받지 않은 차원에 속하는 현상들을 포함하고 있는" "마법적이며 종교적인 예술"(Girard, 1965: 155-156)이다. 페르난도 강보아Fernando Gamboa는 초현실주의와 콜럼부스 발견 이전 멕시코 예술의 유사성을 다음과 같이 밝힌다.

> 아즈텍의 조각에는 유추적인 생각이 지배적이다. 가장 놀라운 것은 원소들의 축적이다. 각각의 조각은 상징의 총체이고, 각 원소는 이중 삼중의 의미를 내포하고 있으며, 각 의미는 은밀하거나 명백한 방식으로 다른 원소들과의 상응을 유도한다. (…) 아즈텍의 조각가는 자신의 작품을 안과 밖의 모든 면들이 동시에 현존하는 완전한 대상으로 여긴다. 이러한 개념은 많은 부분 큐비즘을 연상시키며, 상징의 축적들은 초현실주의적 영감을 환기시킨다. 그것은 일종의 준엄한 엄격성에 이끌리는 착란의 예술이다(Gamboa, 1962: 275).

콜럼버스 발견 이전의 멕시코 예술은 욕망을 외부세계에 투사하며 정신/물질, 주체/환경의 이분법을 인정하지 않고 연속성을 추구하는 '마술적 세계관'을 갖고 있다. 인간과 다른 동 · 식 · 광물의 경계를 넘어서는 초현실주의 예술품들 또한 매우 구체적이면서도 추상적이고, 상징적이다. 이는 현실은 초현실 안에, 초현실은 현실 안에 깃들어 있다는 초현실주의의 내재성의 철학을 반영한다.[4] 현실과 초현실이 서

---

4 브르통은 말한다. "내가 좋아하는 모든 것, 내가 생각하고 느끼는 모든 것은 나를 내재성의 특별한 철학으로 향하게 한다. 이 철학에 의하면 초현실은 현실 자체 안에 들어 있고, 그것보다 더 상위에 있지도, 바깥에 있지도 않다. 마찬가지로 현실 또한 초현실 안에 있

로를 포함하고 서로에게 포함되는 그 연결 지점에서 일상의 신화성과 창조성이 생겨나고, 원시 예술과 초현실주의에 공통적인 마술적 환기력과 놀라움의 시학이 표출된다.

3. 초현실주의 예술과 원시 예술의 병치와 교섭

1926년 3월 26일 초현실주의 갤러리에서는 '만 레이의 그림들과 섬의 오브제들' 전시회가 개최되었다. 다음 해에는 '이브 탕기와 아메리카의 오브제들'전이 열렸다. 1937년에 브르통 자신이 '그라디바'라는 갤러리의 상인이 되자, 그는 첫 전시회에서 주로 오세아니아의 이국적인 오브제들을 전시했다. 이와 같은 전시들과 더불어 초현실주의의 대표적인 잡지인 『초현실주의 혁명』지에 초현실주의 텍스트와 나란히 원시 예술 작품 사진들이 마치 삽화처럼 실렸다. 초현실주의자들이 자신들의 잡지에서 원시 예술 작품을 조명하는 방식은 특집호를 마련해서 그 의의를 이야기하는 기사를 쓰는 방식이 아니었다. 『초현실주의 혁명』지에 실린 초현실주의 텍스트 옆에 가면, 인형, 제례 장면 사진들을 마치 삽화 사진처럼 실어놓는 게 전부였다. 자세한 설명 없이, 오로지 어디에서 왔는지만을 언급하고만 있는 것이다. 초현실주의자들이 자신들의 글 속에 원시 예술 작품을 삽입한 의도는 무엇일까? 그리고 사진과 글이 이와 같이 '병치'되었을 때 우리는 이 작품들을 어떻게 보고 읽게 되는가?

다. 왜냐하면 포함하는 것은 또한 포함되는 것이기 때문이다"(Breton, 1965: 69).

그림 4 뉴메클렌부르크 가면

1926년 『초현실주의 혁명』지 6호에 뉴메클렌부르크Nouveau-Mecklembourg의 가면(그림 4)이 브르통이 쓴 초현실주의 텍스트들의 삽화 사진으로 실렸다. 뉴메클렌부르크는 뉴아일랜드의 옛 지명으로 태평양의 파푸아뉴기니아 섬, 비스마르크 제도의 일부를 지칭한다. 가면은 양 뿔 머리를 하고 있고 날카로운 이빨을 지닌 옆모습을 하고 있다. I, II, III으로 번호 매겨진 초현실주의 텍스트들은 일견 이 가면과 어떠한 연관 관계도 없어 보인다.

I

첫 번째 사람들은 가버렸고, 나머지 사람들에 날개가 돋아났다

음악소리가 커졌다

장벽들 위에서 울타리들 안에서

새-파리들 새-꽃들

처녀들만이 벌거벗었다

그들의 살은 다이아몬드가 빛을 발하는 것처럼 빛났다

그들의 회한은 여전히 지켜보기 힘들었다

그들의 머리카락 안에 뜬 창백한 초승달과 마찬가지로 그들의 투명한

심장 또한 초승달이었다

Les premiers s'en étaient allés et les derniers étaient ailés

La musique grandissait

Sur les barricades et dans les haies

Oiseaux-mouches oiseaux-fleurs

Les vierges seules étaient nues

Leur chair brillait comme devrait briller le diamant

Leur repentir faisait peine à voir encore

Dans leurs cheveux un croissant pâle et leur coeur transparent

était un croissant aussi

이 초현실주의 텍스트는 맥락이 연결되지 않는 문장들의 조합으로 낯섦을 유발한다. 마치 입문식의 장면이 연출되듯 벌거벗은 처녀들은 살—보석—달로 연결되는 이미지의 변용을 통해 보이지 않았던 자신의 신비를 드러내고 있다. 처녀들이 발하는 빛은 다이아몬드처럼 단단하고 강렬한 빛에서부터 초승달처럼 투명하고 창백한 빛에 이르기까지 이들의 내적 회한의 다양한 스펙트럼을 투영한다. 텍스트와 함께 실린 가면의 사진은 이런 텍스트의 낯섦을 배가한다. 그런데 서로 동떨어진 시간, 장소에서 만들어진 두 작품이 병치되어 있으니, 독자의 입장에서는 자연스럽게 두 작품의 연결 관계를 생각하게 된다. 그렇게 본다면 얼굴을 가리는 가면은 이 텍스트의 '장벽', '울타리'와 등가 관계를 갖게 된다. 은폐하면서 보여주고, 안과 밖의 경계가 되는 가면과 장벽의 이중성은 텍스트의 '새-파리들', '새-꽃들'이라는 융합적 산물들과 연결된다. 양쪽으로 휘어지며 솟은 양 뿔의 형태는 이 텍스트에 나오는 초승달의 형태와 닮아 있다. 가면의 재미있는 표정이 빚어내는 무서우면서도 해학적인 시각적 유희는 '가버린―날개 돋친 allé-ailé'의 언어유희로 연장된다.

가면들은 신성과 소통하기 위한 매체다. 사람의 형상을 한 가면에서 뉴아일랜드 민족과 그 창작품, 저 너머의 세계 사이의 관계에 대한 재현을 볼 수 있다. 이를 초현실주의 텍스트와 중첩해보면, 초현실주의자들이나 원시 예술가들이 모두 '겹'의 세계를 추구하고 보여준다는 것을 알 수 있다. 의식의 표면 뒤에 또 다른 무의식이 도사리고 있는 것처럼 가면의 뒤에는 눈으로 볼 수 있는 것 너머의 세계를 지향하는 또 다른 자신의 모습이 있다.

II

낮의 예술 밤의 예술
용서하라 라고 불리는 상처들의 균형
새의 비상의 무게에 민감한 붉은 균형
눈雪의 깃을 지닌 곡마사들이 맨손으로
풀밭 위에 있는 그들의 증기 마차들을 밀어낼 때
끝없이 미쳐 날뛰는 이 균형 나는 그것을 본다
나는 내 심장 속에 뛰어들어 연못으로부터 나오는
아름다운 자태를 지닌 따오기를 본다
Art des jours art des nuits
La balance des blessures qui s'appelle Pardonne
Balance rouge et sensible au poids d'un vol d'oiseau
Quand les écuyères au col de neige les mains vides

Poussent leurs chars de vapeur sur les prés
Cette balance sans cesse affolée je la vois
Je vois l'ibis aux belles manières
Qui revient de l'étang lancé dans mon cœur

'균형balance'이라는 핵심어를 중심으로 이미지들이 논리적 인과 관계의 법칙이 아니라 자유연상의 법칙에 의해 펼쳐진다. 이로 인해 눈에 그려질 듯 선명한 이미지의 대조가 두드러진다. 이미지의 대조를 통해 파장을 이루며 강조되는 것은 상반된다고 여겨지는 것들의 '균형'이다. 낮과 밤의 균형. 눈의 흰색, 상처 난 피의 붉은색, 풀밭의 초록색이라는 선명한 색채의 균형. 새의 비상과 착륙하는 눈의 균형. 내 마음으로 뛰어들고, 연못으로부터 나오는 새의 균형. 그리고 상처, 곡예, 광기, 아름다움은 각기 다른 것들의 이러한 균형을 추구하는 예술에서 경험할 수 있는 것이다. 초현실주의 텍스트와 뉴아일랜드의 가면은 모두 상반되는 것들의 '균형', 어우러질 수 없는 것들의 '종합', 그리고 가시적인 세계가 하나가 아닌 이중 삼중의 보이지 않는 '겹'들을 갖고 있음을 보여준다.

같은 해 『초현실주의 혁명』지 7호에는 가면을 쓴 뉴브리튼 섬 베이닝족의 제례 의식 장면(그림 5)이 필립 수포Philippe Soupault의 시 「그것은 바람인가? Est-ce le vent?」 옆에 삽화 사진처럼 실렸다. 이런 다큐멘터리 사진과 초현실주의 시 텍스트를 병치시킴으로써 발생하는 의미는 무엇일까? 던 에즈Dawn Ades는 "이 사진은 텍스트를 예시하기 위해서가 아니라, 자기 고유의 텍스트로 기능하기 위해서 거기에 있다. (…) 텍스트 또한 제례 장면의 기이함을 중재하고자 시도하지

그림 5 베이닝족 제례 의식 장면

않는다"(Ades, 1985: 63)고 분석한다. 그런데 읽는 사람의 입장에서도 과연 그럴까? 사진과 시 텍스트가 함께 병치되어 있으니 독자의 입장에서는 그 연관 관계를 생각하며 읽고 보지 않을 수 없다.

사진의 배경이 되는 뉴브리튼 섬은 오세아니아의 섬으로, 파푸아뉴기니의 일부를 이루는 비스마르크 제도의 가장 큰 섬이다. 베이닝족은 이곳 동쪽에 있는 가젤 반도의 산속 밀림에 소그룹으로 흩어져서 사는 민족이다. 이들은 숲의 정령을 환기시키는 가면을 제작해서 쓰고 밤에 춤을 추는 의식을 거행한다. 잡지에 실린 사진은 불의 춤을 출 때 쓰는 가면으로, 얼굴에는 현기증을 유발하는 거대한 큰 눈이 달려 있고, 오리부리처럼 크게 열린 둥근 입술에는 대나무 지팡이가 길게 연결되어 있다. 매우 기이한 형상을 하고 있지만 균형이 잘 잡혀 있는 것을 볼 수 있다. 얼굴은 악마를 빨아들이는 나무에서 온 특별한 나뭇잎의 정령을 형상화했다고 추정된다. 이 가면은 불의 주위에서 추는 무용수가 썼던 것이다. 해가 지고 어둠이 내릴 때, 깊은 갱에서 캐낸 석탄으로 거대한 규모의 불을 지핀 후, 악기와 노랫소리를 시작으로 숲속에서 가면 쓴 무용수들이 뛰어나온다. 그들은 불을 가로질러 가고, 잉걸불 위를 걷는다. 불길이 사그라들고 태양이 떠오를 때까지 이 춤은 계속된다. 제례 의식은 아기가 태어나는 걸 축하하거나 추수의 시작을 기리기 위해, 그리고 죽은 자들을 추도하기 위해, 또한 성인이 된 젊은이의 입문식을 위해 치러진다. 남성들만의 의식으로 아이와 여성은 참여하는 게 금지되었다고 한다. 가면은 한 번의 춤을 위해 제작되고, 정글 한가운데서 썩게 내버려두거나 태워진다(Newton, 2003: 260).

한편 사진과 나란히 놓인 필립 수포의 장시는 "내게 갑자기 이 소식들을 전해주는 그것은 바람인가"라는 질문으로 시작된다. 바람은 "이 침울한 빛과 이 피맺힌 그림자들"을 내게 떠밀어 보내며 어떤 전조를 암시하기도 하고, "다시 한 번 내 심장을 뛰게" 하는 나의 생명의 근원이 되기도 한다. 또한 "화염에 싸인 이 붉은 도시 안에서/ 저곳으로 향하는 길을 발견한다"에서 볼 수 있듯이, 재난에 휩싸인 이곳을 벗어날 수 있는 '다른 곳'을 보여주는 계시자의 역할을 하면서 나를 '다른 곳'을 향해 '앞으로' 나아가도록 채찍질하는 동력이 된다.

이 시 전반은 바람과 공기, 불, 바다, 땅이라는 기본 원소에 대한 이미지들로 가득 차 있다. 그런데 베이넝족의 제례 장면이 실린 면의 시의 내용은 마치 그 장면과 연관이 있는 것처럼 읽히기도 한다.

> (…) 사람들이 말하듯 대大출정 전
> 이 땅 위에 여전히 남은 3일
> 모자를 쓰고 목에 큰 스카프를 두른 채
> 나 마침내 갖춰 입는다
> 붉은 손과 앞으로 내민 얼굴
> 모든 걸 잊은
> 그리고 그럼에도

뒷배경 속

숲들과 온갖 평야 뒤에

팽이처럼 움직이는 그들의 도시 한가운데에 타인들이 있고

타인들 친구들이 대지에서 고통받는다는 것을

여전히 알고 있는

비겁한 성인처럼 나 여기 있다

그들은 거기에서 무엇인지 모를 것을 기다리고 있다

화재인지 아니면 아름다운 비극인지를

창백한 얼굴로, 그들이 영혼이라고 부르는 것을 뱉어내고 있는

그들이 마치 이미 죽은 것처럼

내가 잊은 이 타인들

나는 이 시간 동안의 나를

내 뾰족한 코로 냄새 맡는다 (…)

(…) Encore trois jours sur cette terre

avant le grand départ comme l'on dit

Me voici tout habillé enfin

avec une casquette et un grand foulard autour du cou

les mains rouges et la gueule en avant

Me voici comme un grand lâche

qui oublie tout

et qui sait encore tout de même

que les autres dans le fond derrière

derrière les forêts et toute la campagne

au milieu de leur ville qui bouge comme un toupie

les autres les amis ont le mal de terre
et ils sont là qui attendent on ne sait quoi
un incendie ou bien une belle catastrophe
ces autres que j'oublie
Comme ils étaient déjà morts
pâles et crachant ce qu'ils appellent leur âme
je renifle moi pendant ce temps-là
avec mon nez en coupe-vent (...)

시에서 형상화되는 불타는 도시는 불의 춤을 추고 있는 베이닝족의 숲속과 겹쳐진다. "불의 가장자리에서/ 매우 평온했던 사람들을 위해/ 더할 나위 없이 신성하게 된 3일"이라는 시구는 밤에 거행되는 불의 축제를 환기시킨다. 제례용 옷을 입고 가면을 쓴 베이닝족처럼 대大출정을 앞둔 '나'는 모자와 스카프를 갖춰 입는다. '나'가 알면서 잊어버린 '타인들', '영혼을 뱉어내는' 창백한 타인들은 가면을 쓰고 영혼과 대화를 하는 베이닝족을 환기시킨다. 시적 화자는 이 사람들을 "고통 없이는/ 내 자신에게서 분리할 수 없는 사진들과 같은" 자신의 몸의 일부라 여긴다.

이와 같이 수포의 시에 삽입된, 시와 전혀 상관없을 것 같은 베이닝족의 가면 사진은 수포의 시에 원시적 감성과 맥락을 부여한다. 이 가면이 삽입되지 않았으면 필시 원시적 제식과 가까운 심리적 느낌으로 이 시가 해석되지 않았을 것이다. 베이닝족의 가면이 원래 유래했던 시공을 떠나 초현실주의 시와 병치됨으로써 시에 새로운 원시적 환기력을 부여하고 있는 것이다. 이와 같이 초현실주의는 '병치

juxtaposition'의 기법을 통해 원시 예술과 서구 초현실주의, 텍스트와 이미지를 중첩시킨다. 이를 통해 어느 하나가 어느 하나의 우위를 점하거나 다른 것에 종속되지 않는 대등한 관계를 드러낸다.

4. 원시주의와 신화성, 그리고 내재성의 철학

초현실주의자들은 원시 예술 작품을 예술의 입장에서 본 것 아니라 인간과 세계를 움직이는 신비한 힘들의 표현으로 보았다. 초현실주의는 오세아니아를 그리스로 상징되는 인간 중심 · 서구 중심 시각에서 벗어나게 해줄 인류 문명의 새로운 기원으로 삼고, 오세아니아 예술의 영적이고 비물질적인 에너지를 조명했다. 원시 예술 작품들에 나타나는 모티프와 상징은 미학적인 가치를 넘어선다. 『원시주의』의 저자 마이클 벨에 의하면 초자연적인 힘은 "의식적인 존재와 전기 충전과도 같은 자연 현상의 이상한 교차로"(Bell, 1985: 13)로, 원래 정전기 경험에서 유래되었다. 초현실주의 또한 초현실의 세계를 표현하기 위해 '자장磁場, champs magnétiques'이라는 물리적 · 시적 비유를 사용한다. 이는 브르통과 수포가 처음으로 실험한 자동기술법 글쓰기를 묶어낸 책의 제목이기도 하다. 원시주의가 초현실주의와 닿아 있는 점은 바로 '자장'으로 상징화되는, 개인의 무의식과 닿아 있는 집단무의식의 표출이다. 조제 피에르José Pierre는 원시 예술의 프리즘으로 초현실주의의 자동기술법의 본질을 다음과 같이 새롭게 규명한다.

'자동기술법'은 형태들 사이, 음들 사이, 개별적으로 취한 감각들의 다른 범주들 사이뿐 아니라, 감수성과 지성, 지각과 재현, 꿈과 행동 사이에 성립할 수 있는 모든 범주를 넘어 '리듬의 통일'을 확립시킨다 (Pierre, 1987: 268).

오세아니아 예술이 제례 의식을 통해 정전기와도 같은 초자연적인 힘을 환기시켰다면, 초현실주의는 자동기술법을 통해 시적 자기장을 형성하고 있는 것이다. 오세아니아 예술이 지각적 재현이 아닌 개념적 재현을 통해 시적 환기력을 촉발시킨다는 점에 주목하고, 초현실주의자들은 '내적 모델'로 시선을 옮김으로써 그때까지 서구 사회의 예술이 간과했던 육체와 정신, 개인과 집단, 현실과 비현실, 의식과 무의식의 상호 침투를 집중적으로 조명할 수 있었다.

초현실주의자들은 또한 아메리카인디언의 예술품에서 인간, 동물, 식물, 광물, 사물이 혼합되어 깃들어 있는 총체적 원시성을 발견했다. 특히 멕시코의 오브제들이 삶과 죽음, 에로스와 타나토스의 조화를 보여주며, 인간중심주의를 벗어난 신화성을 띠고 있음에 주목했다. 초현실주의는 유추와 상징으로 다의성을 환기시키고, 착란과 체계적인 규칙을 혼재시키는 등 초현실주의적 방법론을 극단적으로 밀어붙여서 현대의 원시성을 이끌어내고, 궁극적으로 현실은 초현실 안에, 초현실은 현실 안에 들어 있다는 내재성의 철학을 발전시켰다.

원시 예술은 초현실주의 시인들이 '시'라는 용어로 지칭하는 초현실주의의 실천미학을 환기시키고 있다. 초현실주의는 오세아니아와 아메리카인디언의 예술을 서구 사회로 이입시키고 초현실주의 작품과 병치시킴으로써 시적 힘의 장을 생성하고 있다. 초현실주의는 『초현실주의 혁명』지에 원시 예술 작품과 초현실주의 텍스트를 병치시켜 각기 상이한 두 세계의 만남과 부딪침을 통해 새로운 초현실주의 미학을 촉발시키고자 했다. 삼중으로 배치된 페레의 산문, 아메리카 인디언의 인형, 우아한 시체놀이 그림은 상상과 현실, 외부세계와 내부세계를 인간의 형상 안에서 결합하는 '의인擬人주의'를 유비적으로 표출하고 있는 것이다.

나란히 병치된 초현실주의 시 텍스트와 오세아니아의 가면 및 제례 의식 사진들은 보이는 것과 보이지 않는 것 간의 '겹'의 텍스트들로 근원적인 세계와 입문식의 주제를 환기시켰다. 초현실주의는 현실과 또 다른 현실들이 중층적으로 쌓여 있는 이러한 '겹'의 세계들에서 안정된 균형이 아니라 '미쳐 날뛰는 균형', 고전적 아름다움이 아니라 '경련을 일으키는 아름다움'이라는 역동적인 미학을 발전시켰다. 초현실주의는 원시 예술을 통해 잃어버린 낙원으로 회귀하려고 한 게 아니라, 낙원을 자신들의 영역으로 끌어들였다. 그리하여 원시인들의 세계관이 반영되어 있는 정령주의적 외경의 내면적 재창조를 만들어낸다. 이를 통해 화석화되어가던 원시인들의 예술에 생명력을 부여하고 초현실주의 작품세계의 영역을 확장시켰다. 또한 초현실주의는 원시 예술의 주술적인 힘을 텍스트의 은유와 상징을 통해 뒤섞음으로써, 그 혼합의 힘이 갖는 특유의 감성을 독자들이 감지할 수 있게 한다. 시공의 맥락을 탈피한 예술품에서 자신들의 욕망을 읽어내고, 이념적으로만이 아니라 새로운 방법과 형식을 통해 원시 예술과의 접목을 과감히 실천한 것에 초현실주의자들의 시도가 갖는 의의가 있다.

초현실주의자들은 원시 예술을 초현실주의의 예술과 병치시킴으로써 초현실주의의 '만남'과 '발견'의 개념을 발전시켜나갔다. 브르통은 초현실주의 미학을 다음과 같이 요약한다. "초현실주의의 경련을 일으키는 아름다움은 '에로틱한-가리워진', '폭발하는-고정된', '마술적인-상황적인' 것이 되리라, 그렇지 않으면 존재하지 않으리라."[5] 초현실주의적 아름다움은 양립 불가능한 모순적인 개념들을 하나로 합쳐놓으면서 놀랍고 도발적인 폭발력을 갖게 되는 것이다. 원시 예술과 초현실주의 작품의 결합은 이 개념 중 특히 '마술적인-상황적인' 미학을 구현한다. '마술적인' 것은 이성적인 것과, '상황적인' 것은 영원한 것과 반대선상에 있다. 원시 예술과 초현실주의 예술은 우연히, 그리고 필연적으로 만나 놀라움, 경이로움, 다의적 잠재성을 촉발하는 마술적 환기력을 발휘하고 있는 것이다.

5 "La beauté convulsive sera *érotique-voilée*, *explosante-fixe*, *magique-circonstancielle* ou ne sera pas"(Breton, 1976: 26).

2장

로트레아몽의 시적 유추와 초현실주의적 수용

1. 『말도로르의 노래』와 악의 시적 계보

로트레아몽Lautréamont(1846~1870)은 초현실주의 시론 형성에 결정적인 역할을 미친 시인들 중에서도 단연 첫째로 꼽힌다. "해부대 위의 우산과 재봉틀의 만남처럼 아름다운"이라는 그의 시구는 초현실주의의 고유한 시적 유추를 발전시키는 계기가 되었고, 이질적인 대상들의 만남이 촉발하는 낯섦과 놀라움의 미학을 정립하는 데 기여한다.

그는 또한 초현실주의 시인들이 발굴한 시인이기도 하다. 그의 본명은 이지도르 뒤카스Isidore Ducasse로, 우르과이 몬테비데오에서 태어나 고등학교 때 프랑스로 온 후 스물네 살의 나이에 요절할 때까지 파리에서 기거하며 두 권의 산문시집 『말도로르의 노래*Les Chants de Maldoror*』(1869)와 『시편*Poésies*』(1870)을 남겼다. 이 시인과 그의 시집들은 출간된 지 얼마 안 있어 빠르게 잊혀졌다. 50년간 방치된 그의 작품들의 가치를 알아보고, 대중에게 알리고, 그 정신을 계승한 것은 초현실주의 시인들이었다. 필립 수포, 루이 아라공Louis Aragon, 앙드레 브르통, 폴 엘뤼아르는 로트레아몽의 작품을 우연히 접한 후, 인간과 사회를 둘러싼 모든 금기를 전면 부정한 이 작품들이야말로 진정으로 초현실주의의 선구가 됨을 『초현실주의 선언』을 비롯한 그들의 글에서 지속적으로 언급한다.

사드와 로트레아몽을 함께 초현실주의의 선구자들로 언급한 글에서, 엘뤼아르는 다음과 같이 두 사람의 의의를 부여한다.

> 로트레아몽과 사드는 그것이 거칠건 섬세하건 간에 모든 인위적인 것들에 대항하여, 인간을 비굴하게 만드는 이러한 옹색한 거짓 현실이 우리에게 쳐놓은 모든 함정들에 대항하여 가장 악착같은 싸움을 전개했다. "당신은 당신으로 존재하는 것이다"라는 경구에 그들은 "당신은 다른 것이 될 수 있다"고 덧붙였다. 폭력을 통해 사드와 로트레아몽은 폭력이 막아주는 모든 것으로부터 고독을 제거했다. (…) 끔찍하게 고독했던 사드와 로트레아몽은 그들에게 부과된 슬픈 세계를 장악함으로써 세계에 복수했다(Eluard, 1937).

엘뤼아르에 의하면 로트레아몽의 악에 동반되는 폭력은 거짓된 현실에 대한 저항이며, 존재의 다른 가능성에 대한 모색의 의미를 갖는다. 폭력은 존재의 고독에 대한 보호막이자 고독을 부과한 세계에 대한 통쾌한 복수라는 것이다. 이와 같이 로트레아몽을 재발견하고 자신들의 선구자로 삼은 초현실주의 시인들에게 로트레아몽은 무엇보다 반항의 원리 그 자체다. 알베르 카뮈는 바타유의 말을 빌려 초현실주의자들이 인간의 모든 악의 근원을 현재의 도덕에 두고 있으며, 그러한 "현재의 도덕을 새로운 도덕으로 대체시킬 것을 주안점으로 삼고 있다"(카뮈, 2003: 171)고 지적하고 있다. 새로운 도덕을 위해 초현실주의자들은 로트레아몽을 본받아 "삶에의 충동, 무의식의 추진력, 비합리의 외침"(카뮈, 2003: 163)을 시와 예술로 구현하고자 한 것이다.

『말도로르의 노래』[1]는 한 젊은 천재 시인의 '악'에 대한 광기어린 집착을 보여준다. 이 시집에는 일어난 일, 일어날 수 있는 일, 그리고 인간의 머리로 상상할 수 있는 온갖 악행이 망라되어 있다. 로트레아몽은 왜 이렇게 '악'이라는 명제에 집착하는가. 그것은 어린 시절에 받은 정신적 상처 등 남미 출신인 이 시인의 전기적인 사실의 독특함 때문일까?

그런데 젊은 날에 사망한 이 시인에 대해 남아 있는 전기적 자료가 거의 없기 때문에 이에 관한 견해는 엇갈린다. 가령 레미 드 구르몽 Remy de Gourmont은 로트레아몽의 광증을 주장했지만, 바슐라르는 그가 매우 정상적이었다고 반박하면서 독창성을 희구하는 작가의 '글로 쓰인 광기'와 '일반적인 광기'를 구분해야 한다고 주장한다.[2]

---

1 Lautréamont, *Œuvres complètes*, Paris: Gallimard, 1970. 이하 인용 시는 모두 이 전집에 의거하며 본문에 페이지만 명기할 것이다. 시의 번역은 『말도로르의 노래』(윤인선 옮김, 1997)를 기본으로 참조했으며, 원문의 뉘앙스를 살리는 다른 번역이 필요할 경우에만 필자가 수정·번역했다.

2 "그의 삶에서 이상한 것은 하나도 없다. 그는 몬테비데오 사람이다. 그는 중학교에 다니다 불란서로 온다. 그리고 수학을 공부하기 위해 파리로 온다. 그는 한 편의 시집을 쓴

그렇다면 로트레아몽 자신은 이 시집에 대해 어떻게 얘기하는가? 그가 『말도로르의 노래』에 대해 언급한 편지는 '악'에 대한 시인의 의도적이고 작위적인 요소를 확실하게 드러낸다.

> 나는 미스키예비츠, 바이런, 밀턴, 사우디, 뮈세, 보들레르 등이 한 것처럼 악을 노래했습니다. 물론 나는 단지 독자를 억압하기 위해서만 절망을 노래하는 그 숭고한 문학의 의미 안에서 새로운 것을 하기 위해서, 그리고 독자에게 치료제로서 선을 바라도록 하기 위해서, 음역音域을 조금 과장했습니다(로트레아몽, 1997: 350).

로트레아몽은 자신의 작품이 '악'에 대해 노래한 여러 작가들의 문학적 계보를 계승한다는 점과, 그 안에서 자신만의 독창성을 가지기 위해 노력했음을 피력한다. 즉 '제정신을 가지고' 뚜렷한 문학적 의도하에 이 작품을 집필했다는 것이며, 그의 온갖 장광설과 위악적인 태도 및 문체는 새로운 것을 위해 "음역을 과장한" 결과라는 것이다. 또한 그는 "독자에게 치료제로서 선을 바라도록 하기 위해서" '악'을 노래했다는 역설적 메시지로 선과 악에 대한 자신의 태도를 드러낸다.

프랑스 시의 계보에는 '저주받은 시인들'과 악의 주제가 면면히 흐르고 있다. 중세 시인 프랑수아 비용François Villon이 생전에 살인, 강도 등 온갖 악행을 저지르고 사형 언도를 받은 후 쓴 「교수형에 처해

다. 그것을 출판하는 것에 어려움을 겪는다. 그는 출판인들의 소심성에 좀 더 온순하게 맞춘 평이한 작품을 준비한다. 그리고 그는 죽는다. 어떤 사건도 없으며, 특히 그의 유별남을 밝혀주는 어떤 행동도 없다. 그러므로 작품으로 돌아와서, 독창적이며 이상한 바로 그 작품 속에 자리를 잡아야 한다"(바슐라르, 1985: 91).

진 자의 발라드Ballade des pendus」는 역설적으로 인간성에 관한 최고의 증언이라 평가받는다. 또한 낭만주의의 한 경향인 '열광문학Littérature frénétique'은 이성이나 도덕률에서 벗어나 개인의 열광, 환상, 공포, 죽음의 취향, 악마주의를 찬양했다. 한편 샤를 보들레르Charles Baudelaire는 『악의 꽃들*Les Fleurs du mal*』(1857)에서 자신을 괴롭히는 '고통mal'이자 '악mal'이라는 주제에 천착했다. 이 시인에 의하면 '선'과 '악' 또는 '신'과 '사탄'을 향한 인간의 동시적인 갈망[3]은 인간의 숙명이기에 어느 하나를 선택하는 것은 불가능하다. 따라서 그는 이러한 영원한 갈등에서 벗어날 수 없기에 인간은 늘 고통받을 수밖에 없다고 보았고, 이러한 운명을 감수해야 함을 노래했다.

랭보는 산문시집 『지옥에서의 한 철*Une saison en enfer*』(1873)에서 조롱과 잔혹성, 착란을 전면화하여 신과 사탄, 죄와 무구함, 선과 악이 싸우는 장을 그려내면서, 그 모순을 초월하려 하기보다는 선과 악이 미분화된 상태를 그려냈다. 그리고 로트레아몽은 '말도로르'라는 도착과 퇴폐의 집약체이자 독특한 자신의 시적 분신을 내세워 '악의 노래'를 불렀다. 로트레아몽이 '악'이라는 허구의 세계를 내세워 프랑스 시의 계보에서 계승한 부분은 무엇이고, 로트레아몽 자신만의 독창적인 부분은 무엇인가? 또한 로트레아몽을 재조명하면서 자신들의 선구자로 삼은 초현실주의에 의해 계승된 부분은 무엇일까? 총 여섯 노래로 이뤄진 『말도로르의 노래』를 자세히 따라가면서 그 해답을 모색해보자.

---

3 모든 인간 안에 매 순간마다 하나는 신을 향한, 다른 하나는 사탄을 향한, 동시적인 이중의 갈망이 있다. 신 또는 영성靈性을 향한 기원은 위로 올라가고자 하는 욕망이다 ; 사탄 또는 동물성을 향한 기원은 추락하는 기쁨이다(Baudelaire, 1975: 682-683).

2. 위악적 웃음과 신성 모독의 주제

로트레아몽은 첫 번째 노래에서 "나, 나는 잔인함의 환희를 그리는 데 나의 천재를 사용한다!"(p. 47)라고 선언한 후, 여섯 개의 노래에 걸쳐 온갖 악행의 일화들을 늘어놓는다. 그에게 있어 악은 치밀한 계획하에 의도적으로 악의를 품는 것이며, 적극적으로 행하는 것이다.

> 보름 동안 손톱이 자라도록 두어야 한다. 오! 아직 윗입술 위에 아무것도 나지 않은 아이를 그의 침대에서 거칠게 끌어내어, 그의 아름다운 머리털을 뒤로 쓸어주면서, 눈을 크게 뜨고, 그의 이마 위로 사랑스럽게 손을 내미는 체하는 것! 그리고 나서, 갑자기, 그가 가장 예기치 않은 순간에, 만약 그가 죽는다면, 후에 그의 비참한 양상을 보지 못할 테니까, 그가 죽지는 않도록 하면서, 긴 손톱을 그의 부드러운 가슴 속으로 박는 것은 얼마나 감미로운가! 그다음에 상처를 핥으면서 피를 마신다.
>
> On doit laisser pousser ses ongles pendant quinze jours. Oh! comme il est doux d'arracher brutalement de son lit un enfant qui n'a rien encore sur la lèvre supérieure, et, avec les yeux très ouverts, de faire semblant de passer suavement la main sur son front, en inclinant en arrière ses beaux cheveux! Puis, tout à coup, au moment où il s'y attend le moins, d'enfoncer les ongles longs dans sa poitrine molle, de façon qu'il ne meure pas; car, s'il mourait, on n'aurait pas plus tard l'aspect de ses misères. Ensuite, on boit le sang en léchant les blessures;

– 첫 번째 노래Chant premier, 6절, p.49

말도로르는 어린아이를 고문하고 그의 피와 눈물을 받아 마시는 사드적이고 흡혈귀적인 '감미로운' 꿈을 꾼다. 그는 또한 아이에게 입을 맞추면서 면도칼로 아이의 뺨을 긋는 공상을 한다. 공원 벤치에 앉아 있는 아이를 보고는 곧바로 한 마리의 돼지가 그의 생식기를 갉아먹으며 몸속으로 파고 들어가는 상상을 한다. 그는 "가족들 속에 무질서를 씨뿌리기 위해 매음과 협정을" 맺는 것을 비롯해서(첫 번째 노래, 7절, p.51), 온갖 시간屍姦, 수간獸姦, 근친상간, 남색 등 카니발리즘적 욕망을 표출한다.

그는 신체의 분리나 절단을 통해 죽음이라는 인간의 조건이나 단절을 무너뜨리려 하고, 죽음이 지니는 강압적 위용을 조롱함으로써 단절을 거두어내려는 욕망을 보이고 있다. 말도로르는 "면도칼로 찢긴 입으로 웃는 웃음"이라는 광포하고 위악적인 웃음 이외에는 절대로 웃지 않는다. 카뮈는 이러한 로트레아몽의 저항성에서 "자신을 지금의 모습으로 만들어놓은 당치 않은 법칙을 받아들이기보다는 묵시록과 파괴 쪽을 택하는 (…) 절멸絶滅에의 광적인 욕망"(카뮈, 2003: 146)을 읽어낸다.

말도로르는 시인의 분신이다. 시인은 말도로르를 지칭할 때 '나'라고 부르기도 하고 '말도로르'라고 부르기도 함으로써 시인과 동일시하기도 하고 거리를 두기도 한다. 뿐만 아니라 '그대', '그', '한 남자', '내가 그 목소리의 음색을 알고 있는 자' 등으로 지칭함으로써 다양한 방식으로 악의 화신인 말도로르를 연출한다.

말도로르의 외형은 한 번에 묘사되지 않고, 총 여섯 개의 노래를 거쳐 가면서 서서히 제시된다.

> 아무도 아직 내 이마의 초록색 주름이나 내 마른 얼굴에 툭 불거진 뼈를 보지는 못했다. 그 뼈는 어떤 큰 생선의 가시와 흡사하고, 혹은 바닷가를 덮고 있는 바위와 흡사하고, 혹은 내가 머리에 다른 색깔의 머리털을 가지고 있을 때에 흔히 내가 돌아다녔던 가파른 알프스의 산봉우리와 흡사하다.
>
> Nul n'a encore vu les rides vertes de mon front ; ni les os en saillie de ma figure maigre, pareils aux arêtes de quelque grand poisson, ou aux rochers couvrant les rivages de la mer, ou aux abruptes montagnes alpestres, que je parcourus souvent, quand j'avais sur ma tête des cheveux d'une autre couleur.
>
> – 첫 번째 노래Chant premier, 8절, p. 55

> 그대의 얼굴은 이미, 더 이상, 이 기다란 유황질의 흉터가 필요하지 않을 만큼, 나이에 비해 이른 주름살과 타고난 기형으로 잘 위장되어 있었다! (…) 그는 나의 얼굴을 상처가 가장 심한 부분인 이 이마로부터 시작하여 정확히 두 동강이를 내려고 천둥을 보냈다.
>
> ton visage était déjà assez maquillé par les rides précoces et la difformité de naissance, pour ne pas avoir besoin, en outre, de cette longue cicatrice sulfureuse! (…) il a envoyé la foudre de manière à couper précisément mon visage en deux, à partir du front, endroit où la blessure a été le plus dangereuse.
>
> – 두 번째 노래Chant deuxième, 2절, p. 81

악마는 인간의 무의식적 원형에서 흉측한 외모를 갖고 있다. 대체로 뿔을 달고 있으며, 인간의 몸과 박쥐의 날개, 맹금류의 손톱 등 하이브리드적 외형을 하고 있다. 말도로르의 외모는 이러한 악마의 전형적인 모습을 하고 있지는 않지만 하이브리드적이며 흉측하다. 기형 내지 추함과 동일시되는 악의 이미지를 갖고 있는 것이다. 뿔 대신 그가 갖고 있는 얼굴에 툭 튀어나온 뼈는 얼굴 안에 날카로운 무기를 간직한 동물화된, 혹은 석화된 존재의 이미지를 보여준다. 타고난 주름살과 기형적인 모습에다, 천둥의 낙인이 찍힌 상처 난 이마는 그가 끔찍한 재앙을 받은 저주받은 인물임을 상징한다. 이성을 상징하는 머리, 특히 이마 부위의 상처는 이성에 대한 거부를, 머리가 두 동강이 나는 이미지는 자아의 분열된 모습을 상징하고 있다. 이와 더불어 말도로르는 살아 있는 것과 죽은 것의 중간 상태에 있다.

> 무형의 한 가구 위에 앉아서, 4세기 전부터 나는 나의 지체를 움직이지 않았다. 나의 발은 땅 속에 뿌리를 뻗고서, 나의 배에까지, 더러운 기생물로 가득한, 일종의 초목군을 만들고 있는데, 그것은 아직 식물로부터 파생한 것은 아니지만, 더 이상 살로 된 것도 아니다. 그렇지만 나의 심장은 뛰고 있다. 그러나, 만약 나의 시체(나는 감히 육체라고 말하지 않겠다)에서 나오는 부패물과 발산물이 충분히 내 심장에 영양을 주지 않는다면, 어떻게 그것이 뛰겠는가? 나의 왼쪽 겨드랑이 아래를, 두꺼비 한 가족이 거처로 삼았다, 그리고, (…) 나의 오른쪽 겨드랑이 아래에는 카멜레온 하나가 있다.
>
> Assis sur un meuble informe, je n'ai pas bougé mes membres depuis quatre siècles. Mes pieds ont pris racine dans le sol et

composent, jusqu'à mon ventre, une sorte de végétation vivace, remplie d'ignobles parasites, qui ne dérive pas encore de la plante, et qui n'est plus de la chair. Cependant mon coeur bat. Mais comment battrait-il, si la pourriture et les exhalaisons de mon cadavre (je n'ose pas dire corps) ne le nourrissaient abondamment? Sous mon aisselle gauche, une famille de crapauds a pris résidence, et, (...) Sous mon aisselle droite, il y a un caméléon.

– 네 번째 노래Chant quatrième, 4절, pp. 169-170

자신의 육체를 '시체'라 부르는 그는 몸에 이미 죽음을 안고 있는 '살아 있는 죽은 자'이다. '4세기 전부터 지체를 움직이지 않았다'는 부분에서 그가 삶과 죽음의 개념뿐 아니라 시간의 개념을 초월하고 있음을 알 수 있으며, 신이나 악마와도 같이 영생을 살고 있음을 짐작할 수 있다. 또한 그는 인간의 육체성뿐 아니라 식물성(땅속에 뿌리를 박은 발)과 동물성(기생 동물들과 하나인 육체)을 한 몸에 지니고 있다.

그렇다면 말도로르는 무슨 이유로 악을 저지르는가? 그의 악행은 우선 자신의 존재에 대한 깨달음에서 비롯된다.

행복하게 살았던 어린 시절 동안 말도로르가 어떻게 선량했던가를 나는 몇 행으로 밝히겠다. 이미 끝났다! 후에 그는 자기가 악하게 태어났음을 깨달았다. 기이한 운명이다!

J'établirai dans quelques lignes comment Maldoror fut bon pendant ses premières années, où il vécut heureux ; c'est fait! Il s'aperçut ensuite qu'il était né méchant : fatalité extraordinaire!

– 첫 번째 노래Chant premier, 3절, p. 46

말도로르는 문득 자신이 악한 존재임을 깨닫는다. 그리고 자신과 마찬가지로 다른 인간들도 스스로를 선하다고 믿고 있으나 실은 모두 악한 존재라 규정한다. 첫 번째 노래 5절에서 그는 "나는 내 온 생애 동안, 단 한 명의 예외도 없이, 좁은 어깨의 인간들이, 수없이 어리석은 행동을 하고, 그들의 동류들을 멍청하게 만들고, 또 온갖 방법으로 영혼을 타락시키는 것을 보았다"(pp. 47–48)고 주장한다. 그리고 그는 구체적인 에피소드들을 통해 제도적 · 문화적 환경 안에서 발생하는 악행과, 악행이 벌어지는 현장을 목격하고도 그냥 지나치는 인간의 냉담함을 제시한다. 가령 두 번째 노래 4절의 합승마차 에피소드에서는 엄마에게서 버려진 팔 개월 된 아기가 등장하며, 5절에는 "한 건장한 부인의 억센 팔이" 열 살 된 소녀의 "머리칼을 마치 회오리바람이 나뭇잎을 움켜쥐듯이 움켜잡고서, 오만하고 말 없는 한쪽 뺨 위로 난폭하게 그녀를 두 번 때렸다"는 에피소드가 나온다. 시인은 부모에게 학대받는 순진한 소녀의 모습에서 미래에 타락할 창녀의 모습을 본다(pp. 85–87). 이런 부분에서 로트레아몽은 사회가 악을 낳는다는 악의 행동주의적 · 사회적 관점을 드러내고 있는 것이다.[4]

사실 어느 누구도 악을 행하지 않고 살 수는 없다. 악은 어느 부분 자신의 안에 들어 있는 일부인데도 사람들은 스스로가 악할 수 있다고 인정하지 않고, 악이 외부로부터 가해지는 것이라고만 생각한다.

---

4 악의 행동주의적 · 사회적 관점에 대해서는 제프리 버튼 러셀(2001: 27–28) 참조.

악을 다른 사람에게 전가하기도 한다. 시인은 이러한 인간 존재의 악함을 낱낱이 드러내고자 한다. 그러기 위해 인간의 "사악한 생의 가장 사소한 움직임"까지도 놓치지 않고 관찰하여 그의 "다이아몬드로 된 칼"로 인간을 "한 마리 벌레처럼 벌거"벗기고자 한다. 그렇게 되면 "배반과 오욕으로 가득 찬" 인간의 가면이 벗겨지고, 인간 "스스로를 속이고 있는 숭고한 거짓말들"을 만천하에 드러낼 수 있게 된다는 것이다(p. 80).

인간의 잔혹성과 인간 사회의 불의에 대한 공격은 이 모든 것을 만든 신에 대한 공격으로 이어진다.

> 나의 시는, 야생의 짐승인 인간과 그러한 해충을 만들어내지 말았어야 할 창조주를, 모든 방법을 동원해서 공격하도록 구성될 것이다."
>
> Ma poésie ne consistera qu'à attaquer, par tous les moyens, l'homme, cette bête fauve, et le Créateur, qui n'aurait pas dû engendrer une pareille vermine.
>
> – 두 번째 노래Chant deuxième, 4절, p. 87

이 구절은 『말도로르의 노래』의 핵심을 요약한다. 시인은 '인간이 선량하지 않다면 신이 왜 이런 인간을 만들었나?'라는 질문을 던지면서, 말도로르의 증오를 신에 대한 증오로 확장시킨다.[5] 신이 이러한

5 이 세상에 악이나 화가 존재한다는 이유로 신의 존재를 부인하려는 이러한 로트레아몽과 같은 태도에 대응하는 사상으로 신정론神正論이 있다. 신은 악이나 화를 좋은 목적을 위한 수단으로 인정하고 있으므로 바르고 의로운 것이라는 논리로, 신정론은 신의 섭리를 합리화한다(러셀, 2001: 67).

불합리한 세상을 만들었다면 악의 편에 서서 철저히 인간과 신을 공격하자는 것이 말도로르의 논리이다. 그 근거로 곳곳에서 창조주의 잔인성이 언급되고, 창조주가 자신의 무기로 동원하는 폭풍우와 풍랑 등이 얼마나 잔인하게 인간을 파멸시키는지가 제시된다. 이러한 신성 모독적인 장면들을 통해 시인은 인간이 저지르는 '도덕적 악'과 구분되는, '자연발생적인 악' 즉 신 또는 자연의 파괴적인 행위를 그려낸다. 또한 창조주의 잔혹하고 파괴적인 행위를 부각시킴으로써, 무력한 인간이 저지르는 '도덕적 악'을 정당화하기도 한다.

> 하늘은 땅처럼 하느님에 의해 만들어졌으니까 너는 확실히 이승과 똑같은 악들을 거기에서 만날 것이다. (…) 바보가 아니라면 각자 스스로 정의가 되어야 한다. 자신의 동류들에 대하여 승리하는 자는 가장 교활하고 가장 강한 자이다. (…) 그래서 아마도, 후일, 너는 너의 동류들의 스승이 되어, 네가 처음에 그들에게 행한 악만큼의 선을 그들에게 행할 수 있을 것이다! …
>
> Car, puisque le ciel a été fait par Dieu, ainsi que la terre, sois sûr que tu y rencontreras les mêmes maux qu'ici-bas. (…) Chacun doit se faire justice lui-même, sinon il n'est qu'un imbécile. Celui qui remporte la victoire sur ses semblables, celui-là est le plus rusé et le plus fort. (…) plus tard, maître de tes semblables, leur feras-tu presque autant de bien que tu leur as fait du mal au commencement!…
>
> – 두 번째 노래Chant deuxième, 6절, pp. 90-92

이 예문은 말도로르가 순진한 어린아이에게 하는 조언이다. '모욕당한 자의 법률학'이라고 부르는 그의 논리는 악을 만든 신이 선하지 않으니 그가 만든 계율을 따를 필요가 없고, 악에 당하지 않으려면 스스로 강해져야 한다는 것이다. 자신이 스스로 정의가 되어 악을 적극적으로 행하는 '악의 스승'이 되면, 그것이 바로 선을 베푸는 것이라는 역설을 설파하고 있다. 선과 악에 대한 이중의 갈망에서 괴로워하는 보들레르의 시적 자아와는 달리, 로트레아몽의 말도로르는 악을 극단적으로 갈구함으로써 선과 악의 기존의 개념을 무너뜨리고, 그것이 구분되지 않거나 전도되는 역설적인 지점을 드러내고자 한다. 인간의 악함에 대한 신랄한 통찰, 창조주에 대한 거부의 태도는 선악의 가치 전도로 이어지며, 말도로르라는 '악의 스승'의 온갖 악행 및 분노에 가까운 힘의 행사를 정당화시켜준다.

3. 동물적 난폭성과 본능의 전면화

악이란 분별없는 파괴 행위다. 악의 본질은 "감정을 가진 존재, 고통을 느낄 수 있는 존재를 잔인하고 폭력적으로 다루는 것"(러셀, 2001: 13)이다. 악을 이해하려면 "개인에게 행해진 어떤 사건을 직접적이고 즉각적으로 경험"(러셀, 2001: 16)해야 하는데, 로트레아몽은 바로 이러한 즉각적인 경험의 방식으로 타인에게 고통을 느끼게 하기 위해 가장 잔인한 방법으로 타인을 공격하는 사디즘적인 이미지를 펼친다. 말도로르는 인간의 모든 악(증오, 배신, 분노, 반항)에 집중하기 위해 동물적인 공격성과 폭력성을 전면화한다.

> 내가 들은 바에 의하면, 나는 남자와 여자의 아들이다. 그것은 나를 놀라게 한다… 나는 그 이상이라고 믿고 있었다! 그렇지만, 내가 어디서 왔는지 무슨 상관이랴? 만약 그것이 나의 의지에 따르는 것일 수 있었다면, 나는 차라리 그의 배고픔이 폭풍우의 친구인 암상어와, 인정받는 잔인성을 지닌 호랑이의 아들이 되고 싶다.
>
> Je suis le fils de l'homme et de la femme, d'après ce qu'on m'a dit. Cela m'étonne… Je croyais être davantage! Au reste que m'importe d'où je viens? Mais si cela avait pu dépendre de ma volonté, j'aurais voulu être plutôt le fils de la femelle du requin, dont la faim est amie des tempêtes et du tigre à la cruauté reconnue.
>
> – 첫 번째 노래Chant premier, 8절, pp. 54–55

이렇게 하여 로트레아몽의 시적 자아인 말도로르는 본능적인 배고픔을 간직한, 가장 잔인한 동물들과 동일화된다. 시인에 의해 알레고리화된 이런 동물들은 길들여지지 않는 야성을 고스란히 지녔다. 자나 깨나 먹이를 구하기 위해 애쓰는 동물들은 배고픔 때문에 예민하고 잔혹해진다. 그리고 먹잇감을 사냥하기 위해 온 힘을 다해 집중하는 순간 강렬한 에너지를 내뿜는다. 가해자와 피해자의 목숨을 건 피투성이의 싸움은 결코 평화스러울 수 없고, 먹고 먹히는 전쟁은 잔인성과 난폭성을 기본으로 한다. 인간과 동물을 막론하고 살아 있는 것들의 몸은 찢겨지고, 껍질 벗겨지고, 먹히고, 죽임을 당하는 등 훼손, 절단, 해체된다. 이는 인류의 폭력성이 인간이 가지고 있는 동물적 본성에서 기인한다는 주장과 닿아 있다.

로트레아몽은 험하고 흉측한 외모를 지닌 동물들을 등장시킨다. 낮 동안 먹을 것을 발견하지 못하고 피곤한 날개로 돌아오는 까마귀, 물속에 사는 해마, 땅 밑의 두더지, 쥐며느리, "숭고한" 구더기, 듣는 사람들의 머리털을 곤두서게 노래하는 올빼미, 외모는 험악하지만 온순한 일각一角고래, 추악한 쑥감펭, 수많은 다리를 가진 지네는 증오의 표적이 된다.

바슐라르는 로트레아몽의 이 동물적 삶을 "공격적 에너지"[6]로 가치부여하고 있다. 이 싸움에서 발톱과 부리와 독을 지닌 것들은 단연 유리하다. 맹금猛禽의 부리, 맹수의 턱뼈, 호랑이와 독수리의 발톱, 하이에나의 뾰족한 이빨, 뱀 꼬리, 용의 힘, 암상어의 이빨 등이 이 시집에서 전면적으로 강조된다. 또한 몸짓이 작은 곤충이나 벌레들은 흡반을 무기로 지녔다. 로트레아몽은 이, 거머리, 문어 등 피를 빨아먹는 동물들이 대상에 달라붙어 영양분을 섭취하는 모습을 찬미한다.

> 오 말라 오그라든 눈동자를 가진 이虱여, 강물이 바다의 심연 속에서 물기슭을 넓히는 한, 별들이 자기 궤도를 선회하는 한, 말없는 공허가 끝없이 펼쳐지는 한, 치명적인 전쟁들로 인간성이 동강나는 한, 성스런 정의가 이 이기주의적인 지구 위에서 복수의 우뢰를 서두르는 한, 인간이 자신의 창조자를 잘못 인식하고, 그 이유로 인해 그로부터 멸시 섞인 경멸을 당하는 한, 너의 지배는 우주 위에서 확실한 것이고, 너의 왕국은 세기에서 세기로 그 고리들을 넓힐 것이다.

---

6 "이 예는 동물화하는 에너지의 최대치를 보여주며" "격렬함의 근거, 복수의 욕구, 그리고 순수한 공격 의지를 아직도 지니고 있는 에너지를 우리가 찾아낼 수 있게 할 것이다"(바슐라르, 1985: 62).

Ô pou, à la prunelle recroquevillée, tant que les fleuves répandront la pente de leurs eaux dans les abîmes de la mer ; tant que les astres graviteront sur le sentier de leur orbite ; tant que le vide muet n'aura pas d'horizon ; tant que l'humanité déchirera ses propres flancs par des guerres funestes ; tant que la justice divine précipitera ses foudres vengeresses sur ce globe égoïste ; tant que l'homme méconnaîtra son créateur, et se narguera de lui, non sans raison, en y mêlant du mépris, ton règne sera assuré sur l'univers, et ta dynastie étendra ses anneaux de siècle en siècle.

– 두 번째 노래Chant deuxième, 9절, pp. 102–103

바슐라르는 피를 좋아하는 이가 "감춰진 힘에 의하여, 코끼리만큼 커질 수 있고, 인간들을 이삭처럼 짓뭉갤 수도 있을 것이다"라는 구절을 인용하면서, 점점 커지다가 결국은 세상을 지배하는 '이'의 이러한 특수화된 힘의 행위에 주목한다(바슐라르, 1985: 42). 시인은 이러한 이에 대한 찬가를 통해 객관적인 관찰, 형이상학적인 저항, 그리고 훗날 초현실주의자들이 찬미할 서로 이질적인 것들이 촉발해내는 놀라움의 미학인 '경련을 일으키는 아름다움'을 뒤섞는다. 즉 이의 생존력과 번식력에 대한 관찰이 자연과 우주의 운행, 인간의 과오와 그릇된 행동들, 창조자에 대한 공격과 맞물려 서술되고 있는 것이다. 또한 '~하는 한tant que'이라는 표현을 첫머리에 반복시키면서 열거해나가는 '아나포르anaphore' 기법을 사용함으로써 독특한 리듬과 서정성을 만들어내고 있고, 이를 통해 '이'라는 가장 작고 보잘 것 없는 미미한 존재와 '인간', '우주'를 대비시키는 놀라움의 미학을 만들어내고 있다.

이와 같이 시인은 가장 강렬하고 충격적인 형태로 악을 행하고 즐긴다. 그러나 시인의 악에 대한 태도는 매우 복합적이다. 시인은 악을 찬미하기도 하지만, 강렬한 아이러니를 무기로 악을 신랄하게 조롱하기도 하여 그것이 진정한 악인지 냉소적인 악인지를 구별하기 어렵게 만든다. 많은 에피소드들이 악에 대한 상상으로 이뤄져 있고 악의 계획과 행위가 모호하게 얽혀 있다. 또한 악을 저지르는 과정에서 의도와는 다른 행동으로 귀결되는 모습도 그려진다. 그는 악을 적극적으로 행하기도 하지만, 동시에 끊임없이 응시하고 비판하는 관찰자이자 비평가적 자세를 취하고 있다. 가령 말도로르는 "그 범죄를 저지르도록 나를 부추긴 것은, 나의 병든 이성의 착란인가, 자신의 먹이를 찢는 독수리의 본능과 같은, 나의 추리력과는 상관없는 은밀한 본능인가"(p.50)라고 자문한다. 광기나 착란에 휩싸인 본능적 행동처럼 악의에 찬 행동들을 묘사하면서도 이러한 악이 어디에서 오는지, 이성에서 오는지 본능에서 오는지 그 근원을 냉철하게 사유하고 있는 것이다.

또한 블랑쇼가 잘 지적했듯이, 말도로르는 타인에게 악을 가하는 것에 대한 쾌감과 더불어 "도덕적 불편함의 감정, 후회, 수치스런 회개, 구원에 대한 이상한 갈망"(Blanchot, 1949: 263)을 함께 느낀다. 말도로르가 악을 행하면, 바로 뒤이어 그러한 행위를 후회하거나 그로 인해 자기 자신이 벌을 받고 응징당해야 한다는 인식이 뒤따른다.

> (…) 그렇지만, 나의 희생자만큼, 나도 고통스러웠다! 소년이여, 나를 용서하라. (…) 그러면 너는 이빨과 손톱을 동시에 사용하여 결코 멈추지 말고 나를 찢어라 (…) 그러면 나는 찢기는 것으로, 너는 찢는 것

으로 우리 둘 다 고통받을 것이다…

(…) et pourtant, autant que ma victime, je souffrais! Adolescent, pardonne-moi. (…) Alors, tu me déchireras, sans jamais t'arrêter, avec les dents et les ongles à la fois. (…) et nous souffrirons tous les deux, moi, d'être déchiré, toi, de me déchirer…

– 첫 번째 노래Chant premier, 6절, pp. 50-51

나는 나의 행동에 만족한다. 후에 뉘우칠 것이기에. (…) 어두운 감옥 속에 나를 평생 동안 가두거나, 또는 나에게서 눈 하나를 빼내어 땅에 떨어뜨려라. 나는 결코 너를 조금이라도 비난하지 않으리.

Je suis content de ma conduite; je me serais repenti plus tard. (…) enferme-moi toute la vie dans une prison obscure, (…) ou arrache-moi un oeil jusqu'à ce qu'il tombe à terre, je ne te ferai jamais le moindre reproche ;

– 두 번째 노래Chant deuxième, 3절, p. 84

이렇게 '가한 악'과 '당한 악' 사이의 애매성은 가해자와 피해자, 선과 악을 뚜렷이 가를 수 없는 것으로 만든다. 즉 말도로르는 타인에게 냉소와 폭력을 가하더라도 그것을 궁극적으로 자기 자신으로 귀결시키고 있으며, 한없이 약한 인간 존재를 경멸하다가도 강한 자들에 대항하여 약한 자들의 편을 드는 연민의 모습도 보인다. 이에 블랑쇼는 로트레아몽의 악이 "원시적 열정과는 거리가 멀"며, "불의에 대한 저항, 선의에 대한 기욺, 도착적이거나 나쁜 의도가 없는 고양"이라는 특징을 지니기 때문에 사디즘과 거리가 멀다고 설명한다(Blanchot, 1949: 267-268).

사실 '말도로르Maldoror'라는 이름 안에도 이러한 양가성이 내재되어 있다. 'Maldoror'에는 '악mal'이라는 단어가 내재되어 있다. 또한 이 말 안에는 메아리처럼 번갈아 울리는 모음 o와 격음 r의 음상이 강한 여운과 함께 부드러움과 거칢을 동시에 환기시킨다. 이 이름은 '악이 잠자다 그러나 'Mal dort, or'라는 의미심장한 문장이 내재되어 있다고도 생각해볼 수 있다. '그러나or'를 따로 분절해내어 읽을 수 있는 까닭은 위에서 설명한 것처럼 악에 대한 그의 태도가 모호하기 때문이다.

그는 가장 본능적이고 동물적인 악의 행위가 가장 정신적인 행위를 원인으로 가지고 있다고 설명하기도 한다.

> 여기저기 뛰어다니느라 몹시 피로해져서 거의 죽을 정도가 된 개들은, 몇 시간 후에 혀를 입 밖으로 빼어 물고, 자신들이 무엇을 하는지도 모른 채, 서로에게 돌진하여 믿을 수 없는 속도로, 서로를 수없이 조각내어 찢어버린다. 그들은 잔인성으로 그렇게 행동하는 것이 아니다. 어느 날, 정기 없는 눈으로, 나의 어머니가 내게 말했다. "네가 침대 속에 있을 때, 벌판에서 개들이 짖는 소리를 들으면, 이불 속에 숨고, 그들이 하는 짓을 조롱하지 말아라. 그들은, 너와 나처럼, 창백하고 긴 얼굴의 나머지 인간들처럼, 무한의 채울 길 없는 갈증을 가지고 있다."
>
> Après quelques heures, les chiens, harassés de courir çà et là, presque morts, la langue en dehors de la bouche, se précipitent

les uns sur les autres, sans savoir ce qu'ils font, et se déchirent en mille lambeaux, avec une rapidité incroyable. Ils n'agissent pas ainsi par cruauté. Un jour, avec des yeux vitreux, ma mère me dit : "Lorsque tu sera dans ton lit, que tu entendras les aboiements des chiens dans la campagne, cache-toi dans ta couverture, ne tourne pas en dérision ce qu'ils font : ils ont soif insatiable de l'infini, comme toi, comme moi, comme le reste des humains, à la figure pâle et longue."

– 첫 번째 노래Chant premier, 8절, p. 54

로트레아몽은 추락과 악행의 원인이 바로 무한의 채울 길 없는 갈증 때문이라는 새로운 의식을 표명하고 있다. 무한에의 갈망은 낭만주의 시인들과 보들레르에서 표현되는 중심 주제였다. 그런데 로트레아몽은 독특하게도 무한의 채울 길 없는 갈증이 모든 살아 있는 생물들을 잔인하게, 악을 저지르게 만든다는 사유를 전개하고 있는 것이다. 이와 더불어 이 악행을 강조하는 시인은 시집의 곳곳에서 천사와 사랑스러운 눈길을 마주치기도 하고, 교회의 구석구석을 비추고 있는 램프의 아름다움을 드러내기도 한다. 또한 마치 선과 악을 대비시키듯이, 시인은 온갖 추악한 야성의 동물들과 더불어 "향유고래 한 마리가 바다 밑에서부터 조금씩 올라와서, 이 고독한 해역을 지나가는 배를 보기 위해 물 위로 제 머리를 드러낸다. 호기심은 우주와 함께 생겨났지"(p. 56)라는 시구를 통해 호기심 가득한 고래와 같은 동물을 등장시킨다. 이러한 지점에서 시인은 선과 악의 경계를 없애면서 말도로르로 하여금 그 모두를 아우르는 더 큰 존재가 되게 하고 있다.

이는 “같은 말, 같은 행위 속에서 진실과 거짓, 선과 악, 빛과 어둠을 함께 낳는다”(Hoeller, 2006)는 융의 아브라삭스Abraxas적인 투영이라 할 수 있겠다.

시인은 두 번째 노래에서 “이 노래가 견고하고 곧은 발걸음으로, 의식의 어두운 구석과 비밀스런 감수성을 향해 가는 것을 보았다”(p. 79)고 말한다. 이를 통해 그는 우리들의 의식의 심연 아래 크게 자리하고 있는 무의식을 환기해낸다. 그는 ‘저항’의 행위와 ‘악’의 노래를 통해 의식의 수면 아래 잠겨 있는 본능, 광기, 욕망 등의 무의식의 세계에 관심을 갖기를 촉구하며, 그것들이 지니는 폭발적인 힘을 보여준다. 이는 세계와 자신의 무의식을 투영하는 바다의 이미지로 본격적으로 형상화되고 있다.

4. 바다의 이미지와 무의식의 심연

앞 절에서 동물로 비유된 인간은 자연의 영역에 이르면 대양으로 이미지 변용을 한다. 대양은 반항으로 가득한 이 시인의 중심적 공간으로 선과 악, 삶과 죽음, 의식과 무의식의 대립적인 요소들을 포괄하는 이중성의 공간이다.

> 오래된 대양이여, 그대는 동일성의 상징이다. 언제나 그대 자신과 동일하다. 그대는 근본적으로 변하지 않는다. 그래서 그대의 파도가 어디에선가 성내고 있다 해도 더 멀리, 또 다른 지역에서는 가장 완벽한 고요 속에 있는 것이다.

Vieil océan, tu es le symbole de l'identité : toujours égal à toi-même. Tu ne varies pas d'une manière essentielle, et, si tes vagues sont quelque part en furie, plus loin, dans quelque autre zone, elles sont dans le calme le plus complet.

– 첫 번째 노래Chant premier, 9절, p. 57

시인은 대양의 동일성에 주목하고 있다. 동일하다는 말은 한결같이 그 정체성을 유지한다는 의미로 해석된다. 바다는 그 속에 '성냄'과 '고요함'의 대립항을 동시에 품고 있으면서도 완벽한 동일성을 보여준다. 사나우면서도 고요한, 잔인하면서도 위안을 주는 대양은 모순적이고 양가적인 면을 함께 내포한 말도로르의 무의식의 세계를 반영한다.

비극은 끝난 듯 보이고, 대양이 모든 것을 자신의 배 안에 넣은 것 같다. 그 주둥이는 어마어마하다. 그것은 미지의 방향인 아래쪽이 커다람에 틀림없다. (…) 피로로 인해 뒤처진 황새 몇 마리가 제 날갯짓을 멈추지 않으며 이렇게 외치기 시작하는 것이 보인다. "저런… 저 주둥이는 못됐구나. 아래에 검은 점들이 있었는데, 내가 눈을 감았더니, 그것들이 사라져버렸다." 오래된 대양이여, 나는 그대에게 경의를 표한다!

Il paraît que le drame est fini, et que l'océan a tout mis dans son ventre. La gueule est formidable. Elle doit être grande vers le bas, dans la direction de l'inconnu! (…) quelque cigogne, attardé par la fatigue, qui se met à crier, sans arrêter l'envergure de son vol : "Tiens! … je la trouve mauvaise! Il y avait en bas des points noirs ; j'ai fermé les yeux : ils ont disparu." Je te salue, vieil océan!

– 첫 번째 노래Chant premier, 9절, p.60

대양이라는 공간은 인간처럼 '배'과 '주둥이'를 가졌으며 말도로르의 잔혹한 이미지를 반영하면서 그와 형제가 되고 공모자가 된다. 또한 때로는 모든 것을 삼켜버리고 죽음에 이르게 하는 바다의 잔인함, 그리고 난폭한 속성을 보여준다. 바다는 잔잔하고 아름다우나 때로 잔인해질 수 있는 것이다. 그것 때문에 인간은 비극을 지각한다. 이 거대한 대우주의 공간은 시인의 상상력 속에서 인체어를 지칭하는 언어로 전이되고 있다. 모든 것을 삼켜버리는 입, 난폭한 잔인성 앞에서 시인은 못된 "주둥이"라는 속어로 바다를 동물화하고 있다. 모든 것을 삼켜버리고 적멸寂滅에 이르게 하는 바다를 두려워하면서도 시인은 그 바다에 "경의를 표하"는 이중적 태도를 보여주고 있다.

대양은 치유의 중심 공간이 되기도 한다. "대양이여, 나는 그대에게 경의를 표한다!"라는 느낌표의 문장은 이 시집에서 대양의 다양한 이미지가 등장할 때마다 거의 공통적으로 반복된다. 그가 즐겨 사용하는 이 반복의 수사법은 대상을 명징하게 부각시키는 동시에 독자로 하여금 강렬한 시의 메시지에 집중하게 한다. "대양이여"라는 부름은 반복되는 형태의 주술적 기능을 통해 대양에 대한 찬미의 느낌과 열정을 고조시킨다. 일찍이 카뮈는 "그의 조국은 오래된 대양이다. 이중의 상징인 대양은 절멸의 장소인 동시에 화해의 장소이다. 대양은 자아와 타인들에 대한 멸시에 골몰한 영혼들의 격심한 갈증, 즉 더 이상 존재하지 않고 싶은 갈증을 그 나름대로의 방식으로 달래준다"(카뮈, 2003: 149)고 지적한 바 있다. 로트레아몽에게 있어 대양은 선과 악, 거칢과 아름다움이 함께 어우러져 이루어지는 크고 보편적인, 그리고 보다 근원적인 양상을 포함하는 다의적 존재로서의 대상인 것이다.

> 수정 같은 파도의, 오래된 대양大洋이여, 그대는 소년 수부들의 멍든 등 위에 보이는, 그 푸른 빛 흔적들과 상당히 비슷하다. 그대는 지구의 몸 위에 찍혀 있는 하나의 거대한 푸른 멍이구나. 나는 이런 비유를 좋아한다. 그래서, 그대를 얼핏 보면, 그대의 감미로운 미풍의 속삭임 같은, 슬픔으로 길어진 한 줄기 숨결이, 지울 수 없는 흔적을 남기면서, 심히 동요된 영혼 위로, 지나가고, 그리고, 그대는 연인들의 추억에, 인간의 험했던 시초始初를 상기시켜주는데, 사람들이 언제나 그것을 알아채는 것은 아니다. 그 시초에 인간은 고통을 알았고, 그 이후 고통은 인간을 떠나지 않고 있다. 오래된 대양이여, 나는 그대에게 경의를 표한다!
>
> Vieil océan, aux vagues de cristal, tu ressembles proportionnellement à ces marques azurées que l'on voit sur le dos meurtri des mousses ; tu es un immense bleu, appliqué sur le corps de la terre : j'aime cette comparaison. Ainsi, à ton premier aspect, un souffle prolongé de tristesse, qu'on croirait être le murmure de ta brise suave, passe, en laissant des ineffaçables traces, sur l'âme profondément ébranlée, et tu rappelles au souvenir de tes amants, sans qu'on s'en rende toujours compte, les rudes commencements de l'homme, où il fait connaissance avec la

douleur, qui ne le quitte plus. Je te salue, vieil océan!

- 첫 번째 노래Chant premier, 9절, pp. 56-57

투명하고 흰 파도와 미풍, 연인들의 추억이 숨 쉬고 있는 이 대양에는 순수하고 맑은 영상들이 집결되어 있다. "수정 같은 파도"는 물빛의 투명함을 응축함으로써 보석이 되어 빛난다. 그러나 아름다운 바다는 소년 수부들의 등에 맺힌 "푸른 멍"으로 은유화되면서, 바다의 푸른색은 인체의 피부에 맺힌 피로 유추된다. 살아가기 위해 인간들이 겪는 노동과 수고는 고통을 동반한다. 특히 어리고 연약한 소년 수부의 등에 맺힌 '멍'은 어른의 그것보다 훨씬 더 참혹한 느낌을 준다. 그리하여 '감미로운 미풍'은 '슬픔의 숨결'로, '연인들의 추억'은 인간의 고통으로 비극화되고, 바다의 격랑은 나약한 인간의 "심히 동요된 영혼"으로 그 유한성이 강조되고 있는 것이다. 대양은 우리 영혼의 가장 어두운 부분에 자리 잡은 '무겁고' '깊고' '꿰뚫을 수 없는' 죽음과도 같은 장소를 의미함과 동시에 인간의 무의식을 환기시킨다.

그대는 가장 무겁고, 가장 긴 수심 측량기도 도달할 수 없는 것으로 인지된, 그런 심연을 지니고 있다. (…) 대양과 인간의 마음 그 둘 중 어느 것이 더 깊고, 더 꿰뚫을 수 없는 것인가?

tu en as que les sondes les plus longues, les plus pesantes, ont reconnu inaccessibles. (…) quel est le plus profond, le plus impénétrable des deux : l'océan ou le coeur humain?

- 첫 번째 노래Chant premier, 9절, pp. 58-59

바다와 인간의 마음은 심연이라는 공통항을 가진다. 심연은 특히 인간의 무의식의 영역과 닿아 있다. 물의 표면으로 형태를 보이는 가시적인 의식의 세계와는 달리, 물밑의 한량없이 넓고 깊은 거대한 부분이 바로 인간의 무의식이다. 융에 의하면 무의식은 개개인의 삶의 가장 중요하고 현실적인 부분으로, 의식의 위대한 안내자이자 지도자다. 그는 심연의 물이 무의식을 상징하면서 죽음을 의미한다고 풀이한다.[7] 이런 의미에서 심연과도 같은 대양은 인간이 만든 제도의 정해진 모든 것에 반항하는 이 시인의 한없이 깊고 어두운 곳에 자리하면서 이성으로 제어할 수 없는 다면적이고 복합적인 힘을 내포하고 있다.

앞에서 살펴본 것과 같이 대양은 선과 악, 삶과 죽음, 의식과 무의식, 자연과 인간 사이를 오가는 양가성을 지닌 것이다. 대양을 대하는 이 시인의 태도 또한 이중적이다. 대양은 창조주와 동격이 되기도 하고, 인간과 동격이 되기도 하고, 동물과 동격이 되기도 한다. 이 상관관계는 모든 규정지어진 것에 반항하는 시인에 의해서 끊임없이 역전되고 있다. 대양의 이미지가 내포하는 악의 양가성과 무의식의 영역은 로트레아몽을 계승한 초현실주의자들에 의해 본격적으로 탐색된다. 또한 선과 악을 대립적으로 파악했던 선배 시인들과는 달리 모든 대립물이 결합된 불분명한 상태의 존재성과 선과 악의 복합성에 대한 로트레아몽의 사유는 『말도로르의 노래』에서 특히 가학과 피학, 고통과 쾌락, 분노와 절망이 어우러진 소리라는 청각적인 심상

7 "죽음에 닿는 무한한 깊이, 인간 느낌의 내면세계와 존재의 외부 질서 사이에는 확고하고 합리적인 구분이 부재한다. 그것은 초자연적인 힘이며, 영혼이나 불가해한 힘에 의해 지배받는 것이다"(융, 1983: 18).

으로 표현된다.

5. 악의 창조적 승화와 시적 유추의 힘

시인은 악을 묘사할 때 감각 중에서도 특히 청각과 근육 감각을 동원한다. 가장 본능적이고 야성에 가까운 원시적인 감각을 동원하는 것이다. 『말도로르의 노래』를 가득 채우는 소리는 인간, 동물, 자연, 창조주를 막론하고 세상에 존재하는 모든 것이 자신의 존재를 알리며 저마다 내지르는 소리이다. 인간이 경험하는 온갖 감정과 연관되어 있는 이러한 소리들은 『말도로르의 노래』와 악을 다룬 다른 저작들을 구분하게 하는 독특한 특징이라 할 수 있다.

> 호랑이의 머리를 한 용이 그 숲을 깨우는 고함소리를 내지르는 동안
>
> tandis que le dragon, à la tête du tigre, pousse des beuglements qui réveillent les forêts
>
> – 세 번째 노래Chant troixième, 3절, p. 143

> 고통스럽게 길게 이어지는 이러한 류의 개의 짖음
>
> ces sortes d'aboiements douloureux et prolongés
>
> – 두 번째 노래Chant deuxième, 9절, p. 104

> 그 구슬픈 스침소리로 인간을 슬프게 하는 바람
>
> le vent, dont les sifflements plaintifs attristent l'humanité

– 첫 번째 노래Chant premier, 10절, p. 62

결국 억눌린 나의 가슴은 생명을 주는 공기를 충분히 빠르게 호흡할 수 없었으므로, 내 입술은 반쯤 열렸고 나는 그 사이로 소리를 내질렀다… 아주 찢어지는 외침소리를…

A la fin, ma poitrine oppressée, ne pouvant chasser avec assez de vitesse l'air qui donne la vie, les lèvres de ma bouche s'entrouvrirent, et je poussai un cri… un cri si déchirant…

– 두 번째 노래Chant deuxième, 8절, p. 98

그러나 정신은 끊임없이 긴장되고 압축된 사고로 인해 고갈되고, 한 떼의, 아귀아귀 먹는 홍학들과 굶주린 왜가리가 늪가의 등심초를 덮치러 올 때의, 늪의 개구리처럼 울부짖는다.

Mais, l'esprit se dessèche par une réflexion condensée et continuellement tendue ; il hurle comme les grenouilles d'un marécage, quand une troupe de flamants voraces et de hérons affamés vient s'abattre sur les joncs de ses bords.

– 다섯 번째 노래Chant cinquième, 3절, p. 196

로트레아몽은 기선을 제압하는 강한 동물의 고함소리, 고통에 사로잡힌 동물의 외침소리 등과 같이 외부에서 들려오는 큰 소리들뿐 아니라, 인간의 피부와 귀로 파고들면서 인간의 감정을 흔드는 미세한 바람의 소리까지 형상화한다. 또한 분노에 사로잡혔을 때와 정신적인 고통을 겪고 있을 때, 자신의 내부에서 우러나오는 소리들에도 집중한다. 길게 이어지기도 하고, 찢어지는 소리를 내기도 하며, 그 파장으로 숲을 깨우기도 하는 이러한 소리들은 그것만의 독특한 리듬과 파장을 전달한다.

모든 산 것들은 소리를 낸다. 인간도 마찬가지다. "전장에서 죽음에 임박한 부상자들이 내지르는 날카로운 헐떡임 소리와 비슷한, 그의 숭고한 외침소리"(p. 50)가 잘 들려주듯이, 온갖 살아 있는 것들의 고통에 찬 이러한 외침은 동물들이 지닌 영원한 불안감과 연관된다. 동물들은 대체로 외침, 절규, 외마디 소리와 함께 움직인다. 가해자인 동물들은 먹이를 사냥할 때 집중하여 온 힘을 다하면서, 또는 먹잇감을 겁주려는 위협의 목소리로 무시무시한 소리를 낸다. 마찬가지로 피해자인 동물들이 먹힐 때에도 죽을힘을 다해서 절규한다. 가해자와 피해자의 외침이 뒤섞인 이러한 소리는 초현실주의 시인 아라공에 의하면 "창자에서 끓어오르는 외침소리"(Aragon, 1967)로, 말도로르의 노래의 중요한 특징이 된다. 여기에 나오는 겨울바람이 신음하는 소리, 사람의 장중한 신음소리, 매음의 날카로운 한숨소리, 자연을 공포에 사로잡히게 하는 동물들의 울부짖음, 나뭇잎 사이에서 초췌한 음조로 신음하는 바람소리까지 아우르는 이 모든 소리들은 갈증, 불안, 광기를 상징한다. 시인은 자연의 섭리 속에서 인간과 동물의 운명적인 동일성을 발견하고 있는 것이다.

그러면서 그는 인간의 조화로운 노랫소리에 대해서는 깊은 혐오감을 표명한다. "소프라노의 목소리를 가진 여자가 떨리는 선율적인 음을 내면 (…) 나의 귀에서는 연속 포격기에 대한 경고소리가 울리는 것 같다"(p. 96)고 하면서 소리에 대한 보편적 감각을 전도시키고 있다. 대신에 그는 본능과 절규, 소음에 가까운 소리들에 귀를 기울인다.

오! 그대가 차가운 산꼭대기에서 눈사태가 일어나는 것을 들을 때, 암사자가 불모의 사막 한가운데서 그의 소중한 어린 새끼들이 사라진 것을 신음하는 소리를 들을 때, 태풍이 자기의 생애를 끝내는 소리를 들을 때, 사형수가 목이 잘리기 전날 밤 감옥에서 우는 소리를 들을 때, 그리고 광폭한 문어가 항해자들과 난파자들에 대한 자신의 승리를 바다의 파도에게 이야기하는 것을 들을 때는, 그 장엄한 목소리들이 인간의 비웃음보다 더 아름답지 않느냐고 말하라!

Oh! quand vous entendez l'avalanche de neige tomber du haut de la froide montagne ; la lionne se plaindre, au désert aride, de la disparition de ses petits ; la tempête accomplir sa destinée ; le condamné mugir, dans la prison, la veille de la guillotine ; et le poulpe féroce raconter, aux vagues de la mer, ses victoires sur les nageurs et les naufragés, dites-le, ces voix majestueuses ne sont-elles pas plus belles que le ricanement de l'homme!

– 두 번째 노래Chant deuxième, 8절, pp. 99-100

시인은 악과 연관하여 인간 및 세계에서 벌어지는 온갖 사건을 '소리'로서 경험하게 하고 있다. 그것은 위 예문에서 보는 것처럼 천재지변에서 기인하는 소리, 짐승의 모정에서 기인하는 고통의 소리, 죽음을 앞둔 범죄자의 울음소리 등 다양한 원인, 다양한 상황에서 나는 소리이지만 모두 인공적인 것과는 거리가 먼, 자연스러운 상황에서 가장 솔직히 내는 소리라는 공통점을 가지고 있다. 이를 시인은 '장엄한 목소리'라고 말하며 그가 거부하는 냉담한 인간의 인위적인 소리와 구분한다.

악은 "추상적인 개념이 아니라 구체적이고 직접적인 개념"이며, "울부짖는 목소리는 들리게 마련"(러셀, 2001: 17)이므로, 로트레아몽은 의도적으로 우리로 하여금 온갖 울부짖는 목소리를 듣게 하는 것이다. 그리하여 사람들은 감정적으로 타인의 고통을 알게 되고, 악을 이해하고 악의 문제와 맞서려는 의무감을 갖게 될 것이다. 그게 바로 앞서 인용한 "독자에게 치료제로서 선을 바라도록 하기 위해서" 시인이 음역을 과장한 부분인 것이다.

시인은 동일한 문장을 4~5번 반복하여 시적 이야기들을 전개함으로써 이러한 소리들이 어우러진 악의 풍경을 강조한다. 가령 첫 번째 노래에서는 한 평온한 가정에 닥칠 운명의 소리와 불행의 소리를 "나는 멀리서 가장 비통한 고통의 긴 외침소리를 듣는다"(pp.65-66)라는 문장을 여러 번 반복하여 표명한다. 또한 두 번째 노래에서는 인간 존재의 비극성을 집약하는 '가라앉는 배'라는 강렬한 상징적 모티브를 사용하여 "그 조난선은 경포를 쏘지만 배는 천천히… 그리고 장엄하게 침몰하고 있다"(pp.117-119)라는 문장을 마찬가지로 반복하여 강조한다. 또한 그는 "배에 탄 사람들이 그대들도 아는 절망에 짓눌려 있는 동안, 폭풍 치는 한가운데, 칠흑 같은 어둠 속에서 번갯불이 잠깐 쉴 때, 배가 침몰하는 것을 보지 못한 자, 그런 사람은 인생의 파란을 모른다"(pp.117-118)라고 말하면서 그 비극적인 장면을 집약해서 보여준다. 마치 음악에서 계속 변주를 해가는 가운데 중심 모티브를 반복시키는 것처럼, 자신의 중심 주제를 반복시키는 것이다. 그는 그 고통의 결말을 지켜보면서 그 가운데서 들려오는 소리에 집중한다. 그것은 "인간이 자신의 능력을 포기할 때 내지르는 외침소리", "두려움으로 미쳐버린 어느 노파의 고함소리", "젖먹이 아이의 외치는 소리", "폭풍이 내게 전해주는 신음소리"(pp. 118-119)로 극도의 혼돈이 빚어내는 불협화음이다.

그가 이러한 고통의 외침소리와 비극적인 풍경을 묘사할 때 자주 사용하는 '장엄한majestueux' 혹은 '숭고한sublime'이라는 형용사는 시인이 의도하는 새로운 미학을 보여준다. 1800년대까지 유행했던 에드문트 버크와 낭만주의자들의 숭고의 개념은 단순한 미와 대조되는 것으로, 자연에서의 숭고는 "장엄, 불분명함, 광대함, 결핍, 그리고 웅대함으로 나타나고, 주로 체험자들의 두려운 경험이 동반"(러셀, 2001: 274)되었다. 또한 "공포, 고통, 위험, 영웅주의가 가장 심오하고 강력하게 인간의 감성을 건드리고 최상의 인간 정신을 나타내는 것"(러셀, 2001: 274)으로 생각되었다. 이와 같이 낭만주의자들이 역경을 이겨낸 인간의 영웅주의적 숭고미를 형상화하고자 했다면, 로트레아몽은 의식과 의지를 넘어서 숙명에 처한 존재의 내면과 무의식 저 밑바닥에서 올라오는 인위적이지 않은 가장 솔직한 소리가 주는 감동을 강조하고 있다. 다시 말하면 영웅의 비범함이 아니라, 인간이기 때문에 자연스럽게 휩싸이는 광기와 본능, 체념과 굴복, 고통의 절정의 순간을 '장엄함'과 '숭고미'로 전면화했던 것이다. 자신의 의지와는 상관없이 이 세상에 왔다가 사라지는 존재의 숙명처럼, 로트레아몽이 우리에게 들려주는 이러한 소리들은 크게 들렸다가 점점 희미하게 사라진다. 불어에서 'mal'은 '악'과 더불어 '고통'을 의미하는데, 로트레아몽은 이러한 이중의 의미를 함께 환기시키고 있다. 그가 자주 드는 바다의 비유처럼, 그는 악과 고통을 밀물과 썰물의 리듬으로 그려내는 것처럼 보인다. 주기적으로 밀려왔다 밀려가는 파도처럼, 어디선가 들려왔다 어느새 사라지는 소리처럼, 고통도 밀려왔다가 멀어진다. 그 리듬과 선율이 로트레아몽의 '악의 노래'로 창조적으로 승화되고 있는 것이다.

초현실주의 시인들은 원초적인 힘에서 오는 창조적이고 강력한 이미지를 지닌 시를 썼다는 점에서 로트레아몽을 주목했다. 그들은 『말도로르의 노래』를 "인간의 가능성을 능가하는 것 같은 폭로적 표현"이라 평가하며 의미 부여한다. 그들은 말도로르의 변신의 이미지의 핵심을 로트레아몽의 수사법적인 특징에서 발견하고 있다.

> 네 번째 노래를 시작하려 하는 것은 바로 한 명의 인간 또는 한 개의 돌 또는 나무 한 그루이다.
>
> C'est un homme ou une pierre ou un arbre qui va commencer le quatrième chant.
>
> – 네 번째 노래Chant quatrième, 1절, p. 157

엘뤼아르는 이 첫 구절[8]에서 '또는'이라는 연결어에 특히 주목한다. 그 연결어에 화가들이 결코 따라 할 수 없는 시적 변신의 힘이 내재되어 있다는 것이다. 이를 통해 인간, 광물, 식물의 경계가 자연스레 무너지게 된다. 어느 하나를 규정하지 않고, 어느 한곳에도 머무르지 않는 말도로르처럼, 시인은 "항상 다른 것을 생각하는 사람"이며, "기괴함은 그에게 친숙하며 선험적인 계획은 그가 알지 못하는 것"(Eluard, 1968: 1939)이다. 이와 더불어 초현실주의자들은 로트레아몽의 비유

---

8 이 구절에 대해 미셸 피에르센Michel Pierssens은 자네트Janet가 1865년에 쓴 "신은 인간도 식물도 돌도 아니다"라는 구절과 대비시키면서 신에 대한 전면적인 거부의 의미로 분석하고 있기도 하다(Pierssens, 1984: 112-113 참조).

들의 대담한 충돌에 열광했다. 로트레아몽은 '악'의 이미지를 펼쳐냄에 있어서 특히 시적 조롱과 같은 문채를 사용했으며, 여섯 번째 노래의 서문에서 "놀라운 경악의 감정"(p. 221)을 독자에게 촉발하고자 하는 의도를 표방한 바 있다. 이는 초현실주의의 '검은 유머humour noir'의 개념으로 계승된다.[9] '검은색'은 전복적인 성격을 지녔으며, 검은 유머는 우리의 정신이 잔혹하고 부조리한 현실에 순종하기를 거부하는 차원 높은 반항의 형태이다. 검은 유머는 "현실의 일관성을 부수고, 현실의 재현을 무너뜨린다. 세상의 모든 가치를 부인하며 그것을 하찮은 것으로 만든다. 모순과 논리적 왜곡을 촉발시키고, 아이러니컬한 인과 관계, 부조리한 합리성을 야기한다"(Abastado, 1986: 59-60). 검은 유머를 사용하는 자는 "겉으로는 세계와 타협하는 척하면서, 자신의 분노와 비탄 등을 보편적인 메커니즘으로 옮겨놓아 세계의 적의에 복수한다"(신현숙, 1992: 102).

로트레아몽적인 검은 유머의 극치는 초현실주의가 찬미한 그의 대표적인 문체인 '~처럼 아름다운beau comme'에서 나온다. 세 번째 노래 1절에서 마리오의 얼굴은 "선인장의 꽃처럼 아름다우며"(p. 135), 다섯 번째 노래 2절에서 환상環狀 돌기가 없는 뇌를 가진 인간은 "곤충의 길고도 가느다란 촉수처럼, 아니 오히려, 서둘러 행해진 매장처

9 1940년 브르통은 『검은 유머 선집』에 이지도르 뒤카스를 등재시킨다. 그는 "로트레아몽 백작의 검은빛이 지닌 찬란한 문채"를 찬미하면서, 특히 로트레아몽이 사용한 어조에 주목하는데, 그것은 다시 시작하는 것으로 특징 지워진다. 그는 말한다. "언어가 언어와 관계를 맺고, 사물이 사물과 관계를 맺게 하는 그런 경계들은 무너졌다. 인간의 해방을 포함한 총체적인 해방을 지향하면서, 영원한 이동의 원칙이 생각과 사물에 엄습했다. 이에 관해, 로트레아몽의 언어는 유례없는 발아하는 플라스마이자 용매溶媒다"(Breton, 1940: 175).

럼, 또는, 절단된 기관을 재건하는 법칙처럼, 그리고 특히, 아주 잘 부패하는 용액처럼, 아름답게 보였다!"(p.192)[10] 또한 여섯 번째 노래 3절에서는 초현실주의자들이 자신들의 강령으로 삼은 시구 "해부대 위의 재봉틀과 우산의 우연한 만남처럼 아름답다!"(pp.224-225)라는 시구가 등장하며, 4절에서는 말도로르 자신의 외모에 대한 다음과 같은 평가가 나온다.

> 나는 내가 아름답다고 생각한다! 비교적 짧은 요도관과 내벽의 분열 또는 내벽의 부재 가운데 나타나며, 따라서 요도관이 음경 아래, 귀두의 일정치 않은 거리에서 열리는, 인간의 성적性的 기관의 선천적 기형처럼 아름답다. 또는, 칠면조 수컷의 윗부리가 시작되는 곳 위로 솟아 있는, 꽤 깊게 가로로 파인 주름들로 고랑이 진, 원추형 모양의, 두툼하게 늘어진 군살처럼 아름답다.
>
> et je me trouve beau! Beau comme le vice de conformation congénital des organes sexuels de l'homme, consistant dans la brièveté relative du canal de l'urètre, de telle sorte que ce canal s'ouvre à une distance variable du gland et au-dessus du pénis ; ou encore, comme la caroncule charnue, de forme conique, sillonnée par des rides transversales assez profondes, qui s'élève sur la base du bec supérieur du dindon.
>
> – 여섯 번째 노래Chant sixième, 4절, p.235

---

10 바슐라르는 이를 "비유는 당연히 변신과 연결되어 있고, 상상력의 지배 속에서 존재의 변신은 이미 상상력 한가운데로의 적응임을 보게 된다"고 설명한다(바슐라르, 1985: 58).

'~처럼 아름다운'이라는 시적 유추의 원리는 초현실주의적 이미지론으로 계승된다. 브르통에게 가장 강렬한 이미지는 "자의성의 정도가 가장 강한 것"이며, "일상적인 언어로 번역하기에 가장 오랜 시간이 걸리는 이미지"이다. 브르통은 그러한 이미지가 촉발하는 놀라움의 미학을 '경련을 일으키는 아름다움'이라고 지칭한다(Breton, 1972: 52).

로트레아몽은 수사법을 끝없이 전복시키는 수법으로 미의 새로운 영역을 개척한다. 비교하는 것과 비교되는 것 간의 의미론적, 논리적, 문법적, 문화적 거리를 유발함으로써 놀라움을 촉발하고 있다. 그는 사실에 대한 수정을 되풀이하고 있고, 비유하는 것들을 증가시켜서 지시하는 것을 해석하려는 시도를 혼란스럽게 만들고 있다. 이를 통해 전통적인 아름다움의 기준이나 서정시적 요소가 전복된다. 엘뤼아르는 로트레아몽 이후 "아름다움이나 추함은 별로 필요 없"으며, "힘이나 우아함, 부드러움이나 야만스러움, 단출함이나 수많음"(Elaurd, 1968: 37)에 대해 사유해야 함을 밝히고 있다.

세르주 보디피에Serge Baudiffier는 로트레아몽을 "검고 얼어붙은 유머를 지닌 유머러스한 사드"(Baudiffier, 1992: 21)라고 규정한다. 로트레아몽의 검은 유머는 의식적으로 통제할 수 없는 무의식의 어두운 힘을 자연스럽게 드러내는 미덕을 갖고 있다. 그는 악마적인 농담, 신랄한 아이러니, 일견 기괴하고 터무니없어 보이는 이미지들을 통해서 인간 영혼과 육체의 가장 혐오스러운 곳까지 모두 폭로하고 있다. 그리하여 모든 미학적, 도덕적 가치를 조롱하고, 고통, 외침, 연민, 도발, 쾌락, 기만 등의 다양한 감정이 동시에 들어 있는 독창적인 악의 이미지를 그려냈다. 절대로 웃지 않는 말도로르라는 인물을 형상화하면서도, 시인 자신은 검은 유머를 통해 진지함과 위악적인 태도를 넘나들며 시인과 독자 간의 긴장된 거리를 유지함으로써 악에 대한 주제를 치밀하고 입체적으로 펼쳐낸 것이다.

악에 대한 집요한 그의 탐색은 인간에 대한 혐오감, 부모와 창조주에 대한 항거, 즉 인간보다 큰 존재에 대한 부정, 그리고 관습화된 사회에 대한 저항에서 연유한다. 로트레아몽은 인간을 '해충', '황갈색 짐승', '찬탄할 만한 개구리' 등으로 부른다. 인간을 대상으로 하는 그의 반항은 인간이 지닌 모든 속성에 대한 역겨움의 표현으로, 인간이란 잔인하고 변덕스러우며, 오만하고 위선적이라는 것이다. 그가 말도로르를 통해 동일화하고 있는 동물의 속성은 사나움과 잔인함으로 압축된다. 그것은 공격 의지, 힘의 능동성, 창조성 등의 상징으로 해석된다.

또한 그는 신체의 훼손, 절단, 해체 등을 통해 악을 적극적으로 행한다. 즉 그는 아름다운 것들을 추악한 존재로, 생명을 해체해서 죽음으로, 고통에 찬 비명으로 형상을 일그러뜨림으로써 악을 구체적으로 형상화하고 있다. 시인은 극도의 고통 속에서 인간이 내지르는 가장 본능적이고 솔직한 외침소리들을 자연의 소리들과 함께 어울려 들려줌으로써 '숭고하고 장엄한 것으로' 그려내고 있다는 점에서 새로운 악의 미학을 제시했다.

신체 기관에 기생하는 로트레아몽의 동물들이나 몸의 사물화, 상반되는 두 몸의 혼합, 머리카락에 대한 집착의 주제 등은 초현실주의 작품에 총체적으로 영감을 주었으며, 이로 인해 초현실주의자들은 인체를 동물, 식물, 광물, 사물 등 유기체의 여부와 상관없이 모든 낯선 것들과 자유롭게 혼합하기 시작했다. 이들은 분열되고 파편화된 몸, 혼종적인 몸, 과도하게 왜곡된 몸, 탐욕스러운 몸, 먹을 수 있는 몸, 성적 부분이 노출된 나체의 여성, 절단된 눈 등의 주제를 형상화했다.[11] 특히 로베르 데스노스의 시 작품 및 꿈의 산문들을 보면 말도로르적인 분노를 표상하는 찔린 상처, 흉터, 할퀸 자국, 상처 입은 몸, 빈사 상태의 죽음의 이미지로 가득하다. 그의 시에서 시적 자아는 "목 없는 사람들"로 형상화되는 참수된 사람들, 범죄자, 비열한 사람들, 모든 규칙의 위반자, 문명의 거역자, 비열한 살인마 등과 동일화된다.

로트레아몽의 악에 관한 탐색은 프랑스 시사詩史에서 비용, 뮈세, 보들레르, 랭보로 흐르는 악의 모티프와 연계성을 가진다. 특히 많은 부분 보들레르의 『악의 꽃들』을 계승하고 있는데, 그 특성은 크게 두 가지로 요약된다. 그 하나는 보들레르와 로트레아몽 모두에게 있어서 인간 본연의 모습이 선善이 아니라 악과 더 구체적으로 닿아 있다는 점이고, 다른 하나는 두 시인이 각각 '악의 꽃'과 '악의 노래'로 상징되는 악의 미학을 구축했다는 점이다. 그러나 로트레아몽의 독창적인 지점은 진정한 악과 냉소적인 악, 악에 대한 쾌감과 죄책감, 본능적인 행위와 정신적인 행위 사이의 애매성을 유발함으로써 선과 악의 경계에 관한 기존 개념을 무너뜨리고, 그 전도되는 역설적인 지점을 드러내고자 했다는 데 있다. 이를 계승한 로트레아몽 이후 작가들은 아름다움과 추함의 대립 개념에서 벗어나 선과 악, 강한 것과 연약한 것, 머물러 있는 것과 변화하는 것의 관계를 탐구하게 되며, 그 결과 로트레아몽을 선구자로 삼은 초현실주의는 '경련을 일으키는 아름다움'과 같은 새로운 미학을 정립하게 된다.

로트레아몽이 살인, 매음, 광기를 찬양하고, 창조주에 대한 도전

11 이에 관해서는 조윤경(2008: 45-78) 참조.

을 감행했듯이, 이를 한 걸음 더 밀어붙인 초현실주의는 자살, 살인, 분노, 광기, 성적 도착, 신성 모독 등의 금기시된 주제를 다루면서, 작품에서뿐 아니라 선언문, 팸플릿, 스캔들을 통해 사회적, 도덕적, 종교적, 인식론적 혁명을 전면화한다. 브르통은 '악'을 "그 형태 아래서 역사적 발전의 동력이 제시되는 것"이며, "특히 사디즘이 잘 보여주는 것처럼 원시적인 성행위에 내재된, 금지된 욕망들에 근거하는 것"(Lautréamont, 1938)으로 설명함으로써, 악의 존재 이유를 정당화한다. 살인과 살육의 전쟁을 눈앞에서 목도한 초현실주의자들은 인간과 세계 자체의 '잔혹함'을 전면화하려고 한다. 또한 초현실주의자들은 인간의 욕망과, 그 욕망의 가장 즉각적인 요구들에 충실하고자 했다. 따라서 성적인 욕망뿐 아니라 부도덕하거나 비난을 받는 욕망도 수용하며, 이 모든 것들은 관습화된 도덕에 대한 해방, 자유를 위한 혁명에 필연적인 요소이자 사회 제도의 붕괴를 초래할 것이라고 주장하고 있는 것이다.

3장

아폴리네르의 '새로운 정신'

1. 시집 『알코올』과 탈중심적 시 · 공간성

기욤 아폴리네르Guillaume Apollinaire(1880~1918)는 모더니티의 기수로, 세기 초의 '새로운 정신Esprit nouveau'을 구현한 시인이다.[1] 아폴리네르가 초현실주의에 가장 크게 기여한 바는 그가 '초현실주

1 그는 피카소, 드랭, 블라맹크 등 당대 아방가르드 화가들과 시인들의 친구였으며, 입체파 탄생 초기인 1904년 이후 예술가들의 회합 장소였던 몽마르트르의 '세탁선bateau-lavoir'의 모임에 참여했다. 그는 1909년 『썩어가는 마술사*L'Enchanteur pourrissant*』를 드랭의 목판화 일러스트레이션과 더불어 출판한다. 이 작품은 희곡, 시, 소설의 혼합물로, 원탁의 기사 이야기에서 빌려온 신화적인 등장인물들이 사랑의 살아 있는 힘들에 의해 영감을 받기도 하고 위협을 받기도 한다. 시인과 마술사가 동일화되는 이 작품에 훗날 초현실주의 시인들은 찬사를 보낸다.

의'라는 용어를 제공했다는 사실에 있다. 그는 자신의 희곡 『티레지아의 유방*Mamelles de Tirésias*』(1917)의 서문에서 처음으로 '초현실주의'라는 신조어를 사용했다. 아폴리네르는 여기에서 "희곡을 혁신하기 위해 나는 자연 그 자체로 돌아가되, 사진이 하는 방식으로 그걸 모방해서는 안 된다고 생각했다. 인간이 발걸음을 모방하고자 했을 때, 그는 다리하고 전혀 닮지 않은 바퀴를 창조했다. 그는 알지 못하면서 초현실주의를 실천했던 것이다"라고 언급했다. 이와 같이 아폴리네르는 삶 자체를 모방하지 않으면서 그 다양한 면을 환기시킬 수 있는 예술이라는 의미로 초현실주의를 사용했다. 일상 현실에서 촉발된 놀라움과 예언적인 차원을 의미한다는 점에서는 아폴리네르의 용어가 초현실주의 시인들의 개념과 일치하는 부분이 있다. 그러나 초현실주의 시인들은 여기서 더 나아가 우리가 보는 관습적이고 일상적인 현실에 가려진 다양한 차원의 다른 현실들을 더 극단적으로 탐사하면서, 초현실주의라는 용어에 일체의 질서와 논리, 윤리적 · 미학적인 고려에서 벗어난 인간의 해방이라는 의미를 담게 된다.

초현실주의 시인들의 선구자로서의 아폴리네르의 시적 면모는 그의 '새로운 정신'의 시학이 집약되어 있는 시집 『알코올*Alcools*』(1913)[2]에서 본격적으로 드러난다. 이 시집은 구두점이 없고, 다양한 길이로 되어 있으며, 어조와 주제가 혼성되어 있는 시들을 통해 세상에 대한 새로운 지각을 열어놓음으로써 초현실주의의 도래를 알린 시집으로 평가받고 있다.[3] 이 시집이 쓰인 시기에는 교통수단의 발달로

2 Guillaume Apollinaire, *Œuvres poétiques*, texte établi et annoté par Marcel Adéma et Michel Décaudin, Paris: Gallimard, 1965. 이하 괄호 안에 페이지 수만 표기.

3 이 시집에 수록된 시들은 연대기적으로 배열되어 있지 않다. 시인이 가장 나중에 쓴 「변

여행이 유행하고, 이로 인해 시공의 거리감, 속도, 국경의 개념이 바뀌게 되며 사람들은 삶이 빠르게 변하고 있다는 자각을 하게 된다. "시간과 공간은 어제 죽었다"라고 선언한 마리네티의 미래주의를 필두로 하여 아폴리네르를 비롯한 많은 아방가르드 예술가들이 시공의 변화를 형식적이고 내용적인 실험을 통해 그들의 작품에 투영시키게 된다. 가장 대표적인 유파가 입체파로, 피카소와 브라크 같은 입체파 화가들은 한 평면에 대상의 다면적이고 다각적인 모습을 담고, 여러 이질적인 형태의 조합을 표현함으로써 새로운 시각 언어를 창조했다. 입체파 화가들과 조우하면서 이들의 작업에 의미를 부여하는 데 기여하고, 이들과 서로 영향을 주고받은 아폴리네르는 '새로운 정신과 시인들'(1917)이라는 강연에서 "자신의 정신을 현실에 맞추고자 하는 시인의 욕망"에 대해 언급한다. 자신을 둘러싼 세계에 대해 시선을 던지고, 기술 발전의 시대를 시적 언어로 고스란히 담아낼 수 있는 새로운 정신을 역설한 것이다. 이와 더불어 그는 『알코올』에서 입체파 화가처럼 시공의 변화를 표현할 수 있는 시적 언어를 실험하고 있다.

이 시집을 여는 서시인 「변두리Zone」의 첫 시행 '결국 넌 이 낡은 세계가 지겹다'는 마리네티의 미래주의 선언에 필적할 만한 아폴리네르의 시적 선언이다.

두리Zone」(1912. 12)는 시집의 맨 앞에, 그보다 한 달 전에 쓴 「포도월Vendémiaire」(1912. 11)은 맨 끝에 위치한다. 시인은 가장 모던한 느낌의 이 두 시를 앞뒤로 놓고 그 사이에 전통적인 느낌의 시와 모던한 느낌의 시를 혼재시키고 있다. 또한 다양한 길이의 시, 다양한 어조와 주제가 혼성되어 있기도 하다. 「사랑받지 못한 사내의 노래La Chanson du mal-aimé」와 같은 300여 행에 이르는 긴 시와 「가수Chantre」와 같이 한 줄로 이뤄진 짧은 시, 「변두리」, 「포도월」 같이 '새로운 정신'이 전면화되어 있는 시와 「미라보 다리Le pont Mirabeau」와 같이 전통적인 서정성이 느껴지는 시가 교차되고 있는 것이다.

결국 넌 이 낡은 세계가 지겹다

양치기 처녀 오 에펠탑이여 오늘 아침 다리들橋의 양떼가 매에 매에 운다

너는 그리스 로마의 고대古代 속에 사는 게 지겨워진다

여기서는 자동차들마저 낡은 것처럼 보인다
종교만이 새로움을 유지한다 종교는
비행장의 격납고처럼 단순하다

유럽에서 오직 너만 낡지 않았다 오 기독교여
가장 현대적인 유럽인은 교황 비오 10세 당신이다

À la fin tu es las de ce monde ancien

Bergère ô tour Eiffel le troupeau des ponts bêle ce matin

Tu en as assez de vivre dans l'antiquité grecque et romaine

Ici même les automobiles ont l'air d'être anciennes
La religion seule est restée toute neuve la religion
Est restée simple comme les hangars de Port-Aviation

Seul en Europe tu n'es pas antique ô Christianisme
L'Européen le plus moderne c'est vous Pape Pie X (p. 39)

시인은 "결국 넌 이 낡은 세계가 지겹다"라는 선언을 통해 낡은 세계와 단절하고 싶은 욕망을 표방한다. 그 낡은 세계에는 그리스와 로마로 상징되는 고대의 유산뿐 아니라 자동차로 상징되는 당대의 모던한 산물도 포함된다. 에펠탑이 양치기 소녀가 되고 다리들이 양떼처럼 매에 우는 시구에서, 산업화된 세계와 자연 사이에 긴장이 창출된다. 이는 모더니티와 고대의 유산 사이에서 찢겨진 세계를 반영한다. 시인은 빠르게 변화하는 이 세계의 입장에서 볼 때 사람들이 말하는 새로운 세계조차도 진부하다는 생각을 펼치고 있는 것이다. 이를 통해 그는 낡음과 새로움에 관한 근원적인 질문을 제기하고 있다.

"종교만이 새로움을 유지한다"라거나 "가장 현대적인 유럽인은 교황 비오 10세"라는 시적 언술이 내포하는 바는 이중적이다. 이어지는 시구에서 인간과 인간의 발명품들과 신을 동일 선상에서 비유함으로써 시인은 새로움의 산물들이 종교를 대체하며 기존 종교는 이 새로운 세계 속에서 그 힘을 잃어가는 전통적인 생각으로 묘사한다. 그렇게 본다면 위의 언술은 반어적인 언술로 볼 수 있다. 실제로 교황 비오 10세는 신앙 무차별주의 및 상대주의와 같은 19세기 당시 대중적으로 널리 퍼져 있던 주류 사상에 맞서 위기에 처한 종교를 지키고, 믿음을 전파하고자 지속적으로 노력했다. 가톨릭 교리를 현대적으로 해석하는 것을 거부했으며, 오히려 전통적인 해석 및 관습을 계속 유지하도록 장려했다(Lejeune, 1995: 130). 즉 아폴리네르는 가장 전통적인 종교를 고수하는 비오 10세가 가장 모던하다고 역설적으로 언술한 셈이 된다.

그러나 다른 한편으로 이어지는 시구들에서 시인은 어린 시절 신실했던 자신의 신앙심에 대해 술회하고 이에 대한 그리움을 노래한다. 즉 시적 화자는 종교에 대해 냉소적인 태도를 갖고 있지 않다. 그래서 "가장 현대적인 인물이 교황 비오 10세"라는 언술은 마리-잔 뒤리Marie-Jeanne Durry에 의하면 1908년부터 시도했던 교회의 쇄신을 반영한다고 볼 수 있다(Durry, 1978: 312). 즉 그 사람의 성향이 무엇이든, 즉 보수주의를 추구하든 진보주의를 추구하든, 현재를 추구하든 과거를 추구하든 간에 기존의 것들과 단절하고 새로운 개혁을 시도하는 의지를 새롭다고 본 것이다.

이 시에 나오는 시적 언술들은 서로 상반되게 의미 부여할 수 있는 이중 구조로 되어 있다. 그것은 어느 하나로 단정 지을 수 없는 시인의 시적 태도를 보여준다. 시인 자신이 "새로운 정신은 두려운 것을 그 자체로 두며 고귀한 것을 깎아내리지 않는다"[4]고 설명한 것처럼, 그는 두려운 것에 고귀한 의미를 부여하려는 낭만주의자들이나 인상주의적 예술과 다르게 현실을 미화하지도 폄하하지도 않은 채 그대로 알리는 전달자의 역할을 하고자 한다.

「변두리」에서 시인은 파리에서 샤르트르, 지중해 바닷가, 프라하, 마르세유, 독일의 코블렌츠, 로마, 네덜란드의 암스테르담, 라이덴, 구다를 거쳐 다시 자신이 1909년부터 기거하기 시작했던 파리의 오퇴유로 독자들을 안내한다.

---

4 "새로운 정신은 두려운 것을 그 자체로 두며 고귀한 것을 깎아내리지 않는다. 그것은 장식적인 예술도 아니고 인상주의적 예술도 아니다. 그것은 내적이면서 외적인 자연에 대한 연구이며, 진실에 대한 모든 열정이다"(Apollinaire, 1917).

너는 마르세유에서 수박들에 둘러싸여 있다

너는 코블렌츠의 거인 호텔에 있다

너는 로마에서 비파나무 아래 앉아 있다

너는 여기 암스테르담에서 네 눈에만 예쁜 못생긴 처녀와 함께 있다
그녀는 라이덴의 대학생과 결혼할 예정이다
그곳에서는 라틴어인 쿠비쿨라 로칸다로 방을 빌린다
기억난다 나는 거기에서 사흘을 그리고 구다에서도 사흘을 보냈다

너는 파리에서 예심판사 앞에 있다
너는 범죄자로 구속된 신분이다

너는 고통스러운 여행과 즐거운 여행을 했다

Te voici à Marseille au milieu des pastèques

Te voici à Coblence à l'hôtel du Géant

Te voici à Rome assis sous un néflier du Japon

Te voici à Amsterdam avec une jeune fille que tu trouves belle et qui est laide

Elle doit se marier avec un étudiant de Leyde
On y loue des chambres en latin Cubicula locanda
Je me souviens j'y ai passé trois jours et autant à Gouda

Tu es à Paris chez le juge d'instruction
Comme un criminel on te met en état d'arrestation

Tu as fait de douloureux et de joyeux voyages (p. 42)

이 시구들은 특히 입체파 회화의 기법을 문학적으로 원용한 '동시성의 기법simultanéisme'이 돋보이는 부분이다. 아폴리네르의 '동시성'은 동시에 여기에도 있고 저기에도 있다는 의미보다는 중심이 부재하고 주변은 무한한 상태에 있는 변두리적인 존재가 놓인 위치를 의미한다. 또한 어떤 사건이 선조적으로 일어나는 것이 아니라, 많은 일들이 여러 지역, 여러 국가에서 동시다발적으로 일어나고 있고, 그것들이 우리가 모르는 영향 관계를 가지면서 서로 연결되어 있음을 보여주고 있다. 그것은 "현대 생활의 조건 속에서 인간의 지식이 어떤 총체성에 도달할 수 있다는 생각"(황현산, 1997: 278)을 반영한다. 인용한 시구들에서 시인은 '어디에서나 발견되는 나'라는 편재의 이미지를 펼친다. 시적 화자는 자신을 '나' 또는 '너'로 지칭하면서 과거 여러 시점의 자신과 세계의 모습들을 객관적으로 들여다본다. 그리고 일상적인 시 · 공간과 다른 의미를 갖게 되는 세계 속으로 독자들을 안내한다. 그는 파리와 유럽의 여러 도시들을 헤매며 그가 어린 시절부터 지금까지 살았던 시간과 공간의 경험들, 그 시점에서 보았던 풍경들을 모두 현재의 시간 속에 불러모으고 있다. 즉 과거의 서로 다른 시점의 경험들이 동시에 펼쳐지는 것이다. 그것은 자기 자신과 자기 집으로부터 떠나는 통과의례적인 여행이며, 시인은 풍경에 대한 묘사보다는 내적 존재의 발견에 집중한다.

너는 오퇴유 가로 걸어간다 너는 걸어서 집으로 가서
네가 소장한 오세아니아와 가나의 물신들 사이에서 잠들고 싶어한다
Tu marches vers Auteuil tu veux aller chez toi à pied
Dormir parmi tes fétiches d'Océanie et de Guinée (p. 44)

아폴리네르는 1909년부터 오퇴유에 기거한다. 오퇴유는 1860년에 파리로 편입된 구역으로, 아폴리네르가 시에서 노래한 에펠탑, 미라보 다리 등이 있는 곳이다. 함께 언급된 오세아니아, 가나라는 먼 지역은 "아폴리네르가 관심 있어 하는 흑인 예술의 세계로 안내하며, 물신들이라는 이 마술적인 대상을 매개로 하여 우리는 시인의 신비스러운 신성의 세계로 초대받게 된다"(Daudin, 1998: 33).

『알코올』 시집의 중요한 특징을 이루는 구두점의 생략과 이로 인한 병치 구조는 "사물을 그 주어진 질서 밖에서 동시적, 즉각적으로 파악하여, 세상의 이치를 이해하기보다는 새롭게 창조하려 했던"(황현산, 1997: 289) 동시성의 시학을 구현하는 중요한 기법을 이룬다. 구두점의 생략은 '모호함'을 유발하고, 다의적 의미를 가능케 함으로써, 시적 텍스트가 풍요로워지고 독자로 하여금 자유로운 해석을 가능케 한다. 이 기법은 "사물들과 사실들 간의 인과 관계를 무너뜨리거나 약화시킨다"(Durry, 1978: 317). 또한 현실 자체가 하나로 규정할 수 없

는 애매한 측면을 갖고 있음을 보여준다. 벨 에포크 시기처럼 세계가 지속적으로 빠르게 변화하고 있으며, 단 하나의 현실로 환원 불가능한 현실을 반영하기도 한다. 그렇기 때문에 오히려 매 순간을 인간 각자의 의지로 창조할 수 있게 된다는 것이다.

한편 「변두리」가 상징하는 '경계 지점'은 새의 이미지를 통해 다양한 이미지 변용의 장이 되면서 새로운 시대의 혼종적인 모습을 고스란히 드러낸다.

인용 1 간판과 벽보의 글자들이
표시판과 게시판이 앵무새처럼 떠든다
Les inscriptions des enseignes et des murailles
Les plaques les avis à la façon des perroquets criaillent
(p.39)

인용 2 그것은 비행사들보다 더 멋지게 하늘에 오르는 그리스도다
그는 높이뛰기 세계 기록을 보유하고 있다

눈동자여 눈의 그리스도여
세기의 스무 번째 고아는 재주가 좋아서
새로 변신한 이 세기는 예수처럼 하늘에 오른다

C'est le Christ qui monte au ciel mieux que les aviateurs
Il détient le record du monde pour la hauteur
Pupille Christ de l'œil

Vingtième pupille des siècles il sait y faire
Et changé en oiseau ce siècle comme Jésus monte dans
l'air (p. 40)

인용 3 독수리 불사조 그리고 중국의 비익조가 모두
저 날아가는 기계와 우정을 나눈다
Et tous aigle phénix et pihis de la Chine
Fraternisent avec la volante machine (p. 41)

새는 인용 1처럼 떠들어대는 광고판의 모습으로 형상화되어 상업화되고 산업화된 물질문명의 세계를 투영한다. 마찬가지로 인용 3처럼 세계 각지에서 날아온 새들, 전설과 신화 속의 새들과 현실의 새들이 날아가는 기계-비행기와 우정을 나눈다고 함으로써 기계화되고 국경의 구분이 없어진 당대의 모습을 반영한다.

인용 2에서 새는 더욱 다층적인 상징성을 띠고 있다. 새는 새로운 세상으로 날아오르는 이 "스무 번째 고아인 세기"의 모습을 하고 있으며, 또한 비행사와 높이뛰기 선수로 비유되는 "그리스도"의 모습을 투영한다. "뤽상부르 근처/ 홀 안쪽에 그리스도 하나가 날고 있었지 Auprès de Luxembourg/ Dans le fond de la salle il s'envolait un Christ"(「나그네Le Voyageur」, p. 78)라는 다른 시에서도 볼 수 있듯이 비행기와 동일시된 그리스도는 예전의 성스러운 그리스도와 같을 수 없다. 그리스도는 영적인 영역을 향해 상승하지만 그 가치 그대로를 간직한 채 상승하는 것이 아니라 가치가 전복된 채 뒤집혀 상승하고 있는 것이다.

이런 의미에서 「행렬Cortège」의 첫 3연에 나오는 거꾸로 나는 새의 이미지는 특히 상징적이다.

평온한 새 거꾸로 나는 새야
허공에 둥지를 짓는 새야
우리의 땅이 벌써 빛나는 그 경계에서
네 두 번째 눈까풀을 내리감아라 네가 고개를 들면
지구가 너를 눈부시게 하리니

그리고 나 또한 가까이에서 보면 어둡고 흐리다
방금 등불을 가린 안개 한 자락
갑자기 눈을 가리는 손 하나
너희들과 모든 빛 사이에 둥근 지붕 하나
그리하여 어둠과 줄지어 선 눈들 한가운데서
사랑스러운 별들로부터 나는 멀어지며 빛나리라

평온한 새 거꾸로 나는 새야
허공에 둥지를 짓는 새야
내 기억이 벌써 빛나는 그 경계에서
네 두 번째 눈까풀을 내리감아라
태양 때문이 아니라 지구 때문이 아니라
마침내 어느 날 단 하나의 빛이 될 때까지
날이 갈수록 더욱 강렬해질 이 길쭉한 불 때문에

Oiseau tranquille au vol inverse oiseau
Qui nidifie en l'air
A la limite où notre sol brille déjà
Baisse ta deuxième paupière la terre t'éblouit
Quand tu lèves la tête

Et moi aussi de près je suis sombre et terne
Une brume qui vient d'obscurcir les lanternes
Une main qui tout à coup se pose devant les yeux
Une voûte entre vous et toutes les lumières
Et je m'éloignerai m'illuminant au milieu d'ombres
Et d'alignements d'yeux des astres bien-aimés

Oiseau tranquille au vol inverse oiseau
Qui nidifie en l'air
A la limite où brille déjà ma mémoire
Baisse ta deuxième paupière
Ni à cause du soleil ni à cause de la terre
Mais pour ce feu oblong dont l'intensité ira s'augmentant
Au point qu'il deviendra un jour l'unique lumière (p.74)

머리를 아래로 향하고 비상하는 이 역설적인 새는 땅과 하늘에 대한 매개로 기능하면서 다층적인 의미를 내포하고 있다. 비상함으로써 위와 아래를 전복하는 창조와 혁신을 상징한다고 읽을 수도 있지만, 아슬아슬한 추락의 위험과 긴장을 내포하기도 한다. 진보와 속도에 휩싸여서 불확실한 미래를 향해 떠밀리며 어디로 가는지 모르고 앞으로 나아가는 시인의 모습으로도 확장되어 읽힌다. 허공에 둥지를 틀고 불확실한 희망과 막연한 불안감을 품은 채 아슬아슬하게 비행하는 사람들인 것이다. '평온한'이라는 시어와 '거꾸로'라는 시어의 괴리는 겉으로는 가장 안정되고 평온한 시기지만 안으로는 불안감을 내재했던 이 시기의 모순을 반영한다.

1연 3행과 3연 3행에는 '경계limite'라는 시어가 등장한다. 1연의 경계는 "우리의 대지가 이미 빛나고 있는" 공간적 경계를 의미하고, 3연의 경계는 "내 기억이 이미 빛나고 있는", 즉 이미 과거가 되어버린 시간적 경계를 의미한다. '경계', '변두리', '단절'을 시화詩化하는 아폴리네르의 시학을 집약하는 부분이다. 이미 새 세기의 빛으로 빛나고 있는 대지의 경계에 선 사람들, 이미 과거가 되어버린 시간에서 다른 시간으로 나아가려는 시간의 경계에 선 사람들의 모습이 보여지는 것이다. 이와 더불어 어둠 가운데 빛나는 것, 어둠을 뚫고 나아가는 빛이 그려진다. 3연에 강렬하게 올라오고 있는 "길쭉한 불"의 이미지는 새의 이미지와 연결되어 '불사조'의 이미지로 통합된다. 불과 새의 결합은 영원히 무화無化되지 않는 연금술사적 변화를 보여주면서 죽음 · 어둠의 빛을 뚫고 새롭게 재생한다. 이 상상의 새는 이 시대 사람들의 강렬한 열망을 안고, 과거의 시간과 공간을 축적하여 새로운 시간과 공간으로 나아가는 매개자로 기능하고 있다. 이러한 불사조의 이미지는 아폴리네르 시의 곳곳에서 표출된다.

그것은 금요일에 죽어 일요일에 다시 살아나는 신이다

C'est Dieu qui meurt le vendredi et ressuscite le dimanche

–「변두리」

1903년에 저 아름다운/ 불새와도 같이 내 사랑이/ 어느 날 저녁에 죽는다 해도/ 아침에 그 재생을 맞는 줄도 모르고.

En 1903 sans savoir/ Que mon amour à la semblance/ Du beau Phénix s'il meurt un soir/ Le matin voit sa renaissance.

–「사랑받지 못한 사내의 노래」의 제사題詞

내가 악착스럽게 불타오르기에/ 오직 내 팔만이 내 고통의/ 변명이며 횃불이기에

Puisque je flambe atrocement/ Que mes bras seuls sont les excuses/ Et les torches de mon tourment

–「륄 드 팔트냉Lul de Faltenin」

나는 타오른다 숭고한 열기의 잉걸불 속에서/ 그리고 신자들의 손이 셀 수도 없이 수많은 나를 불 속에 다시 집어던진다/ (…) 나 하나면 내 환희의 불길을 유지하기에 영원히 충분하며/ 새들이 그 날개로 내 얼굴과 태양을 보호한다

Je flambe dans le brasier à l'ardeur adorable/ Et les mains des croyants m'y rejettent multiple innombrablement/ (…) Je suffis pour l'éternité à entretenir le feu de mes délices/ Et des oiseaux protègent de leurs ailes ma face et le soleil

–「잉걸불Le Brasier」

고통과 죽음을 오롯이 견뎌내고 바로 그 죽음의 한가운데서 부활하여 다시 맞는 생명성은 새 시대에 대한 비유, 새로운 창조에 대한 비유로 읽혀질 수 있다. 그리고 그 중심 상징으로 기능하는 새와 불사조, 비행기와 그리스도는 한계를 지닌 것들을 신적인 영역, 신화적 영역, 상상의 영역으로 전이시킨다.

이와 같은 경계에 대한 인식은 『알코올』에 내재된 초현실주의적 면모를 보여준다. 시인은 「변두리」라는 탈중심적인 공간을 전면화하면서 상 · 하 · 좌 · 우의 공간적 경계들과 과거 · 현재 · 미래의 시간적 경계들, 그리고 낡음과 새로움이라는 인식적 경계들을 전복하고자 하는 의지를 드러낸다. 그 전복의 중심에는 경계를 오가며 고정된 가치를 부수는 '새', '예수', '비행기' 등의 구체적인 대상들이 있다. 불안정하나 새로운 '변두리 공간', 추락의 위험과 비상의 기대감을 함께 내포한 '거꾸로 나는 새', 하층민의 위로가 되는 물과 불이 결합한 원소인 '알코올'은 시인의 경계 인식을 드러내는 중요한 세 축으로 기능한다. 시인은 경계 지역에서 나타나는 혼종의 한가운데에서 빛나는 것, 타오르는 것, 부활하는 것들을 응시한다. 원형적인 것과 새로운 것을 넘나드는 시인의 상상력은 알코올을 생명수로, 새를 불사조로, 비행기를 예수로 변용함으로써 유한한 한계를 지닌 생명들을 신화적이고 신적인 영역으로 수직화시키고 있는 것이다. 이와 같이 아폴리네르가 다양한 경계들을 첨예하게 드러내면서 혼종의 지점을 시화詩化했다면, 초현실주의 시인들은 유형, 무형의 경계들을 더 자유롭게 넘나들면서 그 경계들이 모두 사라지고 하나의 또 다른 현실로 종합되는 지점을 탐색하게 된다.

시 · 공간의 끝없는 해체와 재구성을 통해 일상적인 시간과 공간을 벗어나려는 시도는 『알코올』의 또 다른 중요한 초현실주의적 면모이다. 입체파가 대상의 본질을 표현하려는 노력으로 대상을 해체하여 재구성했듯이, 아폴리네르는 과거에 현재를 덧씌워가는 방식이 아니라, 현재의 시점에서 과거의 여러 지점들을 소환하여 끊임없이 현재를 재구성하는 과정에서 대상의 본질을 파악하고, 혁신과 미래를 향해 나아가는 방식을 택했다. 서로 다른 시 · 공간이 한 공간에 자리함으로써 '동시성'이 생기고, 이를 통해 시간의 흐름에 따라 고스란히 쌓인 단일한 지층 구조가 아니라, 이질적인 시간의 결과물들이 뒤엉킨 다층 구조가 만들어짐으로써 의미의 다의성을 생성해낸다.

아폴리네르가 입체파를 비롯한 여러 아방가르드 예술가들과 영향을 주고받으면서 서로 다른 예술들 간의 종합을 이루는 새로운 정신을 강조했다면, 초현실주의 시인들은 미학적인 목적성마저도 거부하면서 데카르트적인 질서나 논리에서 완전히 벗어난 인간의 철저한 해방을 주장하게 된다.

2. 몸의 해체와 증식

「변두리」의 마지막을 장식하는 유명한 시구 "태양 잘린 목"과 더불어 상처 입은 몸, 절단되고 조각난 몸은 아폴리네르의 작품에서 빈번히 나타나는 이미지다.[5] 그의 존재와 그의 몸은 다른 몸 전체로 재구

5 이에 관해 프랑수아즈 디닌망은 절단된 "시간의 육체"라는 상징을 읽어낸다(Dininman, 1987: 55~76). 뷔르고스에 따르면 아폴리네르적인 분할은 "몸의 조각들의 진정한 증식을 초래하며, 증식의 과정은 경신更新의 전망 속에서 혹은 존재나 새로운 세계의 창조적 전

성되기 위해 조각난다. 이러한 몸과 자아의 조각나고 파편화된 인식, 그리고 몸과 이질적인 요소들의 재구성과 합일은 몸을 표현의 중심에 둔 초현실주의의 수많은 해체된 몸 이미지들에 직접적인 영향을 미쳤다. 특히 「행렬」의 다음 시구들은 자기 이름을 "기욤"이라고 타자화하여 부르면서 존재의 해체와 재구성을 이뤄내는 상징적인 부분이다.

(…) 어느 날
어느 날 나는 내 자신을 기다리고 있었다
나는 속으로 말했다. 기욤 네가 올 시간이라고
그리고는 서정적인 발걸음으로 내가 사랑하는 사람들이 전진했다
그들 가운데에는 내가 없었다
(…)
행렬이 지나갔다 나는 거기에서 내 몸을 찾았다
갑자기 나타난 모든 사람과 나 자신이 아닌 사람들이
하나하나 내 자신의 조각들을 가져왔다
탑을 쌓듯이 사람들은 나를 조금씩 건축했다
군중들이 쌓여갔다 나는 모든 육체와
인간적인 것들이 형성했던 나 자신으로 나타났다

(…) Un jour

망 속에서 이루어진다"(Burgos, 1989: 90). 장-폴 마두는 "기관들의 과격한 증식, 이야기 공간 속에서 몸의 돌연한 증가는 편재성과 전능성의 꿈을 보여준다. 이때의 과도함은 원초적 공포, 즉 여성 몸의 신비가 시인에게 불러일으키는 공포를 숨기지 못한다"고 지적한다(Madou, 1987: 50).

Un jour je m'attendais moi-même
Je me disais Guillaume il est temps que tu viennes
Et d'un lyrique pas s'avançaient ceux que j'aime
Parmi lesquels je n'étais pas
(…)
Le cortège passait et j'y cherchais mon corps
Tous ceux qui survenaient et n'étaient pas moi-même
Amenaient un à un les morceaux de moi-même
On me bâtit peu à peu comme on élève une tour
Les peuples s'entassaient et je parus moi-même
Qu'ont formé tous les corps et les choses humaines (pp. 74-76)

"나는 거기에서 내 몸을 찾았다"는 시구처럼 화자의 몸은 자신에게 낯선 존재가 된다. 시적 자아는 모든 존재에 의해서뿐 아니라 모든 시간에 걸쳐 건축된다. 그렇게 생성된 새로운 자아는 시간과 공간의 경계를 무너뜨리고 존재의 증식과 확산을 위해 재탄생되고 있다.

'행렬cortège'은 장례식 때의 종교 행렬이나, 결혼식에서 운집한 사람들의 무리를 뜻한다. 생태학에서는 동일한 종의 전체를 의미하기도 한다. 아폴리네르는 이 시어를 통해 죽음과 부활의 이미지, 서로 다른 사람들이 마치 동일한 종처럼 하나의 전체를 이루는 이미지를 그려낸다. 시인은 이 지속적인 세대들의 행렬 속에서 자신이 처한 위치가 어딘지 알기 위해 인류의 과거로 눈을 돌린다. 인류의 맥락 속에서 자신을 재구성하기 위해서는 자기 자신을 잃어야 하며, 자신을 알기 위해서는 타인과의 관계 속에 있어야 한다는 자각을 하고 있다. 즉 이 시를 통해 아폴리네르는 나는 누구이고 나와 타인, 인류의 관계는 어떠한지를 시학적으로 성찰하고 있다. '나는 누구인가'라는 문제는 '나는 어디에서 왔고 어디로 가는가'라는 문제로 전이된다. 고정된 정체성을 가진 나가 아니라 '지나가면서 만들어지는 나'의 이미지를 보여주는 것이다.

트리스탕 차라Tristan Tzara는 "조악하고 서민적인 『알코올』은 귀족적이며 섬세한 꽃들과 대비를 이뤄 아폴리네르의 서정적 사실주의를 종합적으로 요약한다"(Tzara, 1982)고 언급한 바 있다. 차라가 '서정적 사실주의'라고 부르는 변화의 큰 특징이 바로 자기 자신을 '나', '너', '기욤', '우리' 등 다양한 방식으로 객관화하는 시적 자아의 태도인 것이다. 위 시에서는 '서정적인 발걸음으로 내가 사랑하는 사람들이 전진했다'라는 시구가 자신과 타자의 결합을 통해 서정적인 울림을 만들어내는 시인의 시적 방식을 드러낸다. 미셸 데코댕Michel Décaudin에 의하면 아폴리네르 시의 난해함은 말라르메의 경우처럼 시적인 신비를 암시하기에 필요한 언어의 결정작용에서 기인하는 것도 아니고 랭보의 경우처럼 비전의 착란을 통한 '계시'에서 기인하지도 않는다. 아폴리네르의 경우 시는 '너'와 '나'가 번갈아 나오면서 시적 자아의 생각과 감수성의 다양한 순간들이 만들어내는 독백적 대화에서 비롯된다는 것이다(Décaudin, 1963: 125).

"모든 육체와 인간적인 것들"이라는 시구는 나라는 존재의 정체성을 재형성한다. 그 정체성은 이타성을 품고 있다. 뷔르고스에 따르면 그것은 "시원적인 찢김의 인식이며, 그것의 결합은 타자에서 자기로의 이행이다"(Burgos, 1989: 88). 이는 이후 초현실주의자들의 중심 주제가 된다. 탑처럼 구축된 몸의 이미지는 마그리트의 작품 「과대망상

중」을 환기시키기도 한다. 이 그림에서 몸의 상, 중, 하부는 탑 조각 또는 러시아 인형처럼 쌓아 올려져 있다. 즉 인간의 몸은 바벨탑처럼 서로 소통되지 않는 요소들로 건축된다.

한편 아폴리네르의 타자화된 서정적 자아는 『알코올』의 다른 시들 속에서 '이방인', '이민자', '고아', '변두리적 존재', '집시', '사랑받지 못한 사내' 등과 동일화된다. 이를 통해 시인은 "나는 보았지", "나는 귀 기울였지", "너는 기억하는가", "너는 누굴 알아보는가" 등의 빈번한 동사 사용이 보여주고 있듯 시대에 대한 증언자의 역할을 담당하고 있다. 그가 증언하는 풍경들은 앞서 살펴본 스스로 노래하는 산업화된 세계의 풍경들("너는 읽는다 높은 소리로 노래하는 광고지 카탈로그 포스터를Tu lis les prospectus les catalogues les affiches qui chantent tout haut", 「변두리」, p.39)과 더불어, 자신이 동일시하는 변두리적 존재들과 술에 취한 도시의 풍경들이다. 제 몸을 바치고 진저리가 나서 밤늦도록 술을 마시는 불안정한 창녀("나는 온갖 종류의 인간들을 다 안다/ 그들은 제 운명을 감당하지 못한다/ 낙엽처럼 불안정한/ 그들의 눈은 꺼지다 남은 불Je connais gens de toutes sortes/ Ils n'égalent pas leurs destins/ Indécis comme feuilles mortes/ Leurs yeux sont des feux mal éteints", 「마리지빌Marizibill」, p.77), 불쌍한 이민자들("너는 두 눈에 눈물이 가득히 고여 저 불쌍한 이민들을 바라본다Tu regardes les yeux pleins de larmes ces pauvres émigrants", 「변두리」, p.43), 더러운 술집의 카운터("불행한 사람들 속에 섞여서 너는 싸구려 커피를 마신다 Tu prends un café à deux sous parmi les malheureux", 「변두리」, p.43), 술 취한 도시의 밤풍경("하루 종일 빙빙 돌다가/ 밤마다 그날의 태양을 게워 내는 도시들des villes qui tout le jour tournaient/ Et vomissaient la nuit le soleil des journées", "알코올의 창백한 밤들nuits livides de l'alcool",「나그네」, p.77, p.78) 등을 예로 들 수 있다.

시집의 제목인 알코올은 벨 에포크 시대에 서민들이 바나 카바레에서 즐겨 마시던 술의 상징이다. 노동자들은 노동이 끝나면 동료들과 카페, 선술집, 카바레에 몰려가 술 마시고, 노래하고, 신문을 읽고 파업을 모의하거나 고용주와 공장 관리자에 대한 비난을 토로했고, 무정부주의자나 사회주의자들의 선전 활동에 귀를 기울이기도 했다.[6] 노동자들은 좁고 어둡고 추운 주거 공간 대신, 밝고 따뜻하고 주위의 동료들이 북적대는 카바레를 선호했던 것이다. 시인은 이러한 서민적인 술을 자신의 시집의 제목과 시 안에서 형상화함으로써 잊고 싶은 고단하고 불안한 삶을 나타낸다. 그러나 또 한편으로 알코올은 취기, 혼돈, 황홀경의 상태를 만들어내면서 새로움에 대한 '갈증'이나 희망과 행복으로 가득한 '축제'라는 이중적 상징성을 보여주고 있다. 벨 에포크 시대의 시에는 보들레르의 영원함에의 갈망과는 다르게 현재에 대한 목마름이 담겨 있다. 그것을 시인은 '생명수'와 '화주火酒'라는 이중의 언어유희를 내포하는 시어 '알코올'을 통해 구현하고 있다.

그리고 너는 네 삶처럼 타오르는 이 알코올을 마신다
화주처럼 네가 마시는 너의 삶
Et tu bois cet alcool brûlant comme ta vie
Ta vie que tu bois comme un eau-de-vie (p.44)

두 번째 시구는 첫 번째 시구를 뒤집는다. 첫 번째는 '삶과 흡사한'

6 Archives de la préfecture de police de Paris(1886).

알코올이 마셔지며, 두 번째는 이와 반대로 '알코올과 흡사한' 삶이 마셔진다. 이와 같이 교착交錯어법chiasme 관계로 되어 있는 첫 번째 시구와 두 번째 시구를 통해 삶과 알코올의 강한 동일시가 표출된다. 이러한 주제가 가장 대표적으로 드러나는 시가 『알코올』의 마지막을 장식하는 시 「포도월」이다.

나는 목마르다 프랑스와 유럽과 세계의 도시들이여
모두 내 깊은 목구멍 속으로 와서 흘러들라 (…)

이제 수백 개의 도시들이 함께 대답하여
멀리 들리는 그들의 얘기를 더 이상 구별할 수 없었다
고대 도시 트리어가
그들의 목소리에 자기 것을 섞고 있었노라
우주 전체가 이 포도주 속에 집약되어
바다들 짐승들 식물들
도시들 운명들 그리고 노래하는 별들
하늘가에 무릎 꿇은 인간들을 담고 있었구나 (…)

내 말을 들으라 나는 파리의 목구멍이다
천지가 내 맘에 들면 나 또한 마시리라

J'ai soif villes de France et d'Europe et du monde
Venez toutes couler dans ma gorge profonde (…)
Les villes répondaient maintenant par centaines

Je ne distinguais plus leurs paroles lointaines
Et Trèves la ville ancienne
A leur voix mêlait la sienne
L'univers tout entier concentré dans ce vin
Qui contenait les mers les animaux les plantes
Les cités les destins et les astres qui chantent
Les hommes à genoux sur la rive du ciel (…)

Ecoutez-moi je suis le gosier de Paris
Et je boirai encore s'il me plaît l'univers (pp. 149-154)

"미래의 사람들이여 나를 기억해다오/ 나는 왕들이 사라진 시대에 살았노라Hommes de l'avenir souvenez-vous de moi/ Je vivais à l'époque où finissaient les rois"라는 시구로 시작하는 이 시는 과거의 상징인 왕들이 사라지고 다른 세계가 새롭게 태어나고 있음을 알린다. 시인은 당대 모든 문화예술 변혁의 중심지였던 '파리'라는 한 공간에 모든 유럽의 도시들을 소환한다. '파리'가 "모두 내 깊은 목구멍 속으로 와서 흘러들라"고 외치자 랜, 캥페르, 반, 북쪽 도시들, 리옹, 미디 지역의 도시들, 로마, 모젤강, 라인강, 코블렌츠 등이 파리에게 찬사를 바치며 이에 화답한다. 도시들의 합창단은 파리를 찬양하고, 파리는 범세계적인 취기에 빠지게 된다는 내용이다.

상징적인 의미에서 범세계적인 현상이 국가로 집약된 곳이 프랑스이고, 도시로 집약된 곳이 문화와 예술의 도시 파리였다. 스스로를 취기의 상태에 있다고 소개한 파리는 알코올에 젖을 수 있는 장소였으며, 알코올은 근심들을 달래주는 '화주'이자 새로움에 대한 열망을 상징하고 있는 것이다. 유럽의 각 지역에서 열정으로 '타오르는' 물들이 파리의 목구멍 속으로 흘러들어감으로써 아폴리네르가 강조한 다양한 목소리와 다양한 소재들, 다양한 정신들이 공존하는 "창의적인 종합synthèse créatrice"(Apollinaire, 1917)을 가능하게 하는 장소로 구현되고 있는 것이다.

아폴리네르는 이후 출간된 『칼리그람*Calligrammes*』(1918)에 수록된 시 「언덕Les Collines」에서 "마법의 시대가 도래했음"을 알린다. "의식의 깊이여/ 사람들이 내일 그대들을 탐사하리라Profondeurs de la conscience/ On vous explorera demain", "욕망은 위대한 힘이다La grande force est le désir"라는 예언적 시구들은 의식의 깊이에 있는 무의식과 욕망의 세계를 탐사하는 초현실주의자들의 출현을 예고하고 있다.

3. 시집 『칼리그람』과 시각적 서정주의

"왜 시인은 전화, 무선전신 그리고 비행술의 시대에 그것들과 적어도 동일한 자유를 갖지 않는가"(Apollinaire, 1946: 6).

아폴리네르는 위와 같은 질문을 던지면서 이에 대한 해답으로 텍스트를 이미지화한 시집 『칼리그람』을 출간하여 새로운 현대시 장르를 개척한다. 칼리그람은 글자로 대상의 형태를 재현한 시다. 그리스어 어원으로 '칼로스kalos'는 아름답다는 뜻이고, '그라마gramma'는 글자라는 뜻을 담고 있다. 1914년 6월, 아폴리네르는 『파리의 야간 파티*Les Soirées de Paris*』지에 자신의 첫 "서정적 표의문자idéogramme lyrique"인 「글자-대양Lettre-Océan」을 게재했다. 그 후 1차 세계대전 동안 전선에서 쓴 시들(1913~1916)을 모아 1918년에 『칼리그람』을 출간한 것이다. 그 부제는 "전쟁과 평화의 시편"이라고 붙여져 있다. 삶과 죽음의 기로에서 실존이 위협당하는 상황 속에서 왜 시인은 시각적 유희라는 이런 역설적인 창작의 길을 택했을까?

아폴리네르의 칼리그람 이전에도 형상시의 전통은 기원전 300년경 로도스Rhodes의 시인 시미아스Simmias 이래 지속적으로 이어져 왔지만 대부분 대수롭지 않은 시도나 유희적 차원으로 여겨져 낮게 평가되었다.[7] 그것은 아폴리네르의 경우도 마찬가지였다. 아폴리네르 연구가 파스칼 피아Pascal Pia는 "그가 그림문자 놀이로 장난질을 했다고 해서 이를 결코 죄악시할 수는 없지만, 이 엉뚱한 장난을 대단한 일로 이야기하고 있는 것을 보면 놀랍다"(피아, 1983: 243)고 언급하면서 칼리그람의 문학성을 부정한다. 칼리그람이 아폴리네르 이후 초현실주의 시인들에 의해 계승되고, 이어 울리포, 자크 루보 등의 현대 시인들과 시 그룹에 의해 실험시의 전통으로 이어져 내려오고 있음에도 불구하고, 그 의의를 제대로 평가받지 못한 것이다.

그런데 형상시에 과연 단순한 유희적 측면만이 있을까? 혹은 유희적 측면이 흔히 생각하는 것처럼 단순하며, 어떠한 미학적, 문화적 의미도 내포하지 않고 있을까?

물론 그렇지 않다. 아폴리네르는 칼리그람을 통해 시에 시각성과

---

7 라파슈리는 형상시의 전통에 대한 평가절하 뒤에 "음성중심주의, 글쓰기에 대한 경멸, 현실의 복제로서의 형상의 개념"이 들어 있다고 분석한 바 있다(Lapacherie, 1982).

공간성을 부여하려 했을 뿐 아니라, 기술 변동 시대에 대한 일종의 시적인 해답을 제시하고자 했다. 미셸 뷔토르에 의하면 아폴리네르는 "문화 변혁이 새로운 재생과 전송 수단의 출현과 연관되어 있음을 시적으로 이해한 선구자들 중 한 명"(Butor, 1966: 7)이었다. 시인은 기계적 상상력과 동등한 자유를 갖는 시적인 상상력을 발휘하기 위해 무엇보다 타이포그래피에 주목하게 되고, 상형시의 전통을 이어 시를 시각화하려는 여러 시도를 『칼리그람』을 통해 보여주게 된다.[8] 이 시집은 이렇게 시인이 추구하고자 한 전통과 현대의 혼합을 잘 드러내 보여준다. 그는 자신의 칼리그람이 자유시와 고전시의 교차로 역할을 하기를 바랐다. 또한 시가 조형성을 갖는 것만큼이나 이미지가 시의 가치를 갖게 하고자 했다.[9]

아폴리네르는 장-이브 블랑Jean-Yves Blanc에게 보내는 편지에서 칼리그람의 시각적 '단순성'의 이유에 대해 설명한다.

나는 내 작품에 대해 7명 이상의 애호가들을 기대하지 않는다. 하지

8 칼리그람 시집은 순수한 의미의 칼리그람들만 실은 것은 아니었고, 서로 다른 여러 형식의 시 텍스트들을 싣고 있다. 이 시집에는 고전적인 운맞춤, 8음절의 시구, 비가적인 서정시, '오'라는 감탄사, 두운법을 비롯한 운맞춤 등 전통적인 요소가 혼재되어 있다. 그리고 시를 공간화하고, 전통적으로 시가 다루지 않았던 '시니피앙스signifiance'의 요소를 끌어들이는 혁신성을 함께 내포하고 있다. 대체로 8음절 5행으로 된 긴 정형시에 가까운 「언덕Les Collines」에서부터 대화시poème conversation 기법(큐비즘처럼 거리나 도시 공간 속 여기저기에서 들리는 소리들의 단편들을 콜라주처럼 조합한 것)을 실험한 「월요일 크리스틴 거리Lundi rue Christine」에 이르기까지 다양한 시 텍스트로 이뤄져 있는 것이다.

9 이런 점에서 아폴리네르는 자신의 시도를 이탈리아 미래파와 구분했다. 그는 1914년에 다음과 같이 쓴다. "나는 결코 미래파가 아니다. 나는 내 표의문자들에 자유 시구가 아니면서도 이른바 고전 시구로 추락하지 않는 형태를 부여하고자 노력했다. 내 이미지들은 시의 가치를 갖는다"(Lettre à Fagus, entre le 25 juin et le 31 juillet 1914).

만 나는 그들이 성, 민족, 국가가 서로 다른 사람들이길 원한다. 나는 흑인이면서 미국인 권투선수, 중국의 황녀, 독일놈 기자, 스페인 화가, 좋은 혈통의 프랑스 처녀, 이탈리아의 젊은 여성 농부 그리고 인도 출신의 영국 장교가 내 시구들을 좋아하길 바란다.[10]

인용문에서 우리는 아폴리네르가 시의 열린 접근가능성을 고려했음을 알 수 있다. 칼리그람에서는 시구와 언어 자체가 표의적인 배열 속에 놓이면서 언어가 도상화된다. 시인은 이를 통해 시가 인종과 젠더, 계급 구분을 넘어서 한눈에 시각적으로 파악될 것을 고려했던 것이다. 그래서 우리가 단순히 시계와 넥타이에 관한 시를 글자의 배열과 모양으로 가시화했다는 것만을 주목하면 칼리그람의 의미를 축소시키는 것이다. 실상 칼리그람의 전체적인 시각적 형태는 단순하지만, 독자가 그 속에 쓰인 시를 '읽고자' 하면 난감해지는 경우가 많다. 전체적인 형태를 위해 기존의 시구, 음절이 임의로 분절되어 있고 문법에서 일탈되어 있으며 구두점이 생략되어 있기 때문이다. 칼리그람은 마치 수수께끼처럼 읽는 법을 스스로 찾아나가는 과정에서 그 의미를 해독할 수 있는 시로, 일종의 "인내를 필요로 하는 게임"(마쌩, 1994: 227)이 된다.

칼리그람에서 글자는 읽혀지기 전에 먼저 보여진다. 먼저 보고 그 다음에 읽기라는 과정을 통해 시인이 배열하고 유도한 대로 시선의 선을 그으며 공간을 따라 독서를 하게 만든다. 문자가 사물 전체의 윤곽을 그리기 때문에 아폴리네르는 표의문자에서 한 걸음 더 나아간

10 19 novembre 1915. *Oeuvres complètes IV*, pp. 680-681.

다. 아폴리네르의 칼리그람은 '보기'와 '읽기'라는 구분되는 기제가 어떻게 긴밀하게 연관되어 있는지, 그리고 서로에게 어떤 영향을 미치면서 의미망을 풍요롭게 직조하는지를 보여준다.

「단도에 찔린 비둘기와 분수La colombe poignardée et le jet d'eau」(p.213)라는 칼리그람에는 글자가 비둘기와 분수, 분수대의 형상을 그리고 있다. 형상들은 정확히 대칭으로 이뤄져 있는데, 그 중심축에 진하게 강조된 C, ?, O라는 세 활자가 있어 각각 비둘기의 목, 분수의 정점, 분수대의 중앙을 점하고 있다.

비둘기 형상을 그리는 칼리그람은 다음과 같은 시구로 되어 있다.

> 단도에 찔린 감미로운 인물들이여 꽃 피는 소중한 입술들이여/ 미아 머레이예/ 예트 로리/ 애니 그리고 그대 마리여/ 그대들은/ 어디에 있는가 오/ 처녀들이여/ 그러나/ 울며 기도하는/ 분수/ 옆에서/ 이 비둘기는 황홀경에 젖는다
>
> Douces figures poignardées Chères lèvres fleuries/ MIA MAREYE/ YETTE LORIE/ ANNIE et toi MARIE/ où êtes-/ vous ô/ jeunes filles/ MAIS/ près d'un/ jet d'eau qui/ pleure et qui prie/ cette colombe s'extasie

「변두리」의 '태양 잘린 목'이라는 시구를 환기시키는 '단도에 찔린 비둘기'라는 제목을 읽는 순간, 비둘기 형상의 목 부분에 선명하게 놓여 있는 알파벳 C는 상처 입은 비둘기가 흘리는 피로 보이게 된다. 대문자로 쓰인 '미아, 머레이예' 등은 아폴리네르가 사랑했던 여성들의 이름들이며, '단도에 찔린 감미로운 인물들이여'라는 시구를 통해 비

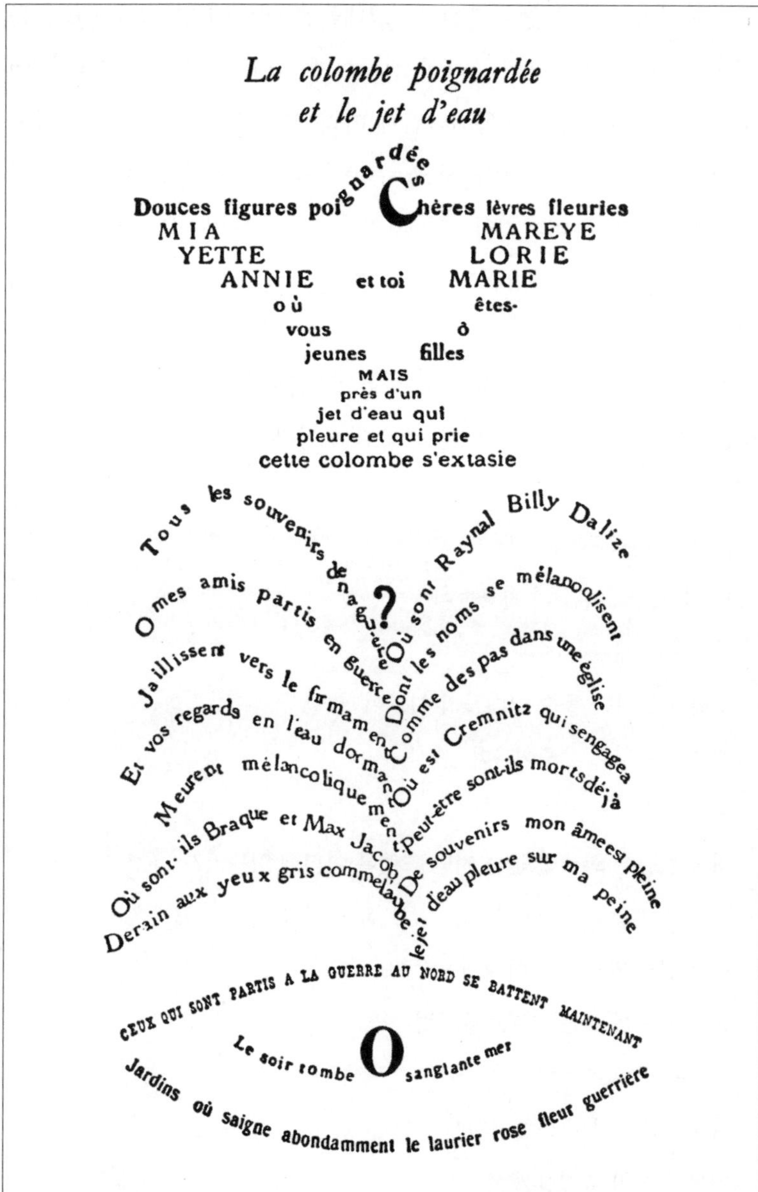

La colombe poignardée
et le jet d'eau

Douces figures poignardées Chères lèvres fleuries
MIA MAREYE
YETTE LORIE
ANNIE et toi MARIE
où êtes-
vous ô
jeunes filles
MAIS
près d'un
jet d'eau qui
pleure et qui prie
cette colombe s'extasie

Tous les souvenirs de naguère
O mes amis partis en guerre
Jaillissent vers le firmament
Et vos regards en l'eau dormant
Meurent mélancoliquement
Où sont-ils Braque et Max Jacob
Derain aux yeux gris comme l'aube
Où sont Raynal Billy Dalize
Dont les noms se mélancolisent
Comme des pas dans une église
Où est Cremnitz qui s'engagea
Peut-être sont-ils morts déjà
De souvenirs mon âme est pleine
Le jet d'eau pleure sur ma peine

CEUX QUI SONT PARTIS A LA GUERRE AU NORD SE BATTENT MAINTENANT
Le soir tombe O sanglante mer
Jardins où saigne abondamment le laurier rose fleur guerrière

칼리그람 「단도에 찔린 비둘기와 분수」

둘기와 이 여성들은 동일화된다. "그대들은 어디에 있는가"라고 묻는 시구는 잃어버린 사랑의 주제를 짐작하게 한다. 이와 같이 조금씩 언어시각적인 기호들을 해독해나감에 따라 양팔을 벌리고 있는 비둘기는 잃어버린 사랑이 되기도 하고, 순교자 내지 십자가에 못 박힌 그리스도의 성스러운 이미지와 겹쳐지기도 하며, '울며 기도하는' 의인화된 분수 옆에서 황홀경에 젖는 관능적인 대상으로 끊임없이 그 이미지를 전환한다.

분수를 형성하는 시구들은 중심축을 기준으로 왼쪽부터 읽어내려가고, 이어서 오른쪽을 읽도록 배치되어 있다.

온갖 옛 추억들
오 전장으로 떠난 내 친구들이
창공을 향해 솟구친다
그리고 잠자는 물속 그대들의 시선이
애수어린 빛으로 죽어간다
브라크와 막스 자콥
새벽과 같은 회색빛 눈을 지닌 드렝은 어디에 있는가?

레날 빌리 달리즈는 어디에 있는가
교회 안에서 걷는 발걸음들처럼
그 이름들이 우울해진다
참전했던 크렘니츠는 어디에 있는가
어쩌면 이미 죽었을까
내 영혼은 그들에 대한 추억으로 가득 차고

나의 고통에 분수는 울음을 터뜨린다

Tous les souvenirs de naguère
O mes amis partis en guerre
Jaillissent vers le firmament
Et vos regards en l'eau dormant
Meurent mélancoliquement
Où sont-ils Braque et Max Jacob
Derain aux yeux gris comme l'aube?

Où sont Raynal Billy Dalize
Dont les noms se mélancolisent
Comme des pas dans une église
Où est Cremnitz qui s'engagea
Peut-être sont-ils morts déjà
De souvenirs mon âme est pleine
le jet d'eau pleure sur ma peine

화자는 전쟁으로 떠나 소식을 알 수 없는 화가 및 시인 친구들의 안부를 묻고 있다. 분수의 정점에 놓인 물음표는 이 모든 물음들 각각을 총체적으로 대변하는 기호다. 각 시행의 끝은 'naguère/guerre', 'firmament/dormant/mélancoliquement'처럼 각운이 맞춰져 있어서 청각적 리듬을 형성한다.

북쪽으로 전쟁을 떠난 이들은 지금 싸우고 있다
저녁이 내린다 오 피로 가득한 바다여
피를 많이 흘리는 정원들 전사의 꽃 장미 월계수
CEUX QUI SONT PARTIS A LA GUERRE AU NORD SE
BATTENT MAINTENANT
Le soir tombe O sanglante mer
Jardins où saigne abondamment le laurier rose fleur guerrière

분수대를 형성하는 칼리그람을 읽어보면, 이 분수대는 '피로 가득한 바다', '피를 흘리며' 영광의 꽃을 피워내는 '정원'으로의 시각적 전이를 일으킨다. 또한 분수에 쓰여 있던 시구인 '잠자는 물속 그대들의 시선이/ 애수어린 빛으로 죽어간다'와 연결하면 분수대는 눈동자로, 솟구치는 분수는 샘솟는 눈물이나 솟구치는 피로도 시각화됨을 알 수 있다.

『칼리그람』 시집이 나오자 파귀스Fagus가 내뱉은, 이미 오래전에 시도된 하나도 새롭지 않은 상형시들이라는 공격에 대한 반론으로 아폴리네르는 이 시집의 중요한 의의를 다음과 같이 말하고 있다.

내 시들의 병치된 형상들 사이에 존재하는 관계들은 그것을 구성하는 언어만큼이나 서정적 표현력을 갖고 있다(*Paris-Midi*, 22 juillet 1914).

그가 말한 서정적 표현력은 1917년 "새로운 정신"에 관한 강연에서 '시각적 서정'이라는 말로 좀 더 견고하게 강조된다.

> 인쇄상의 기교를 매우 대담하게 밀고 나가면, 우리 시대 이전까지는 거의 알지 못했던 시각적인 서정을 탄생시킬 수 있는 이점이 있다. 아직 발전의 여지가 매우 많은 이 기교를 통해 미술과 음악과 회화와 문학의 종합이 성취될 수 있다(Apollinaire, 1966: 911).

'시각적 서정'이라는 아폴리네르의 용어는 프랑스 서정시의 계보 안에서 세계와 자아를 형상화하는 칼리그람만의 독특한 서정성을 표상한다. 낭만주의는 자연과 세계에 '나'의 감정을 투사하여 서정성을 표출했다. 이어 상징주의자 베를렌Verlaine은 "내 마음에 눈물 내린다Il pleure dans mon cœur"라는 시구를 통해 인칭주어 '나je' 대신 비인칭주어 'Il'을 사용해 개인과 거리를 둔 객관적 서정주의로 전환했다. 또한 초현실주의의 이미지론의 선구가 된 시인 르베르디Reverdy는 존재의 파편이나 흔적을 현실의 풍경 속에 흩어놓는 방식으로 '현실의 서정주의lyrisme de la réalité'[11]를 발전시켰다. 이러한 흐름 속에서 아폴리네르는 새롭게 '시각적 서정주의'를 제안한 것이다.

칼리그람의 시각적 서정성은 내·외적인 풍경으로 향해 있다. 「풍경Paysage」(p. 170)이라는 칼리그람에서 풍경은 시각적이고, 공간적이며, 지형학적인 상징을 내포하고 있다. 풍경은 직접 가서 보는 것이기도 하지만, 풍경을 구성하는 개별 대상보다는 모두가 만들어내는 전체적인 조망과 인상, 기억과 흔적을 환기시키는 것이기도 하다. 그래

---

11 미셸 콜로는 르베르디의 '현실의 서정주의'에 대해 다음과 같이 설명한다. "서정주의는 나, 세계, 언어의 만남에서 탄생한다. 시에서의 주체는 직접적으로 설명되지 않고, 세계, 언어, 언어 바깥을 통해 표출되며, 주체는 여기에서 직접적으로 명명되거나 존재하지 않고, 그 흔적만을 새겨두고 있다"(Collot, 1997: 207).

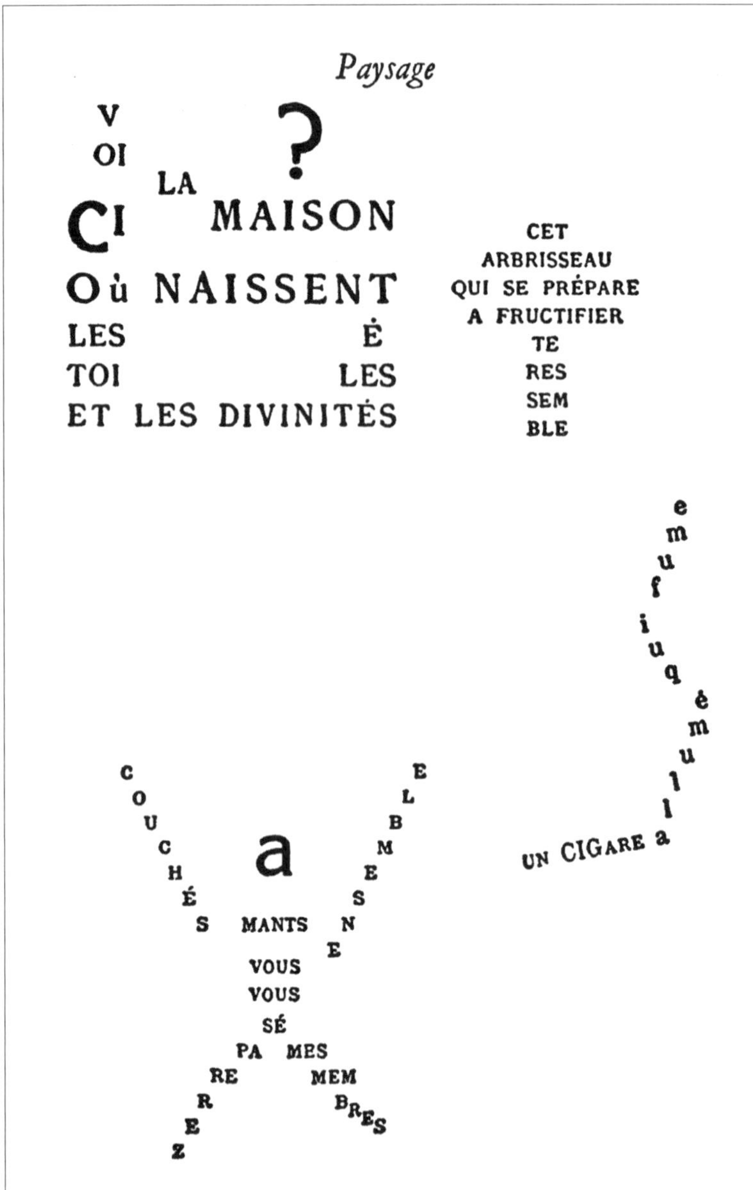
Paysage
VOICI LA MAISON OÙ NAISSENT LES ÉTOILES ET LES DIVINITÉS
CET ARBRISSEAU QUI SE PRÉPARE A FRUCTIFIER TE RESSEMBLE
UN CIGARE allumé qui fume
COUCHÉS
a
MANTS
VOUS VOUS SÉ PAMEREZ
ENSEMBLE
MES MEMBRES

칼리그람「풍경」

서 풍경은 서정과 닿아 있다. 그렇다면 시인은 이 칼리그람에서 자신이 말한 '시각적 서정'의 정수를 담아내고자 했을까?

칼리그람을 보면, 집, 나무, 연기를 내뿜는 시가, 두 팔을 하늘로 뻗은 인간의 형상이 서로 다른 네 폭의 풍경을 그려내고 있다. 언어의 시각화로 인해 네 개의 소주제가 동시에 한 공간에서 파악된다. 칼리그람들은 페이지 공간에 자유롭게 배열되어 있으며 각각 고유의 내용을 갖고 독립적으로 놓여 있어서 독자들은 어느 칼리그람을 먼저 읽어도 된다.

이 칼리그람은 '집'을 그리는 형상의 굴뚝 부분에 놓인 물음표를 제외하고는 구두점을 생략하고 있어서 의미 해석의 다양성을 열어놓는다. 게다가 유일한 구두점인 물음표조차도 시구의 끝이 아니라 첫머리에 애매하게 놓여 있어서 '여기에 있다voici'로 시작하는 시구에 걸리는 것인지(그러나 단언하고 보여줘야 할 제시어 voici와 의문을 제기하는 물음표는 서로 맞지 않는다), 아니면 제목인 '풍경'에 해당되는 것인지 모호하다.[12] 그래서 이는 "모든 풍경에 적용되는 근본적인 물음표"로 분석되기도 한다. 이러한 근원적인 물음표를 통해 "'풍경'은 탄생, 시간의 전이, 사랑, 축제의 기분(공생)이라는 인간 삶의 근원적인 측면들을 서정적으로 환기시킨다"(Campa, 1998: 123)는 것이다.

---

12 구두점은 감탄사, 의문사, 말줄임표 등 표현의 기능을 갖고 있다. 칼리그람은 글쓰기 혹은 인쇄에 고유한 요소들(구두점, 기호의 배치, 타이포그래피의 성격 등)이 시적인 힘을 갖추고 있다는 생각을 반영한다. 예컨대 칼리그람 「귀가 멍멍한Du coton dans les oreilles」에서, 느낌표는 "그토록tant", "폭발적인explosifs", "막… 하려할 때sur le point"라는 언어들을 그려내는 칼리그람으로 기능한다. 이 칼리그람과 「풍경」 속에 나오는 물음표는 텍스트에 첨가된 기호들이다. 구두점은 "종종 시구의 리듬, 휴지를 동반하지만 구두점의 생략은 표현된 하나의 문장 속에 여러 가지 사유들과 이미지들을 중첩시키는 의미상의 다양성을 초래한다"(Jacaret, 1984: 65).

독립적이면서도 서로 연관 관계를 갖고 있는 이 칼리그람들을 읽으면서 시선은 지그재그, 대각선, 가로, 세로 방향으로 분주하게 오고 가게 된다. 이에 따라 독서의 방향을 찾고, 의미를 만들 수 있는 독서를 위해 더듬어 읽는 독서 방식이 생겨난다. 활자는 유연성을 갖고 커지고 작아지고 때로는 진하게 때로는 흐리게, 또한 대문자와 소문자가 섞이고 어울려 형태와 의미를 표현하게 된다. 이 칼리그람들 속에 소문자는 인간의 머리와, '연기를 내뿜는 불붙인'이라는 시가의 수식구로 사용된다. 대문자보다 유연한 소문자는 가늘게 올라가 사라질 연기의 모습을 시각적으로 표현하고 있다.

자라나는 나무와 연소하는 시가는 시간에 대한 같은 경험의 두 측면을 재현한다. 로랑스 캉파Laurence Campa는 이 칼리그람을 분석하면서, 집과 나무가 뿌리박음, 견고함, 생산성을 의미한다면, 인간과 시가는 일시성과 죽음을 의미한다고 본다(Campa, 1998: 122). 하지만 이 칼리그람을 '읽고' '보는' 과정에 집중해보면 캉파의 보편적인 분석에서 나아가 섬세한 뉘앙스가 부여되어야 함을 깨닫게 된다. 칼리그람을 '읽어' 보면 전체적으로 집, 나무, 인간, 시가는 탄생, 열매 맺기(창조), 해체, 소멸을 노래하면서 풍경 전체가 '창조'의 테마를 중심으로 탄생에서 죽음에 이르는 상징적 차원을 내포함을 알 수 있다. 그런데 칼리그람을 '보면', 집과 나무가 무정형의 백색 공간 위에 놓여 있음을 발견하게 된다. 심지어 인간과 시가가 점한 위치보다 지면의 상부에 위치함으로써 그냥 떠 있다는 인상을 준다. 결코 견고하게 뿌리박고 있지 않은 것이다. 또한 "여기 별들과 신들이 태어난 집이 있다Voici la maison où naissent les étoiles et les divinités"라는 시구에서 알 수 있듯이 이 집은 인간이 살고 있는 집이 아니라 신과 별이 태어난 천상의 집이다. 나무는 인간을 닮았고("열매를 맺으려 하는 이 떨기나무는 너를 닮았다Cet arbrisseau qui se prépare à fructifier te ressemble"), 헤어지는 연인들과 더불어 인간의 사지는 사방으로 찢겨지고 해체되며("함께 누운 연인들이여 그대들은 헤어지리라 내 사지를 갈라놓으면서Amants couchés ensemble vous vous séparerez mes membres"), '타들어가는 시가'에서 사물은 물질성을 벗어나 하늘로 올라가고 있다("연기를 내뿜는 불붙인 시가Un cigare allumé qui fume"). 즉 지상은 천상으로, 자연은 인간으로, 인간은 세계로, 가시적인 물질은 비가시적인 흔적으로 전이되고 있다.

윌라르 본Willard Bohn에 의하면 독자는 전통적인 문학적 가치에 도전하는 칼리그람의 물리적 외관에 충격을 받고 헤매게 되지만, 시각적 텍스트를 인지하게 되면, 활자가 단어로, 단어가 형상으로, 형상이 더 큰 전체적 형태로 만들어지면서 작동하는 물리적 간극들로부터 시각적 텍스트가 주는 암시를 받아들이게 된다(Bohn, 1986: 67-68). 이렇게 칼리그람과 그 안에서 실험되는 다양한 타이포그래피는 독자에게 시각적으로 그냥 던져진 것이 아니라, 기존의 독서와는 다른 새로운 독서의 지표를 제시해주고 있는 것이다.

4. 언어시각적 유희와 세계의 다감각화

아폴리네르는 칼리그람을 통해 동시성에 대한 사유를 밀고 나갔다. 그가 보기에 동시성은 사고의 총체적인 표현에의 가능성을 담고 있었으며, "마치 총 지휘자가 동시에 악보에 겹쳐져 있는 음표들을 읽어내듯이, 또한 우리가 포스터에 인쇄된 작은 요소들을 한 번에 보듯이, 한눈에 시 전체를 읽을 수 있게"(Décaudin, 1971: 84) 해준다. 이를 통해 그는 평범한 현실의 질서 잡힌 세계 속에서 일어남직한 사건들의 전복을 꾀한다. 그리고 역동적인 새로운 구조를 창출하고자 한다. 즉 아폴리네르의 칼리그람은 현실의 세계를 그대로 재현하고자 하는 것이 아니라, 현실의 세계를 언어로 재구성하고자 한다.

「넥타이와 시계La cravate et la montre」(p. 192)의 경우를 보자. 이 칼리그람의 대주제는 시 · 공간의 압박, 그리고 일상적 관습의 압박에서 벗어나라는 것으로 보인다. 넥타이 형상의 갈라진 하단을 생성하는 문구는 좌측 하단의 '넥타이를 벗어라'와 우측 하단의 '네가 진정 숨을 쉬고 싶다면'이다. 시계 형상의 칼리그람은 어떠한가? 1, 2, 3이라는 숫자가 쓰여 있어야 할 자리에 다른 단어들이 쓰여져서 일상적으로 정해진 시간의 질서들을 벗어나고 있다. 즉 1부터 12까지 아라비아 숫자가 쓰여 있어야 할 자리에 각각 12(시간들les heures), 1(내 마음mon cœur), 2(두 눈les yeux), 3(아이l'enfant), 4(아글라Agla), 5(손la main), 6(티르시스Tircis), 7(주semaine), 8(미친 철학자에 의해 일으켜 세워진 무한l'infini redressé par un fou de philosophe), 9(네 육체의 문을 가진 뮤즈들les Muses aux portes de ton corps), 10(아름다운 미지의 사람le bel inconnu), 11(시체와 같고 빛나는 단테 풍의 시구le vers dantesque luisant et cadavérique)가 쓰여 있는 것이다.

클로드 드봉은 이러한 수수께끼와 같은 텍스트를 여러 문화적, 맥락적 독서를 통해 분석해낸다(Debon, 2008: 95). 이에 따르면 '아이'가 3이라는 숫자를 상징한 것은 부부에서 가족으로 전환되는 상징적 숫자를 의미한다고 볼 수 있다. '아글라Aglas'는 아타르Athar, 가보

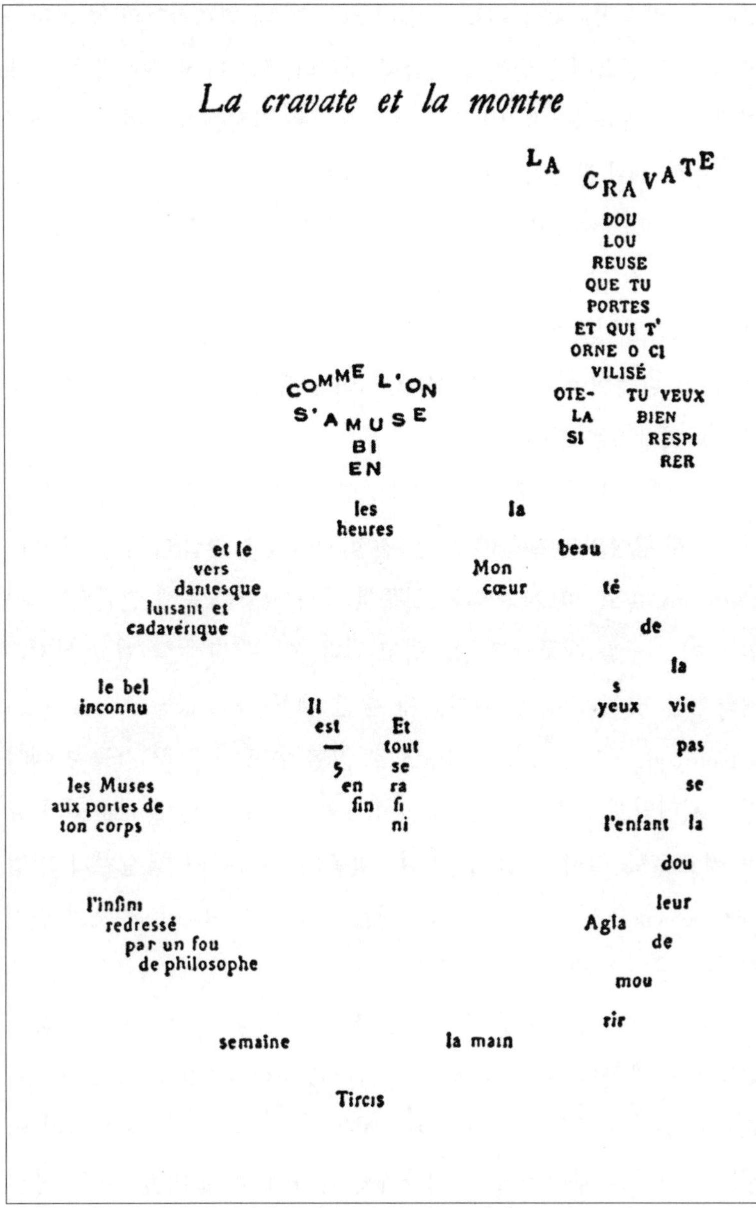

La cravate et la montre

LA CRAVATE
DOU
LOU
REUSE
QUE TU
PORTES
ET QUI T'
ORNE O CI
VILISÉ
OTE- TU VEUX
LA BIEN
SI RESPI
RER

COMME L'ON
S'AMUSE
BI
EN

les
heures

la
beau
té
de
la
vie
pas
se
la
dou
leur
de
mou
rir

Mon
cœur

et le
vers
dantesque
luisant et
cadavérique

le bel
inconnu

les Muses
aux portes de
ton corps

l'infini
redressé
par un fou
de philosophe

semaine

Tircis

la main

Agla

l'enfant

s
yeux

Il
est
—
5
en
fin

Et
tout
se
ra
fi
ni

칼리그람 「넥타이와 시계」

르gabor, 레올람leolam, 아도나이Adonaï라는 네 히브리어의 첫 글자를 딴 것으로 성스러운 언어를 조합한 것이다. 5는 다섯 손가락을, 6 대신에 쓰인 Tircis는 버질의 목동 중 한 명을 지칭하기도 하고, 성적인 언어유희로 된 문장이 숨어 있기도 하다. Tircis를 Tir-cis로 분절하고 이를 약간 변형해보면 '여섯 명과 성관계를 갖다tirer six coups'라는 문장을 얻을 수 있다. 이어서 7은 일주일을, 8은 '무한'의 기호인 ∞이 8을 환기하고 있으며, 9는 뮤즈의 숫자를, 10은 익명성을 나타내는 X를, 11은 단테의 시구가 11음절로 되어 있음을, 12는 시계의 열두 숫자를 나타낸다는 것이다.

한편 넥타이와 시계라는 시각적, 의미적으로 동떨어진 두 사물은 탁상시계 형상의 윗부분에 쓰인 "진정 재미있게 즐길 때처럼COMME L'ON S'AMUSE BIEN"이라는 일종의 매개 시구를 통해 연결된다. 시인은 이 시구를 대문자로 강조하고 있다. 이는 "진정 숨 쉬고 싶거든 넥타이를 벗어라 진정 재미있게 즐길 때처럼ôte-la si tu veux bien respirer comme l'on s'amuse bien"으로 읽힐 수도 있고, "시간들 안에서 진정 재미있게 즐길 때처럼comme l'on s'amuse bien en les heures"과 같이 밑으로도 걸쳐 읽힐 수 있다. 일종의 시각적인 행걸치기 기법enjambement을 만들어낸 셈인데, 이를 통해 두 그림과 두 주제가 연결되면서, 중의적 해석의 길을 열어놓고 있다.

시계의 오른쪽 윤곽을 형성하는 시구인 "삶의 아름다움은 죽음의 고통을 통과한다 la/ beau/ té/ de/ la/ vie/ pas/ se/ la/ dou/ leur/ de/ mourir"라는 구절은 아포리즘적인 여운을 남긴다. 조각조각 끊어 읽히는 시구들은 삶의 굴곡을 지나가듯 한 고비 한 고비를 넘어가면서 전체적으로 시계의 아름다운 곡선을 그려내고 있다. 또한 이 시구는

"진정 재미있게 즐길 시간"은 한때임을 가시화하듯, "지금은 12시 5분 전이고 이제 모든 것이 끝나리라Il est -(moins) cinq enfin Et tout sera fini"라는 시계바늘을 형성하는 시구와 연결된다. 그것은 한정된 시간 및 시간의 유한성을 제시하고 있어서, 해방과 구속의 이중성을 수수께끼처럼 구현하고 있다.

한편 『칼리그람』에 수록된 작품의 몇몇 제목들은 하이쿠를 연상시킨다. 예컨대 「만돌린 패랭이꽃 그리고 대나무La mandoline l'œillet et le bambou」(p. 209)라는 칼리그람은 서로 관련 없는 자연 혹은 인공의 세 대상을 시각화한다. 이 칼리그람의 특징은 타이포그래피로 된 것이 아니라 수사본이라는 점에 있다. 손으로 쓴 글자를 의미하는 '마뉘프림manuprimes'으로 불리는 이러한 형태는 손글씨의 의지적 몸짓이 책 속에 통합되어 있다. 아폴리네르는 손으로 쓴 글씨와 인쇄체의 혼합, 순수한 그림의 개입, 서로 다른 표현 수단들의 혼합 등을 통해서 다양한 방식으로 시청각적인, 그리고 의미론적인 혁신을 이루고자 했던 것이다. 만돌린을 구성하는 마뉘프림을 일반 시처럼 적어보면 다음과 같다.

몸을 관통하는 총탄처럼
소리는 진실을 관통한다 왜냐하면 이성
그것은 여성 그대의 예술이기 때문에
오 전쟁의 나날이여 대지는 만돌린처럼 떨린다
COMME LA BALLE A TRAVERS LE CORPS
LE SON TRAVERSE la vérité car la RAISON
C'est ton Art Femme

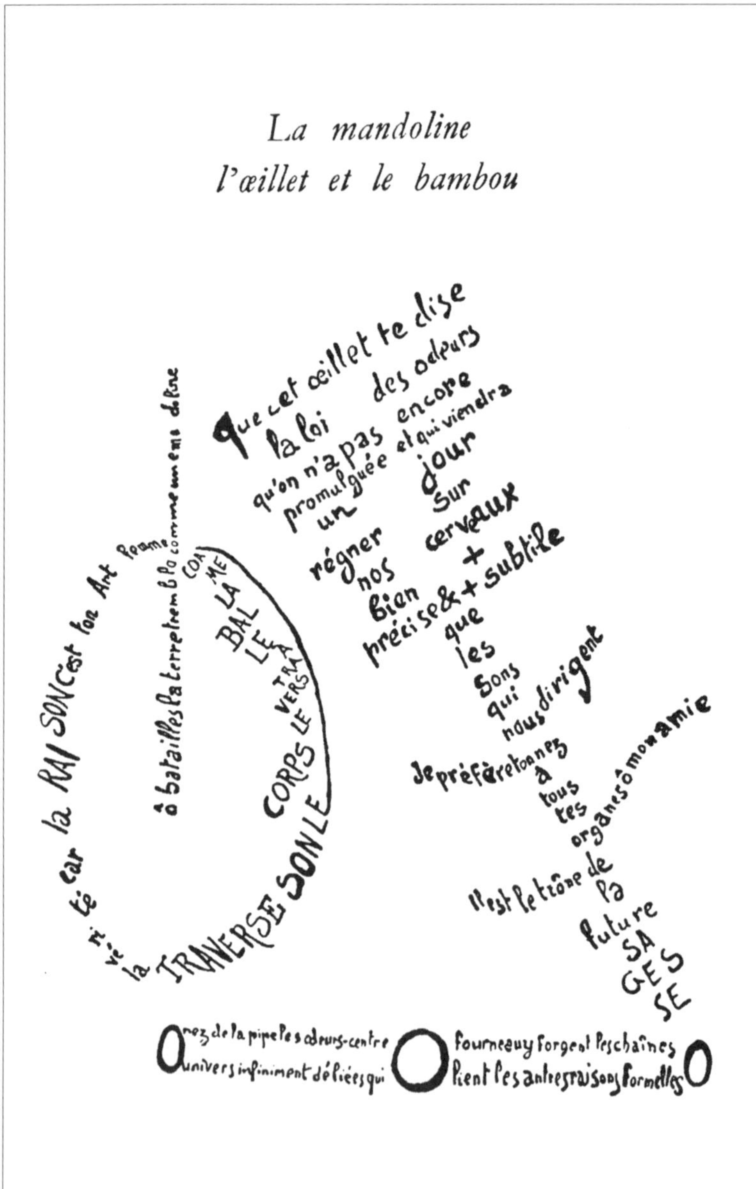

칼리그람「만돌린 패랭이꽃 그리고 대나무」

ô batailles la terre tremble comme une mandoline

전쟁을 노래하는 시편들 속에서 '몸을 관통하는 총탄'과 '진실을 관통하는 소리'라는 시구들이 병치되고 있는 것이 의미심장하다. 전장에 있는 시인은 언제 자신의 몸에 관통해 들어올지 모르는 총탄의 위협을 무릅쓰고(그는 실제로 머리에 총탄을 맞았다), 진실을 관통하는 소리를 내는 악기를 연주함으로써 사랑과 평화를 향한 시적 울림을 만들어내고 있는 것이다. 이러한 '관통'의 시적 이미지는 시각적으로도 둥근 부분을 관통하는 직선으로 간결하게 표현되고 있다.

만돌린의 형상을 그려내는 위의 시구들은 오른쪽으로부터 왼쪽으로 쭉 읽는 것이 아니라, 마치 박음질을 해가듯 오른쪽에서 왼쪽으로 둥글게 읽어 내려가는 독서를 하게 한다. 둘로 갈라진 시어 '처럼com/me'에서 앞의 m은 만돌린의 둥근 형상을 그리기 위해 쭉 잡아 당겨져 늘여지면서, 시어 '몸corps' 다음에 오는 정관사 'le'의 'e'와 연결된다.

"대지는 만돌린처럼 떨린다"에서 "떨림"은 만돌린의 떨리는 음과, 폭격으로 흔들리며 초토화되는 대지라는 시각적 이미지, 만돌린을 연주하는 손의 촉각적인 떨림, 전쟁이 인간에게 가져다주는 공포스런 전율이라는 추상화된 이미지들을 결합한다. 그리고 글자들은 만돌린의 손잡이 부분을 형성하기 위해, 마치 하나의 떨림처럼 가늘고 작고 짧게 이어진다.

이 칼리그람은 소리에 대한 향기의 우위라는 주제를 갖고 있다. 이를 드봉은 독서의 방향을 지시하는 표지로 읽기도 한다. 즉 만돌린(소리)으로부터 출발하여 패랭이꽃을 거쳐 대나무로 향하는 방향을 알린다는 것이다(Debon, 2008: 129).

해석의 난해함과 다의성을 유발하는 지점은 특히 마지막 대나무 부분이다. 드봉은 이를 다음과 같이 기입한다.

> 오 파이프의 코 세계 중심-향기들이여 오 담배통이 그곳에서 다른 형식적인 이유들을 연결하며 무한히 풀어지는 사슬들을 벼리는구나 오
> O nez de la pipe univers les odeurs-centre O fourneau forgent les chaînes infiniment déliées qui lient les autres raisons formelles O

그런데 이러한 방식으로 읽으면 독서의 방향이 어떤 법칙에 따라 예비되어 있는 것이 아니라 의미에 끼워 맞추기 위해 들쭉날쭉 된다는 느낌을 받는다. 사실 이 부분은 메시지의 난해함으로 인해, 어떤 방식으로 읽든지 간에 논리적으로 정합적인 독서가 힘들어지게 되어 있어, 다른 방식으로 읽어낼 수밖에 없다. 즉 해석의 중층성과 다의성을 내포하고 있다. 예컨대 우리는 이 부분을 다음과 같은 방향으로도 읽을 수 있다.

> 오 파이프의 코 중심-향기들이여 오 담배통이 그곳에서 사슬들을 벼리는구나
> 오 다른 형식적인 이유들을 연결하며 무한히 풀어지는 세계여
> O nez de la pipe les odeurs-centre O fourneau y forgent les chaînes
> O univers infiniment déliées qui lient les autres raisons formelles

그렇다면 이럴 경우 반드시 얼마나 더 말이 되는가에 맞추어 읽어야 할 것인가? 특히 대나무의 마디를 형성하면서 단절 및 다의성의 중심으로 기능하는 세 번의 감탄사 '오'는 고려해야 하는가 아니면 하지 않아도 되는가? 이러한 질문들과 함께, 대나무 칼리그람은 우리에게 '어떻게 읽는 것이 옳은 것인가?'라는 질문 자체가 옳은가라는 좀 더 메타적인 문제제기를 하게 해준다.

이와 같이 아폴리네르는 칼리그람을 통해서 언어, 음, 시각 사이의 경계를 가로질러 이들 사이에 새로운 관계를 맺고자 했다. 즉 칼리그람은 선조적, 담론적, 메시지의 분석적 독서에서 벗어나 소리, 그림, 의미의 통합적 독서를 요구한다. 이를 통해 아폴리네르는 언어 시각이 융합된 현대의 문화 텍스트를 읽어낼 수 있는 새로운 독법을 시사하고 있다. 칼리그람은 기호가 새겨지는 물질적 기반을 글쓰기의 일부로 포함하며, 표면을 형상의 일부로 인정하고, 공간을 시간과 긴밀한 연관 속에서 고려하여 의미의 일부로 포함시키고 있으며, 이를 통해 언어적 글쓰기의 특권적 개념을 해체하고자 했다는 의의를 갖는다.

형상시의 전통을 창조적으로 계승한 아폴리네르의 칼리그람은 살육과 전쟁, 실존적 고통의 '현재적 상황'에서 이를 극복할 새로운 미래를 창조하기 위해 쓰인 시였다. 시인은 불합리한 현실과 타성적인 관습을 깨기 위해 단지 언어 텍스트로 소통하는 것만으로는 불가능한 요소들을 시각적인 시로 보여주고자 했다. 이를 통해 일상의 언어를 벗어나 삶이 내포하고 있는 새로운 잠재성을 다양한 방법으로 드러내고자 했다.

칼리그람의 일견 추상적이고 단순해 보이는 형상은 함축과 응축을 그 핵심으로 삼는 시의 원리를 상징적으로 가시화한다. 언어의 시각화 과정을 통해 시인은 단지 시각적 재미만을 목표로 하는 것이 아니라, 기존의 문법을 일탈하고, 타이포그래피를 다양하게 변화시켜, 의미만이 아니라 지면, 서체, 구두점 등 기술 · 기표적 차원을 모두 포함하는 시니피앙스를 찾고자 했다. 또한 시간적, 연쇄적 독서 방식과 공간적, 통합적 독서 방식을 혼합했다. 그 결과 활자 시대에 텍스트를 소리내지 않고 읽음으로써 가시적으로 드러나지 않은 채 내면화되었던 글의 구술성이, 활자의 시각화와 시각적 배열을 통해 새로운 호흡과 리듬으로 끊어 읽혀짐으로써 새롭게 되살아남을 알 수 있다.

한편 그는 시각과 언어를 따로 떼어내 생각할 수 없는 혼종적 영역의 문제를 다룸으로써, 읽고 보는 협업이 어떻게 다의적 · 다성적으로 의미망을 확장해가는지를 보여주고 있다. 독자는 칼리그람의 의미 해독을 위해 수평, 대각선, 수직, 타원형 등으로 부지런히 읽기 방향을 변경해야 함을 깨닫게 된다. 이처럼 칼리그람의 독서는 사전 정보 없이 순차적으로 읽어가는 과정에서 의미와 맥락을 파악하는 언어기반 텍스트적 독서와는 구분된다. 글자로 만들어진 형상이라는 일종의 프레임이 주어지고, 이를 전체적으로 조망하여 '보는' 과정이 다음으로 이어지는 '읽기'를 위한 안내의 역할을 한다. 이때 단순화된 시각적 형태는 내용을 한정시키는 것이 아니라 오히려 다의성을 함축하고 있어서, 독자에게 상상력의 도약을 위한 일종의 뜀틀대로 기능한다. 또한 일반 텍스트가 마치 잘 닦인 직선도로처럼 중립적이고 일정한 방향성을 가진 글자들을 연쇄적으로 배열하고 있다면, 독자가 칼리그람을 읽는 행위는 글자의 크기, 형태, 배치, 간격이라는 지표에 주목하면서 시인이 다양한 방향으로 만들어놓은 길을 찾아가야 하는 일종의 지형학적 모험이 된다. 읽은 내용은 전체적인 형상을 새롭게 보는 데 영향을 미치게 되며, 이로써 보기와 읽기는 상호작용하면서 역동적인 독서를 가능하게 한다. 시각적인 배열은 리듬과 호흡의 변화를 가져와 독서의 완급을 조절하는 역할을 한다.

아폴리네르의 언어시각적 실험은 '읽기'와 '보기'의 능동적인 협업을 통해 의미와 상상력이 확장될 수 있는 길을 제시하고 있다는 점에서 의의가 크다. 아폴리네르의 언어시각적 유희 정신을 계승한 초현실주의 예술가들은 더욱 적극적이고 다양한 방식으로 시와 이미지의 결합을 시도하게 된다. 초현실주의 화가 에른스트와 미로는 글자가 그림 안에 변형되어 들어가거나 글자와 그림이 화폭 안에 결합되어 있는 '그림-시tableau-poème'를 시도했고, 마그리트는 「이것은 파이프가 아니다」와 「말과 이미지」 등을 통해 텍스트와 이미지의 전이와 전복을 도모했다.

데스노스는 시 「부정법Infinitif」에서 자신이 사랑하는 여성 '이본 조르주Yvonne George'의 철자 하나하나를 각 시행의 처음에 오게 하고, 자신의 이름 Robert Desnos의 철자들이 차례로 각 시행의 마지막에 오게 하는 이합체離合體의 시acrostiche를 만들어 가로와 세로로 읽고 볼 수 있게 시각화함으로써, 자신의 시를 해독해야 할 신비로운 암호처럼 만들었다. 또한 「봉봉Bonbon」이라는 시에서 '32개의 이빨'이라고 쓰는 대신, 이빨이라는 단어를 32번 반복하여 시각화하는 등 읽을 수 있는 것과 볼 수 있는 것의 교환을 통한 전복적이고 유희적이며 수수께끼적인 시를 제시했다. 한편 엘뤼아르는 많은 초현실주의 화가들과 공동 작업을 했는데, 특히 『반복들*Répétitions*』(1922)과 『신들의 불행*Les Malheurs des immortels*』(1922)에서 에른스트의 콜라주 작품과 나란히 언어콜라주로 이뤄진 자신의 시 작품들을 수록하여 이질적인 요소들의 결합, 언어시각적인 해체와 재조합이 빚어내는 낯섦의 미학을 구현했다.

브르통이 고안한 오브제-시le poème-objet는 시의 단편들과 시각적 단편들을 결합한 조형예술 작품이자 시 작품으로, 그 자체가 수수께끼이자 광기와 꿈의 세계를 환기한다. 브르통의 표현에 의하면 오브제-시는 시각적인 것과 문자적인 것의 "상호적인 고양의 힘에 대해 사유한다"(Breton, 1991: 8). 앞에서 살펴본 칼리그람에서는 오브제의 이미지가 텍스트의 물질성 자체 안에 깃들어 있어서, 시어가 오브제의 형태를 그려내면서 시와 그림이 한 몸을 이루고 있음을 알 수 있었다. 반면 브르통의 오브제-시는 만질 수 있는 오브제 그 자체이며, 시는 그것과 별도로 오브제 안에 새겨진다. 아폴리네르가 칼리그람을 통해 시는 그림과 동일하다는 것을 보여주었다면, 브르통은 오브제-시를 통해 언어와 시각적인 요소가 함께 있음으로써 가능해지는 다감각, 다의미의 세계를 환기하고 있는 것이다. 이러한 언어시각적 유희 덕분에 우리는 아폴리네르에 이어 초현실주의 예술가들이 열어준 세계를 동시에 읽고 보는 독자-관람자가 된다.

2부

초현실주의 시의 기법들과 언어 실험

초현실주의의 시적 기법들은 크게 두 경향을 보인다. 하나는 자동기술법l'écriture automatique, 초현실주의 놀이와 같이 우연이나 자의성의 힘에 기대어 꿈과 무의식의 언어를 발굴하는 것이고, 또 하나는 시적 아포리즘, 언어콜라주처럼 기존의 관습화된 언어를 의도적으로 해체하여 새롭게 재구성하는 것이다.

초현실주의의 가장 대표적인 기법인 자동기술법은 이성의 통제에서 벗어난 '생각의 자유로운 받아쓰기'로, 자동기술법 글쓰기 실험의 첫 결과는 앙드레 브르통과 필립 수포가 공동으로 발표한 『자장*Les Champs magnétiques*』(1920)이다. 이들은 미리 정해둔 속도에 따라 통제력을 상실할 정도로 매우 빠른 속도부터 아주 느린 속도에 이르기까지 속도가 무의식의 결과물에 미치는 영향을 실험했다. 이들에게 있어 중요한 것은 의식의 검열이 방해했던 일상의 풍요로운 생각들을 기록하고, 다방면으로 인간을 해방시킬 수 있는 경험을 공유하는 일이었다. 이를 위해 그들은 방해가 되는 모든 미학적, 문학적, 윤리적 구속에서 벗어나고자 했다. 브르통은 그 결과 물 흐르듯 쏟아지는 이미지들의 힘과 아름다움에 대해 주목했는데, 의도하지 않았으나 결과적으로 얻게 된 놀라운 이미지들이 바로 현실의 삶을 살 만하게 해주는 초현실의 근거임을 강조하고 있다.

또한 초현실주의 시인들은 카페나 동료의 집에 모여 우연과 자의성의 기제와 집단의 무의식을 활용하는 '초현실주의 놀이들'을 개발했고, 이를 시의 기법으로 활용했다. 가장 대표적인 '우아한 시체놀이'는 참가자가 서로 의논하지 않은 채로 문장을 구성하는 요소들에 해당하는 단어들을 각각 적어 합치는 것이다. 초현실주의 시인들은 이 놀이를 통해 얻은 첫 문장의 첫 구절인 '우아한 시체가'를 놀이의 이름으로 명명하게 된다. 그밖에도 '정의내리기 놀이le jeu des définitions', '조건 가정 놀이le jeu des conditionnels ou des hypothèses' 등은 브르통의 표현대로 "비판적인 의식을 비워내고 정신의 은유적인 활동을 전적으로 해방시킬 확실한 방법"으로 자리매김한다.

우연에 기대는 이러한 시적 방법과 정반대 선상에 관습화된 언어들을 의도적으로 전복시키는 기법들이 있다. 언어콜라주는 콜라주의 '오리기, 변형하기, 붙이기'라는 원리를 통해 기존 맥락을 벗어나 경이로움을 촉발시키는 방법이다. 신문 기사의 제목이나 삼면기사의 구절들을 시 안에 직접 삽입한다든지, 삼면기사 양식을 모방해서 창작해 넣는 방식으로 이뤄진다.

초현실주의의 시적 아포리즘은 관습화된 속담, 금언들, 경구화된 문구들의 단어를 교체하고, 순서와 맥락을 바꾸어 생경한 시구를 만들어내는 기법이다. 이를 위해 초현실주의 시인들은 한 단어 안에서 철자의 순서를 바꾸는 기법인 아나그람anagramme, 글자나 음절의 앞뒤 순서를 바꾸어 새로운 문구를 만드는 두음전환contrepèterie, 동음이의어의 유희들을 다양하게 사용함으로써 언어와 감각세계, 언어와 인간 사이의 새로운 관계 맺음을 시도하고 있다.

2부에서는 초현실주의의 대표적인 시적 기법들인 자동기술법, 초현실주의 놀이들, 그리고 시적 콜라주 및 시적 아포리즘 기법들을 다루고자 한다. 그 과정에서 초현실주의의 전형적인 시적 아포리즘뿐 아니라, 초현실주의 주변에서 독특한 아포리즘 시론을 발전시킨 프랑스어권 시인 샤잘의 시 분석을 통해 시적 아포리즘에 대한 다양한 지평을 제시하고자 한다.

4장

자동기술법과 글쓰기의 속도 실험

1. 『자장』과 무의식의 협업

1차 세계대전 당시 브르통은 낭트에 있는 병원의 보조군의관으로 근무하면서 신경정신의학 수련을 하고 있었다. 정신 외상 환자들과 접촉하면서 그는 광기와 비非광기 사이의 경계가 그다지 뚜렷하지 않으며, 매우 상대적이라는 사실을 알게 된다. 또한 그는 정신의학센터에서 행해진 자유연상 치료 방법을 접하게 되었는데, 자유연상의 방법에 따른 질문들은 환자들로부터 미리 계획하지 않은 즉각적인 답변을 얻을 수 있다는 사실을 직접 목격한다. 이를 통해 브르통은 가장 신선한 시는 이성적이고 비판적인 통제의 회로 밖에 놓인 언어들의 만남에서 비롯된다는 깨달음을 얻는다(Berranger, 1997: 33).

신경정신의학 수련의 경험과 더불어 브르통이 초현실주의의 대표적인 기법이 된 '자동기술법'을 고안하게 된 결정적인 계기는 1924년 그가 발표한 『초현실주의 선언』에 기술되어 있다. 잠이 들 무렵 그의 머릿속에는 꽤 이상한 문장이 떠올랐는데, 그것은 "창문에 의해 둘로 잘린 한 남자가 있다"라는 문장이었다. 그는 이 문장이 가진 "매우 드문 이미지"와 생명력 있는 "유기체적 성격"에 주목하면서, 자기 스스로 생각의 자유로운 표현을 실험함으로써 "그것을 시적 구조 안에 삽입시킬"[1] 생각을 한다. 브르통에 의하면 자동기술법은 의식이 미처 포착하지 못하는, 매우 자연발생적인 구두口頭의 이미지여서, 그것이 아무리 "비합리적이고, 자의적이며, 부조리하게 느껴질지라도, 이런 문장들은 제1의 시적인 요소들을 형성"(OCI, p.274)한다는 것이다.

자동기술법은 관습화된 언어, 이성의 통제를 받는 언어에서 벗어나기 위해 선험적인 의도를 배제하고 오로지 무의식의 소리를 받아 적는 기법으로, 초현실주의의 미학을 대표한다.

> 초현실주의. 남성 명사. 그것을 통해 생각의 현실 기제를 구두로, 또는 글로, 또는 온갖 다른 방식으로 표현하는 것을 시도하는 순수한 심적 자동주의. 이성에 의해 작동하는 어떠한 통제도 어떠한 미학적 또는 도덕적 염려도 없는 상태에서 생각의 받아쓰기(OCI, p.328).

자동기술법을 수행하는 사람은 잠든 것도 아니고 깨어 있는 것도

---

1 André Breton, *Œuvres complètes*, tome 1, Paris: Gallimard, «Bibliothèque de la Pléiade», 1988, pp. 325-326. 다른 언급이 없는 한 인용하는 텍스트는 이 플레이아드판을 사용했으며, 괄호 안에 (OCI, 페이지 수) 방식으로 표기할 것이다.

아닌 중간 상태에서 손이 움직이는 대로 글을 쓰거나 그림을 그리게 된다. 초현실주의 시인들은 자동기술법을 통해 모든 의식의 방향을 벗어나서 오로지 매 순간 우리의 귀에 속삭이는 언어의 물결에 실려 가도록 시도했다. 이는 기존의 시에서 중시되었던 모든 것들, 즉 작품이 탄생하는 순간까지 시인이 기울이는 능동적이고 적극적인 노력, 미를 향한 열망, 사회와 인간 삶의 도덕적 질서에 대한 고민들에서 벗어나려는 시도이다. 그들은 로트레아몽의 "시는 모두에 의해 쓰여야 한다. 한 사람에 의해서가 아니라"라는 구절을 모토로 하여, 자동기술법을 통해 누구나 시인이 될 수 있는 세상을 꿈꾸었던 것이다.

브르통은 수포와 함께 '샘La Source'이라는 카페에 앉아 8~10일 간 매일 계속해서 자동기술법 글쓰기를 진행했다. 자기 안에 속삭이는 소리들을 멈추지 않고 쓰는 것이 가장 중요한 목표였다. 두 사람은 동시에 써내려갔다. 때로는 각자의 마음에서 울리는 소리를 적기도 하고, 때로는 미리 정해둔 원칙에 따라 무의식의 소리를 번갈아 릴레이 하듯 적기도 했다.

그런데 자동기술법을 통해 최초로 얻은 문장들에 대해 그들은 실망했다. 예상했던 시적인 이미지들이 아니었기 때문이다. 그러던 중, 마침내 브르통의 시선을 사로잡는 문장이 하나 발견된다. '금발의 폭풍우 속 위선자 옻칠을 한 꽃Fleur de laque jésuite dans la tempête blonde'이라는 문장이었다. 이 문장에서 폭풍우는 금발을 하고 있는 대상으로 의인화되어 있고, 자연의 산물인 꽃은 옻칠이라는 인공성을 부여받고 있다. 또한 문장 구조적으로 '금발의 폭풍우 속 위선자'와 '옻칠을 한 꽃'은 동격이어서, '꽃'이 '위선자'라는 윤리적인 성격을 띠게 된다. 브르통은 이 문장에 대해 다음과 같이 의미를 부여한다.

> '금발'의 폭풍우 속 이 '위선자'라는 말이 나를 사로잡았다. 다른 조건에서였다면 결코 떠오르지 않았을 문장이었다. 게다가 '어디에서였는지는 모르지만', 나는 '보았다'. 그녀의 치마가 위선자처럼, 위험하게 소용돌이치는 것을(OCI, p.1128).

그는 '그녀의 치마가 위선자처럼 소용돌이치는' 광경을 직접 목격했다고 술회함으로써 무의식의 문장과 의식적 행위들을 연결 짓고, 자신의 경험을 기반으로 해석을 시도한다. 브르통은 이를 통해 자동기술법으로 얻은 무의식의 문장들이 단지 낯설거나 미학적으로 생경한 이미지를 띠는 것에 그치지 않는다는 점을 강조하고 있는 것이다. 자동기술법에서는 무의식의 소리를 받아 적는 행위뿐 아니라, 마치 스스로에게 정신분석을 하듯, 자신의 현실 경험을 기반으로 그 문장들을 해석하고, 맥락을 부여하는 행위가 중요함을 알 수 있다. 이때의 해석 행위는 억압 기제에 대한 치유를 목적으로 하는 정신분석적 행위가 아니라, 무의식과 의식의 연결 지점을 들여다보고, 새로운 시적 발견을 하는 것을 목적으로 하는 초현실주의적 행위라 할 수 있다. 브르통에 의하면 자동기술법의 첫 번째 장점은 '문학'과 모더니티의 상투적 표현들에서 벗어날 수 있다는 점이고, 두 번째 장점은 생각의 공유였다. 두 명이 글을 쓴다는 행위는 작가라는 개념에 의문을 제기하고, 창조적 주체의 천재성을 거부하는 행위라고 할 수 있는 것이다.

브르통과 수포는 자동기술법 글쓰기를 실험한 텍스트들을 모아 『자장』(1920)을 출간한다. 이 책은 자동기술법을 체계적으로 적용한 첫 초현실주의 텍스트라는 의미를 갖는다.[2] 브르통과 수포가 처음으로 자동기술법 글쓰기를 실험했을 때, 그들은 결코 자신들이 쓴 글을 수정하거나 지우지 않았지만, 『자장』에 수록된 최종 글은 이와 달랐다. 브르통은 이미 쓴 글에 첨삭을 가하고, 순서를 바꾸었으며, 기존에 쓴 글을 삽입하기도 했다. 무의식의 첫 분출물과 자동기술법 텍스트는 구분되어야 한다고 본 것이다. 브르통은 자동기술법적 글쓰기를 하기 전에 이미 8장의 글을 후에 책으로 묶을 것을 의도하고 있었고, 각 장의 대략의 주제 및 이에 적합한 글쓰기의 속도도 미리 정했다. 말하자면 브르통은 애초부터 무의식의 수문을 어느 정도 열 것인가를 고려하여 글쓰기 실험을 시작했던 셈이다.

브르통과 수포는 애초에 서로의 목소리에 귀를 기울이며 모든 텍스트를 '함께' 말하려고 했다. 그러나 이 또한 실제로는 다르게 전개되었다. 그들은 글 쓰는 방법을 다양하게 시도하여 각자가 자신의 글을 쓰고 나중에 '임의로' 합치거나, 상대방이 쓴 내용을 읽고 들은 뒤에 자신의 생각을 종이에 글로 써내려가거나, 전체 글을 혼자 쓰기도 했다. 심지어 잡지에 실린 글들을 무작위로 몽타주한 작품도 수록했다. 이는 '미학적, 도덕적 고려에서 벗어난 심적 자동 현상'과 상당히 거리가 있었다.

실상 『자장』은 초현실주의 동료 시인 아라공이 말한 대로 "두 개의 머리와 이중의 시선을 지닌 한 작가의 작품"(Aragon, 1968)이라 할 정도로 모르고 읽으면 한 사람이 집필한 것처럼 여겨진다. 브르통 자신 또한 두 사람의 협업이 빚어내는 '한 목소리'를 통해, 이성의 통제를 벗어난 정신의 공통된 지점이 존재함을 보여주고자 했다(OCI, p.1135).

---

2 초현실주의 선언문이 발표된 1924년 이전의 작품이지만, 자동기술법을 처음으로 체계적으로 적용한 작품이기 때문에 브르통은 이를 다다이스트 작품이 아닌 초현실주의 텍스트라고 강조하고 있다(Breton, 1952: 59 참조).

그런데 이상하게도 브르통은 『자장』이 출판된 10년 후인 1930년에 수집가인 르네 가페René Gaffé를 위한 주석본에서 글쓰기의 과정을 상세히 밝힌다. 어떤 부분을 누가 썼는지, 텍스트의 의미가 무엇인지, 또한 가장 뛰어나다고 생각하는 구절들은 무엇이며 두 사람에게 폭소를 유발했던 구절은 무엇이었는지를 밝힌 것이다(OCI, p.1127). 미학적, 도덕적 판단을 배제한 글쓰기를 해놓고, 이후에 첨삭을 한 이유, 또한 집단 무의식의 글쓰기를 의도했지만 작가에 대한 구분을 분명히 한 이유는 무엇일까? 왜 그는 날것 그대로의 소리를 전하지 않았으며, 그렇게 수정한 텍스트의 의미는 무엇인가?

2. 글쓰기의 속도 실험과 주체의 소멸

브르통이 텍스트를 수정한 것은 텍스트 자체의 가독성을 염두에 두었다는 셈이 된다. 그렇다면 『자장』은 단지 '미학적 도덕적 고려를 벗어난 사고의 받아쓰기'만이 아닌 다른 의도와 효과를 내포하고 있으리라 추정된다.

브르통과 수포 두 사람은 애초에 8장을 쓰기로 하고 결과적으로는 9장을 썼다. 브르통의 구분에 의하면,[3] 「비치는 면이 없는 거울La Glace sans tain」은 두 사람이 번갈아서 썼고, 「계절들Saisons」은 브르통이 전체를 집필했으며, 「일식들Eclipses」은 두 사람이 함께 썼다. 「80일 안에En 80 jours」는 수포가 전체를 집필했으며, 「장벽들Barrières」

3 A. Jouffroy(1970) 참조.

은 두 사람이 같은 테이블에 앉아 "한 사람이 다른 사람의 문장을 이어가며" 집필했다. 한 장을 끝낸 유일한 이유는 날이 어두워졌기 때문이었다.

한편, 「더 이상 움직이지 맙시다Ne bougeons plus」는 교정본 때 시험적으로 덧붙인 것으로, 기존 잡지를 콜라주한 작업으로 이루어졌다.[4] 마지막으로 「흰 장갑들Gants blancs」은 두 사람이, 「소라게가 말하길 I Le Pagure dit I」은 브르통이, 「소라게가 말하길 II Le Pagure dit II」는 수포가, 그리고 「모든 것의 끝La Fin de tout」은 브르통이 집필했다.

집필 방식과 더불어 두 사람이 세운 중요한 원칙은 속도에 관계된다. 속도를 다양하게, 체계화하여 집필하는 방식이 글의 결과에 영향을 미치리라 생각했기 때문이다. 두 사람은 "단조로움을 방지하기 위해"(Béhar, 2000: 90) 글 쓰는 속도를 미리 다섯 단계로 설정하여 글쓰기의 "서로 다른 섬광들"(Breton, 1981: 351)[5]을 얻어내고자 했다. 구체적으로는 기준이 되는 속도(V)와 가장 빠른 속도(V″)를 놓고, 그 사이에 있는 속도들(V‴, V⁗)과 가장 느린 속도(V′)를 지정했다. 브르통의 주석본을 토대로 다섯 단계로 구분된 속도의 차이를 가장 느린 것부

---

4 브르통은 그 과정을 다음과 같이 설명한다. "우리는 이 장에서 『자장』에 약간 앞서 출간된 수많은 싸구려 잡지들의 텍스트에서 발췌한 문장을 모았다. 이 잡지들의 여러 의미에서 부조리한 삽화가 그려진 표지들은 우리로 하여금 우리의 글쓰기로 그걸 모두 뒤덮어 밤처럼 만들고자 하는 욕망을 불러일으켰다. 우리는 이 모든 잡지를 없앴다"(Breton, 1981: 351).

5 『자장』이라는 제목에서도 볼 수 있듯이 초현실주의 텍스트에는 전기와 관련된 많은 은유들이 사용된다. 브르통은 제1차 선언문에서 시적 발견의 은유로 '섬광étincelle'이라는 단어를 사용한다. "두 용어의 일종의 자의적인 접근으로부터 특별한 빛, '이미지의 빛'이 솟아났다. (…) 이미지의 가치는 얻어진 섬광의 아름다움에서 결정된다. 섬광은 결과적으로 두 전도체 사이의 잠재적인 기능인 셈이다"(Breton, 1924: 46).

터 가장 빠른 순서대로 정리해보면 다음과 같다.

속도 표시	속도의 설명	쓰인 작품	의도
V′	V보다 1/3 느린	「계절들」	한 남자가 어린 시절의 기억을 이야기하는 데 적합한 속도
V	매우 빠른 (초현실주의의 기준 속도)	「비치는 면이 없는 거울」	절망의 의도된 소통적 분위기를 유지하기 위해서
		「장벽들」	대화로 이뤄졌으므로, 초현실주의의 기준 속도 유지
V'''' 2단계	V와 V″ 사이	「흰 장갑들」	글의 뒷부분에 사용(기차가 점점 멈추는 효과)
V'''' 1단계	V와 V‴ 사이		글의 앞부분에 사용(기차처럼 빨리 달리는 효과)
V‴	V와 V″ 사이	「80일 안에」	자신의 기억을 회피하고자 하는 한 남자의 기억을 표출하는 속도
		「소라게가 말하길 I」	
V″	V보다 훨씬 빠른(가장 빠른) 가속도	「일식들」	주체의 일식(겹침)을 표현하기 위해
		「소라게가 말하길 II」	

자동기술법은 기본적으로 의식의 통제를 벗어나고자 하는 빠른 글쓰기이기 때문에, 브르통은 기본 속도 V를 매우 빠른 속도로 상정했다. 그리고 그보다 느린 속도와 그보다 훨씬 빠른 속도를 상정하고, 그 사이에 여러 중간 속도들을 상정하여 다양화하고자 했다. 또한 「흰 장갑들」의 경우처럼 하나의 글을 기차가 달리는 것처럼 앞부분은 빠르게, 뒷부분은 서서히 멈추게 쓰도록 시도하기도 했다. 또한 회상으로 되어 있는 작품이라도 어린 시절의 기억을 반추하느냐(「계절들」) 혹은 기억을 회피하여 달아나고자 하느냐(「80일 안에」)에 따라

글쓰기의 속도를 다르게 실험했다.

그렇다면 이러한 속도는 글쓰기의 내용에 어떤 영향을 미치고 있을까? 연구자 보네는 "1930년 브르통이 말한 속도로 인한 차이는 느낄 수 없다. 하지만 수사본을 통해 매우 빠른 글쓰기라는 것은 알 수 있다. 또한 두 '필기자'가 어떤 부분을 담당했는지도 알 수 있다"(OCI, p. 1133)라고 하여 속도에 따른 글쓰기의 차이가 거의 없다고 말한다.

하지만 텍스트를 소리 내어 읽어보면 그 차이가 감지된다. 가령 「비치는 면이 없는 거울」은 브르통과 수포가 기준으로 삼은 매우 빠른 속도(V)로 되어 있다. 읽어보면 이 글보다 1/3의 속도(V')로 쓰인 「계절들」에 비해 확실히 장면 전환이 빠르다는 것을 알 수 있다. 「비치는 면이 없는 거울」에서는 하나의 생각이 나오자마자 바로 다른 감각과 이미지로 전환되고 있다면, 「계절들」에서는 하나의 생각이 꽤 오래 지속되어 전개된다.

예문 1 (…) 우리의 살 속에 뚫린 창문이 우리의 심장 쪽으로 열린다. 그곳에는 거대한 호수가 보인다, 모란 냄새 나는 금갈색 잠자리들이 정오에 머물러 오는 호수가. 동물들이 그곳에서 서로 쳐다보는 이 큰 나무는 무엇인가? 우리는 몇 세기나 그 나무에 마실 것을 부어댔다. 그의 목구멍은 짚보다 건조하고, 재는 그곳에 거대한 저장소를 갖고 있다. 우리도 웃는다, 하지만 망원경 없이 오랫동안 봐서는 안 된다. 모든 사람이 이 피비린내 나는 복도를 지나갈 수 있다. 그곳에는 우리들의 죄악과 감미로운 그림이 걸려 있으나, 회색이 군림한다. (…)

(...) La fenêtre creusée dans notre chair s'ouvre sur

notre cœur. On y voit un immense lac où viennent se poser à midi des libellules mordorées et odorantes comme des pivoines. Quel est ce grand arbre où les animaux vont se regarder? il y a des siècles que nous lui versons à boire. Son gosier est plus sec que la paille et la cendre y a des dépôts immenses. On rit aussi, mais il ne faut pas regarder longtemps sans longue-vue. Tout le monde peut y passer dans ce couloir sanglant où sont accrochés nos péchés, tableaux délicieux, où le gris domine cependant. (…) (OCI, p. 57)

예문 2 나는 이른 아침 할아버지와 돌로의 방들을 떠난다. 아이는 놀라움을 원한다. 이 싸구려 나팔들은 내 인생에 큰 영향을 미치지 못했다. 여인숙 주인의 이름은 티랑이다.

Je quitte les salles Dolo de bon matin avec grand-père. Le petit voudrait une surprise. Ces cornets d'un sou n'ont pas été sans grande influence sur ma vie. L'aubergiste s'appelle Tyran. (OCI, p. 58)

예문 1은 「비치는 면이 없는 거울」에서, 예문 2는 「계절들」에서 발췌한 내용이다. 예문 1은 촉각('살 속에 뚫린 창문'), 시각('호수가 보인다'), 후각('모란 냄새 나는') 등의 순으로 감각을 전이시키면서 내적 풍경을 그려낸다. "우리의 살 속에 뚫린 창문이 우리의 심장 쪽으로 열린다"는 구절은 "창문에 의해 몸이 둘로 잘린 한 남자"에 대한 변주로 보인다.[6] 인간의 내면세계를 투영하듯 우리의 삶에는 창문이 뚫려 있으며, 우리는 창유리를 통해 세상과 맞닿아 있다. 살갗은 창유리처럼 외부와 직접적으로 닿아 있는 부분이며 외부와 내부를 이어주는 매개항의 역할을 하는 통로이다. 우리는 살갗이라는 창유리를 통해 세계를 느끼고, 세상과 소통한다. 여기에서는 평화로운 호수와 그 위를 날아다니는 잠자리, 그리고 동물들과 나무들이 있는 평온한 내면의 풍경을 비추고 있다. 그리고 그 평온함은 이내 피비린내 나는 복도, 죄악, 회색이라는 불안한 풍경으로 바뀐다. 초현실주의자들에게 있어서 내면과 무의식은 어두운 욕망을 아우르는 본질적인 자아를 이해할 수 있는 중요한 장소이므로, 그들은 내면과 무의식의 풍경을 들여다봄으로써 총체적인 인간성을 회복하고 완전한 해방을 이루고자 했던 것이다.

예문 2는 어린 시절을 회상하는 일반적인 회고록이라 해도 무방할 정도로 예의 혼란스러운 이미지가 덜하다. 인용한 부분은 화자가 어렸을 때 할아버지와 여행을 갔고, 이른 아침 여인숙을 떠났다는 사실을 알려준다. 또한 그가 놀라운 광경을 좋아하는 호기심 많은 아이였으며, 여인숙에서 발견한 싸구려 나팔들이 호기심을 자극했으나, 자신의 인생에 큰 영향을 미치지 못했다는 서사로 자연스럽게 읽힌다.

이 글은 브르통이 전체를 혼자 집필한 것으로, "한 남자가 어린 시

---

6 이에 관해 초현실주의 연구가 미셸 뮈라Michel Murat는 "작가와 자동인형으로 이중화된 받아쓰는 자/놀이하는 자는, 혹은 서로 모르는 것처럼 협업하는 이 두 손은 몸이 둘로 잘린 남자의 이미지와 연관되는 것이다. 자동주의에서 놀이 의식은 예술의 조건이다"라고 언급하면서 두 사람의 무의식적 협업의 유희성을 부각시킨다(Murat, 1992: 12).

절의 기억을 이야기하는 데 적합한 속도"(OCI, p. 1150)로 되어 있다. 느린 호흡으로 반추되는 어린 시절의 회상은 아래와 같은 신비롭고 아름다운 구절을 낳기도 한다.

> 어둡고 큰 저울 위에 서서, 나는 신비스럽게 월계수 잎을 흔든다.
>
> Debout sur la grande balançoire sombre, j'agite mystérieusement un feuillard de laurier. (OCI, p. 58)

'저울'은 측정의 기구로 법과 문명의 축에 놓여 있고, '월계수 잎'은 생명과 자연의 축에 놓여 있어서 대조된다. 저울은 '나'의 무게에 의해 흔들리고, 월계수 잎은 내 손에 의해 흔들린다. 어둡고 큰 저울은 존재의 무거움과 법의 심판을 연상시키고, 신비스럽게 흔들리는 월계수 잎은 이와 대조적으로 가벼움과 자유로움을 느끼게 하고 있다.

그렇다면 가장 빠른 속도(V″)로 쓰인 「일식들」은 어떤 효과를 보여주고 있을까?

> 우화적인 인사들의 색채는 가장 작은 헐떡거림에 이르기까지 어두워진다. 상대적인 한숨들의 고요. 응고된 피와 우유 냄새에도 불구하고 도약의 서커스는 애수 어린 순간들로 가득하다. 그러나 조금 멀리에는 깊이가 없는 구멍이 있다 우리의 온갖 눈길을 사로잡는 알려진 여인, 그것은 반복된 기쁨의 파이프오르간이다.
>
> La couleur des saluts fabuleux obscurcit jusqu'au moindre râle : calme des soupirs relatifs. Le cirque des bonds malgré l'odeur de lait et de sang caillé est plein de secondes mélancoliques. Il y

a cependant un peu plus loin un trou sans profondeur connue qui attire tous nos regards, c'est un orgue de joies répétées. (OCI, p. 62)

가장 빠른 속도로 쓰인 이 텍스트는 의미의 독해를 지향하지 않는다. 문장 구조는 유지한 채, 내용의 일관성이 파괴되고 있으며, 문장은 오로지 이미지의 연결과 충돌로 이뤄진다. 빠른 속도(V)로 쓰인 글쓰기와 비교해보면 문장 내부 단어들의 연결이 더욱 자유분방하여 의미를 만들어내지 못하고 이미지가 훨씬 혼란스러워짐을 알 수 있다. 의미를 알 수 없는 문장들은 텍스트를 '두려운 낯섦'을 환기시키는 모호함 속에 남겨둔다.

그런데 시니피에가 아니라 시니피앙에 초점을 맞추면 이 글에서 일정한 구조적 패턴을 발견할 수 있다. 가령 첫 문장의 앞뒤 문구인 'La couleur des saluts fabuleux'와 'calme des soupirs relatifs'는 '명사+전치사 de+명사+형용사'라는 문장 구조의 유사성이 있을 뿐 아니라, 밑줄 친 부분의 [k], [de], [s], [f]라는 음상이 반복된다. 또한 '색채', '어두워진다'(시각), '헐떡거림'(거칠게 내쉬는 숨결이라는 면에서는 촉각, 헐떡거리는 소리는 청각), '응고된 피'(시각, 촉각), '우유 냄새'(후각), '파이프 오르간'(청각) 등 다양한 감각이 뒤섞여 기술된다.[7]

다른 부분에서는 이 텍스트의 제목인 '일식'의 이미지가 아름답게 시적으로 표현되기도 한다.

---

7 이러한 글쓰기 방식에 대해 조르주 세바는 "교환의 일반적인 흐름을 바꾸고, 여러 장애물을 부수며, 발표되지 않은 표현법을 만들어내고, 기묘한 이미지들을 선동하며, 독특한 메시지를 발산한다"(세바, 2005: 63)고 지적한다.

행성들이 살그머니 가까워졌고 어두운 침묵들이 별들에 가득했다
Les planètes s'approchaient à pas de loup et des silences obscurs peuplaient les étoiles. (OCI, p. 64)

빛깔을 지운 '어둠obscur', 소리를 지운 '침묵silence', 동작을 최소한으로 줄인 '살그머니à pas de loup'라는 시어들은 일식이 보여주는 광경의 경이로움과 지움 및 비움의 아름다움을 대조적으로 형상화한다. 움직임과 빛이 가득한 대낮이라는 의식의 시간과는 달리, 밤이라는 무의식의 시간은 소리를 죽이고, 빛을 죽이고, 몸짓을 죽인 후 비로소 감지될 수 있는 것이다. 이런 이미지는 로베르 브레숑Robert Bréchon이 초현실주의적 세계관이라고 지적한 "수수께끼와 같은 세계"[8]의 비밀을 엿보게 한다.

앞에서 인용한 '우리의 온갖 눈길'이라는 구절에서 드러나듯이, 자동기술 텍스트에서 주체는 불특정 복수로, 관찰자로, 그리고 육체의 일부로만 존재한다. 이는 무의식의 텍스트가 주체보다는 객체로, 전체보다는 일부로, 작가보다는 관찰자로의 위치에서 기술된다는 것을 알 수 있다. 이에 관해 브르통은 "밑에서 꼭대기까지 이 주체를 파멸시키지 않은 채 계속해서 무한히 속도 페달을 밟을 수는 없는 것이다. 어쩌면 우리만큼 근대 예술의 관심인 주체에서 객체로의 이동을 이보다 더 구체적이고 극적으로 포착한 사람은 없지 않을까"(OCI, p. 1129)

---

8 브레숑은 다음과 같이 언급한다. "과학과 신비주의에 근본적으로 공통적인 설명 가능한 세계라는 생각에, (…) 순수한 경험주의의 사고인 깊이 없고 문제도 없는 세계라는 생각에 대해, 초현실주의는 본질적으로 수수께끼 같은 세계라는 생각을 대립시킨다. 이때 신비는 환원 불가하고, 진실은 질문의 방식으로만 포착 가능하다"(Bréchon, 1971: 63).

라고 말한다. 「일식들」은 달이 태양을 가리며 하나로 겹쳐지듯, 저자들이라는 두 주체가 하나로 겹쳐지면서 잠시 주체의 소멸을 경험하는 과정의 산물이라고 할 수 있다.

가장 빠른 속도로 집필된 시인 「제조소Les Manufactures」는 어떤 글쓰기의 특성을 드러내고 있을까?

낯선 동물들과 공장의 관대한 사람들이 동심원 속에 있다
키스의 거리
젊은이들의 병
벽의 침대의 새장의 그리고 서커스의 종이들
인사들의 작업실들
어떤 빠른 춤 어떤 춤
섬세한 화학
주사위를 던져라
바다의 한 사내
한 사내가 지나간다 나는 그를 보고 싶다
그는 철로들의 흔적 얼어붙은 내 손가락들보다 더 파랗게 파랗게 달린다
철도들 공장들
철이 탄다
장작
감옥들의 담배 꿈들의 엄마
교차로의 술집 병적인 구애
목요일 목요일

당신의 손을 잡아라 나무들의 머리
태양들의 평안
소금으로 구성된 몸
트럭들이여 우리에게 결과물들을 가져다다오
그림자들 우리의 여자 친구들
장군이 손들에게
아름다운 시계들을 주문한다

Les animaux étrangers et les généreux industriels sont dans le même cercle
L'avenue des baisers
Maladie des jeunes gens
Les papiers du mur des lits des cages et des cirques
Ateliers des saluts
Une danse vite une danse
La chimie délicate
Jetez les dés
Un homme à la mer
Un homme passe je veux le voir
Il court bleu plus bleu que mes doigts gelés tache des rails
Les chemins de fer les usines
Le fer brûle
Le bois
Le tabac des prisons mère des rêves

Un bar rond-point galanterie maladive
Jeudi jeudi
Prenez votre main la tête des arbres
Calme des soleils
Corps composés sels
Camions apportez-nous les résultats
Les ombres nos amies
Un général commande à des mains
Les belles montres (OCI p.100)

수포가 쓴 「소라게가 말하길 II」에 수록된 이 시의 각 행들은 짧은 호흡으로 연결사 없이 열거되어, 해석의 여지를 열어놓는 시 형식의 극단을 보여준다. 4행의 'Les papiers du mur des lits des cages et des cirques'가 보여주듯, 전치사 de와 정관사의 축약된 형태는 '종이', '벽', '침대', '새장', '서커스'라는 일견 무관해 보이는 단어들을 서로 연결하여 하나로 묶어주는 역할을 한다. 그리고 11행의 '그는 철로들의 흔적 얼어붙은 내 손가락들보다 더 파랗게 파랗게 달린다'라는 시구는 논리를 비껴간 비교 및 비유의 신선함을 만들어낸다.

초현실주의와 심리학의 관계를 연구한 장 카조Jean Cazaux는 자동기술법을 '내어內語, endophasie'의 차원에서 고려해야 한다고 말한다. '내어'란 "사고의 자연발생적인 작용을 동반한 언어 이미지들의 연쇄로, 이 이미지들은 발음에 기인한 청각적인 이미지가 될 수도 있고, 철자에 기인한 시각적인 이미지가 될 수도 있다"(Cazaux, 1938: 9-10). 이 시에서 기술된 '내어'적 특징으로는 반복적인 표현을 들 수 있다.

'바다의 한 사내/ 한 사내가', '파랗게 파랗게', '춤 춤', '목요일 목요일' 등의 반복은 말더듬증을 연상시키면서, 반복되는 대상에 대한 '집착'이 표출되고, 다음 생각으로 나아가기 전 '모색'의 전이점을 나타내고 있다.

한편 시의 내용은 논리적 법칙이 아닌 자유연상에 의해서 연결된다. 가령 11행의 '철로들rails'은 동의이음어인 12행의 '철도들Les chemins de fer'로 이어지고, 철도의 '철'은 13행의 '철이 탄다Le fer brûle'로 반복, 변주되며, '탄다brûler'의 첫 음인 'b'와 동일음을 지닌 14행의 '장작Le bois'과 15행의 '담배tabac'로 연결되는 식이다. 19행의 '태양들의 평안Calme des soleils'이 지닌 [k]와 [s] 음은 그다음 행에서 [k], [k], [s] 음으로 반복 · 강조되면서 의미적으로는 전혀 이질적인 '소금으로 구성된 몸Corps composés sels'을 낳고 있다.

이 시는 전체적으로 의미상의 내적 일관성도 지니고 있다. '공장'과 '작업실'은 무언가가 만들어지는 곳으로, 제목인 '제조소'와 연관된다. '장작', '철', '소금'은 기본 재료를, 화학'은 만드는 과정에서 이뤄지는 변화를 나타낸다, 또한 '침대', '새장', '종이', '시계'는 만들어진 물건들이며, '철로', '트럭'은 물건들을 운반하는 운송 수단이다. 그리고 마지막으로 소비자는 '아름다운 시계를 주문'하게 되는 것이다. 이는 무의식의 재료들로 새로운 방식의 시를 만들어내는 글쓰기 과정을 은유화한다고도 볼 수 있다. '바다의 한 사내/ 한 사내가 지나간다 나는 그를 보고 싶다'라는 시구에서 볼 수 있듯이 화자는 꿈속의 장면을 따라가면서 묘사하는 듯하다. '빠른', '달린다'라는 시어는 의식의 흐름을 비껴간 빠른 글쓰기를 시도하는 작가 자신의 상황을 대변하고 있는 것이다.

3. 무의식의 대화와 담론의 복수성

『자장』에 수록된 첫 텍스트인 「비치는 면이 없는 거울」의 첫 부분은 수포가, 다음은 브르통이, 그다음은 수포가, 마지막은 브르통이 번갈아 집필했다. 수사본을 연구한 보네Bonnet에 의하면 브르통과 수포는 각각 다른 종이에 써서 나중에 글을 합쳤고, 한 번에 완성한 것이 아니라 여러 번에 나누어 글쓰기가 이뤄졌으며, 수정도 가해졌다. 브르통은 나중에 수포의 글에 맞춰 '나'로 쓴 글을 '우리'로 고치기도 했다(OCI, p. 1136). 실제로 『자장』의 전체 텍스트에 쓰인 인칭은 1인칭 복수 인칭대명사인 'nous'나 불특정 3인칭 주격 인칭대명사인 'on'이 많다. 이는 자동기술법적 텍스트가 의식적 자아와 거리를 두고 기술되고 있음을 나타낸다.

'비치는 면이 없는 거울'이라는 제목은 마티스 그림의 제목에서 가져온 것이다. '비치는 면tain'이 없으니 이 거울은 세상이나 사람의 모습을 있는 그대로 재현하지 않는다. 세상이나 인간의 표면을 지나 닿을 수 있는 깊은 곳, 내면으로 향한 글쓰기를 상징하고 있는 것이다. 브르통의 1930년 주석에 의하면 이 글은 휴전 기간 동안 세계대전을 겪고 살아남은 젊은이들 간에 만연한 절망의 감정으로 채워져 있다고 언급했다. 수포가 쓴 첫 시작 부분을 보자.

> 물방울들에 갇힌, 우리는 영원한 동물들일 뿐이다. 우리는 소리 없는 도시들 안을 달리고 마법에 걸린 포스터들은 더 이상 우리의 마음을 사로잡지 않는다. 이 연약하고 거대한 열정들, 이 메마른 소스라치는 기쁨들이 다 무슨 소용이랴? 우리는 죽은 별들 이외에는 알지 못한다.

우리는 얼굴을 본다. 그리고 우리는 기쁨의 한숨을 내쉰다. 우리의 입술은 잊힌 해변들보다 더욱 메마르다. 우리의 눈은 목적 없이, 희망 없이 둘러본다. 이곳에는 우리가 이 찬 음료를 마시기 위해 만난 이 카페들, 이 물 탄 알코올들뿐이다. 그리고 테이블들은 전날 죽은 우리들의 그림자가 쓰러져 있는 이 복도들보다 더 끈적끈적하다.

Prisonniers des gouttes d'eau, nous ne sommes que des animaux perpétuels. Nous courons dans les villes sans bruits et les affiches enchantées ne nous touchent plus. A quoi bon ces grands enthousiasmes fragiles, ces sauts de joie desséchés? Nous ne savons plus rien que les astres morts ; nous regardons les visages ; et nous soupirons de plaisir. Notre bouche est plus sèche que les plages perdues ; nos yeux tournent sans but, sans espoir. Il n'y a plus que ces cafés où nous nous réunissons pour boire ces boissons fraîches, ces alcools délayés et les tables sont plus poisseuses que ces trottoirs où sont tombées nos ombres mortes de la veille. (OCI, p.53)

이 글에서는 '연약하고 거대한 열정', '메마른 소스라치는 기쁨', '기쁨의 한숨' 등 역설적 표현이 지배적이다. 또한 '죽은', '메마른', '잊힌' 등의 단어들이 보여주듯, 이 부분에서는 죽음과 불모, 상실, 희망이 없는 이미지들이 그려지고, 화자인 '우리'는 수인의 이미지로 그려진다.

수포가 집필한 부분과 브르통이 집필한 부분을 비교해보면, 수포의 글은 서정적이며, 그나마 수긍할 만한 서사가 전개된다면, 브르통이 집필한 부분은 유희적이거나 논리적 연결을 완전히 벗어나 더욱 혼란스러운 이미지를 유발한다. 또한 글의 문단과 문단의 연결이 끊기면서 전혀 다른 이야기가 전개된다.

> 나는 웃는다, 너는 웃는다, 그는 웃는다, 일꾼들이 죽이려고 하는 애벌레를 들어 올리며 우리는 눈물 흘리며 웃는다. 우리는 입술들에 칼렁부르와 좁은 노래들을 지니고 있다.
>
> Je ris, tu ris, il rit, nous rions aux larmes en élevant le ver que les ouvriers veulent tuer. On a le calembour aux lèvres et des chansons étroites. (OCI, p. 56)

> 반짝거리는 술들이 그들의 목구멍에 더 이상 충분히 아름다운 밤을 주지 못할 때, 그들은 가스난로를 켜리라.
>
> Quand les liqueurs pailletées ne leur feront plus une assez belle nuit dans la gorge, ils allumeront le réchaud à gaz. (OCI, p. 57)

이러한 글은 조르주 세바가 언급하듯이 "독자에게 거의 모든 단어들 뒤에 제시되는 공백을 채우라고 요구하는 최초의 글쓰기 형식"(세바, 2005: 61-62)이다. 첫 번째 인용글은 '웃다rire'라는 동사의 1, 2, 3인칭 동사 변형을 열거하는 유희를 하고 있다. 이어지는 '눈물 흘리며 웃는다' 같은 역설적 표현이며, '일꾼들이 애벌레를 죽인다', '그걸 보고 웃는다' 같은 문장들은 앞의 문장과 웃는 이미지로 연결되면서 잔혹한 취향을 표출한다. '칼렁부르calembour'는 동음이의어의 유희를 지칭하는 언어유희의 일종이며, '좁은 노래'라는 변형된 음악 형태와 병렬 관계를 이루고 있다.

두 번째 인용글은 술(미각), 반짝임(시각), 목구멍(촉각), 밤(시각) 등이 어우러져 아름다운 감각의 혼합이 돋보인다. 또한 일견 의미적으로 어긋나는 인과 관계인 것처럼 보이지만, 하늘의 불이 더 이상 유효하지 않을 때, 인간이 가스난로라는 인간의 불을 피운다는 행위를 통해 온기와 정서적 따뜻함을 느끼게 한다.

두 작가가 미리 의도한 '절망'의 전체적인 기조에서 볼 때, 수포의 부분은 확연히 '죽음', '감옥', '상실', '절망', '메마름'이라는 의미장이 전체적으로 확산되어 있다. 반면 브르통의 부분은 절망보다는 낯섦의 이미지가 더 강하다. 브르통은 이에 대해 "수포의 글이 내 글보다 덜 정적이다 (…) 우리는 각자의 독백을 이어나갔고, 거기에서 특별한 변증법적 기쁨을 취하려고 하지 않았으며, 서로에게 어떠한 것도 강요하지 않았다"(Bonnet, 1975: 166)고 술회한 바 있다.

두 사람이 이 작품에서 쓰고 있는 어휘들이나 이미지, 서술 구조들이 유사한 부분도 있다. 가령 보네는 수포가 쓴 '고통스럽게 잠자고 있는 큰 짐승들les grands animaux qui s'endorment douloureusement'이라는 문장을 뒤에서 브르통이 '여자 얼굴의 코끼리들éléphants à têtes de femmes'과 '날아가는 사자들lions volants'로 유머 있게 반복하고 있음을 지적한다(OCI, p. 1138). 그러면서 브르통이 수포의 텍스트와의 연장 선상에서 글을 쓰고 있다고 말한다. 즉 그가 수포의 텍스트를 의식했다는 것이다. 하지만 둘 다 반-무의식의 상태에서 글을 썼기에 브르통이 수포의 텍스트를 의도적으로 의식해서 반복했다기보다는 수포의 글을 읽은 브르통의 무의식적(혹은 반反무의식적) 전염의 산물이라고 봐야 하지 않을까? 이 문장이 전체의 글을 논리적이고 정합적으로 만들려는 의식의 산물이 아니기 때문이다.

한편 브르통은 자동기술로 얻은 문장들과 거리를 두고 의미를 부여하는 작업에 대해 다음과 같이 설명한다.

> 10년 뒤에 내가 쓴 부분을 초록색으로 표시했다. 여백에 붉은색 가위표로 표시한 문장들은 '내가 항상 주목하고 싶었던' 문장들, 내가 가장 의미심장하게 애착을 가지고 있고, '초현실주의'의 고유한 미덕을 증언해주는 것처럼 보이는 문장들이다.
> 회색 동그라미로 표시한 것은, 우리가 그걸 쓸 때 서로 가장 동의했던 문장들이다. 다시 말해, 개별적으로 모든 다른 자질들을 갖고 있는, 우리를 '웃게' 만들 수 있었던 문장들이다(비록 그 웃음이 공격적이고, 매우 새롭고, 완전히 야생적인 웃음과는 거리가 멀었을지라도). (OCI, p.1130)

브르통은 초현실주의적이라고 판단되는 문장들을 따로 선별했고, 공동 저자인 수포와 함께 웃을 수 있었던, 유머를 장착한 문장들에 주목했다. 이와 더불어 『자장』의 수사본에는 두 종류의 수정의 흔적이 드러난다. 글을 쓰는 동안 '작가'에 의해 가해진 수정들(삭제, 수정, 첨가)과 수포의 몇몇 텍스트들 위에 브르통이 가한 첨삭들이 그것이다(OCI, p.1131). 수사본에는 잘못 작성된 글자들, 맞춤법 오류, 성수 일치의 오류 등이 그대로 드러나 있었고, 마침표의 경우는 대개 지켜졌지만, 쉼표는 제대로 지켜지지 않았다. 몇몇 문단은 나뉘어 있지만 여백이 없는 문단도 있었다. 브르통은 '순수한 심적 자동 현상'을 있는 그대로 보여주기보다는 첨삭을 가함으로써 가독성을 높여 다양한 방식의 글쓰기 실험 결과를 독자들이 읽을 수 있게 하고 싶었던 것으로 추정된다.

브르통은 첨삭의 과정에서 초현실주의의 미학에 대한 고려도 의도했다. 「일식들」에서 그는 시적으로 풍요로운 요소들을 차후에 텍스트 중간중간에 덧붙이고 있다.

> 최상의 척추를 지닌 성당 누출
>
> Suintement cathédrale vertébré supérieur
>
> 타이어 벨벳의 발들
>
> Pneus pattes de velours
>
> 쉬잔의 뻣뻣한 줄기 무용함 특히 바닷가재의 교회 맛을 지닌 마을
>
> Raide tige de Suzanne inutilité surtout village de saveurs avec une église de homard (OCI, p. 65, p. 66)

수사본을 연구한 보네에 의하면, 첫 문장과 세 번째 문장은 연필로 쓰인 것으로 보아 추후 다시 읽고 덧붙였다기보다는 글쓰기의 흐름 속에서 약간의 시간의 차이를 두고 즉시 삽입된 문장일 것이라고 추측된다. 반면 두 번째 문장인 '타이어 벨벳의 발들'은 수사본 1이 아니라 수사본 2에서 등장하는 것으로 보아 한참 지난 후에 브르통의 머릿속에 나타난 것이며, 아마도 그가 1930년 주석에서 환기했듯이, 에트왈 광장의 홀린 듯한 산책 도중에 떠오른 문장으로 보인다(OCI, p. 1141).

아라공은 "서정적인 의식 속으로 서로 나아가면서, 두 작가는 지금

까지 암묵적으로 받아들여져 온 '전범들'을 새롭게 경멸하고, 문장의 용어들을 일상적인 연결과는 다르게 묶었다"고 의미 부여한다. 그가 강조하기를, "타이어 벨벳의 발들"이라는 은유의 축약된 성격은 그래도 쉽게 받아들일 수 있지만, "프랑스어로 쓰인 글에서 유례없는 단어의 두 성좌"는 그렇게 자명하게 받아들여지지 않는다. "최상의 척추를 지닌 성당 누출"이라는 문장의 아름다움은 "모든 미학을 경멸하는 어떤 완고함에 있다." 또한 "쉬잔의 뻣뻣한 줄기 무용함 특히 바닷가재의 교회 맛을 지닌 마을"은 "교외의 동네 가게에서 볼 수 있는 것 같은, 소중한 사람에게 주는 결혼식 예물들의 낯섦, 잔혹한 유혹들, 화주火酒"를 환기시킨다(Aragon, 1968). 해석의 여지를 활짝 열어놓는 이러한 구체적이면서도 강렬한 이미지들 앞에서 독자들은 아라공처럼 자신의 경험과 연관하여 각자 다른 해석을 내놓게 될 것이다. 필자에게는 한적한 어촌 마을에 사는 자존심 강하고 콧대 높으며 신앙심 깊은 시골 아가씨 쉬잔이 떠오른다. 그리고 그 강렬한 이미지는 '특히'라는 강조의 용법을 무력화시킨다.

브르통 자신은 '타이어 벨벳의 발들'에 대해 "이 문장은, 이미 내가 말했듯이, 나를 가장 골탕먹였다. 이 문장 때문에, 나는 어느 날 오후(아침부터 『자장』이 완전히 형태를 띠었다) 에트왈 광장에서 고양이들에 의해 추격당했다고 생각했는데, 그 고양이들은 어쩌면 자동차들이었을 것이다(하지만 단지 어쩌면이라는 것을 믿어주기 바란다)"라고 하며 『나자*Nadja*』에서 술회한 환각들을 환기하고 있다(OC1, p.658). 브르통은 어떤 계기로 무의식에 가까운 뜻밖의 문장이 떠오르면, 예기치 않은 그러나 어쩌면 운명적인 사건에 휩싸인다는 실제 경험담을 덧붙임으로써 무의식이 의식에 영향을 미치는 연결고리를 부각시킨다. "의식과 무의식이 연결되어야만 비로소 강력한 정서적 움직임과 더불어 인생에 중대한 의미를 지니는 특별한 무엇(꿈, 작품, 증상)이 발생한다"(Freud, 2002: 303)는 프로이트의 주장을 경험으로 뒷받침하고 있는 것이다.

한편 「장벽들」은 대화체로 되어 있다. 브르통과 수포가 구분해놓은 다섯 장의 글쓰기에는 소제목이 붙어 있지 않지만, 논의의 편의상 순서대로 D1~D5로 제목을 붙여본다면 D1은 브르통이, D2~D5는 수포가 첫 대화의 문을 열었다(OCI, p.1134). 두 사람은 서로에게 무의식의 말의 포문을 여는 촉진자 역할을 한 것이다. 수포는 이러한 글쓰기의 방식을 1983년 다음과 같이 진술한다. "마주 보고 앉아 우리는 글로 쓴 대화를 계속해나갔다. 우리 중 한 명이 재빨리 써내려간 글을 큰 소리로 읽어주었고, 다른 사람은 그것에 대한 화답으로 한순간도 의식적으로 생각하지 않고 글로 써내려갔다"(OCI, p.1135). 즉 「장벽들」은 말과 손을 모두 활용하여 써내려간 두 사람의 무의식의 대화인 셈이며, 그 대화는 다음과 같이 펼쳐진다.

> "선생님들, 잊지 마세요, 당신들이 주인이 아니라는 사실을요. 일정한 거리를 유지해야 해요. 정중한 인사를 드리며.
>
> – 여자 점원이 군림하는 이 아름다운 가게들을 나는 좋아해요. 사람들은 자신들의 눈으로 본 걸 믿을 수 없어 하겠지요. 하지만 당신들이 그토록 원하시면, 정면에 있는 복도를 지나세요, 우리가 당신들을 덜 방해할 수 있도록요.

- 원리들로의 귀환은 우리에게 없는 매우 아름다운 영혼을 전제로 합니다. 그런 일은 경찰관의 면전에서나 일어나지요.

- 경찰은 중립이고, 결코 태양을 체포할 수 없다는 걸 당신들은 잊었나요?

"N'oubliez pas, Messieurs, que vous n'êtes pas les maîtres. Il y a des distances à garder. Recevez mes meilleures salutations.

- Je préfère ces belles boutiques où la caissière trône. On peut à peine en croire ses yeux. Mais puisque vous le désirez, passez sur le trottoir d'en face, nous vous gênerons moins.

- Le retour aux principes suppose une très belle âme que nous n'avons pas. Cela n'a lieu qu'en présence des agents de police.

- Est-ce que vous avez oublié que la police est neutre et qu'elle n'a jamais pu arrêter le soleil? - (D1, OCI, p.74)

인용한 D1 대화의 처음을 브르통이 시작한다. 두 번째 대화를 수포가 이어서 말하고, 그다음 대화는 브르통이 이어나간다. 잘 들여다보면 대화의 내용은 부조리극처럼 아주 터무니없지만은 않고, 일정한 연결고리로 이어짐을 알 수 있다. 가령 브르통이 '일정한 거리를 유지해야 한다'고 하자, 수포는 '정면에 있는 복도를 지나'면 방해받지 않을 거라고 하면서 거리 유지를 위한 구체적인 방안을 제시한다. 다시 브르통이 '원리들로의 귀환'이 '경찰관의 면전에서나 일어난다'고 하자, 수포는 '경찰이 중립이다'라는 언술로 경찰관에 관한 이야기를 연결시킨다. 이와 같이 앞 대화의 연결과 다른 내용, 다른 이미지로의 비약이 함께 이뤄지고 있다. 또한 일정 정도 다른 대화가 전개되다가 한 사람이 "우리는 내가 아까 말했던 일정한 거리를 유지해야 해요"라고 말하자 "거리가 뭐가 그렇게 중요한가요!"(OCI, p.75)라고 다른 사람이 응대하는 등 다시 거리를 유지하자는 주제로 되돌아오기도 한다. 이와 같이 두 사람의 대화가 보여주는 연결과 비약의 힘 덕분에 "인간은 습관의 순환고리를 깨고 가장 깊은 질문을 스스로에게 던지게 되고, 의식적 행동이 도달할 수 없는 "능동적인 잠재적 정신 구조"의 심장에 도달한다"(Cazaux, 1938: 46-47).

「소라게가 말하길 I, II」의 주인공인 소라게는 '둘로 잘린 한 남자'의 상징성을 담고 있으면서 "로트레아몽의 말도로르에 필적할 만한 『자장』의 토템-동물"(Audoin, 1971: 17)이다. 이 갑각류는 텅 빈 조개껍질에서 살면서 '타자'의 '나'가 자연스럽게 된다. '소라게가 말하길'이라고 반복적으로 나오는 두 제목은 이러한 '글 쓰는 자들'의 이중성 및 통일성을 환기시킨다. 『자장』의 끝부분에는 명함에 "앙드레 브르통 & 필립 수포 나무 & 석탄"이라고 쓰여 있다. 이는 나무와 석탄이 갖는 관계, 즉 나무가 땅에 묻혀 오랜 세월과 압력의 힘으로 석탄을 만들어내고, 나무와 석탄 모두 자신을 연소하여 아름다운 불꽃을 만들어내는 것에 빗대어 생각해볼 수 있다. 두 필자가 자신들을 몸소 실험의 대상으로 던져, 서로가 서로의 자양분이 되어 위험을 무릅쓰면서까지 새로운 글쓰기의 불꽃을 피워내는 장면을 보여주고 있는 것이다.

4. 판단 보류와 전염의 원리

자동기술법으로 쓰인 글이 흥미로운 점은 그것이 논리와 관습을 벗어난 자유연상의 원리를 보여준다는 점에 있다. 시 「결코 시작은 없었다N'a jamais eu de commencement」 전문을 보자.

기와 기름 섬 낫도끼
도끼질에 대통령이 몸을 움츠린다
피신하는 게 좋겠다
최고의 노동자들은 무서운 존재들
아무도 두 발자국 앞조차도 보지 않는다
죄수복 입은 여자
나는 재판소에서 나오면서 이런 만남을 이해하지 못하고 있다
메달로 된 벨트
카페 테라스의 포물선 안의 톱밥
메뚜기 떼의 구름 침전물
물고기 뼈의 해골 위에 지어진 나라 전체가 있다
모든 것이 일곱 번 루비 색깔을 지닌다
Tuiles huile île serpe
A coups de hache le président se couvre
Il va falloir se mettre à l'abri
Les meilleurs ouvriers sont à craindre
On ne voit plus à deux pas devant soi
La femme au fagot

Je ne comprends pas cette rencontre en sortant du Palais
Ceinture de médailles
Sciure en arc de cercle aux terrasses des cafés
Nuage de sauterelles sédiment
Il y a des pays entiers construits sur des carcasses des arêtes
Tout a la couleur du rubis sept fois (OCI, p.94)

'결코 시작은 없었다'라는 제목은 제목 자체에도 주어가 생략되어 있듯이, 시작도 끝도 없는 자동기술법적 글쓰기를 상징한다. 첫 행에서 연이어 쏟아져 나오는 시어 '기와tuiles', '기름huile'. '섬île'은 의미가 아니라 동일음과 유사음으로 연결된 음성적 자유연상으로 전개되고 있으며, 1행 끝의 '낫도끼serpe'는 의미론적 연상에 의해 2행의 첫 단어 '도끼질coups de hache'과 연관되어 전개된다. 6행의 '여자femme'는 첫 음의 유사성으로 '죄수복fagot'이라는 말로 이어지고, '죄수복을 입은 여자femme au fagot'는 의미론적 연상에 의해 다음 행의 '재판소Palais'라는 시어로 연결된다. 이러한 자유연상은 음성적, 의미론적 유사성이나 인접성에 의해서도 전개되지만 10행의 '메뚜기 떼의 구름 침전물Nuage de sauterelles sédiment'의 경우처럼 '메뚜기 떼의 구름'이라는 높고 가볍고 역동적인 이미지와 '침전물'처럼 낮고 무겁고 가라앉는 수동적인 이미지라는 상반된 의미의 장과도 연결된다. 즉 논리의 법칙과는 달리 자유연상의 법칙에서는 유사음, 동일어, 반의어 등이 모두 연상과 비약의 고리로 기능한다.

이러한 음성적 · 의미론적 자유연상의 예에서 볼 수 있듯이, 자동기술법이 프로이트의 영향을 받기는 했지만, 그가 무의식의 메시지

자체에 관심을 기울였던 데 비해, 브르통은 메시지의 내용만큼이나 형식에도 주의를 기울였다. 자유연상은 비약의 힘과 속도를 갖고 논리에서 벗어나는 신비로운 이야기를 만들어낸다. 또한 일견 무질서해 보이지만 어떤 일관된 풍경을 그려내기도 한다. 즉 위 시에서는 노동자, 여성 죄수로 표출되는 낮은 신분의 봉기와 대통령으로 표출되는 높은 신분의 피신이라는 권력자와 피권력자, 높은 것과 낮은 것의 대립이 표출된다. 권력의 허망함과 견고하지 못한 세계('대통령이 숨는다', '물고기 뼈의 해골 위에 지어진 나라')가 드러나기도 한다. 이와 더불어 의미를 파악할 수 없는 계시와 같은 문장 "모든 것은 일곱 번 루비색깔을 지닌다"가 동시에 표출되고 있어 신비로움을 만들어낸다.

브르통이 계시적으로 얻었던 '둘로 잘린 남자'는 자기 자신을 의식적 자아와 무의식적 자아라는 '둘로' 거리를 두어 무의식의 자아가 내는 소리에 귀를 기울이려 했던 자동기술법적 시도를 표상한다. 또한 브르통과 수포 두 사람이 의식의 통제를 벗어나 무의식의 지점에서 마치 한 사람처럼 목소리를 내려고 했던 협업을 상징한다. 둘로 잘린 남자 또는 하나로 합쳐진 두 남자는 『자장』에서 자아와 타자, 의식과 무의식이 분리되고 연결되는 지점을 다양한 방식으로 탐구했다.

『자장』의 글쓰기적 독특함은 판단 보류와 전염의 원리에서 비롯된다. 한 사람의 글쓰기는 때로는 병렬적으로, 때로는 릴레이식으로 다른 사람의 글쓰기에 영향을 미친다. 이는 두 사람에게 비슷하게 나타나는 어휘나 이미지, 진술 방식에서 드러난다. 해석의 여지가 활짝 열린 한 사람의 글은 다른 사람에게 또 다른 글쓰기에 대한 영감을 제공하면서 두 사람의 무의식적 전염을 가능하게 한 것이다. 실상 글쓰기를 방해하는 가장 큰 요인은 자기가 쓴 글이나 다른 사람이 쓴 글에 대한 평가와 판단이다. 그런데 두 작가는 논리적 정합성이나 설득력, 공감도를 따지지 않고, 무의식의 스위치를 켠 채, 또한 어떠한 종류의 판단도 보류한 채, 자신의 글과 서로의 글에 무의식적으로 전염되어 독특한 글쓰기를 탄생시켰다.

『자장』은 아라공의 적절한 언급처럼 "스테판 말라르메의 세상을 끝나게 하는 책이 아닌, 모든 것을 시작하게 하는 책"(Aragon, 1968)이다. 브르통이 자동기술법으로 얻은 1차 텍스트를 재구성하고 수정하여 인간이 갖고 있고 할 수 있는 온갖 종류의 표현 방식을 담아냈기 때문이다. 그 결과 그는 '문학적, 도덕적 고려를 벗어난 무의식의 받아쓰기'의 산물을 독자가 읽을 수 있고 스스로 여백을 채울 수 있는 미학적 텍스트로 변모시켰다. 브르통은 「자동기술 메시지Le Message automatique」(1933)에서 이 글쓰기가 환각, 자아 상실, 죽음에 이르는 현기증을 유발할 수 있음을 고백했다. 『자장』은 브르통과 수포가 죽음의 상태를 무릅쓴 '위험한 책'이었다. 반면 "필립은 나에게 여러 번 말했다. 브르통이 『자장』 실험 전에 얼마나 공허함과 절망 상태에 빠져 있었는지를. 그런데 무의식의 말을 적고 나서 미지의 문장들 앞에서 웃음을 터뜨리면서 그가 얼마나 변했는지를"(Aragon, 1968)이라고 아라공은 술회한다. 즉 브르통은 자동기술법 글쓰기를 하고 난 후 발견의 기쁨, 카타르시스, 새로운 삶에의 희망을 느꼈던 것이다. 『자장』은 새로운 글쓰기의 실험과 발견이라는 의의 이외에도 두 초현실주의자가 죽음이라는 존재의 끝에 가까이 감으로써 오히려 죽음을 극복하는 역설을 몸소 체험했다는 의의를 갖는다.

엘뤼아르는 자동기술법적 글쓰기와 시는 분명히 구분되어야 한다고 주장했다.[9] 반면 브르통은 의식적인 시와 구분되는 자동기술 텍스트에 고유한 시적 원리를 발견하고 보여주고자 했다. 그것은 수수께끼처럼 제시되며, 독자들이 메워야 할 여지를 극단적으로 넓힌 시이다. 또한 자기 자신과 세계에 대한 놀라운 발견을 가능하게 하는 시이다. 논리적 인과 관계를 떠나 기호가 의미에 선행하는 텍스트들은 독자들과의 관계에서 매우 주관적인 음성적, 의미적, 지각적 연관을 맺는다.

자동기술법적 글쓰기의 속도 차이는 쏟아져 나오는 무의식의 이미지들의 혼란함의 정도나 고유한 리듬, 호흡을 조절한다. 무의식은 다양한 속도의 글쓰기를 통해 어휘적, 구조적으로 전염되고, 비약의 법칙에 의해 자유로운 언어의 유희, 감각의 혼란스러운 합일을 보여준다. 그리하여 기존의 미학에서 완전히 벗어나 읽는 독자들마다 모두 다른, 그러나 매우 강렬하고 구체적인 이미지를 환기시킨다.

---

9 "꿈, 초현실주의 텍스트 그리고 시로 구성된 이 책의 서로 다른 텍스트들에 대해 혼란을 갖지 않았으면 좋겠다. (…) 시에서는 꽤 정확히 규정된 의지의 결과, 글로 표현된 희망이나 절망의 메아리를 읽을 수 있다"(Eluard, 1968: 1387-1388).

5장

초현실주의 놀이들과 우발성의 미학

1. 집단 창작 '우아한 시체놀이'와 표류의 시학

1919년 이후 고전 작시법의 구속을 거부한 앙드레 브르통과 초현실주의 시인들은 유희에 가까운 글쓰기 형태에 문학적인 권위를 부여했다. 그 일환으로 초현실주의자들은 여러 종류의 새로운 놀이를 고안하여 꿈과 무의식의 영역을 발굴하고 창의성을 발전시킨다. 카페나 특정한 장소에 모여 집단으로 개발한 초현실주의 놀이는 세계를 해독하고 계시를 받을 수 있는 탁월한 매개로 기능한다.

초현실주의의 대표적인 기법들을 낳은 첫 번째 집단 놀이는 '최면적인 꿈들les sommeils hypnotiques'이다.[1] 초현실주의 예술가들은 1922년 크르벨Crevel의 제안으로 '영매靈媒들의 입문entrée des médiums'이라는 집단 실험을 실시한다. 그들은 커튼을 친 어두운 상태에서 조용히 손에서 손으로 물건을 전달하는데, 그러다 보면 잠들기 직전 구두로 예언을 하거나, 빠르게 놀라운 그림을 그리거나 문장을 쓰게 된다. 브르통은 이 과정에서 아무런 이유 없이 영탄조와 시 낭송조를 번갈아 사용하며 비합리적인 발성을 하는 동료들의 모습에 주목했다. 저 너머 세계의 메시지를 예언하는 무당이나 심령술사와 초현실주의 참여자들의 차이점은 그들이 "감각적인 유령le spectre sensible"이라는 점에 있다. 가령 페레의 유령은 동화작가처럼 명랑하며, 크르벨의 유령은 화를 잘 내고 격하다. 데스노스의 유령은 언어유희 능력이 뛰어나 잠이 든 상태에서 운이 맞춰진 시적 예언을 하거나 암시로 가득한 그림을 그려낸다. 이는 의식적인 상태에서의 시인들의 성향 또한 그대로 반영하고 있어서, 페레의 시는 동화적인 세계를 그려내고, 크르벨의 시는 격한 어조로 가득하며, 데스노스의 시는 다양한 언어유희가 구사되어 있는 것이다. 이 놀이는 무의식이 시키는 대로 시인들을 움직이게 하기 때문에 예측하지 못한 돌발 상황들이 발생하기도 했다. 크르벨이 참가자들에게 옷걸이에 목을 매자고 제안하기도 하고, 데스노스가 칼을 손에 들고 엘뤼아르를 쫓아다니기도 하는 등 위험한 장면을 노출하게 되어, 브르통은 곧 이 놀이를 중단하고 만다. 그러나 최면적 꿈들이라는 이 놀이는 모든 통제를 벗어난 생각의 진정한 작용을 처음으로 실험해볼 수 있었다는 의의를 갖는다.

1장에서 언급한 바 있는 또 다른 초현실주의의 대표적인 집단 유희인 '우아한 시체놀이'는 여러 사람들이 모여 서로 다른 공동 참여자

---

1 이에 관해서는 Marie-Paule Berranger, 1997: 37-38 참조.

들의 결과물을 보지 않은 채 그림이나 글을 창작해내는 것이다. 이 놀이를 시작하고 얻은 첫 문장인 "우아한 시체가 새 술을 마실 것이다Le cadavre exquis boira le vin nouveau"에서 볼 수 있듯이, 통사 규칙(주어+수식어+서술어+직접목적어+수식어)은 유지되며, 문장 또한 문법적으로 정확하다. 하지만 우리가 상상하기 힘든 독특한 문장이 얻어지게 된다. 초현실주의자들은 이 모든 것을 익명으로 발표했다. 이를 통해 그들이 의도적인 창작이 아니라 예기치 않은 발견의 기쁨을 더 중시했음을 알 수 있다. 글로 쓰인 첫 우아한 시체놀이는 『초현실주의 혁명』지(1927년 10월)에 실렸으며, 이어서 『혁명에 봉사하는 초현실주의 *Le Surréalisme au service de la Révolution*』지에 실렸다. 그중 가장 '데페이즈망dépaysement'과 '전대미문jamais vu'의 효과가 큰 것이라고 브르통이 언급한 구절은 다음과 같다.

> 날개 달린 수증기가 열쇠로 잠긴 새를 유혹한다
> Le vapeur ailée séduit l'oiseau fermé à clé
>
> 세네갈의 굴은 삼색기의 빵을 먹을 것이다
> L'huître du Sénégal mangera le pain tricolore
>
> 사랑에 빠진 가녀린 애벌레는 무기력한 행렬과 악의적으로 경쟁한다.
> Les mille-pattes amoureux et frêle rivalise de méchanceté avec le cortège languissant.[2]

이러한 글쓰기는 우연의 힘을 빌려 논리와 관습을 착란시키고, 시적이거나 우스꽝스러운, 그리고 놀라운 문장을 발견하는 기쁨을 준다. 또한 이 놀이는 "논리를 더 잘 교란시키고 문학을 잠재성의 영역으로 열어놓기 위해 어떻게 글쓰기가 우연을 동원할 수 있는지"(Evrard, 2009: 102)를 잘 보여준다. 브르통은 이 놀이가 가능케 하는 시적 발견의 중요성을 강조하면서 '고양exaltation'이라는 용어를 쓴다. "이 창작물에서 우리를 고양시키는 것은, 어쨌든 간에 그것이 한 사람의 머리에서 나올 수 없는 것의 흔적을 갖고 있으며, 시가 거의 할 수 없었던 가장 높은 단계의 '표류dérive'를 가능하게 한다는 사실이다. 우아한 시체놀이와 함께 우리는 마침내 비판적 의식을 비워내고 정신의 은유적 활동을 전적으로 해방시킬 확실한 방법을 갖게 되었다" (Breton, 1965: 28). 브르통이 '표류'라는 말로 상징했듯이, 창의성을 위해서는 선험적으로 계산하지 않고 부딪쳐보는 과정과 시행착오가 반드시 필요하다. 새로운 생각을 하기 위해서는 어쨌든 자신과 사회를 가두는 틀 밖으로 나가야 하기 때문이다. 이런 의미에서 초현실주의의 실험은 우리를 체계적으로 시행착오에 빠뜨리고 표류시키는 효과적인 방법을 제시한다.[3]

---

2 *La révolution surréaliste*(1927: 11). 그밖에도 "별들의 시위는 무설탕 집을 교정한다La grève des étoiles corrige la maison sans sucre."/ "배 모양의 염소鹽素는 가혹한 지방 판관들을 말하게 한다Le chlore en poire fait parler les sénéchaux atroces."/ "신사, 숙녀, 그리고 그들의 탈색한 아이들은 빠른 정리定理를 통해 오솔길에서 기꺼이 길을 잃는다Monsieur, Madame et leurs enfants décolorés se perdent volontiers dans les sentiers avec les théorèmes rapides." 등의 문장들이 있다.

3 '우아한 시체놀이'는 특별한 변형 없이도 창의성 교육에 응용할 수 있다. 다음은 필자가 2012년 6월 5일 경기디지로그 창조학교(http://www.k-changeo.org) 수업에서 고등학생들을 대상으로 실시한 '우아한 시체놀이'의 사례이다.

귀여운 간장게장이 토끼를 엉뚱하게 긁었다.

'우아한 시체놀이'와 유사한 놀이로는 1920년대에 고안된 '정의내리기 놀이le jeu des définitions'가 있다. 이 놀이는 단어들의 우연한 만남보다는 의미의 우연한 형성에 초점을 두고 있다는 점에서 우아한 시체놀이와 차별화된다. 이 놀이는 두 명이 하는 놀이인데, 한 명의 참여자는 "…은 무엇입니까?Qu'est-ce que…?"라는 질문을 적고, 두 번째 참여자는 첫 번째 참여자가 적은 질문을 보지 않은 상태에서 자기가 속으로 생각한 질문에 대한 답을 쓰는 것이다. 그 후에 결과를 맞춰보면 문법적으로는 올바르지만 의미로는 서로 이질적이며 충격적인 시적 교착이 일어난다. 질문에 대답한 사람이 다음 질문을 던지는 방식으로 이 놀이는 계속된다.

브르통, 페레, 탕기, 그리고 여러 초현실주의자들이 했던 흥미로운 놀이의 결과들은 『도큐먼트*Documents*』지 34호에 게재된 "1934년의

역겨운 고양이가 논매기를 예쁘게 부쉈다.

강력한 돼지가 먹이를 징그럽게 볶았다.

다섯 명씩 조를 짜서 학생들이 각자 한 단어씩 맡아 종이에 쓰고 난 후 결합한 문장을 전체적으로 공유했는데, 예상하지 못했던 문장들이 공개될 때마다 참여 학생들과 이를 보는 모든 학생들이 무척 즐거워했다. 개인적으로 생각나는 단어를 하나씩 쓴 것에 불과하지만 그것이 집단의 문장으로 모이게 되면 문법은 정확하지만 내용상으로는 전혀 맥락이 맞지 않는 새로운 문장이 획득될 수 있음을 체험할 수 있는 계기를 부여했다.
물론 이 놀이를 통해 새로운 문장이나 그림이 얻어진 뒤 '재미있고 신기하다'라고 느끼는 것에만 그쳐서는 안 될 것이다. 이를 어떻게 발전시키고, 여기에서 어떤 계시적 의미를 발견하고 의미화하는지가 중요하다고 할 수 있다. 즉 무의미에서 의미화 작용으로 나아가고, 기존 의미를 해체시키고 다시 새로운 의미를 만들어내는 끊임없는 순환 과정을 그룹이 함께 체험해봄으로써 창의성을 기를 수 있다. 초현실주의가 시도하고 있는 시적 실험의 의미는 선험적으로 답을 내리지 않음에 있다. 그리고 예기치 않은 결과를 찾아가는 과정에 집중하는 것이다. 하나밖에 없는 절대의 답을 추구하는 것이 아니라 열린 가능성 속에서 끊임없이 호기심을 가지고 질문을 던지는 행위 속에서 창의성이 촉발된다.

대화Le dialogue en 1934"란에 실려 있다(Garrigues, 1995: 114-121).

> 앙드레 브르통: 낮은 무엇입니까?
> 벵자멩 페레: 밤 무렵 벌거벗고 목욕하는 여인
> 앙드레 브르통: 강간은 무엇입니까?
> 벵자멩 페레: 사랑과 속도.
> André Breton: Qu'est-ce que que le jour?
> Benjamin Péret: Une femme qui se baigne nue à la tombée de la nuit.
> André Breton: Qu'est-ce que le viol?
> Benjamin Péret: L'Amour et la vitesse.

> 앙토넹 아르토: 당신에게 사랑의 가장 역겨운 면은 무엇입니까?
> 앙드레 브르통: 그것은 당신이요, 친애하는 친구여, 그리고 나요.
> Antonin Artaud: Qu'est-ce qui vous dégoûte le plus dans l'amour?
> André Breton: C'est vous, cher ami, et c'est moi.

질문에 비껴가면서 미묘하게 들어맞는 해답들은 질문의 본질이 담고 있는 새로운 면을 포착하게 해준다. 초현실주의의 이러한 실험은 우리의 목적지향적 소통 방식을 바꾼다. 또 다른 유사한 놀이로는 '조건 가정 놀이'가 있는데, "…은 무엇입니까?Qu'est-ce que…?"라는 질문 대신 "만일…이라면si…"이나 "…할 때quand"로 문장을 시작한다. 그 절차는 정의내리기 놀이와 같으며, 서로 모르는 상태에서 질문과 답을 적는 과정으로 조건문이나 미래형으로 문장을 쓰면 된다. 그 예는 다음과 같다(Garrigues, 1995: 64-68).

> "만일 말[馬]들이 철을 끌어당기는 자성磁性을 지녔다면"(브르통) "연인들의 심장은 멈출 것이다." (데스노스)
>
> "Si les chevaux avaient pour fers des aimants"(Breton), "Le coeur des amants cesserait de battre." (Desnos)

> "사람들이 생각들의 연결로 만들어진 동상을 세운다면"(위닉) "기이한 천사는 당구 기술을 발명할 것이다." (아라공)
>
> "Quand on élèvera une statue à l'association des idées"(Unik), "L'ange du bizarre inventera l'art du billard." (Aragon)

1924년 브르통은 『초현실주의 선언』에서 계시적인 이러한 소통 방식의 중요성을 다음과 같이 강조했다.

> 시적 초현실주의는 (…) 지금까지 두 상대방에게 공손의 의무를 면제해줌으로써 절대적인 다양성 속에서 대화를 시도했다. 각자 거기에서 특별한 변증법적 기쁨을 얻어내고자 의도하지 않은 채, 그리고 이웃에게 어떠한 책임도 부과하지 않은 채 단지 자신의 독백을 계속하는 것이다. 즉 일상적인 방식처럼 대화는 어떤 주제를 발전시키는 데 있는 것이 아니라 무심하고 무감정한 태도로 일관한다. 대답은 말했던 사람에 대한 사랑과 무관하다. 언어와 이미지는 듣는 사람의 정신에 도약대의 역할만을 할 뿐이다(Saporta, 1988: 77에서 재인용).

이와 같이 브르통은 초현실주의의 놀이에서 서로에게 영감을 주는 발견적 소통 방식을 탐색하고 있다. 초현실주의 놀이를 연구한 조르주 세바에 의하면 철학자들은 '이것은 무엇인가'라는 근본적인 질문을 던진다. 그들은 아름다움이란, 선이란, 진리란 무엇인지를 묻는다. 그것은 '누가' '무엇을' '어떻게' '언제' '어디에서' '왜'라는 경험주의적 질문들과 대비된다. 경험주의자들과 합리주의자들은 끊임없이 이런 질문들을 던져서 우리를 동요시키고, 새로운 질문과 다른 문제들을 제기하곤 했다. 그리고 이런 대大철학자들의 시대가 지난 오늘날은 가벼운 설문과 이에 대한 해답을 통계화시킨 '그렇다' '아니다' 류의 답으로 일관한다. 이에 비해 초현실주의의 정의내리기 놀이는 발견과 놀라움, 감탄의 즐거움을 가져다준다는 데 의의가 있다는 것이다.[4] 초현실주의 놀이의 목적은 모든 것을 우연에 내맡김으로써 사물의 순리를 착란시키는 데 있다. 지금까지 생각지 못했던 인접성과 일치의 법칙을 가속화시킴으로써 생각들은 해방되고 숨어 있던 감정이 수면 위로 드러나게 된다.

2. '따지고 보면' 놀이와 꼬리를 무는 은유

1953년 어느 날, 초현실주의 시인들은 블랑쉬 카페에서 유추에 대

---

4 그밖에도 조르주 세바는 초현실주의의 놀이의 의미에 대해 다음과 같이 말한다. "반으로 접혀진 질문과 해답을 맞춰보면서 초현실주의자들은 깜짝 놀란 후 갑자기 폭소를 터뜨렸을 것이며, 만족감과 희열을 느꼈을 것이다. 거기에 놀이가 주는 감탄의 기쁨이 있다"(Sebbag, 2004: 9~10).

해 토론을 벌이고 있었다. 그 과정에서 브르통이 갑자기 성냥을 그어 불을 붙이면서 사자의 갈기가 성냥의 불꽃 안에 있으며, 반대의 경우도 마찬가지라고 선언한다(Sebbag, 2004: 7). 그리하여 '따지고 보면l'un dans l'autre' 놀이[5]가 만들어진다. 브르통과 페레는 같은 해 생-시르크-라포피Saint-Cirq-Lapopie에서 휴가를 보내고 있을 때 이 놀이를 본격적으로 시행했으며, 그 결과 이 놀이는 초현실주의자들 사이에서 가장 비옥한 시적 발견의 예로 꼽히게 된다.[6] 그 규칙은 다음과 같다.

> 우리 중 한 명은 방을 나가 혼자서만 어떤 정해진 대상과 동일시하기로 결정해야 한다(예를 들면 계단). 다른 사람들은 그가 나간 사이 그를 다른 대상으로 함께 결정한다(예를 들면 샴페인 한 병). 다시 들어온 그는 샴페인 병으로서 여러 특징들을 묘사해야 하는데, 그 과정을 통해 점차 그것이 계단의 이미지로 대체되도록 해야 한다(Breton, 1970: 54).

즉 이 놀이의 핵심은 표면상 어떤 연관도 없는 두 대상이 처음에는 전혀 관계가 없는 것처럼 대립하지만, 이 놀이를 통해 결국 하나로 겹쳐지는 데 있다. 브르통은 '따지고 보면'의 파급 효과를 생각의 연상, 시적 상태의 계시, 텔레파시와 투시자의 힘으로 설명하고 있다(『메디움』, 3호, 1954. 5). 이 놀이의 규칙에 의하면 인간, 사물, 동물, 식물, 광물, 심지어 구체적인 대상과 추상적 개념 등 그 어떤 것들 사이에도

---

5 'l'un dans l'autre'는 '따지고 보면'이라는 경구화된 문구이나, 직역하면 '다른 것 속에 하나'라는 의미를 담고 있다. 직역의 의미는 '사자(하나)는 성냥(다른 것) 안에 있다'라는 사실을 더 명확히 보여주기도 한다.

6 『메디움*Médium*』 2호(1954. 2); 3호(1954. 5); '따지고 보면'의 시적 변용의 예에 대해서는 조윤경(2008: 407~412) 참조.

유추적 변이가 가능하다. 조르주 골드파인Georges Goldfayn은 동료들에게 '자고새'로 자신을 설명하라는 임무를 부여받았다. 그가 자고새를 통해 설명하고자 한, 자신의 생각이 무엇이었는지 아래 글을 읽고 맞춰보자.

> 나는 날렵하고 가벼운 어린 자고새다. 빠른 한 번의 날갯짓에 우아하고 가볍게 날개를 펄럭이며, 내가 그리는 궤도의 어떤 지점에서만 나를 알아볼 수 있다. 여성 선수인 나는 사냥꾼을 도발하기를 즐기며 가장 광범위한 의미의 사냥감들을 그에게 보여준다.
>
> Je suis une jeune perdrix fine et légère, qui bat des ailes avec tant de grâce et de légèreté en un vol rapide qu'on ne m'aperçoit qu'en certains points de la trajectoire que je décris. Joueuse, j'aime à provoquer le chasseur et lui montre un sens très étendu des choses de la chasse(Breton, 1970: 58-59).

정답을 알겠는가? 골드파인이 생각한 대상은 윙크였다. 그가 할 일은 자고새를 점점 윙크의 은유로 바꾸어, 사람들이 알아차릴 수 있도록 묘사하는 것이었다. 메추라기를 닮은 자고새는 뚱뚱하고 둔하게 날아서 결코 사냥꾼을 도발하거나 조롱하지 못한다. 그런데 골드파인이 묘사한 자고새는 가벼움을 환기시키고, 빠르고 우아한 이 새의 날갯짓은 재빨리 감았다 뜨는 윙크의 움직임과 병치된다. 기호학자 리파테르는 이 놀이에서 해석하는 사람들의 참여가 중요함을 강조하면서, 사실 형태론적으로 '윙크œillade'라는 단어에 들어 있는 '눈œil'과, '자고새perdrix'는 복합명사인 '티눈œil-de-perdrix'이라는 단어 안에 자고새와 윙크는 이미 연결되어 있었다고 지적한다(Riffaterre, 1980: 36).

한편 초현실주의 화가 볼프강 팔렌Wolfgand Paalen은 '알밤châtaigne'으로 자신이 동일시한 대상을 설명하라는 임무를 부여받았다.

> 나는 나뭇가지 끝에 열린 알밤이다. 나뭇가지는 자연의 섭리에 의해 일반적으로 불과 관련이 있으나, 이번에는 물과 관련이 있다. 날이 좋을 때, 나는 재빨리 대기로 이동하며, 그곳에서 나는 일시적인 존재가 된다.
>
> Je suis une châtaigne, naissant à l'extrémité d'une branche qui, par nature, est généralement en rapport avec le feu mais qui, cette fois, est en rapport avec l'eau. Par beau temps, je me déplace avec rapidité dans l'air où j'ai une existence éphémère (Alquié, 2015: 467).

팔렌은 여기까지 말하고 멈췄다. 누군가가 "비누 거품!"이라고 정답을 맞췄기 때문이다(Audoin, 2015: 467). 이와 같이 '따지고 보면' 놀이는 모든 것은 모든 것으로부터 정의되고 인지될 수 있음을 보여준다. 초현실주의 시인들은 가재와 전화기, 밧줄과 빨래판, 거미와 부채 등 논리적으로는 우리가 관련 없다고 생각하는 것들이 모두 연관 있다고 생각하고, 그 유사성을 점차로 발견해가는 과정에서 유연한 사고를 발전시키고, 새로운 비전을 발견하고자 한다.

'따지고 보면' 놀이는 서로 이질적인 대상들의 유사성에 기반하는 유추의 원리로 되어 있다. 초현실주의는 유추의 법칙을 중시한다. 1947년 브르통은 『상승의 기호*Signe ascendant*』에서 경험의 차원과 표현의 차원을 아울러 모순적인 현실들을 화합함으로써 통일성에 도달하게 해주는 유추의 힘에 대해 강조한 바 있다. 그에 의하면 "시적 추구에 있어서 '은유'와 '직유'를 형식적으로 구분할 필요는 별로 없다. 둘 다 유추적 사고의 교환 가능한 매개 수단을 사용한다. 은유가 '섬광fulgurance'의 자원을 제공한다면, 직유는 (로트레아몽의 "…처럼 아름다운"으로 판단할 수 있는) '지연' 혹은 '일시 중지suspension'에 대한 상당한 장점을 제공한다. 이것 이외에 다른 수사학적 '문채들'은 전혀 관심이 없다. 유추적 '시동 장치'만이 우리를 흥분시킨다. 바로 유추를 통해서 우리는 세상의 동력을 작동시킬 수 있다"는 것이다(Breton, 1953: 138). 유추는 섬광과도 같은 강렬한 충격으로 관습화된 일상을 순간적으로 중지시키고 새로운 삶으로 도약할 수 있는 계기를 마련한다. 바로 이러한 유추적 상상력의 자유로운 유희를 통해 초현실주의는 감성적 세계를 재구성하고 활성화시키고자 한다. 로베르 데스노스Robert Desnos의 「처럼comme」이라는 시가 잘 보여주듯이 유추는 이해의 도구가 아니라 변형의 도구다.

> 꼼므, 나는 처럼이라고 말한다 그리고 모든 것은 변모한다, 대리석은 물로, 하늘은 오렌지로, 포도주는 평야로, 선線은 여섯으로, 심장은 고통으로, 두려움은 센강으로.
>
> Comme je dis comme et tout se métamorphose, le marbre en eau, le ciel en orange, le vin en plaine, le fil en six, le coeur en peine, la peur en Seine.[7]

---

7 Robert Desnos, *Œuvres*, Paris: Quarto Gallimard, 1999, p.932. 이하 괄호 안에 페이

유추의 도구인 단어 '처럼'이 지닌 변형의 힘으로 인해 고체/액체, 상/하, 추상/구체를 넘나들 수 있는 역동성이 생겨난다. 한 이미지에서 다른 이미지로 빠른 전환이 일어나는 시적 변용은 현실을 보는 시선을 변화시키는 경이로운 결과들을 만들어내고 있는 것이다.

초현실주의 시를 특징짓는 '꼬리를 무는 은유la métaphore filée'는 기존 은유에 유추가 가지고 있는 자유연상의 힘을 강화한 것이다. 그것은 하나의 첫 요소, 첫 은유에서 출발하여 같은 주제로 이뤄진 다른 은유들이 연쇄적으로 나오게 하는 기법이다. 이를 통해 의미나 논리를 전복시키고 시적 문장 내에서 다시 새로운 의미와 새로운 논리를 만들어낸다. 폴 엘뤼아르의 두 시구를 보자.

대지는 오렌지처럼 푸르다.
결코 실수란 없다 언어는 거짓말하지 않는다.
La terre est bleue comme une orange.
Jamais une erreur les mots ne mentent pas.

– 「대지는 오렌지처럼 푸르다La Terre est bleu comme une orange」[8]

새벽의 부드러운 붉은 쇠가
장님들에게 시각을 되돌려준다.
Le doux fer rouge de l'aurore
Rend la vue aux aveugles.

지 수만 표기.

8 Paul Eluard, *Œuvres complètes*, édition établie par Marcelle Dumas et Lucien Scheler, Paris: Gallimard, «Bibliothèque de la Pléiade», 1968, tomes I (이하 OCI로 축약), p. 232.

–「탁자 위의 재갈Le Bâillon sur la table」(OCI, p. 388)

잘 알려져 있는 첫 번째 인용 시는 '대지는 오렌지와 같다La terre est comme une orange'라는 비유에 더하여 '대지는 푸르다', '오렌지처럼 푸른'이라는 비유들을 연속시키고 있다. '푸른bleue'이라는 형용사는 꼬리를 무는 은유의 중심축으로 기능한다. 즉 시인은 원관념인 '대지'와 보조관념인 '오렌지' 사이에 제3의 요소인 '푸른'을 끼워 넣음으로써 낯선 이미지를 생성하여 비유의 스펙트럼을 확장하고 있는 것이다. '대지'와 '오렌지'만을 비교했을 때에는 그 둘 사이의 '둥근' 형태의 유사성, 대지와 그곳에서 나는 과일인 오렌지와의 인접성 등의 유비가 가능하다. 그런데 대지의 직접적인 자질도, 또한 오렌지의 직접적인 자질도 아닌 '푸른'이라는 색채가 끼어들면서 비로소 시적 긴장이 생겨나고, 창조적 상상력의 여지가 생겨난다. 자유연상의 법칙으로 시적 도약을 하다 보면, 논리적 법칙을 벗어나 둥근 속성을 통해 지구가 오렌지로, 오렌지가 태양으로, 태양이 있는 하늘로, 하늘의 푸름으로 재빠르게 시선이 옮겨진다. 그렇게 되면 대상과의 갑작스러운 유사성, 그리고 상상력의 직관적인 안테나에 의해 공통적인 유사성을 발견하게 된다. 즉 논리적 거리감에도 불구하고 두 생각 사이에 예기치 않은 '인접성'이 생겨나는 것이다. 시인은 두 번째 행에서 이러한 이미지의 힘을 강조하면서 일상적인 용법을 벗어난 결합이 가지는 필연성을 부각한다. 언어 규칙, 운 맞춤, 글자 수 등은 시적 충동이 가지는 원래의 순수성을 파괴하는 인위적인 요소이며, 자유로운 의식의 현상을 충실하게 기록하는지의 여부가 진실성의 척도임을 강조하고 있는 것이다.

두 번째 인용문에서는 '새벽l'aurore'이라는 원관념과 '붉은 쇠le fer rouge'라는 보조관념 사이에 역시 '부드러운doux'이라는 형용사가 첨가되어 꼬리를 무는 은유를 형성하고, 비유를 복합적으로 만들고 있다. 흔히 붉은 쇠는 날카롭고 위협적이며, 산 사람의 눈을 멀게 할 수도 있다. 그러나 '부드러운doux'이라는 형용사가 첨가된 꼬리를 무는 은유의 효과로, 단 하나의 이미지를 변화시켜 나머지의 모든 시구들을 변화시키고 있다. 기호학자 리파테르는 이 시구를 '반어법antiphrase'으로 읽어 "붉은 쇠가 견자들에게서 시각을 빼앗아간다le fer rouge ôte la vue aux voyants"의 반대항으로 "부드러운 붉은 쇠가 장님들에게 시각을 되돌려준다le doux fer rouge rend la vue aux aveugles"라는 시구가 나오게 되었으며, 이는 그 창으로 찔리면 상처가 낫는다는 '아킬레스의 창'이라는 신화적 구조를 환기시킨다고 분석한다(Riffaterre, 1969: 58-59). 그러나 반드시 반어법으로 분석하지 않더라도 위의 이미지를 분석하는 것이 가능하다. 해당되는 시구가 '저녁'의 '붉은 쇠'였다면 그것은 금속의 공격성이나 그것이 환기시키는 하루의 고된 노동이 주는 형벌의 이미지를 연상하게 된다. 그러나 새벽은 밤새 장님이 되었던 사람들의 눈을 뜨게 해주는 신비스러운 시간이기에, '부드러운 붉은 쇠'의 이미지가 가능해진다. 불어의 'le fer doux(연철軟鐵)'에 의해 시인은 그 표현의 어순을 바꿈으로써('부드러운 쇠le doux fer') 낯선 이미지를 만들어내고, 새벽이 갖는 따뜻한 희망의 빛과 강인한 치유의 힘을 환기시킬 수 있게 한 것이다.

이러한 예는 초현실주의 시에서 수없이 발견된다. 초현실주의의 꼬리를 무는 은유의 언어유희는 이질적인 현실들을 연쇄적으로 마주치게 함으로써 강렬한 이미지를 증폭시킨다. 그리하여 그 전체가 경이로움과 낯섦을 촉발하는 총체적인 인상을 만들어내는 것이다.

3. '익힌 언어'의 놀이

앞 장에서 살펴본 의식의 개입을 극도로 줄인 자동기술법과 정반대 선상에 있는, 의식적으로 관습화된 언어를 해체하는 기법들 또한 초현실주의 시인들에 의해 시도되었다. 대표적인 시인은 로베르 데스노스이다. 그는 『로즈 셀라비*Rrose Sélavy*』(1922-1923) 연작시에서 동음이의어 및 칼렁부르라는 언어유희를 즐겨 사용한다. 가령 데스노스는 『로즈 셀라비』 연작에서 다음과 같은 칼렁부르 기법의 시구를 사용하고 있다.

> 올바르기 위해 친절한 것 그 이상으로
> 멸시받기 위해 시인 그 이상으로
> Plus que poli pour être honnête
> Plus que poète pour être honni

1행의 두 단어 '친절한poli'과 '올바른honnête'의 앞뒤 음절을 각각 결합하여 '시인'(po + être → poète), 그리고 '멸시받는'(honn + i → honni)이라는 두 단어를 만들어낸 것이다.

그는 또한 '동냥aumône'이라는 단어와 '동음이의어homonyme'라는 단어를 다시 동음이의어의 유희로 결합시킨 제목의 시집 『동냥동음이의어*L'Aumonyme*』(1923)에서, 일련의 언어유희뿐 아니라 음표와 기호, 철자 등을 삽입한 기호들의 유희라는 시적 실험을 하고 있다. 또한 『익힌 언어*Langage cuit*』(1923)는 그가 '날것의 언어langage cru'라는 말을 교체하여 만든 신조어다. 이 시집에서 시인은 경구화된 문장을 해체시키고, 언어 문법을 파괴하며, 정신분열자의 글을 가장한 시들을 제시하고 있다. 그중 『익힌 언어』에 수록된 시 「이상적인 여자 애인Idéal maîtresse」 일부를 보자.

> 나는 오늘 아침 내가 인내심을 가지고 길들이고 있는 어여쁜 동물의 이빨들을 닦아주느라 늦었다. 그것은 카멜레온이다. 이 사랑스런 동물은 보통 때처럼 몇 개비의 담배를 피웠고, 그 후 나는 떠났다.
>
> 계단에서 나는 그녀를 만났다. "나 접시꽃"이라고 그녀는 내게 말했고 그동안 나에게로 강물 흐르는 그녀의 시선에 나 하늘 가득히 나 자신 나 크리스털.
>
> Je m'étais attardé ce matin-là à brosser les dents d'un joli animal que, patiemment, j'apprivoise. C'est un caméléon. Cette aimable bête fuma, comme à l'ordinaire, quelques cigarettes puis je partis.
>
> Dans l'escalier je la rencontrai. "Je mauve" me dit-elle et tandis que moi-même je cristal à pleine ciel-je à son regard qui fleuve vers moi. (OCI, p. 530)

이 시는 처음부터 끝까지 아무런 논리적 인과관계 없이 물 흐르듯 전개되고 있다. 독자는 현실과 비현실의 경계가 무너진 데서 당혹감을 경험한다. 예를 들면 시의 첫 부분은 오늘 아침이라는 실재하는 현실에서 출발하는 것 같지만, 카멜레온이 담배를 피웠다는 서술에서 비현실의 장면이 개입한다. 현실과 비현실이 공존하는 상태에서 등장하는 '카멜레온'은 화자 자신과 일치한다고 볼 수 있다. 사실은 화자가 이를 닦고, 담배를 피우고, 어디론가 떠난 것이라 생각해볼 수 있는 것이다. 상황에 맞춰 다양하게 자신의 색을 바꾸는 카멜레온은 이러한 시적 변형을 상징한다.

다음 시구에 등장하는 '그녀'는 자신을 접시꽃이라고 말하는데, 이때 시인은 주어인 '나' 다음에 동사가 와야 할 자리에 '접시꽃'이라는 명사를 위치시켜 명사를 동사처럼 사용하고 있다. 그는 이러한 방식으로 문법을 파괴함으로써 독자의 머릿속에 각자의 이미지를 떠올릴 수 있게 하고, 대상에 대한 인식을 자유롭게 형성시킨다. 한편 접시꽃은 보편적으로 정절과 지조를 상징한다. 그렇다면 이 시의 제목인 '이상적인 정부'는 지조 있는 여자에 대한 얘기일 것이라 추측해볼 수 있다. 다른 한편 변신하는 동물 카멜레온 같은 존재가 이상적인 정부일 수도 있다. 제목인 '이상적 정부idéal maîtresse' 또한 문법적으로 올바르지 않다. 여성 명사에 남성 형용사를 쓰고 있으며, 어순도 바뀌어 있기 때문이다. 하지만 이러한 제목을 통해 '이상적 정부'가 여성인지 남성인지 애매하게 만들어 신비함을 가중시키고 있다.

"그리고 하는 동안 나 자신 나 크리스털 하늘 가득히 나 그녀의 강물이 나에게로 흐르는 그녀의 시선에"라는 시구에서는 문법 구조가 완전히 무너지고 있다. 단어의 품사가 바뀌고 순서가 바뀌어서 완벽한 해석이 불가능하다. 하지만 그렇기에 이 부분은 다양한 의미로 해석될 여지를 남긴다. 그것은 나를 향한 그녀의 맑은 시선을 의미하는 것일 수도 있고, 하늘이 가득 담긴 그녀의 맑은 눈을 말하고자 하는 것일 수도 있으며, 그녀의 시선을 맑은 하늘 아래 흐르는 강에 비유했다고 볼 수도 있다. 해체된 언어 문법이 얼마든지 다의적으로 새로운 의미를 창조해내는 것이다.

데스노스는 같은 시집에 수록된 「밤이던 낮Un jour qu'il faisait nuit」에서도 우리에게 익숙해진 언어 표현들을 파괴하고 상반되는 단어들로 대체하여 모순된 표현을 만들어내는 실험적 시도를 하고 있다.

그는 강바닥으로 날아올랐다.
흑단나무로 된 돌들, 금으로 된 철사들 그리고 가지 없는 십자가.
모든 것은 아무것도 아닌 것.
나는 그녀를 사랑으로 증오한다 누구나 그렇듯이. (…)
발걸음이 우리를 잘 쉬게 했을 때
우리는 앉을 용기를 냈고
그리고 나서 잠에서 깼을 때 우리의 눈은 감겼다
그리고 새벽이 우리에게 밤의 물탱크들을 들이부었다.
비가 우리를 건조시켰다.
Il s'envola au fond de la rivière.
Les pierres en bois d'ébène, les fils de fer en or et la croix sans branche.
Tout rien.
Je la hais d'amour comme tout un chacun. (…)
Quand la marche nous eut bien reposé
nous eûmes le courage de nous asseoir
puis au réveil nos yeux se fermèrent

et l'aube versa sur nous les réservoirs de la nuit.

La pluie nous sécha. (OCI, p. 535)

이 시의 제목은 낮과 밤이라는 두 개의 상반된 단어를 동일시함으로써 '밤이던 낮'이라는 모순된 표현을 만들어낸다. 제목처럼 이 시의 내용은 모두 그러한 모순으로 일관된다. 첫 행에서는 우리에게 익숙한 표현인 '강바닥으로 잠수하다' 또는 '하늘로 날아오르다'를 해체하고 있다. '잠수하다'를 반대 의미인 '날아오르다'로 바꿈으로써, 혹은 '하늘'을 '강바닥'으로 바꿈으로써, 이 시구는 위와 아래라는 대립된 공간적 이미지와, 물과 공기라는 상반되는 촉각적 이미지를 조합하여 새로운 의미를 부여했다. 2행의 '흑단나무로 만들어진 돌' 또한 나무와 돌이라는 서로 이질적인 재질들을 결합하여 인간과 자연, 혹은 식물계와 광물계의 경계를 무너뜨린다. 그리고 '금으로 만들어진 철사'는 철로 만들어진 '철사'의 속성을 파괴하는 '금'을 조합함으로써, 또한 '나뭇가지 없는 십자가'는 나무로 만들어진 '십자가'를 나뭇가지 없는 십자가로 표현함으로써, 모순어법을 통해 새로운 이미지를 부여했다. 3, 4행에서도 '모든 것'/'아무것도 아닌 것', '사랑'/'증오한다'라는 서로 반대되는 의미의 단어를 한 행 안에 담아 모순되는 표현을 만들어내고 있다.

이와 마찬가지로 시인은 앉는 것과 걷는 것을 바꿈으로써 휴식과 피로라는 개념에 새로운 의미를 부여한다. 또한 '잠을 깼을 때 우리의 눈은 감겼다'에서도 역시 눈을 뜨고 감는 행위를 바꾸어 기존의 관념을 전복시켰다. 밤이 지난 후에 오는 새벽은 자연의 섭리다. 하지만 새벽이 밤을 다스린다는 이미지가 그려지면서 '밤'과 '새벽'의 시간적 개념, 능동과 수동의 이미지를 전복하고 있는 것이다. 마지막 행에서 모든 것을 적시는 '비'가 우리를 '건조'시키는 것은 '물과 공기' 및 '축축한 것과 건조한 것'의 상반되는 촉각적 이미지 간의 경계를 무너뜨린다. 즉 이 시의 전반에 걸쳐 시인은 역설과 모순형용을 통해 언어의 의미적 경계를 무너뜨리는 작업을 지속적으로 하고 있는 것이다.

체계적으로 관습을 무너뜨리는 작업은 누구든지 할 수 있다. 그리고 그 과정에서 우리는 질문하게 된다. 과연 밤과 낮, 위와 아래는 뚜렷이 구분되는가. 낮이면서도 캄캄한 어둠 같은 중심에 서본 일은 없는가. 정상에 올랐지만 나락에 떨어졌던 경험, 너무도 사랑하기에 증오했던 경험은 없는가. 걸으면서도 평온해지고 앉아 있어도 가시방석인 적은 없었는가? 이와 같이 삶의 질서를 체계적으로 무너뜨리는 시적 연습을 하다 보면 모순되고 복잡다단한 삶 그 자체를 온전히 체험하고 사유할 수 있게 되는 것이다.

4. 경이로움과 우발성의 미학

초현실주의 시인들은 로트레아몽의 유명한 구절 "시는 한 사람에 의해서가 아니라 모두에 의해 쓰여야 한다La poésie doit être faite par tous. Non par un"(OCI, p. 514)를 모토로 삼는다. 이 구절은 시인이 특별한 사람이 아니라, 자신의 무의식과 꿈의 영역을 계발한다면 누구나 시인이 될 수 있음을 강조하고 있다. 초현실주의자들이 고안한 초현실주의 놀이 및 언어유희 등은 바로 '누구나 시인이다'라는 문제의식을 실천하는 과정에서 발전된 기법들이다. 그들은 시를 창조적 상상력이 발현될 수 있는 탁월한 예술 장르로 보고, 기존 시의 수사법들이 발휘하지 못했던 창의적 메커니즘을 탐구하여 상상력을 극대화시키고자 노력했다. 이와 더불어 기존 시에서 주목하지 않았던 영역들인 시인의 선험적 의도가 개입하지 않는 날것 그대로의 무의식의 영역, 개인이 아닌 집단 창작의 영역, 작시법이나 언어 문법을 체계적으로 파괴하는 과정 자체를 시화詩化하는 변형 프로세스로서의 시 영역을 탐색했다.

시인이기보다 만인의 일부이기를 바랐던 초현실주의자들은 그들 자신이 경이로움의 발견자이자 탐색자였다. 초현실주의의 놀이와 시적 발견 기법은 우연과 놀이를 통해 새로운 발견을 가능하게 하고, 인간, 언어, 세계 이면에 숨은 예측 불가능한 잠재력을 이끌어낸다. 그 불투명함이 닿을 수 없는 은유의 깊이를 만들어내는 것이다. '우아한 시체놀이'와 '정의내리기 놀이', '조건 가정 놀이' 등은 일견 이치에 맞지 않고 엉뚱해 보이나 다시 생각해보면 삶과 인간에 대한 새로운 시각을 가능하게 해준다. 의도적인 창작이 아닌 예기치 않은 발견의 기쁨을 중시한 초현실주의의 놀이들에 참여해봄으로써 우리는 창작의 고통이나 의무에서 벗어나 즐겁게 자신을 표현할 수 있으며, 이 세상에 없는, 혹은 이 세상에서 미처 발견하지 못했던 새로운 것을 만들어내는 능력을 기를 수 있다. 예측 불가능한 우연의 힘에 온전히 맡김으로써 스스로를 체계적으로 표류시켜 고정관념에 사로잡힌 틀을 깰 수 있게 되는 것이다.

초현실주의의 '꼬리를 무는 은유'와 유추의 기법은 이질적인 대상들 간의 갑작스런 결합을 통해 경이로움을 촉발시킨다. 일반적인 은유와는 달리 '꼬리를 무는 은유'는 첫 요소에서 파생하는 연상 체계를 통해 비유가 갖는 낯섦의 효과를 증폭시킨다. 브르통이 '섬광' 또는 '시동장치'로 표현한 유추의 기법은 상상력의 도약대로 기능하면서 서로 이질적인 대상들의 닮음을 인식하게 하여 타성에 젖은 우리의 시각에 신선한 충격을 준다. 유추의 법칙을 집단의 놀이로 만든 '따지고 보면' 놀이는 한 참여자와 다른 참여자들이 각자 생각한 대상을 일치시켜 나가는 과정에서 하나 안에는 반드시 다른 하나가 들어 있다는 초현실주의의 내재성의 철학을 집단적으로 체험할 수 있다. 그와 동시에 우리는 유추를 통해 형성되는 이미지들이 관습화된 논리 구조로 포착할 수 없었던 우리 일상의 다른 면임을 발견하게 된다. 초현실주의의 '꼬리를 무는 은유'를 만들어보고, '따지고 보면' 놀이를 해봄으로써 창의성에서 중요한 확산적 사고와 융합적 사고를 함께 훈련할 수 있다. 변형의 도구인 유추의 메커니즘을 통해 우리는 익숙한 것에서 새로움을 발견하고, 낯선 것을 익숙하게 만드는 과정을 경험함으로써 사고의 유연성과 독창성을 기를 수 있게 된다.

한편 초현실주의 시인들의 언어유희는 시의 모순형용이나 역설의 원리를 전면적으로 시화詩化함으로써 로고스로서의 언어 질서를 전복시킨다. 특히 데스노스의 시는 그 자체가 마치 창조적 상상 연습인 것처럼 단어의 품사나 순서를 바꾸고 의미가 상반되거나 동음이의어로 연결된 단어들로 대체하여 체계적으로 언어 문법을 파괴한다. 이를 통해 삶 그 자체가 모순되고 복잡다단함을 비로소 깨달을 수 있게 한다. 초현실주의의 이러한 기법은 텍스트의 내적, 외적 세계와 더불어 독자들의 능동적인 상상력까지도 함께 작용하는 역동적인 작업을 이끌어내는 것이다.

6장

언어콜라주 및 시적 아포리즘의 마술적 감각화

1. 언어콜라주와 '바람직한 돌연함'

초현실주의의 언어콜라주에서는 출처가 지워진 이질적인 말의 조각들이 자의적으로 연결된다. 시와 신문기사들이 결합되고, 구어와 문어가 뒤섞이며, 조각난 언어들이 병치된다. 이를 통해 아라공이 언급한 대로 "언어의 민주화démocralisation du langage"[1]를 이루게 되는 것이다.

언어콜라주는 제목이나 작품 전체, 혹은 작품의 일부 구절 등에서 다양한 방식으로 이뤄질 수 있다. 가령 브르통의 시집 제목인 『전당

1 Louis Aragon, *Les Collages*, Paris: Hermann, 1965, p. 121.

포*Mont de piété*』(1913~1919)는 물건을 맡겨놓고 돈을 빌려주는 곳이라는 의미도 있지만, '산Mont', 전치사 '의de', '신앙심piété'이라는 세 단어가 콜라주되어 '신앙심의 절정'이라는 또 다른 의미를 환기시키기도 한다. 또한 이 시집에 수록된 「전혀 견고하지 않은 집Une maison peu solide」은 삼면기사의 텍스트를 변형한 언어콜라주 작품이다.

> (…) 사고 장소에 기절한 채 발견된 한 아이는 오래지 않아 의식을 회복했다. 일곱 살 된 어린 레스프와는 재빨리 부모의 품으로 돌아갔다. 그는 육체적인 아픔보다는 두려움을 더 크게 느꼈다. 그리고는 거리에 내동댕이쳐졌던 '외발 롤러스케이트'를 찾기 시작했다. 그 어린 소년은 지팡이를 쥔 한 남자가 그에게로 달려와 "조심해!"라고 외치자, 그곳을 벗어나려고 했다고 진술했다. 이것이 그가 기억하는 전부였다. 그 나머지는 우리가 알고 있다. 그를 구해준 사람은 기욤 아폴리네르라는 이름으로 주위에 잘 알려진 60세 정도 되는 사람이었다. 그는 노동훈장을 받았고 그의 동료들은 그를 높이 평가했다. (…)
>
> (...) Un enfant, trouvé évanoui sur les lieux du sinistre, ne fut pas long à reprendre connaissance. C'est le jeune Lespoir, 7 ans, que l'on reconduisit bien vite à ses parents. Il avait eu plus de peur que de mal. Il commença par réclamer la trottinette sur laquelle il s'était élancé du haut de la rue. Le garçonnet raconte qu'un homme avec un bâton s'étant précipité vers lui en criant : "Gare!" il avait voulu s'enfuir. C'est tout ce dont il se souvient. On sait le reste. Son sauveur, bien connu de l'entourage sous le nom de Guillaume Apollinaire, pouvait avoir une soixantaine d'années. Il

avait gagné la médaille du travail et ses compagnons l'estimaient.[2]

'전혀 견고하지 않은 집'은 물리적으로 붕괴된 건물을 지칭하는 것이자, 견고하지 않은 세계에 대한 알레고리로 기능한다. 브르통은 건물이 붕괴된 사건에 관한 기사를 있는 그대로 인용하고, 신문의 판형도 그대로 유지하면서, 아이를 구한 사람을 기욤 아폴리네르로 지칭하는 등 약간의 변형을 가했다. 따라서 이 텍스트는 전혀 정보의 가치를 갖지 않고, 비판적인 의미를 띠게 되며, 문학과 비문학의 경계를 흩뜨리게 된다. 이와 같이 초현실주의는 신문기사의 콜라주를 통해 신문기사의 신화성 및 시적인 잠재성에 주목했고, 그걸 단순히 실재하는 한 조각이 아니라 "현실의 기호로 간주하여, 그 기호에 담긴 수수께끼를 탐색"[3]하고자 했다.

같은 시집에 수록된 「신비한 코르셋Le Corset Mystère」에서 브르통은 고유한 폰트 그대로를 살린 광고 문구들, 경구화된 표현들, 그리고 브르통 자신의 시구들을 이어 붙였다.

신비한 코르셋

나의 아름다운 독자들이여,

온갖 색채로 빛나는 찬란한 지도들을 보는 덕분에, 빛의 효과를 톡톡

---

2 André Breton, *Œuvres complètes*, tome 1, Paris: Gallimard, 1988, p. 15. 이하 괄호 안에 페이지 수만 표기.

3 Nathalie Piégay-Gros, 'Collages et faits divers surréalistes', in *Poétique*, 2009/3, n° 159, p. 298.

히 보는, 베니스

예전에 내 방의 가구들은 벽에 강력하게 붙어 있었으며, 나는 다음과 같은 말을 쓰는 것에 집착하고 있었다 :

나는 배에서 균형을 잘 잡는다

우리는 일종의 감성적인 여행 클럽에 가입할 것이다

머리 대신에 달린 성城 하나
그것은 또한 자선 바자
모든 연령층에게 매우 재미난 놀이들
시적 놀이들 등

나는 파리를 좋아한다 — 당신에게 미래를 보여주기 위해 —
열린 그대의 손처럼

날씬한 몸매. (OCI, p. 16)

브르통 자신의 설명에 의하면 '신비한 코르셋'은 "'라 페' 거리 2층 발코니에 걸린 매우 아름다운 간판명이다"(OCI, p. 1098). 이 간판명이 표상하듯, 이 시는 여성의 육체적인 아름다움(코르셋, 아름다운 독자들, 날씬한 몸매, '배에서 균형을 잘 잡는다'), 세상의 신비로움(찬란한 지도, 빛으로 싸인 베니스, 손금에 나타나는 미래), 머리 대신 달린 성城, 그리고 콜라주 장르가 내포하는 초현실주의의 생경한 미학을 보여주고 있다.

Le Corset Mystère

Mes belles lectrices,

à force d'en voir **de toutes les couleurs**
Cartes splendides, *à effets de lumière,* Venise

Autrefois les meubles de ma chambre étaient fixés solidement aux murs et je me faisais attacher pour écrire :
J'ai le pied marin

nous adhérons à une sorte de **Touring Club** sentimental

UN CHATEAU A LA PLACE DE LA TÊTE
c'est aussi le **Bazar de la Charité**
Jeux très amusants pour tous âges ;
Jeux poétiques, etc.

Je tiens Paris comme — pour vous dévoiler l'avenir — votre main ouverte

la taille bien prise.

앙드레 브르통, 「신비한 코르셋」

'J'ai le pied marin'은 '나는 뱃멀미를 하지 않는다' 또는 '배 위에서 균형을 잘 잡는다'라는 경구화된 의미를 갖지만, 문자 그대로 직역하면 '나는 선원의 다리를 지니고 있다'라는 독특한 문구로도 읽힌다. 마지막 귀절인 'la taille bien prise' 또한 '날씬한 몸매'라는 숙어지만, 그 윗줄의 '열린 손'이라는 시어와 더불어 문자 그대로 읽으면 '잘 쥐어지는 허리'라는 의미를 드러내기도 하는 것이다. 이와 같이 초현실주의 시인들은 속담이나 관습화된 문구가 환기하는 이중 의미와 이중 이미지들의 유희를 즐기는데, 언어콜라주 또한 우리가 일상적으로 사용하는 문구들의 다의성을 새롭게 환기시키는 장치로 사용된다. 초현실주의는 언어콜라주를 통해 경이로운 것, 기이한 것, 일상의 짜임 속에 잠재적으로 숨어 있었던 것을 환기시키고자 하는 것이다.

브르통은 『초현실주의 선언』에서 콜라주가 가져다주는 초현실주의 미학에 대해 '바람직한 돌연함'이라는 용어로 집약시켜 언급한 바 있다.

> 어떠한 종류의 연결을 통해 바람직한 돌연함을 얻게 된다면 어떤 것이라도 좋다. 피카소와 브라크의 파피에 콜레는 가장 잘 다듬어진 문체로 전개되는 문학 안에 상투어를 집어넣는 것과 동일한 가치를 갖는다. 신문에서 오린 제목들의 일부나 제목들 자체의(그 통사를 주의 깊게 보자) 가능한 한 근거 없는 결합에 의해 얻어지는 것을 대문자의 시로 불러도 좋다. (OCI, p. 341)

이와 같은 선언을 하고 나서 바로 그러한 대문자로 된 시의 사례들을 예시하고 있다. 그것은 온갖 크기와 굵기의 다양한 폰트로 적혀진

'스리랑카의 섬에 있는 사파이어의/ 터지는 웃음'과 같은 공감각적 문구나 '차도는/ 미지의 길가로 당신을 인도한다'라는 예언적인 문구들을 담으면서, 일상에서 흔히 쓰는 표현들의 새로운 조합이 돌연 우리를 놀라움과 신비로움의 세계로 안내하고 있다.

2. 초현실주의의 시적 아포리즘과 말콤 드 샤잘의 아포리즘 시

언어콜라주와 더불어 초현실주의 시인들은 아포리즘aphorisme 형태를 즐겨 사용한다. 아포리즘은 함축적인 말로 된 문구로, 상식에 도전하는 어떤 원리를 축약하거나 특정한 상황을 묘사하는 방식으로 쓰인다. 베랑제는 아포리즘의 특징으로 독립된 발화라는 점과, "이전의 것이나 뒤따라오는 것과의 연속성이 없으며, 단편화, 공간적 · 의미론적 파편화가 그 핵심"이라는 점을 들고 있다(Berranger, 1988: 18). 초현실주의 시인들은 충격의 효과를 얻기 위해서 언어의 순서를 바꾸거나 다른 언어로 대체하여 변환시키기에 좋은 속담, 짧은 형식의 금언을 차용하여 변형시켰으며, 이를 통해 관습화된 언어를 전복시키고자 했다. 데스노스의 『로즈 셀라비』 연작이나, 엘뤼아르와 페레의 공동 작업으로 이뤄진 『오늘날의 취향에 맞는 152개 속담 *152 proverbes mis au goût du jour*』(1925)은 초현실주의 아포리즘의 대표적인 예이다.

7. 오 내 두뇌여, 창백해져 가는 진줏빛 별이여.

Ô mon crâne, étoile de nacre qui s'étiole.

– 데스노스

53. 손톱을 심으면 횃불을 수확하리라.

Qui sème des ongles récolte une torche.

– 엘뤼아르와 페레

『로즈 셀라비』는 데스노스가 마르셀 뒤샹의 용어를 차용하여 쓴 아포리즘 시 연작이다. 그중 예문으로 든 아포리즘 7은 '두뇌/진줏빛 crâne/nacre'과 '별/창백해져 가다étoile/étiole'라는 두 개의 아나그람 anagramme으로 되어 있다. 아나그람이란 그리스 어원으로 '뒤에'라는 말과 '글자'라는 말이 합쳐진 용어로, 글자의 위치 전환을 의미한다. 즉 한 단어 혹은 한 문장에 있는 글자들의 순서를 바꾸어 새로운 의미와 새로운 단어를 만들어내는 기법이다. 데스노스의 시적 자아를 상징하면서 해체와 재구축의 특성을 지닌 로즈 셀라비는 두 개의 아나그람을 통해 빛과 에너지를 잃어가는 별과 착란적인 상태 또는 빈사 상태에 빠진 머리를 동일시하고 있다. 다시 말해 진줏빛의 희미한 속성과 "창백해져 가는"이라는 동사의 의미가 결합되어 머릿속에서 일어나는 불안한 이미지를 만들어내는 것이다. 이와 같이 데스노스는 관습화된 언어를 도치, 분해, 해체하고 재구성하고 있다. 소리의 이동이 의미의 이동을 낳고, 메시지를 전복시키며, 언어에 자유를 부여하고 숨은 무의식을 솟아나게 하고 있는 것이다.

두 번째 예문으로 든 엘뤼아르와 페레의 초현실주의 속담은 일상에서 쓰는 속담의 형식을 유지한 채 통사적, 의미론적, 음성론적 유사성의 원칙에 따라 단어를 교체하여 새롭고 낯선 내용을 만들어낸다. '손톱을 심으면 횃불을 수확하리라'라는 문구는 '나쁜 일을 하면 그 이상으로 벌을 받기 마련이다'라는 뜻의 속담인 "바람을 심으면 폭풍우를 거둔다Qui sème le vent récolte la tempête"의 '바람'이라는 단어와 '폭풍우'라는 단어를 그것과 전혀 상관없는 '손톱'과 '횃불'로 바꾼 문장이다. 그 결과 탄생한 아포리즘은 몸의 잉여 부분이라고 여겨지는 손톱이 자라는 모습을 중심으로 특이한 원인과 결과를 만들어낸다.

이러한 속담 구조는 자의적이고 시적인 창작을 가능하게 한다. 두 작가는 일상 언어에 의문을 제기하고 언어와 감각 세계, 언어와 인간과의 관계를 다시 설정하고 있는 것이다. "초현실주의 아포리즘은 문장보다는 단어를, 텍스트보다는 문장을, 지시대상보다는 언어를, 아포리즘보다는 진실을 낯설게 하고자 한다"(Berranger, 1988: 11)는 베랑제의 지적처럼, 그들은 놀라움, 예기치 못함, 낯섦의 유발을 목표로 한다. 언어의 해체 및 재구성을 통해 새로운 의미와 리듬을 형성하고자 하는 것이다.

이러한 초현실주의 시인들의 아포리즘과 다른 세계를 구축하여 초현실주의의 지평을 넓힌 시인이 있다. 프랑스어권 아프리카 지역인 일 모리스Ile Maurice 출신 시인인 말콤 드 샤잘Malcolm de Chazal (1902~1981)이다. 그는 감각의 재구성을 통해 인간과 사물, 사물과 사물, 인간과 세계의 경계를 넘나드는 독특한 이미지로 초현실주의자들에게 큰 주목을 받았으나, 그 스스로는 초현실주의자이기를 끝까지 거부했다.

그는 스웨덴보리Swedenborg의 신비주의 사상에 영향을 받아 보이는 세계와 보이지 않는 세계의 교감을 모색했으며, 감각의 합일을 시화詩化하면서 독자적인 시세계를 구축해나간다. 세계와 시·공간에 대한 그의 철학적 단상을 담은 『생각*Pensées* I~VI』(1940~1944) 연작 이후, 1948년에 프랑스 갈리마르 출판사에서 아포리즘 모음집 『회화적 감각*Sens-Plastique*』이 출간됨으로써 비로소 그는 프랑스에 알려지기 시작한다. 비록 그의 신비주의와 이신론理神論적 입장에 대한 불이해 등으로 프랑스 문단의 주목을 오래 끌지는 못했으나, 브르통이 "빛나는 정신이 우리를 둘러싼 모든 것의 불투명성을 순식간에 일소하는, 지각과 해석이 결합된 천재적인 시스템을 소유한 작가"(Breton, 1965: 204)가 출현했다고 샤잘을 극찬할 정도로 초현실주의가 그 의의를 조명해낸 중요한 작가 중 한 명으로 자리매김한다.

이후 출간된 그의 대표적인 시집 『마술적 감각*Sens magique*』(1957)[4] 또한 제목이 없이 일련번호가 매겨진 아포리즘 시들로 구성되어 있다. 이 시집은 시인이 아포리즘 글쓰기를 왕성하게 실험한 1940년대 이후, 1950년대의 새로운 표현 도구로 연극에 몰두하여 몇 편의 희곡을 집필[5]하던 시기에 출간된 시집이다. 그러한 영향으로 이 시집은 연극적 특성인 대화로 이뤄진 문답법과 감각적인 시어로 구성된 아포리즘 시를 담고 있다.

1	1
자전거 한 대가 도로 위를 굴러간다.	Une bicyclette roule sur la route.
도로는 바퀴 두 개를 굴리는	La route est la troisième roue

4 Malcolm de Chazal, *Sens magique*, Paris: Lachenal & Ritter, 1983. 이하 본문의 시 예문은 모두 이 시집에서 발췌한 것임.

5 그는 주로 예수의 수난과 희생을 다룬 희곡 『예수*Iésou*』(1950), 『모세*Moïse*』(1950년경), 『유다*Judas*』(1953)를 집필했다. 마지막 희곡 작품인 『시인들의 회담*Le Concile des poètes*』(1954)은 시詩를 이루는 두 요소로 작가가 상정한 대문자 '사랑L'Amour'과 대문자 '하늘Le Ciel'에 도달하는 방법으로 "우주적인 우애Fraternité cosmique"라는 주제를 다루고 있다(Furlong, 2008: 75-95).

세 번째 바퀴다.	Qui roule les deux roues.
398	398
양탄자가	Le tapis
빨리 걸어가고 있었네.	Marchait rapidement.
어떤 이가 그 위로	Quelqu'un marcha
걸어갔네.	Sur lui.
양탄자는 멈춰 섰네	Il s'arrêta
발걸음이 지나가는 걸	Pour voir
보려고.	Passer le pas.
12	12
나무들이	Des arbres
이 언덕을	Montent
오른다.	Sur cette colline.
양 한 마리를	Fais monter
오르게 하라	Un mouton
그러면 나무들이	Et les arbres
넋을 잃고	S'arrêteront
가던 길을 멈추리라.	Stupéfaits.

앞에서 살펴보았듯이 초현실주의의 아포리즘은 대개 아주 짧고 함축적인 문구로 되어 있다. 그런데 샤잘의 아포리즘 시는 한 시구 전체가 한 행에 담겨 있는 것이 아니라, 주어, 목적어, 수식어, 술어 등 문

장을 이루고 있는 요소들이 각기 독립적으로 한 행을 구성하고 있다. 이로 인해 그의 시는 여백을 충분히 갖게 되고, 수직적으로 글자가 배열되는 시각화의 효과를 내고 있으며, 시를 읽는 호흡이 자주 끊기면서 독특한 리듬을 형성한다. 이 시가 초현실주의의 아포리즘과 비슷한 점은 이질적인 이미지를 표출한다는 데 있다. 그러나 샤갈의 시는 초현실주의가 겨냥하는 생경한 낯섦과 달리 조화, 균형, 긍정적인 기쁨을 강조한다는 점에서 차이를 보인다.

또 다른 특징으로는 다른 초현실주의 시인들의 아포리즘이 단어의 절단, 전치轉置, 동음이의어의 유희들로 되어 있음에 비해, 샤갈의 아포리즘에는 언어의 파괴나 유희가 거의 일어나지 않는다는 점이다. 첫 번째 시에서 'route-roue'라는 유사음을 통한 언어유희가 일어나고 있는 예가 거의 전부다.

위 세 편의 아포리즘 시는 공간과 사물, 사물과 사물, 식물과 동물의 관계를 재정립하는 데 초점을 둔다. 도로와 자전거, 양탄자와 인간, 나무와 양이 일반적으로 맺고 있는 관계가 바뀌면서 사물과 대상이 한순간에 경이로워진다. 도로, 양탄자, 나무는 모두 정지해 있는 것들이다. 그런데 시인은 움직임과 정지, 원인과 결과, 능동과 피동, 주체와 대상을 역전시킨다. 시인은 이런 방식으로 움직임의 근원을 포착하여 존재론적 물음을 던지고 있다. 상호작용 하는 세상 만물들은 가려졌던 세상의 이치를 일깨운다. 움직이는 것, 행동을 가하는 것 이면에 정지해 있는 것, 행동의 배경이 되는 것들이 보이지 않는 곳에서 행동을 가능하게 하는 근원이 되고, 그 자신도 끊임없이 움직이고 있음을 시인은 신비롭게 응시하고 있다. 샤갈만의 작용-반작용의 법칙에 의해 나무처럼 한 자리에 머물러 있는 것을 움직이게 하고, 그 나무가 오늘날 멈춘 것은 양이 움직이기 때문이라는 사유를 이끌어낸다. 이를 통해 신비로운 원인을 발생시키고, 자연 만물이 서로 바라보고, 바라보여지고, 서로의 행동에 감탄하고, 그것 때문에 운행하고 멈춘다는 사실을 알린다.

아포리즘은 무엇을 정의내리는 형식으로 되어 있지만, 결코 모든 것을 완결되게 말하고자 하지 않는다. 아포리즘 작가는 여운을 가진 글로 독자의 마음을 울리면서 의미 해석의 장을 열어주고, 독자는 그 빈 의미의 공간을 채워나가는 것이다. 샤잘의 아포리즘 시 또한 보이지 않았던 생의 비밀의 한 부분을 미완으로 남긴 채 전달하고, 그것이 함의하는 바를 독자들 스스로 채우고 생각하게 만들고 있다.

3. '시랑단'과 비인칭의 수수께끼

샤잘의 아포리즘 시는 시간, 공간, 자연 및 사물에 대한 사유로 구성되어 있다. 특히 자연의 기본 원소인 공기, 물, 산, 빛, 흙과 돌 등을 응시한다.

34	34
기관차가	La locomotive
경적을 울리니	Siffle
산이 화답한다.	La montagne répond.
공기는 무얼하나?	Que fait l'air?
공기는 듣는다.	L'air écoute.

공기가 말을 한다 해도	Si l'air parlait
너는 아무 소리도 듣지 못하리라.	Tu n'entendrais rien.
147	147
돌은	La pierre
빗속에서만	N'entend
제 심장이 뛰는 소리를	Son cœur battre
듣는다.	Que dans la pluie.

엘로디 라후Elodie Laügt의 논문은 말콤 드 샤잘의 아포리즘적 글쓰기의 특징이 서구 아포리즘의 전통과 더불어 샤잘이 태어난 서인도제도의 '시랑단sirandane'이라 불리는 일종의 수수께끼 형식과 혼합되어 있음을 밝히고 있다. 시랑단은 크레올어로 구전되는 수수께끼로, 사물과 존재 사이의 은유적 관계에 대한 시적이고 유머스러운 환기, 혹은 발화에 기반을 둔다(Laügt, 2008: 41). 여기에 비춰보면 시인은 첫 번째 시에서 기관차와 산, 공기와 인간의 문답을 만들어내고 있다. 또한 "공기가 말을 한다 해도/ 너는 아무 소리도 듣지 못하리라"라는 역설에 의해 말과 침묵의 전이를 끌어낸다. 시인은 이를 통해 일상 만물의 논리적인 법칙을 벗어나는 시적인 인과관계를 부여하고 있다. 시인은 복잡한 수사를 생략하여 강력한 시적 환기력을 이끌어낸다. 그의 시는 회화적이면서 감각적이 되고자 하며, 이를 통해 독자들의 본능적 · 원초적 감각을 일깨우고자 한다.

아포리즘은 "보편성을 목적으로 하고, '나'의 언급을 피해서 발화의 주체를 비인칭의 문채 뒤로 숨긴다"(Berranger, 1988: 16). 샤잘의 시 또한 '나'를 숨기는 아포리즘의 대표적인 특성을 지니고 있으면서, 말할 수 없고 눈에 띄지 않는 사물의 움직임을 드러낸다. 두 번째 시에는 하늘에서 내리는 빗소리와 돌의 심장이 뛰는 소리, 또한 들리는 소리와 들리지 않는 소리의 대조가 짧은 시구 속에 함축되어 표현된다. 돌은 움직임이 없고 어둡고 무겁고 둔탁한 대상이다. 그런데 비의 접촉에 의해 가장 민감한 반응을 보인다. 돌의 무거운 두께가 불러일으키는 무생명/생명의 대조, 비의 차가움과 심장이 뛰는 온기가 대조되면서 생명력과 어떤 각성의 순간을 느끼게 한다. 이를 통해 정지와 침묵에 휩싸인 소리를 낼 수 없는 돌이라는 닫힌 공간을 뚫고 비가 순간적으로 외부에서 내부로 침투하는 작용을 독자들은 목도하게 되는 것이다. 그 과정에서 촉각, 청각, 그리고 시각까지도 서로 하나의 체험 속에서 밀착되어 융합된다.

메를로-퐁티는 "감각의 외양, 감각의 무언의 설득은 존재가 끊임없이 애매하고 초월적인 상태에 있으면서, 즉 확실하게 생성되지 않은 채 현시되기 위한 유일한 수단이다"(Merleau-Ponty, 1964: 267)라고 말한 바 있다. 샤갈의 시는 돌에 무언의 감각을 부여함으로써 강렬한 생명의 일부로서 돌의 존재감을 현시한다. '세계-내-존재'[6]는 세계 속에서, 타자에 의해서, 그리고 접촉을 통해서 자신의 존재를 느끼고 의미를 찾는다. 비는 하늘에서 떨어짐으로 인해 세상의 심장을 뛰게 하고,

6 '세계-내-존재être-au-monde'라는 개념은 메를로-퐁티가 하이데거에게 빌려온 개념으로 '지각의 현상학'의 중요한 사유를 이룬다. 거리두기를 의미하는 재현과 상반되는 원초적인 관계라는 사유는 어떤 대상을 세상과의 공모의 관계로 전제하게 한다. 세계-내-존재는 세계로 향해 있고, 세계로부터 나간다. 그러한 존재는 항상 자기 자신에게서 벗어나며 세계로 향해 나아갈 때에만 자기 자신에게로 돌아온다는 것이다(Barbaras, 1997: 55-56 참조).

돌은 그로 인해 세계의 심장소리이자 자신의 심장소리를 듣는다. 외부와의 접촉이 내면의 소리를 듣게 하는 것이다. 샤잘은 이를 통해 물질적인 것과 정신적인 것을 시적으로 결합한다.

한편 필립 모레Philippe Moret는 샤잘의 아포리즘을 유추적이라고 규정했는데, 그 이유는 "서로 다른 지각 기관들 사이에 연결을 도모함으로써 인간 자신의 내부와 외부, 인간과 자연, 서로 다른 감각들 사이의 교감을 이루고자 하기 때문"(Moret, 1997: 369-70)이다. 샤잘의 시는 소우주와 대우주, 인간과 세계, 인간과 사물의 유추를 감각의 교환을 통해 보여주고 있다. 그의 아포리즘 시는 감각적이고 시각적인 경험을 환기시키고 있으며, 무엇보다 이러한 경험들을 시를 통해 형상화하고자 한다. 이러한 샤잘의 시론은 스웨덴보리의 상응correspondance 이론과 밀접하게 닿아 있다. 이 이론에 의하면 생명은 영계靈界로부터 발해지는 것이며, 영적인 것과 자연적인 것은 서로 원인과 결과라는 밀접한 관계를 갖는다. 따라서 인간 자신의 내적인 것과 외적인 것 사이, 외적인 창조물과 영계 사이, 자연과 인간의 영 사이에 상응 관계로 인한 긴밀한 연결이 형성되어 있다.[7]

샤잘은 스웨덴보리에게서 물려받은 상응에 대한 날카로운 감각을 갖고 만물 유추의 글쓰기를 구현하고 있다.

---

7 "감각적인 것과 자연적인 것과의 상응이 있고, 자연적인 것과 영적인 것과의 상응이 있고, 영적인 것과 천적인 것과의 상응이 있고, 마지막으로 천적인 것과 주님의 신적인 것의 상응이 있으며, 그리하여 신적인 것으로부터 가장 바깥에 있는 자연적인 것까지도 상응이 계속되어 있다"(스웨덴보리, 『천계의 비의』, p. 5131; 트러브리지(1986: 168)에서 재인용.

33
나는 들었네
수탉의 울음소리를
내가 구겼던
종이 안에서.
나는 몸을 기울였고
보았네
종이가
닭 벼슬 모양을 하고 있음을.

33
J'ai entendu
Un cri de coq
Dans une feuille
Que j'ai froissée.
Je me suis penché
J'ai vu
Que la feuille
Avait forme de crête.

87
귀 모양을 한
모든 이파리들은
이슬의 보석을
더욱 잘 지니고 있다.

87
Toutes les feuilles
En forme d'oreille
Tiennent mieux
Le bijou de la rosée.

49
밤을
벌거벗길 이는
신의 몸을
보게 되리.

49
Qui déshabillerait
La Nuit
Verrait
Le corps de Dieu.

첫 번째 인용 시는 종이와 수탉의 상응을, 두 번째 시는 인체와 식물의 상응을, 그리고 마지막 시는 자연과 인간, 인간과 신의 상응을 나타내고 있다. 종이에서 수탉을 유추하고 있는 첫 시는 닭벼슬과 구겨진 종이의 모양이 유사함을 포착하고 있다. 시인은 종이의 시각성과 더불어 인공물인 종이에 생명을 지닌 수탉의 울음소리를 부여하여 청각과 시각 이미지 간의 독특한 교환 및 결합을 보여주고 있다. 감각의 교환을 통해 일상에서 들을 수 없는 소리를 듣게 하고, 볼 수 없는 신비로운 광경을 볼 수 있게 하는 것이다.

두 번째 시에서는 귀의 형태와 이파리의 형태를 동일시함으로써 귀에 달려 있는 보석과 이파리에 맺혀 있는 이슬을 대비시키고 있다. 어떤 구조와 유추 관계에 있는 구조에 의해 형태가 실체와 연결되어 있다는 것이 유추의 핵심이다. 시인은 유추 관계를 통해 새로운 논리를 만들어낸다. '귀 모양을 한/ 모든 이파리들은/ 이슬의 보석을/ 더욱 잘 지니고 있다'라는 아포리즘 시는 귀의 모양을 하지 않았으면 이파리에 맺힌 이슬이 금방 떨어져버렸을 텐데, 인체와 식물이 상응 관계를 맺음으로써 귀에 단단히 부착된 귀걸이처럼 이슬이 "더 잘" 맺혀 있을 수 있다는 논리를 만들어낸다.

마지막 인용 시는 조건법으로 되어 있다. 밤이라는 추상적인 시간을 사람이 입은 옷처럼 벗겨낼 수는 없겠지만, 만약 그럴 수 있다면 성스러운 신의 내밀함에 다가갈 수 있음을 시인은 조건법을 통해 알려준다. 즉 자연을 인간으로, 또한 인간을 신으로 전이시키면서 '벌거벗김'이라는 관능적인 행위와 '신'이 갖고 있는 신성함을 결합시키고 있는 것이다.

보들레르 또한 스웨덴보리에게서 영감을 받은 상응 이론에 의해 다섯 감각 사이에 일어나는 수평적 조응 관계와 인간(소우주)과 세계(대우주) 사이에서 일어나는 수직적 조응 관계를 밝힌 바 있다. 초현실주의자들의 경우에도 모든 상반된 것들이 합일하면서 모순이 사라지는 '지고의 지점'을 상정한다. 브르통은 그것이 도달하기 어려운, 능동적인 활동을 전제하는 '정신의 어떤 지점'임을 분명히 하고 있다. 무신론자들인 초현실주의자들은 신비주의와 비교秘敎에서 유래한 '지고의 지점'이라는 개념에서 '보이지 않는 곳에 숨은 신'이라는 절대적인 존재성만을 제외했다. 지고의 지점은 초현실주의자들에게 모든 모순되는 것들이 해결되는 장소이며, 니체가 회복하기를 꿈꾸었던 신적인 모든 에너지가 모이는 장소로 기능하게 된다. 브르통은 이에 대해 "신비주의, 그 원리 자체에 대한 모든 유보 사항들을 고려한 채, 그것은 적어도 무한한 장을 여는 비교의 시스템을 역동적인 상태로 유지하게 하는 무한한 장점을 제공한다. 그 무한한 장은 인간에게 표면상 가장 멀리 떨어져 있는 대상들을 연결 지을 수 있는 관계들을 부여하며, 만물의 상징이라는 기제를 부분적으로 발견할 수 있게 해준다"(Breton, 1965: 105)고 언급한 바 있다. 이와 같이 브르통은 경험적, 표현적 차원에서 모든 모순되는 현실의 화해를 꿈꿨다. 하지만 그는 신비주의가 세계의 조직망을 통해 현시되기를 기다리는 보이지 않는 세계를 전제하는 반면, 시적 유추는 그렇지 않다는 점을 들어 신비주의의 유추와 구분했다(Clébert, 1996: 31). 반면 샤잘의 시에서 시적 유추와 신비주의의 유추는 자연스럽게 결합된다. 그의 글에서는 종종 우리가 사물에게 행동을 가하는 것이 아니라 사물이 우리에게 인간적인 몸짓과 움직임을 전달해온다. 혹은 적어도 인간이 사물에 어떤 행동을 가하면, 반드시 사물이 인간에게 강도가 변형된 반응을 보내온다. 시인은 인간과 사물의 관계 자체에 주목하고 있으며, 보이지 않고 들리지 않는 것들과의 연결을 통해 새로운 관계를 만들어간다.

4. 감각의 교감과 관능의 세계

샤잘은 『회화적 감각』에서 "나는 사유에서 출발하여 감각에 이르는 것이 아니라 감각에서 출발하여 사유에 이를 것이다"(Chazal, 1945: II)라고 선언한다. 아포리즘의 형식을 취하는 그의 시는 감각에서 출발하는 여정을 형상화한다. 시인은 일상에서 포착하지 못했던 신비로운 현상이 발생하고 서로 작용을 주고받는 것을 응시한다. 그리고 사물들이 서로 연결되어 있음을 보여주기 위해 다양한 감각들을 동원한다. 그중 가장 두드러지는 것이 색채와 연결된 감각이다. 샤잘의 시에 자주 등장하는 색채는 흰색, 붉은색, 초록색, 빨강색 등 기본이 되는 모든 색깔에 걸쳐 있다. 독특한 점은 그것이 색채의 통상적인 역할처럼 어떤 사물의 시각적인 자질을 묘사하는 수식어로 사용되는 것이 아니라는 사실이다.

58	58
흰색은	Le blanc
자신들의 감정을	Est la manière
보여주는	Des couleurs
색깔들의	De faire voir
방식이다.	Leurs émotions.
붉은색은	Le rouge
장밋빛 속에서	Rougit
얼굴을 붉힌다.	Dans le rose.

흰색은 다른 모든 색채들과 섞여 색의 농도를 조절하고 색깔을 변화시킨다. 이러한 흰색을 시인은 감정의 뉘앙스를 조절하는 색깔들만의 고유한 방식으로 응시하고 있다. 시인은 색채들을 의인화하여 그들이 어떻게 심리적, 육체적 반응을 하는지를 보여준다. 색깔은 인간처럼 유기체적인 삶을 살아가면서 색깔들끼리, 혹은 다른 대상들과 교류한다. 이를 통해 자신의 변신은 물론 자신과 섞이는 다른 대상의 변신을 촉발한다. 그 과정에서 시각에 한정되지 않고 다양한 감정 및 감각을 환기시키고 있다.

31	31
노란색이	Quand le jaune
파란색을	Eut bu
마셨을 때	Le bleu
그는	Il eut soif
빨간색에 목말랐네	Du rouge
왜냐하면 그가	Car il était devenu
초록색이 되었으니까.	Vert.
빛에 의해서만	Seul par la lumière
네 갈증을 멈출 수 있으리.	Cessera ta soif.

시인은 노랑, 파랑, 초록, 빨강색의 배열을 '목마르다' '마시다' '되다'라는 동사에 의해 관계 짓고 있다. 실질적으로 노랑과 파랑의 혼합은 초록이 되지만, 색깔을 혼합하고자 하는 인간의 욕망은 곧 다른 색깔로 시선을 옮긴다. 즉 물리적인 색깔의 결합과 다른 색깔(타자)을 갈

망하는 인간의 욕망은 이중으로 겹쳐지면서 상징화된다. 노란색이 파란색을 마시자마자 또 빨간색을 갈망한 이유는 타자를 받아들인 후 일어나는 자신의 변신이 즐거웠기 때문이다. 색깔들은 서로에게 활짝 열려 언제든 결합할 수 있는 자아를 상징하고 있는 것이다. 『지각*La Perception*』에서 르노 바르바라Renaud Barbara가 지적하고 있듯이 "감각 작용은 이해의 행위로만 세상에 표출하는 내재적 체험도, 동일한 대상에 제한된 감각적 성질을 가리키는 것도 아니다. 그것은 그 자체로 세상에 대한 이해이고, 우리를 세상으로 열어주는 수단이다"(바르바라, 2003: 78). 색깔들은 세상 만물 사이에 있는 살아 있는 중개자이자 세상과 만나는 방식이며, 세상과 교감하는 감각적 기관 그 자체가 된다. 한편 위 시의 메시지를 집약하는 마지막 두 행 '빛에 의해서만/ 네 갈증을 멈출 수 있으리'에서 볼 수 있듯이, 목마름으로 상징되는 무엇에 대한 갈망은 '빛'에 의해 해갈된다. 스웨덴보리의 상응 이론은 빛과 진리의 상응을 강조한다. 샤갈의 시에서는 세상 만물이 갈망하는 것이 진리를 대체하며 빛과 상응한다.

332	332
노란색이	Le jaune
자주색을	Frappant
때리자	Contre le violet
푸른색	Eut une bosse
혹이 생겨났네.	De bleu.
창공의 둥근 천장이	La voûte azurée
생겨났네.	Etait née.

100	100
초록색은	Le vert
노란색의 어깨에	Passa la main
손을 얹었다	Sur l'épaule du jaune
노란색이 연보랏빛으로 전율했다.	Qui eut un frisson mauve.

첫 번째 시는 노란색과 자주색의 싸움이 세상의 혹과 같이 창공의 둥근 천장을 솟아나게 했다는 이야기를 담고 있다. 시인은 색채들을 마치 최초의 원소처럼 응시하는 동화적이고 원시 신화적인 세계를 연출한다. 색깔들의 섞임, 교환, 행동 등이 우주 만물의 새로운 질서와 법칙, 관계를 만들어가는 모습을 시화詩化하고 있는 것이다. 노란색이 자주색을 '때리는 행위'는 강렬한 접촉을 의미한다. 푸른색은 하늘의 세계를 상징하며, 둥근 형태적인 유사성으로 '혹'이라는 미시적 세계와 '창공'이라는 거시적인 세계가 겹쳐진다. 색깔들은 다른 색깔과의 접촉에 의해서 자신의 색과 다른 색을 온전히 변화시키고 있다. 시인은 혼합된 색깔로 푸른 하늘을 생겨나게 함으로써 세계의 탄생을 자신만의 감각적인 방식으로 재구성한다.

첫 번째 시가 색깔들의 과격한 접촉을 다루었다면, 두 번째 시는 가벼운 접촉을 통한 변화를 응시한다. 그것은 마치 사랑하는 사람들의 스킨십처럼 감정과 관능을 촉발시킨다. 초록색과 노란색이 섞인 결과가 실제로 연보랏빛은 아니다. 그러나 시인이 표현하는 '연보랏빛 전율'은 일상의 법칙을 넘어서는 정서적 교감을 가시화한다. 이를 통해 우리는 색이 시각일 뿐만 아니라 촉감이자, 정서이며, 존재의 방식임을 알게 된다.

다음 아포리즘 시는 세상 만물들 사이 교감의 방식을 보여준다.

2
물이 파도에게 말한다 :
"나를 마셔."
- "어떻게 내가 그럴 수 있어?
난 네 입술인걸."
파도가 대답했다

2
L'eau dit à la vague :
"Tu me bois."
- "Comment le pourrais-je?
Reprit la vague
Je suis ta bouche."

4
이슬이
태양에게 말했다 :
"너는 나를 보고 있니?"
- "아니, 난 네 눈인걸."
태양이 말했다.

4
La rosée
Dit au soleil :
"Tu me vois?"
- "Non, dit le soleil.
Je suis tes yeux."

인용한 두 시는 비슷한 패턴으로 되어 있다. 첫 번째 시는 물의 속성으로 이뤄진 파도가 사실은 물의 속성을 이루는 일부인 '물의 입술'이었다고 말한다. 두 번째 시에서는 '둥긂'의 형태 이외에는 서로 동떨어진 속성을 가진 '이슬'과 '태양'이 합쳐진다. 그 결과 거대한 태양이 '이슬의 눈'이 됨으로써 작은 이슬방울 속으로 태양이 응축된다. 즉 인체와 자연의 동질성에 의해 파도는 물의 입술이 되고, 태양은 이슬의 눈이 되는 것이다. 은유에 의해 자연의 현상들은 살아 있는 육체로 변신한다. 이와 같이 샤잘의 시에서 자연물은 인간이 되고 인간은 사물이 된다. 시적 대상들은 서로 거리를 두고 바라보는 것이 아니라 서로 밀착하고, 나아가 서로의 일부가 되고 있다. 그는 '모든 것은 모든 것 안에 있다tout est en tout'라는 초현실주의의 내재성의 철학을 아포리즘 시 형식으로 구현하고 있는 것이다.

시인은 포함하는 것과 포함되는 것의 관계를 오묘하게 비틀어 두 대상 간의 거리를 없애고 주체와 대상의 관계를 역전시킨다. 특히 '눈'과 '입술'이라는 욕망과 관능을 환기시키는 인체의 부위는 대상 간의 거리를 사랑하는 연인 사이의 밀착된 거리로 설명 없이 끌어당긴다. 이를 통해 일상의 논리와 시적 경이로움이라는 발견의 논리를 총체화시키고 있다. 샤갈의 시에서 보여지는 타자 신체의 일부 되기, 혹은 감각기관 자체가 되기라는 현상은 메를로-퐁티의 『지각의 현상학 *Phénoménologie de la perception*』의 다음 구절을 환기시킨다.

> "지각된 것이 알아야 할 기한처럼 내 앞에 존재하는 대상일 필요는 없다. 그것은 실질적으로만 내게 존재하는 가치 단위가 될 수 있다. (…) 내 주변의 일부가 되는 모든 것은 지각된다. 그리고 내 주변은 존재이건 비존재이건, 자연이건 변질된 것이건 간에 내게 실질적으로 의미 있는 모든 것을 포함한다"(Merleau-Ponty, 1945: 371).

퐁티에 의하면 세상을 지각하는 주체와 지각되는 대상이 서로 분리되어 따로 존재하는 것이 아니다. '서로 마주 잡은 손'이라는 유명한 비유를 통해, 퐁티는 잡는 손과 잡히는 손이 따로 있는 것이 아니라 두 손 모두 잡는 것과 동시에 잡히는 입장에 놓여 있음을 보여준 바 있다. 즉 지각하는 주체는 곧 지각되는 대상이기도 한 것이며, 인체가 세상 만물에 열려 있듯이, 세상 만물도 감각을 지닌 채 인간과 교류한다는 것이다. 샤잘은 인간과 세계의 이러한 교류의 순간들을 다음과 같이 시로 전환한다.

18
"나는 세계
일주를 했다네"
이 남자가 말한다.
– "딱한 양반
그대는
그대 육체 안에서
일 센티미터도
전진하지 못했소."

18
"J'ai fait le tour
De la Terre"
Dit cet homme.
– "Pauvre homme
Tu n'as pas
Avancé
D'un centimère
Dans ton corps."

193
우리 자신으로부터
우리 자신에까지 이르는
가장 짧은 길은
세계다.

193
Le plus court chemin
De nous-mêmes
A nous-mêmes
Est l'Univers.

첫 번째 시는 세계 일주의 거리와 육체 안의 일 센티미터를 비교한다. 두 번째 시에서는 소우주인 인간과 대우주인 세계가 '가장 짧은 길'을 통해 연결되고 합쳐진다. 시인은 외부의 길과 내면의 길, 육체와 정신을 연결하는 길을 시화詩化하고 있는 것이다. 이를 통해 자신으로부터 자신에게 이르는 길이 곧 세계에 이르는 길이라는 현상학적 자아 탐구의 주제가 펼쳐진다. 이는 자아와 세계, 영혼과 육체를 응시하면서 시인의 관심이 끊임없이 '큰 세계 속의 작은 나', '나와 세계의 관계'를 자각하고 있음을 보여준다. 미셸 콜로의 표현을 빌리자면 샤잘의 시에서 "세상은 살로 이뤄져 있고, 몸은 풍경이 된다"(Collot, 1997: 12). 이는 지각을 통해 인간의 육체와 세계의 육체를 교환하며, 나 자신을 타인과의 관계 속에서 발견하는 메를로-퐁티의 '상호신체성intercorporéité' 혹은 '살의 현상학'[8]과 닿아 있다. 주체와 대상, 주체와 세계가 분리된 것이 아니라 세계와 인간이 함께 존재론적 장을 만들어간다는 것은 샤잘 시에서 일관성 있게 강조되는 현상학적 메시지다. 총체적인 융합의 행위 속에서 자기 자신과 세계와 화해한 인간은 '세계의 축약'인 소우주가 된다. 시인은 이를 위해 특히 감각의 융합을 강조한다.

277	277
바다는	La mer

8 미셸 콜로는 메를로-퐁티의 살의 현상학에 대해 다음과 같이 설명한다. "메를로-퐁티가 정립한 살이라는 개념은 외부로가 아니라 상호적인 포함 관계 속에서 세계, 타자, 언어에 대한 총체적인 소속을 의미한다. 바로 몸을 통해서 주체는, 자신이 시선으로 포옹하고 그것에 의해 둘러싸여 있는, 세계의 살과 교류한다. 세계는 그에게 그를 감싸 안는 지평을 열어줌과 동시에 그를 벗어난다. 동시에 볼 수 있고 보여지는 자신의 비전의 주체이자 타인의 시각에 대한 주체인 것이다. 자신의 몸 그러나 자신의 것이 아닌 몸은 말 속에서 전개되는 상호주체성의 토대가 되는 복합적인 상호육체성에 참여한다. 그런데 말은 메를로-퐁티에 의하면 몸의 몸짓에 다름 아니다. 주체는 이러한 유연한 살을 통해서만 표현될 수 있다. 그것은 자신의 생각에 육체를 부여하는, 그러나 낯선 육체 속에 기거하는 언어이다"(Collot, 1997: 32).

제 허벅지를	Avait
열어젖혔네.	Ouvert
그러자	Ses cuisses
미역	Et on sentait
냄새가	L'odeur
났네.	Des algues.

시인은 동화적인 이 짧은 시 안에 시각(바다, 미역), 촉각(바다의 움직임, 미역의 흐느적거림, 끈적임), 후각(미역 냄새), 미각(바다의 짠맛, 미역의 맛)을 모두 환기시키고 있다. 시인은 자신의 시에서 거의 인간을 등장시키지 않고, 인간의 특성, 특히 신체적 특성을 세상 만물에 의탁시킨다. 감각적인 특징을 특히 강조하며, 인체 중에서도 입술, 허벅지, 눈, 가슴을 강조하고 있다. 이러한 감각의 합일은 '제6의 감각le sixième sens'이라고 샤잘이 부른 '관능la volupté'의 주제로 집중된다. 시인은 감각에서 사유로 향하기 위해 서로 독립된 감각들을 상정하는 것이 아니라 그들 사이의 연결을 도모하는 데 있어서 '제6의 감각'에 호소하고 있는 것이다. 샤잘에 의하면 제6의 감각이란 "초활성화된 무의식l'inconscient suractif"이며, "우리로 하여금 우리의 오감을 총괄적으로 사용하게끔 하는 능력"(Chazal, 1945: II)이다. 이러한 단계에 이르기 위해서 "수많은 세월의 명상, 내적 집중, 관능적, 영적, 지적, 사회적, 정서적인 세밀한 관찰이 필요하다"고 시인은 보고 있다(Chazal, 1945: II).

36	36
여자들은	Les femmes
관능 속에서	Ont plus soif
배고프기보다	Que faim
목마르다	Dans la volupté
그리고 남자들은	Et les hommes
목마르기보다	Ont plus faim
배고프다	Que soif
거기에서 그들의 교감이 생긴다.	D'où leur communion.
119	119
물은 땅이	L'eau a faim
고프고	De la terre
땅은	Et la terre
물에 목마르네.	A soif de l'eau.
비가	Quand tombe
내릴 때	La pluie
우리는 누군가 삼키는 소리와	On entend quelqu'un
누군가 씹어 먹는 소리를	Qui avale
듣네.	Et quelqu'un qui mastique.
351	351
"나 목말라" 빵이 말한다.	"J'ai soif" dit le pain.

"나 배고파" 물이 말한다.	"J'ai faim" dit l'eau.
그들은 서로 교감했다.	Ils communièrent.

샤잘의 시에서는 전반적으로 '목마르다', '배고프다' 등의 원초적인 욕망이 자주 표출된다. 감각 중 미각을 자극하는 이러한 술어들은 '접촉'이 환기하는 촉각보다 더 원시적이고 본능적인 감각이라고 할 수 있다. 시인은 목마른 자와 배고픈 자가 만나면 '교감communion'이 일어난다고 보고 있다. '목마르다', '배고프다'는 여자와 남자가 공통적으로 가진 본능적인 욕망이다. 이 가장 원초적인 미각의 감각은 대상과 대상을 가장 거리 없이 하나로 만드는 감각이다. 또한 그의 시에서 인간은 물과 빵 등의 사물로 전환되기도 한다. 목마르고 배고픈 대상들은 인간과 똑같이 교감하고 있는 것이다.

교감이라는 말에는 성체배령이라는 종교적 의미와 '생각과 감정의 완벽한 일치'라는 세속적 의미가 함께 들어 있다. 이 말을 핵심어로 사용하는 샤잘의 시에도 그 두 의미가 혼용되어, 세속적인 사물들의 본능적인 욕망과 성스러운 합일이 함께 표출된다. 시인은 신도들이 예수의 살과 피를 상징하는 빵과 포도주를 받아 먹고 마시는 성체배령의 종교적 의식을 '삼키는 소리'와 '씹어 먹는 소리'라는 시구를 통해 문자 그대로 형상화하여 시적 대상들의 세속적인 욕망을 표출한다.

샤잘은 '관능'이 갖고 있는 합일의 힘을 다음과 같은 언급을 통해 강조하고 있다.

> 관능은 원 모양으로 펼쳐지고, 완벽한 중심 — 천지창조의 테마 — 속으로 되돌아가는 부채이다. 그것은 축성하는 몸짓 속에서, 퇴행하는

촉각 속에서, 감각의 모든 것을 파악한 뒤 희석되고 사라지기 위해 눈의 내밀한 중심으로 되돌아오는 시선의 애무하는 몸짓 속에서 우리가 발견할 수 있는 리듬이다(Chazal, 1948: 111).

관능은 감각, 색, 정신, 몸, 영혼을 총괄적으로 아우르면서 인간과 인간, 인간과 세상의 합일을 이루는 중심이자 존재론적 근원으로 자리한다. 샤잘의 시는 서로 다른 감각의 결합을 통해 인간과 세계, 인간과 사물 간의 이분법을 극복하고 세계의 깊은 진리에 접근할 수 있는 방법으로 종 사이의 연결을 모색했다. 이는 초현실주의가 지향하는 서로 모순되는 것들이 더 이상 모순으로 지각되지 않는 '지고의 지점'에 비견될 수 있다. 그가 그 합일의 정점으로 내세운 '관능la volupté'이라는 개념은 '과도한 감상주의' 혹은 '천박한 에로티시즘'이 지나치게 많이 담겨 있다는 이유로 그 당시 초현실주의에서 기피하던 개념이었다(Clébert, 1996: 149). 그러나 사유를 설명하지 않고 계시하며, 보이는 세계와 보이지 않는 세계의 교감을 표현한 그의 시는 '관능'이라는 단어에 새로운 의미를 부여했다는 의의를 갖는다.

5. 점, 선, 원의 기하학과 초월의 시학

샤잘의 시적 사유 속에서는 중심에서 원으로 퍼져나가고 원에서 중심으로 응집되는 움직임이 중요하다. 응집하고 확산하는 그 원심력과 구심력이 존재의 공간을 만들어나간다고 생각되기 때문이다.

26	26
중심은	Le centre tira
머리를 꺼내어	La tête
원이 되었네.	Il devint cercle.
원이	Le cercle
머리를 다시 집어넣으니	Rentra la tête
중심이 되었네.	Il devint centre.
허공의	Coupe le cou
목을 잘라라	Du vide
그리고 기하학을 멈춰라.	Et cesse la géométrie.

중심과 원의 관계는 '머리를 꺼내다', '머리를 다시 집어넣다'의 두 동작에 의해 설정된다. 이를 통해 중심이 원으로 확장되고, 원이 중심으로 응축되는 움직임이 그려진다. 시인은 그 자리에서 움직이지 않으면서도 움직이는 중심과 원의 관계를 보여준다. 즉 중심과 원은 일체가 되고 있다. 그리고 마지막 3행에서 시적 도약이 일어난다. 시인은 기하학적인 법칙에 대한 거부의 몸짓을 '허공의 목을 자르는' 행위로 구체화시키면서 시적 단절을 촉발하고 있다. 허공의 목을 잘라도 아무 흔적이 나타나지 않듯이 원과 중심의 관계는 수치로 계산하는 기하학을 통해서는 밝힐 수 없다는 사실을 그는 보여주고 있는 것이다.

284	284
선은	La ligne

점 위	Fit mouche
과녁을 맞췄다	Sur le point
그리고 스스로 무너지면서	Et en s'écrasant
원을	Elle causa
만들어냈다.	Le cercle.
중심이	Le centre
생겨났다.	Etait né.
151	151
원은	Le cercle
중심을 갈망하고	Obsédé du centre
중심은	Et le centre
원에 취하여	Enivré du cercle
활 모양으로 구부러졌다	Billardèrent
그리고	Et créèrent
선을 창조했다.	La ligne.

선은 원과 중심을 만들어내는 매개항으로 꿈꾸어진다. 첫 번째 시는 점 위 과녁을 맞추고(+) 무너지면서(-) 만들어내는(+) 입사식 initiation의 원형적인 이야기를 담고 있다. 시인은 중심과 원이 갖는 기능과 똑같이 선과 점의 기능에 비중을 두고 있다. 그리하여 무한이나 원에 비해 가장 작은 장소를 차지하는 것이면서도 그 무한대의 원을 이루는 중심이 되는 점은 "자신의 위치에/ 만족하는/ 유일한 것"(419)이 된다. 샤잘의 시에서 점은 그의 삶을 지탱하는 원리를 상징하며 이

원리에 의해 또 다른 점인 중심으로 나갈 수 있는 힘을 주고 있는 것이다.

그의 시에서 중심과 원, 선의 상징성은 외부와 내부, 다중성과 동일성, 공간과 시간으로 상호 연관되면서 영향을 주고받는다. 중심/주변, 점/선, 중심/원의 움직임은 긍정적이고 능동적인 에너지를 분출한다. 두 번째 시에서 원과 중심의 관계는 서로를 북돋우는 상호 존중의 관계이며, 이 속에서 '선'은 응집하고 확산하는 움직임의 매개항으로 기능한다. 원심력과 구심력에 의해 지구 위의 사물이 지탱되듯이, 즉 대응하는 그 두 힘에 의해 모든 사물이 균형을 유지하듯이, 시인은 기하학적 원리를 그대로 적용하면서도 형태적 아름다움과 감정적인 교류가 포함된 다의적인 의미를 창조한다. 중심은 역동적이고 상호 보완적인 특성을 부여하면서 원의 공간적 차원과 동시에 움직이고 흐르는 존재와 형식들의 순환을 표현한다.

362
중심을
포착하기 위해선
원을
붙잡아야 한다.
허나 무한히 많은
원들이
있기 때문에
우리는 결코
중심에

362
Pour attraper
Le centre
Il faut saisir
Le cercle.
mais comme
Il y a un infini
De cercles
On n'arrive
Jamais

도달할 수 없다.	Au centre.
점 위의	L'infini
무한은	Sur un point
무無이다.	Est le néant.

원이 지닌 무한함은 샤잘의 시에서 무無의 교점으로 상징된다. 철학적 명제나 화두의 느낌을 짙게 풍기는 이 시는 신에 대한 신학자들과 철학자들, 그리고 시인들의 상상력에서 자주 언급되는 다음의 유명한 정의를 환기시킨다. "신은 그 중심이 어디에나 있고, 주변은 어디에도 없는 구체球體다(Hudry, 2009)." 신은 거대한 구체이며 그 충만함은 어디에나 있는 중심 속에 들어 있기에, 영혼은 이러한 구체를 포함하는 원이라는 것이다. 이러한 사유는 에크하르트Eckhart부터 마담 기용Mme Guyon에까지 이르는 신비주의의 일관된 전통이었다" (Poulet, 1979: 34). 주변에서 중심으로 옮겨가는 것은 외부에서 내부로, 형식적인 세계에서 명상적인 세계로 옮겨짐과 같은 의미를 지닌다.

조르주 풀레는 "원처럼 완결되고 지속적인 형태도 없으며", "무한한 주변성으로서 영원성은 지속성을 지닌 가장 광범위한 원이다. 이러한 주변의 중심으로서, 영원성은 고정된 점, 유일한 순간이며, 그것은 이러한 지속의 모든 주변적인 지점들과 동시적으로 관련된다"(Poulet, 1979: 23, 27)고 보고 있다. 또한 바슐라르는 "무한은 우리들의 내부에 있는 것"[9](바슐라르, 1990: 378)이라는 말로 내면의 무한을 얘기한다.

---

9 그는 같은 페이지에서 "존재에 있어서는 일체가 순환이며, 일체가 둘러감이고 돌아옴이고 계속되는 담론이며, 일체가 이어지는 체류들이며, 일체가 끝없는 노래의 후렴이다. 그러니 인간 존재는 얼마나 긴 나선인가! 이 나선 속에 역전하고 역전하는 얼마나 많은

이런 맥락에서 샤갈은 원의 현상학을 인간화시키기도 한다.

25	25
"나 널 사랑해"	"Je t'aime"
여자가 말한다	Dit la femme
"날 너무	"Fais attention
사랑하지 않도록	De ne pas trop
조심해"	M'aimer
남자가 말한다	Dit l'amant
"왜냐면 너는	Car tu reviendrais
네 자신으로 되돌아갈 것이니까	A toi-même
사랑은 둥글거든."	L'amour est rond."

시인은 둥긂의 이미지를 통해 여자와 남자, 상대가 있는 사랑과 자신에 대한 사랑을 함께 보여준다. 둥긂을 통해 타자와 자아의 관계에 대한 존재론적 성찰을 보여주는 샤갈의 시는 바슐라르가 언급한 원의 현상학을 환기시킨다. 바슐라르에 의하면 원의 현상학이란 "제 둥긂 가운데 자리잡고 동시에 거기에서 스스로를 펼쳐나가는 존재에 대한 현상학"(바슐라르, 1990: 411)이다. 바슐라르는 야스퍼스의 『진리에 관하여*Von der Wahrheit*』에 나오는 "모든 현존재는 그 자체에 있어서 둥근 듯이 보인다"라는 구절을 수정하여 "현존재는 둥글다"라고 선언한

힘들이 있는가! 우리들은 우리들이 중심으로 달려가고 있는지, 빠져나가고 있는지, 곧 알지 못한다"고 술회한다.

다. '듯이 보인다'는 것은 이를 성찰하고 관조하는 존재를 상정하여 관조하는 존재와 관조되는 대상을 이분법적으로 분리시키는데, 바슐라르가 보기에 존재의 둥긂에서의 핵심은 "존재를 관조하는 게 아니라 존재를 그의 직접성 가운데 사는 것"(바슐라르, 1990: 404)이기 때문이다. 즉 둥근 존재를 바라보는 것이 아니라 제 삶의 둥긂 속에서 살아가는 것이 관건이다. 시인은 둘이 하나가 되면서도 자신으로 되돌아가는 대립적 마음의 두 움직임을 "사랑은 둥글다"라는 원의 현상학에 의한 존재론적 성찰을 통해 보여주고 있는 것이다.

원의 현상학은 공간과 시간에 관한 전반적인 성찰과 함께 샤잘의 존재론적 공간의 장을 형성한다.

39	39
시간 앞에	Qui s'assoit
앉은 이는	Face au temps
등에	A
공간을	L'espace
둔다.	Dans le dos.
공간 앞에	Qui s'assoit
앉은 이는	Face à l'espace
등에	A
시간을	Le temps
둔다.	Dans le dos.
정면에 있는	Le temps-espace
시간-공간은	De face

밤이다.
아무도 그걸 볼 수 없다.

Est la nuit.
Nul ne la voit.

시인은 시간과 공간에 대한 독특한 성찰을 보여준다. 샤잘의 시에서 시간과 공간은 서로 깊은 영향력을 미치는 인식의 두 틀이다. 시간과 공간은 등에 두고 앉다/마주하다라는 대립적인 두 서술어에 의해 묘사된다. 그런데 등에 시간을 두다, 공간을 두다라는 의미가 그 두 인식의 체계가 어긋남을 의미하지 않는다. 즉 이는 대립항의 서술어가 아니라, 앞에는 시간을 뒤에는 공간을 둔다는, 혹은 앞에는 공간을 뒤에는 시간을 둔다는, 즉 등과 등을 마주대고 서로 기대어 힘의 균형을 유지한다는 의미이다.

정면에 있는 시간과 공간을 볼 수 있는 사람은 아무도 없다. 왜냐하면 합쳐진 시간-공간은 밤이고 무無이기 때문이며, 시간은 추상적이고 공간은 비어 있기 때문이다. 그에게 있어 '밤'은 일상적인 삶을 벗어나 초월적 삶을 만나게 되는 실존적 시간으로 형상화된다.

270
별 하나가
하늘 안으로
미끄러져 들어갔다.
공간이
양보했고
시간이 내려왔다.

270
Une étoile
Glissa
Dans le ciel.
L'espace
Avait cédé
Le temps tombait.

총총히 돋아 있는 수많은 별들 중에서 한 개의 별이 하늘의 안쪽으로 들어와 박히는 순간, 공간은 그 자리를 비켜주고 시간은 하늘에서 지상으로 내려온다. 한 개의 별똥별이 떨어지는 이 아름다운 순간의 이미지는 시간이 소멸하는 절정의 순간을 의미하며 일상성을 초월하는 신비한 삶과 연관된다.

이와 같이 세상 만물의 교감을 시적 목표로 한 샤잘의 시세계는 시적 아포리즘과 감각, 응축하고 확장하는 원의 현상학적 움직임들을 통해 구축되고 있다. 샤잘의 시는 서구의 아포리즘과 대화시가 혼합된 독특한 시 형식을 개척하면서, 세상의 총체적인 합일을 꿈꾸는 그의 긍정적인 세계관을 투영한다. 초현실주의 시인들의 아포리즘 시는 관습화된 언어를 전복하거나 이질적이고 충격적인 이미지를 유발하고자 한다. 반면 샤잘의 아포리즘 시가 목표로 삼는 것은 시각의 전환 및 세상 만물 간 관계의 전환이다. 이를 통해 그는 궁극적으로 "언어의 의미를 확장하고자"(Matthews, 1970: 252) 하는 것이다. 샤잘의 아포리즘은 동화적이고 신비로우며, 미적 쾌감을 유발하고 있다. 또한 감각적이고 구체적이면서도 신비주의적 성격을 지닌다. 세상에 대한 단순 명쾌한 해석을 바탕으로, 군더더기 없음으로 인해 복잡함을 자르는 힘을 갖고 있는 것이다. 또한 초현실주의의 아포리즘이 기존의 있는 것들을 비틀어서 새로운 시각을 제시하고 있다면, 샤잘의 아포리즘 시는 세계를 구성하는 기본 요소인 공기, 물, 색채, 빛, 공간, 시간을 있는 그대로 응시하면서 존재와 세계를 모색할 수 있는 장을 마련한다. 기존의 대상을 해체하고 재구성하는 것이 아니라, 세상 만물을 감싸 안고 포용하면서 총괄적인 시선을 던지는 것이다. 이를 통해 시인은 인간과 사물, 사물과 사물, 인간과 세계의 관계 및 보이지 않는 연결을 드러내는 데 집중한다.

샤잘은 아포리즘을 통해 사유를 설명하지 않고 계시하는 적합한 방식을 개발했고, 새로운 지각과 개념을 제시하여 언어의 의미를 확장했으며, 다른 생각들로 도약할 수 있는 여지를 제공함으로써 아포리즘의 시 형식을 다양화하는 데 기여했다.

3부

초현실주의 시인들의 중심 주제와 시적 탐색

3부에서는 초현실주의의 대표적인 시인들인 폴 엘뤼아르, 로베르 데스노스, 앙드레 브르통, 벵자멩 페레의 고유한 시세계를 분석함과 동시에, 초현실주의의 중심 주제인 여성과 혁명, 도시와 무의식, 사랑과 자유, 경이로움과 넌센스의 주제를 다루고자 한다.

초현실주의 시는 유일한 미학으로 환원될 수 없을 만큼 매우 다양한 스펙트럼을 갖고 있다. 따라서 초현실주의 활동에 적극적으로 가담하면서도 독자적인 시세계를 개척해나간 이 시인들 한 명 한 명의 작품을 자세히 들여다보는 일이 중요하다고 생각한다.

엘뤼아르는 여성을 자신의 시와 삶의 중심에 두면서 사랑과 자유와 혁명을 위한 시를 창작했다. 그는 여성이 만물의 근원이고 세상 만물은 모두 닮아 있으며, 이웃한 것들은 서로를 변화시킨다는 독특한 시적 사유를 펼친다. 시인은 자신을 '깨어 있는 몽상가'라 간주하면서 의미의 지속적인 미끄러짐의 기법에 의해 상상력을 해방시키는 역할을 하고 있다.

데스노스는 꿈과 무의식의 언어에 능통한 '초현실주의 영매'로 자리매김한다. '동음이의어의 연인'인 그는 언어를 자유자재로 변형하면서 관습화된 언어의 이면에 숨어 있는 또 다른 현실의 결들을 드러낸다. 파리에서 나고 자란 이 시인은 파리라는 도시를 의식과 무의식이 함께 출현하는 독특한 공간으로 탈바꿈시킴으로써, 코드화되고 관습화된 현실을 전복시키는 적극적이고 혁명적인 작업을 시도했다.

초현실주의의 주창자이자 이론가로만 주로 조명되어온 브르통은 무엇보다 자신의 시로 '경련을 일으키는' 초현실주의 미학을 잘 드러내 보여주고 있다. 그는 초현실주의 특유의 꼬리를 무는 은유와 자유분방한 이미지들의 결합을 통해 우주와 인간, 세상 만물 간 유추의 법칙을 시화詩化함으로써 문학적, 윤리적, 미학적으로 기존에 구축되어 있던 모든 장벽들을 넘어 자유의 시, 해방의 시를 실천하고 있다.

마지막으로 브르통 곁에 남아 초현실주의를 끝까지 지킨 시인 페레의 작품은 그 결과가 어떻게 될지 전혀 고려하지 않고 자유롭게 내뱉은 내적 말들의 시적인 기록이라고 할 수 있다. 초현실주의 놀이를 환기시키는 그의 시는 세상과 언어가 변형되는 순간, 지속적인 변신의 과정을 가시화하여 보여줌으로써 시적 도약을 유발하고 일상의 경이로움을 촉발시키고 있다.

이와 같이 초현실주의 시인들은 모두 각자의 방식으로 독창적인 시학을 펼쳐내고 있다. 의식과 일상의 표면을 넘어 무의식의 깊이를 향해 끝까지 가보고자 한, 한 치의 망설임도 없는 힘차고 자유분방한 시적 이미지들과 그 이미지들의 충돌과 얽힘이 빚어내는 아름다움을 새롭게 만끽해볼 시간이다.

7장

폴 엘뤼아르: 삶과 시의 혁명, 그리고 매개적 여성

1. 자유와 사랑의 노래

폴 엘뤼아르Paul Eluard(1895~1952)는 초현실주의 작가들과 긴밀한 관계를 유지하면서 그룹의 가장 중심에서 초현실주의 활동을 펼쳤다. 그러나 다른 한편으로 시와 현실의 삶에서 그들과는 다른 독자적인 길을 걸었다. 그는 1차 세계대전 때 간호병으로 참전하여 전투병들의 고통과 전쟁에 대한 적대감, 생의 부조리를 느꼈고, 그곳에서 무정부주의자들과 친분을 쌓았다. 초현실주의 활동이 한창이던 시기에 브르통은 르베르디의 이미지론에 비판적 수정을 가하며 서로 동떨어진 이미지들의 결합이 가져오는 우발적인 아름다움과 자동기술법적 글쓰기를 강조했다. 반면에 엘뤼아르는 꿈, 자동기술법적 텍스트, 시를 확실히 구분하면서 무의식과 우연의 힘에 맡겨진 초현실주의적 글쓰기보다 시 자체에 더욱 큰 의미를 부여한다. 또한 2차 세계대전이 발발하자 브르통과 페레, 에른스트, 탕기Yves Tanguy는 해외로의 망명을 택했지만, 엘뤼아르는 프랑스에 남아 적극적으로 레지스탕스 운동에 가담했다. 엘뤼아르는 전쟁 중인 상황 속에서도 정치적 참여와 시 창작을 양립 불가능하다고 생각하지 않았으며, 레지스탕스 및 프랑스 공산당 활동, 그리고 자유를 수호하는 다양한 운동 등에 적극적으로 참여했다.

그는 자신의 시적 소명, 생의 소명을 '다르게' 살고 '다르게' 보는 것에 두었다. 나아가 독자들에게 다르게 살고 다르게 보도록 제시하는 것을 시인의 소명으로 삼았다. "시인은 영감을 받는 사람이 아니라 영감을 주는 사람이다"[1]라는 그의 말이나 『보여주다*Donner à voir*』(1939) 같은 그의 시론집이 이러한 그의 소명의식을 집약한다. 엘뤼아르에게 있어 언어는 바로 '다르게 보게 하는' 창작의 도구이자 매개체이며 해방의 도구가 된다.

그는 『삶의 필연성과 꿈의 결과들*Les Nécessités de la vie et les conséquences des rêves*』(1921)이나 『고통의 수도*Capitale de la douleur*』(1926) 등에서 생각들의 연결에서 나오는 놀라운 결합, 경구들의 쇄신, 단어들 간의 뜻밖의 조합을 통해서 다르게 보기를 구현하고자 했다. 이를 통해 가장 일상적인 말 안에 숨어 있는 시적 잠재성을 일깨우고자 한 것이다. 그는 간결한 언어를 좋아해서 수많은 명사어구, 격

---

1 Paul Eluard, *Œuvres complètes*, tome I, II, Paris: Gallimard, 1968, p.270. 이하 OCI, OCII로 축약하여 괄호 안에 페이지 수와 함께 표기함.

언, 속담, 아포리즘 등 짧은 형식의 시구들을 자주 사용했고, 그것을 통해 꿈과 현실, 현실의 표면과 이면 사이의 연결을 모색했다. 이후 『사랑 시*L'Amour la poésie*』(1929)부터는 시의 마지막에 찍은 마침표 외에는 모든 구두점을 생략해 단어의 이례적인 접근들을 통한 의미의 애매성을 유발하고 있다.

그의 시는 빛과 밤, 꿈과 시선, 반사와 투명함의 유희들을 조화롭게 결합하여 간결한 언어를 빚어낸다. 특히 세계와 인간을 구성하는 근본 원리를 포착하기 위해 물, 불, 공기, 흙이라는 4원소의 원리를 자연과 동물, 인간의 영역에 대입하고 있다. 세상 만물을 원소처럼 단순하고 간결한 대상으로 형상화하고자 한 것이다.

내 두 눈과 함께 명확한
물과 불처럼
Clair avec mes deux yeux
Comme l'eau et le feu

– 「발명L'Invention」(OCI, p.104)

나는 원소들로부터 출발하기 위해 암송하리라
네 목소리 네 눈 네 손 네 입술들을 (…)

불꽃이 우리들의 눈 속에 건축했던
이 욕조 속에서

네 두 손의 미덕 때문에

네 두 입술의 은총 때문에
내가 그 안으로 들어갔던
행복한 눈물의 이 욕조여

태어나는 풀밭과 같은
인간의 이 첫 상태여

Je citerai pour commencer les éléments
Ta voix tes yeux tes mains tes lèvres (…)

Dans ce bain que la flamme
A construit dans nos yeux

Ce bain de larmes heureuses
Dans lequel je suis entré
Par la vertu de tes mains
Par la grâce de tes lèvres

Ce premier état humain
Comme une prairie naissante

– 「사랑의 질서와 무질서Ordre et désordre de l'amour」(OCII, p.68)

첫 번째 인용 시에서 '물'과 '불'이라는 원소는 '눈'이라는 인체의 영역과 겹쳐지면서 밝고 명확한 이미지를 강조한다. 두 번째 인용 시에서 시인은 자연의 원소들과 인체어를 동일한 위계에 놓고 4원소를 부르듯이 열거하고 있다. 이러한 원소적 요소들은 인간이나 동물, 식물, 사물, 자연 등 인위적으로 구획 지어놓은 경계들을 넘나들며 서로 뒤섞인다. 이때 여성의 몸은 이미 완성된 것이 아니라 완성해나가야 할 우주적 풍경으로 그려진다. 이러한 방식으로 세계와 몸의 새로운 개벽이 이뤄지고, 서로 다른 두 차원인 몸의 원소와 우주의 원소는 언제든지 교류하고 혼합할 태세를 갖춘다. 아래 연에서는 물과 불이 혼합하고('불꽃'과 '욕조') 여성과 남성의 눈이 합쳐지며('우리들의 눈') 자연(물과 불)과 몸(우리들의 눈)이 섞이는 교감의 축제가 벌어진다. 혼합의 장의 중심에 자리하는 것은 여성의 각 신체 부위다. 서로 섞이는 원소들과 마찬가지로, '네 손', '네 눈', '네 입술'이라는 여성의 몸은 사랑하는 '너'와 '나'의 결합을 매개한다. 이 결합은 불과 욕조, 행복한 눈물 등 모순과 역설의 논리로 발전하고 있다.

2차 세계대전 이후 엘뤼아르 시에서 참여시적인 경향이 더 강해지기는 하지만 사실은 초기부터 후기까지 엘뤼아르 시에서 사랑의 시와 참여시는 시기와 상관없이 일관된 시적 경향이었다. 유명한 「자유La Liberté」라는 시(『시와 진실*Poésie et vérité*』, 1942)에서 사랑하는 사람의 이름 대신 자유를 외쳤던 것에서 볼 수 있듯이, 그는 사랑과 자유와 해방을 동일시한 시인이었다.

욕망 없는 부재 위에
헐벗은 고독 위에
죽음의 계단들 위에
나는 네 이름을 쓴다 (…)

그 한마디 말의 힘으로
나는 내 생을 다시 시작한다
나는 너를 알기 위해 태어났다
네 이름을 부르기 위해

자유여

Sur l'absence sans désir
Sur la solitude nue
Sur les marches de la mort
J'écris ton nom (…)

Et par le pouvoir d'un mot
Je recommence ma vie
Je suis né pour te connaître
Pour te nommer

Liberté. (OCI, p. 1107)

잘 알려져 있듯이 시인은 원래 마지막 행에 사랑하는 아내 뉘쉬의 이름을 쓰려고 했었다. 그런데 최종적으로 마지막 행을 '자유'라고 함으로써 사랑하는 사람의 이름과 자유라는 도덕적 가치를 동일화했다. 사랑과 동일시되는 자유를 현실화하기 위한 시도로 시인은 이 세상 모든 곳 '위에' 네 이름을 쓴다. 초현실주의surréalisme라는 용어 안에도 들어 있는 '위에sur'라는 전치사는 '현실을 토대로 한', 또는 '이곳과 접해 있는' 것을 의미한다. 또한 세상의 '이곳'과 글 쓰는 종이는 동일화된다. 세상의 곳곳에 너의 이름을 쓴다는 반복과 열거의 기법을 통해 그는 삶의 고독과 고통을 인간의 연대적인 힘으로 물리치려고 했으며, 해방된 인류의 도래를 찬미했다. 영국 공군은 시 「자유」를 공중에서 프랑스 전역에 흩뿌렸고 많은 프랑스인이 몰래 이 시를 읽으며 희망과 위안을 얻었다. 엘뤼아르는 계속해서 책을 출판함으로써 점령군에게 저항했다.

2. 만물의 연대의식과 환유적 세계관

엘뤼아르의 초기 시부터 이웃하거나 인접한 것들은 그 인접해 있다는 사실로 인해 서로 영향을 주고 변화를 일으킨다는 생각이 드러나고 있다.

물고기들, 헤엄치는 사람들, 배들은
물을 변화시킨다.
물은 온순하여
무언가 자신을 건드리는 것을 위해서만 움직인다.

물고기는 앞으로 나아간다
장갑 속에 손가락을 끼울 때처럼,
헤엄치는 사람은 천천히 춤을 추고

배는 숨을 쉰다.

그러나 온순한 물은 움직인다
물을 건드리는 것을 위하여,
물이 실어가고
또 실어오는
물고기, 헤엄치는 사람, 배를 위하여.

Les poissons, les nageurs, les bateaux
Transforment l'eau.
L'eau est douce et ne bouge
Que pour ce qui la touche.

Le poisson avance
Comme un doigt dans un gant,
Le nageur danse lentement
Et la voile respire.

Mais l'eau douce bouge
Pour ce qui la touche,
Pour le poisson, pour le nageur, pour le bateau
Qu'elle porte
Et qu'elle emporte.

–「물고기Poisson」(OCI, pp. 41–42)

'물'이라는 환경 안에 있는 대상들인 '물고기', '헤엄치는 사람', '배'는 자신들의 움직임으로 물을 변화시키는 원동력이 된다. 그 안에 가만히 머무르지 않고 움직이며 나아가는 것만으로 물속에서 살아가는 존재들이 자신들의 터전인 물을 변화시키게 되는 것이다. '물'이라는 시어를 '현실'이라는 단어로 치환해보면 시인의 메시지가 명확해진다. 현실을 변화시키려면 어떻게 해야 하는가? 시인의 답은 현실 안에서 부지런히 움직이고 나아가면서 현실과 접촉해야 된다는 것이다. 그렇게 되면 물속을 헤엄치는 물고기처럼, 그리고 손가락에 꼭 맞는 장갑처럼 현실은 우리에게 편안한 맞춤옷이 된다. 또한 현실은 우리에게 우호적이 되고, 부드러워지며, 장갑처럼 우리를 보호하고, 우리를 춤추게 하며, 숨 쉬게 한다. 삶의 조건은 주어진 게 아니라 그 삶을 살아가는 사람들이 어떻게 행동하느냐에 달려 있다는 것이다.

이와 같이 시인의 세계에서 '나'와 '타인', '나'와 '현실'의 경계는 유동적이며 상호관계성으로 이뤄져 있어서 하나가 다른 하나의 존재의 이유이자 생명력을 갖는 원동력이 된다. 이 시가 실린 시집의 제목인 『동물들과 그들의 인간들, 인간들과 그들의 동물들*Les Animaux et leurs hommes, les hommes et leurs animaux*』 또한 인간과 동물이 일방적인 소유나 포함 관계로 이뤄진 것이 아니라, 대등한 상호 포함 관계, 인접한 관계로 이뤄져 있음을 상징한다.

엘뤼아르의 시학을 집약하는 『보여주다』에서 시인은 이러한 상호관계성을 다음과 같이 강조한다.

> 우리는 세상을 과학적으로 연구하기 위해 사물들과 그들의 관계에서 출발해야 한다고 말했다. 그것은 우리의 권리가 아니라 의무다. 그것

> 은 그들 속에 죽음을 안고 있는 사람들, 이미 벽이나 공허가 되어버린 사람들의 방식이 아니라, 세계와, 특히 변화하는 세계, 생성하는 세계와 한 몸을 이루는 방식으로 살아가야 하는 의무 자체임을 덧붙여야 하리라(OCI, pp. 942-943).

인용문에서 우리는 엘뤼아르의 시학을 이루는 두 핵심어인 '관계'와 '결합'을 발견할 수 있다. 사물들 간의 관계는 끝없는 변화를 통해 쇄신된다. "변화하고 생성하는" 세계는 항상 새롭고 역동적인 수많은 관계를 형성시킨다. 엘뤼아르는 현실을 유동적인 것으로 파악하고 있으며 이를 "사물들 간의 관계는 겨우 형성되자마자 역시 찰나적인 다른 관계들이 개입하도록 사라진다"(『시의 육체*Physique de la poésie*』, OCI, p. 936)는 말로 요약한다. "만물은 유전한다"고 말한 헤라클레이토스와 같이 불안정한 세계에 대한 엘뤼아르의 관심은 그의 시나 글 도처에서 발견된다. "모든 것들, 색채들과 형태들, 웃음들과 눈물들, 짐승들과 인간들, 물과 불, 하늘과 땅을 악의 없이 뒤섞는 혼란의 요정"(OCI, p. 929)의 작업은 확고하게 경계 지워졌던 모든 대립하는 것들을 무너뜨리는 힘을 발휘한다.

> 내가 변모시켰던 존재들, 충만한 빛 속에서 내가 너를 변모시키듯, 유리컵 속에 넣음으로써 샘물을 변모시키듯, 손을 잡은 다른 손이 그 손을 변모시키듯. (OCI, p. 374)

'샘물'은 '유리컵'이라는 새로운 용기, 새로운 공간에 담아짐으로써 다른 모습과 의미로 변모한다. 그러한 새로운 만남을 통해 유리컵은 샘물의 깊이와 넓이를 획득한다. 샘물은 지하의 공간에서 지상으로 상승함으로써 높이를 얻음과 동시에 작은 공간 안으로 들어감으로써 응축을 이루게 된다. 이러한 상호적인 변모의 양상은 세 번째 행의 마주 잡은 손들 속에서 유사하게 표출된다. 타인의 손을 잡은 손은 샘물을 담은 유리컵과 동일한 기능을 하고 있는데, 손을 마주 잡음으로써 타인이라는 새로운 인체의 공간, 새로운 세계와 접촉하게 되며, 그것이 서로의 변모의 계기로 기능하게 되는 것이다.

연작시 형식으로 쓰인 「정의로운 약자들Les Petits justes」 XI번 시를 보자.

변화하고 서로 닮아가는 사람들은
그들의 일생 동안, 항상 두 눈을 감고 지냈다
조롱의 안개를 걷어내기 위해서
기타 등등…
Les hommes qui changent et se ressemblent
Ont, au cours de leurs jours, toujours fermé les yeux
Pour dissiper la brume de dérision
Etc… (OCI, p.152)

자신들을 비웃고 업신여기는 '조롱의 안개'를 걷어내기 위해 '정의로운 약자들'이 취하는 방식은 무엇인가? 그들은 외부의 안개들을 걷어내기 위해 외부를 향해 열려 있는 눈을 감아 외부와 완전히 차단하는 역설적인 방식을 택한다. 그리고 외부의 악조건에 신경 쓰지 않으면서 오로지 그들 자신에게 시선을 향한 채 서로 영향을 주고받으며 변화하고 닮아가는 것이다. 이처럼 시인은 스스로 변화하고 함께 닮아가는 것을 강조함으로써 '닮음'을 통한 연대의식을 표출하고 있다.

시인은 마지막 행에 '기타 등등Etc...'이라는 기호를 사용함으로써 시를 완전히 종결 짓지 않고 끝맺고 있다. 그 이유는 일상의 무게를 감내하기 위해 눈을 감고 지낼 수밖에 없는 사람들이 지닌 저마다의 사연들을 단 몇 마디의 말로는 표현할 수 없기 때문이다. 삶을 살아내기 위해 오히려 눈을 감고 일상을 차단하는 사람들의 역설적인 대응방식은 그들의 구구한 사연을 하나의 기호로 압축하는 말 줄임의 방식으로 표현된다.

양차 대전 사이의 시에서 표출되었던 닮음과 환유적인 변모의 주제는 2차 대전 이후의 시에서도 지속적으로 연결되고 있다.

포도로 포도주를 만들고
석탄으로 불을 피우고
입맞춤으로 인간들을 만드는 것
이것이 인간들의 따뜻한 법칙이다 (…)

물을 빛으로
꿈을 현실로
적을 형제들로 바꾸는 것
이것이 인간들의 유연한 법칙이다

C'est la chaude loi des hommes
Du raisin ils font du vin

Du charbon ils font du feu

Des baisers ils font des hommes (...)

C'est la douce loi des hommes

De changer l'eau en lumière

Le rêve en réalité

Et les ennemis en frères

– 「올바른 정의Bonne justice」 1연, 3연 (OCII, pp. 376-377)

물항아리가 제 물과 밀착되듯/ 봄이 새싹들과 밀착되듯/ 제 소중한 것과 밀착된 손바닥

Paume attachée à son bien/ Comme la cruche à son eau/ Et le printemps aux bourgeons

– 『끝없는 시*Poésie ininterrompue*』 (OCII, p. 42)

시 「올바른 정의」는 '새', '물고기', '사랑'을 노래했던 양차 대전 사이의 시와는 확연히 구별된다. 제목 자체를 '자유', '올바른 정의' 등 윤리적인 시어로 전면화한 엘뤼아르의 후기 시에서 '닮음'과 '변모'의 주제는 연대의식과 형제애를 강조하는 삶과 현실의 시로 확장된다. 1연은 변화를 통한 '따뜻한' 생성의 힘을 노래한다. 포도를 포도주로 만드는 화학적 변화, 석탄으로 불을 피우는 물리적 변화, 입맞춤으로 인간을 만드는 생물학적 변화를 통해 물리적인 온기와 정신적인 따뜻함을 생성해내고 있다. 1행의 '변화', 2행의 '희생', 3행의 '사랑'의 이미지가 하

나로 결합되면서 이 시는 뜨거운 생명력을 가진 에너지의 원동력이 된다. 포도주는 붉은색을 띠면서 피를 연상시키고, 촉각적으로도 우리의 목을 통해 넘어가면서 몸에 열을 내는 '타는 물'로서, 불의 이미지와 연결된다. 또한 입맞춤을 하는 입술의 붉은 이미지로도 연결된다.

다음 연은 인간이 꿈꾸는 이상적인 세계를 실현시키는 인간의 감미로운 법칙을 노래한다. 차갑고 푸른 물을 따뜻하고 밝은 빛으로, 우리가 꿈꾸고 있었던 것들을 현실로, 우리와 대립하고 있었던 적들을 형제로 변모시키고자 하는 열망은 초기 시 「이곳에 살기 위하여Pour vivre ici」에서 나를 버린 하늘과 '친구가 되기 위해 피운 불'의 주제와 만난다. 시인은 '올바른 정의'란 인간의 법칙을 지키면서 살아가는 것이며, 인간의 법칙이란 인간이 가지고 있는 힘이자 인간이 평생 동안 인간이기 위해서 지켜야 할 노력임을 이미지의 연계를 통해 다층적으로 강조하고 있다.

두 번째 인용 시는 '접촉'하는 것들의 특별한 관계를 노래한다. 브르통은 서로 이질적인 것들이 충돌하여 만들어내는 '경련을 일으키는' 초현실주의 이미지를 강조했지만, 이와 다르게 엘뤼아르는 서로 인접한 것들끼리의 환유적 관계를 지속적으로 강조했다. 엘뤼아르는 낯섦을 유발하려는 의도 자체보다는, 그 새로움 속에서 사물들의 본래의 모습을 드러내는 구체화와 가시화의 열망을 투영한다. 위 시에서 볼 수 있듯이, 시인은 물항아리에 담긴 물이라는 대상이 갖는 포함하는 것과 포함되는 것의 관계, 새싹과 봄이라는 대상체와 지표의 영향 관계를 강조하면서 대상과의 실존적인 연결을 모색하고자 하는 것이다.

연대의식과 형제애는 엘뤼아르 시에서 가장 중심적인 은유의 축으로 자리하는 여성의 이미지를 통해 확장된다.

3. 여성, 세계와 존재의 매개항

창조적 여성과 타자지향성

오 망각과 희망과 무지를 없애는,
부재도 없애는, 나를 세상에 태어나게 하는 그대여.
Ô toi qui supprimes l'oubli, l'espoir et l'ignorance,
Qui supprimes l'absence et qui me mets au monde.
–「한결같은 여성, 모든 여성Celle de toujours, toute」(OCI, p.197)

엘뤼아르 시에서 여성은 무엇보다 자신을 낳아준 모성적인 존재이다. 그러나 시인은 어머니라는 호칭보다 "나를 세상에 태어나게 하는 여성"이라는 말로 객관화한다. 사랑하는 사람이 지닌 모성이라는 속성을 강조함으로써 생산과 재생산이라는 능동적이고 횡적인 관계에 주목하고 있는 것이다. 또한 여성을 대명사로 지칭하지 않는 경우, 그녀가 가진 어떤 특징을 부각하여 그것을 호칭화한다.「단 하나의 여성L'Unique」,「사랑에 빠진 여성L'Amoureuse」,「발언권이 없는 여성Celle qui n'a pas la parole」,「한결같은 여성, 모든 여성」,「세상의 첫 여성Première du monde」 등의 제목들만 보아도, 여성의 속성들을 다각도로 부각시키기 위해 시인이 기울이는 노력의 정도를 알 수 있다. 그는 이렇게 하나의 모습으로 고정시키지 않은 채 무질서하고 혼돈스러운 세계에 기거하는 여성의 유형을 특히 자신의 초기 시집들,『반복들』(1922),『죽도록 죽고 싶지 않은*Mourir de ne pas mourir*』(1924),『고통의 수도』(1926) 속에서 부각시키고 있다.

그의 시에서 여성은 특정한 이름으로 불리기보다는 '너' 또는 '그녀'로 지칭되는데, 이를 통해 시인은 여성을 애매성과 복합성을 지닌 존재로 만들고 있다. 또한 엘뤼아르는 프랑스어의 여성형 인칭대명사 '그녀elle'가 반드시 사람을 지칭하는 것이 아니라는 점을 활용하고 있다. 가령 "미지의 여성이여, 그녀는 내가 좋아하는 형태였다"라고 시작하는 시는 여성을 대상으로 쓴 시처럼 보인다. 그러나 이 시는 "차가운 물속에 빠진 태양 몇 조각 같은 내 고통이여"라는 시구로 맺음으로써, 마지막 행에 가서야 '그녀'가 '내 고통'이라는 여성형 추상명사를 지칭했음이 드러난다. 마찬가지로 앞에서 언급한 시 「자유」에서 공책 위에, 새들의 날개 위에, 내 친구들의 이름 위에 쓰는 '너의 이름'은 사랑하는 여성의 이름이 아닌 '자유'임이 마지막 시행에서야 밝혀진다. 사랑하는 여성을 생각하고 썼던 이 시의 제목이 처음에는 '단 하나의 생각'이었다가 '자유'라고 전이된 사실은 시화詩化되는 여성이 특정한 개인을 넘어서서, 보편적인 감정이나 추상적인 개념까지 포괄하는 존재임을 암시한다.

시집 『쉬운*Facile*』(1935)의 서시에는 이러한 여성의 창조적 원리가 잘 드러나 있다.

> 네가 일어서자 물은 펼쳐지고
> 네가 눕자 물은 활짝 피어난다.
>
> 너는 심연에서 빠져나온 물이다
> 너는 뿌리내린 대지다
> 그 위에서 모든 것은 자리를 잡는다

너는 소음들의 사막에서 침묵의 거품들을 만든다
너는 무지개의 현들 위에서 밤의 찬가들을 노래한다
너는 어디에나 있고 너는 모든 길들을 없앤다

너는 자연을 뒤덮어 재생시키는
정확한 불꽃의 영원한 젊음 속에
시간을 희생시킨다

여성이여 너는 네 몸과
항상 똑같은 몸을 낳는다

너는 닮음이다.

Tu te lèves l'eau se déplie
Tu te couches l'eau s'épanouit

Tu es l'eau détournée de ses abîmes
Tu es la terre qui prend racine
Et sur laquelle tout s'établit

Tu fais des bulles de silence dans le désert des bruits
Tu chantes des hymnes nocturnes sur les cordes de l'arc-en-ciel,
Tu es partout tu abolis toutes les routes

Tu sacrifies le temps
À l'éternelle jeunesse de la flamme exacte
Qui voile la nature en la reproduisant

Femme tu mets au monde un corps toujours pareil
Le tien

Tu es la ressemblance. (OCI, p. 459)

이 시에서 첫 두 행은 여성과 물의 상호작용을 그려낸다. 첫 행에서 여성의 수직적 움직임은 물의 수평적 움직임을 유도한다. 두 번째 행에서는 반대로 여성의 수평적 움직임이 물의 수직적 움직임을 이끌어낸다. '피어나다s'épanouir'라는 동사는 '꽃이 피다'와 '얼굴이 밝아지다'라는 두 의미를 이중적으로 내포하고 있다. 따라서 물은 꽃이나 분수처럼 만개하거나 분출하는 수직적 움직임을 보여준다고 생각할 수도 있고, 기쁨의 효과를 나타내는 두 번째 의미를 고려한다면, 생명체처럼 감성을 지니고 있는 존재로도 볼 수 있다.

다음 연에서는, "너"라고 2인칭으로 지칭되는 여성이 "물"과 "대지"와 동일화된다. 1, 2연에서 원소성을 가진 여성의 모습이 소개되었다면, 나머지 연들에서는 여성의 창조 작업들이 열거된다. 3연에서는 모든 경계를 부수고 편재하는 여성이 사막 위나 바다, 무지개나 길 위를 종횡무진 누비고 있다. 그녀는 소음이 가득한 곳에서는 침묵을 만들어내고 일곱 가지 빛깔이 찬란한 무지개가 있는 장소에서는 어둠과 노래를 창조하여 세상에 균형을 가져다주고 있다. 4연에서 불은 여성과 마찬가지로 비옥한 것으로 그려진다. 잔디를 불태우면 더 많은 잔디가 돋아나듯, 불꽃은 "영원한 젊음"을 보장하고 만물을 증식시키는 힘을 갖고 있다. 여성은 그녀로부터 태어나는 생명체를 통해 스스로의 이미지를 투영하고, 이를 통해 삶의 지속을 보장한다. 여성은 마지막 연에서 존재의 유추적 단위이자 창조 원리인 "닮음"으로 지칭된다.

「모든 여성들을 위한 한 여성Une pour toutes」, 「한 여성을 위한 모든 여성들Toutes pour une」이라는 다른 시 제목에서도 볼 수 있듯이, 하나의 여성은 다수의 여성으로 보편화되고, 다수의 여성은 하나의 여성 속에서 특수화된다. 또한 그는 여성을 닮음이라고 정의하여 특정한 어떤 여성을 넘어선 보편적인 존재로 확장시키고 있다. 메쇼닉은 "엘뤼아르의 여성이 닮고 있는 것은 생각이 아니라 다른 모든 여성들이다"(Meschonnic, 1973: 128-129)라고 지적한다. 이와 더불어 여성이 닮고 있는 것은 그녀가 자신과 같은 모습으로 창조해내는 우주 만물 전체이다. 이런 이유로, 엘뤼아르의 의식 속에서 여성의 생산성은 시인의 창조 작업을 환기시킨다. "예술은 식물에 맺힌 열매나 어머니 뱃속에 있는 아이와 같이 인간 속에서 자라는 나무이다"(Jean, 1969: 241)라고 장 아르프가 말하고 있듯이, 엘뤼아르는 「시인의 임무Le Travail du poète」라는 시에서 여성의 출산의 과정을 시 창작 과정과 동일화하고 있다.

6
나는 내가 사랑하는 존재들의 쌍둥이 형제다
본래 그들의 분신이자 그들 진실의
가장 좋은 증거다 (…)

우리는 한 나무에 달린 닮은 과일들이다
Je suis le jumeau des êtres que j'aime
Leur double en nature la meilleure preuve
De leur vérité (…)
Nous sommes les fruits semblables d'un arbre (OCII, p. 48)

7
나와 비슷한
사람들을 만들어낼
부드러운 배들은 어디에나 있다
Il y a partout des ventres tendres
Pour inventer des hommes
Pareils à moi (OCII, p. 49)

여성이 그의 몸과 똑같은 몸들을 낳는다는 사실을 깨달은 시인의 시선은 종종 여성의 배에 머무른다. 재생산하는 여성의 배는 존재들의 무한한 확산을 가능하게 하고 따라서 영원히 지속되는 삶을 보장해준다. 닮음의 원리에 따라 인간들을 탄생시킬 어머니라는 여성의 존재가 있는 한 삶은 지속된다는 것이 이 시인의 굳건한 믿음이다. 여성의 몸에서 창조되는 닮은 형제들은 "쌍둥이", "분신", "형제"라는 유사한 시어의 반복을 통해 엘뤼아르 시를 관류하는 형제의식 혹은 타자지향성을 구체적으로 드러내준다. 엘뤼아르의 만인을 위한 시는 모든 사람들이 닮아 있고 이러한 닮은 사람들이 여성을 통해 무한히 태어난다는 인식에서 비롯된다. 그리하여 개인은 다수를 향해 열려 있고, 다수는 하나의 개인으로 통합되는 상호적인 움직임으로 구현된다. 특히 여성의 배라는 생산적 공간을 통해 하나는 다수로 증식되고, 내면은 외부세계로 열리며, 드러나지 않는 것은 드러나는 것으로 가시화된다.

시인은 중심의 주체인 여성을 찬미하면서 중심의 다수성과 편재성을 부각시킨다. 다른 시에서도 중심의 유동성은 "세상의 중심은 어디에나 있고 우리 집에도 있다"(「계절Saison」, OCII, p. 82)라는 시구를 통해 강조되고 있다. 이러한 공간의 편재성은 신Dieu을 구球에 비유한 신플라톤주의적 사유, "그 중심은 어디에나 있고 주변은 어디에도 없다"(Hudry, 2009)는 말을 환기시킨다. 엘뤼아르에게 있어서 여성의 몸은 신적인 영역을 대체하면서 시간과 공간을 초월한 창조의 무한성과 보편성을 획득하고 있는 것이다.

『고통의 수도』(1926)에 수록된 「세상의 첫 여성」이라는 시에서 엘뤼아르는 창조 이전의 세계에 기거하는 여성을 특징적으로 보여주고 있다.

평원의 수인囚人, 빈사 상태의 미친 여성아,
빛은 네 위에서 자취를 감춘다, 하늘을 보려므나
하늘은 네 꿈을 나무라기 위해 눈들을 감았고,
하늘은 네 사슬들을 끊기 위해 네 드레스를 잠궜다.

한데 묶인 바퀴들 앞에서
부채가 폭소를 터뜨린다.
풀이 엮어내는 위험한 그물들 속에서

길들은 그들의 광채를 잃는다.

그렇다면 너는 따뜻하고 다정한 네 손바닥 속이나
네 머리의 곱슬대는 머리칼 속에
배船들이 아몬드 열매로 맺혀 있는
파도들을 붙잡아둘 수 없겠니?

별들을 붙잡아둘 수 없겠니?
사지가 찢긴, 너는 그들과 흡사하다,
그들 불의 둥지 속에서 너는 살고
네 빛은 그곳에서 퍼져나간다.

입마개 한 새벽으로부터 단 하나의 외침이 터져 나오려 하고,
소용돌이치는 태양이 나무껍질 아래 넘쳐흐른다.
태양은 네 감은 눈까풀들 위에 머무르리라.
오 다정한 여성이여, 네가 잠을 잘 때, 밤과 낮은 섞인다.

Captive de la plaine, agonisante folle,
La lumière sur toi se cache, vois le ciel :
Il a fermé les yeux pour s'en prendre à ton rêve,
Il a fermé ta robe pour briser tes chaînes.

Devant les roues toutes nouées
Un éventail rit aux éclats.

Dans les traîtres filets de l’herbe
Les routes perdent leur reflet.

Ne peux-tu donc prendre les vagues
Dont les barques sont les amandes
Dans ta paume chaude et câline
Ou dans les boucles de ta tête?

Ne peux-tu prendre les étoiles?
Écartelée, tu leur ressembles,
Dans leur nid de feu tu demeures
Et ton éclat s’en multiplie.

De l’aube bâillonnée un seul cri veut jaillir,
Un soleil tournoyant ruisselle sous l’écorce.
Il ira se fixer sur tes paupières closes.
Ô douce, quand tu dors, la nuit se mêle au jour. (OCI, pp.178-179)

이 시는 마치 극시와 같이 서장의 구실을 하는 첫 연과 종장의 구실을 하는 마지막 연이 중간 연들을 감싸는 구조로 구성되어 있다. 1연과 5연에 비해 2, 3, 4연을 안으로 들인 활자의 배열이 이러한 구조를 가시화한다. 첫 연은 세상에 존재하는 최초의 여성에 대한 소개이다. 수인囚人이자 광인인 이 여성은 기존의 질서 잡힌 세계와 이성적인 통제에서 벗어나 있는 인물이다. 여성은 역설적으로 감옥이라는 좁은 공간이 아닌 평원이라는 드넓은 공간에 갇혀 있다. 시간적 배경 또한 이성과 의식을 상징하는 낮이 아니라, 광기와 무의식을 상징하는 밤이다. 이렇게 최초의 여성은 혼돈의 세계에 기거하는 여성이다.

2연에서 묘사된 자연의 정황들도 구속의 이미지가 지배적이다. 굴러가고 움직이게 되어 있는 바퀴들이 묶여 있고, 부드러워야 할 풀들이 덫인 양 그물망을 짜고 있다. 자유롭게 뻗어 나가야 할 길은 빛이 없는 어둠 속에서 길로서의 역할을 못하고 미궁으로 바뀐다. 하지만 1연 마지막 행의 "네 사슬들을 끊기 위해"라는 시구와 더불어, 움직이지 않는 물체인 부채가 "폭소를 터뜨"리는 행위를 통해 묶여 있고 어둠에 잠겨 있는 것들이 그 정지된 동작을 멈출 시간이 임박했음이 암시된다.

여기에서 청자인 '미친 여성'을 부르는 화자의 목소리에 주목할 필요가 있다. 너와 나의 상호관계성은 엘뤼아르의 시 전반에서 중시되는데, 이 시에서는 특히 화자(나)와 청자(너)의 관계가 특징적이다. 왜냐하면 화자는 표면상으로는 존재하지 않고 '너'를 부르는 목소리로만 존재하기 때문이다. 즉 이 시는 작품의 이면에 숨은 함축적 화자와 표면에 나타나는 현상적 청자의 구조로 되어 있다. 청자지향적인 시의 화자는 명령, 권고, 요청의 강렬한 목소리로만 존재하는 것이 특징이다. 이 시에서도 1연의 '보려므나'라는 명령형의 서술어와 3, 4연의 의문형을 통한 권고, 또한 1, 5연의 "미친 여성아"와 "오 다정한 여성이여"라는 부름(돈호법)으로 화자는 청자에게 말을 건넨다. 화자의 친근한 어투는 화자와 청자 사이의 밀접한 거리를 나타내준다.

3, 4연의 함축적 화자의 숨은 개입은 현상적 청자의 적극적인 행동

을 본격적으로 유도해낸다. 이를 통해 청자인 여성이 가진 특별한 능력이 부각된다. 3연에 나오는 그녀의 따뜻하고 다정한 손바닥과 곱슬거리는 머리카락의 둥긂은 세상을 따뜻하게 품고 감싸 안는 여성의 모습을 상징한다. 3연의 파도는 순식간에 물거품으로 사라져버리는 것이고 4연의 별은 인간의 손으로 잡을 수 없는 것이다. 그런데 모든 것을 끌어안는 여성의 넉넉한 품을 확신하고 있는 화자는 여성으로 하여금 하늘과 지상에서 잡을 수 없는 것과 사라지는 것을 잡으라고 권유하고 있다. 특히 4연에서 화자는 사방으로 흩어짐으로써 빛을 발하고, 캄캄한 밤일수록 더욱 그 밝기를 더하는 별과 여성을 동일화하고 있다. 별과 여성을 불의 둥지 속에 기거하는 새로 비유함으로써, 어둠을 뚫고 빛으로 나아갈 여성과 세계의 모습을 예고한다. 혼란과 광기에 사로잡혀 있던 여성이 열어 보이는 아침은 더욱더 찬란한 빛으로 빛난다.

마지막 연은 이렇게 처음과는 달라진 세계와 여성의 모습을 보여준다. 입마개라는 굴레에서 벗어나 들썩이는 새벽의 입에서 터져 나오려는, 그것도 여러 마디가 아닌 외마디 외침은 얼마나 절실하고 그 울림이 크겠는가. 검은 하늘에 갑자기 붉은 빛의 외침을 쏟아내는 새벽의 이미지는 질기고 단단한 나무껍질 아래 흐르는 미친 태양의 용솟음으로 연장된다. 이러한 새벽의 외침과 태양의 폭발력은 여성의 감은 눈까풀이라는 정적인 장소와 대비된다. 태양은 이 휴식의 장소에 깃들임으로써 "여성의 자발적인 수인"(Boisson, 1975: 31)이 되고 있다. 이렇게 마지막 행은 어둠과 빛, 혼돈과 질서, 밤과 낮, 잠과 깸, 구속과 해방의 긴장적인 대립항들을 무너뜨리고, 이 모두를 의연하고 고요하게 함께 품고 있는 여성의 모습을 보여주고 있다.

「세상의 첫 여성」은 어둠을 뚫고 바다에서 솟아오르는 태양을 연상시키는 최초의 여성의 카오스적 탄생과 확산을 보여주는 시이다. 카오스는 동서양을 막론하고 우주가 생성되는 최초의 단계를 지칭한다. 희랍 신화에 의하면 창조의 근원인 카오스는 무無, 무질서, 암흑으로 특징지어지며, 타자와의 사랑을 통한 결합 없이 혼자서 가이아(대지의 신), 타르타로스(지하세계의 신), 에로스(사랑의 신)를 낳는다. 이것이 사랑을 통한 생성인 코스모스적 세계와 대비되는 점이다. 동서양의 우주 생성설은 공통적으로 밝음과 질서가 흑암과 무질서를 무찔러서 현재의 세계를 생성했다고 보고 있다.[2] 이와 달리 엘뤼아르가 형상화하는 카오스적 여성은 빛과 질서의 세계로 나아가기 위해 흑암과 무질서를 부정하지 않는다. 태양이 자발적으로 찾아와 깃들이는 여성의 눈까풀을 매개로 하여 "밤과 낮은 섞"이기 때문이다. 시인은 카오스와 코스모스가 공존함으로써 생성되는 세계를 그려내고 있다. 즉 어둠과 낮은 대립적인 개념이 아니라, 여성의 품안에 포용됨으로써 새로운 생성을 이룰 여성적 원리의 주요 요소로 작용한다. 어둠과 구속의 항이 빛과 확산의 항과 화합하는 가운데, 시인은 '기네시스gynesis',[3] 즉

---

2 "고대 이집트인들은 태초의 모습을 누트라는 무정형의 모호하고 혼돈스런 존재로 보았으며 누트가 '라'라는 태양을 낳아 세상이 밝고 명확해졌다고 했다. 구약성서 창세기의 창조설화에 막대한 영향을 주었다고 보는 바빌로니아의 창조설화에 의하면 혼돈을 티아마트 여신이라 불렀다. 티아마트는 창세기의 혼돈이라는 단어 '태훈'과 그 어원이 같다.(…) 혼돈의 여신인 티아마트는 혼돈에서 어떤 존재가 빠져나와 무형의 혼돈을 파괴시키며 우주의 유형적 틀을 짜는 것을 발견하고 대노하게 된다. 그는 이 유형의 틀을 짜는 질서를 소멸시키기 위해서 혼돈의 괴물들을 풀어 세상을 공포에 질리게 만든다. 그러나 끝내 말둑이라는 남신이 혼돈을 정복하고 만다. 마침내 세상은 혼돈의 어둠에서 빠져나와 밝고 환해졌다"(김상일, 1993: 40).

3 이 용어는 과거에 촉감을 나타내는 말로 쓰였으나, 시각에 지배되는 남성에 대비되어 촉각에 기대는 여성 원리를 나타내기 위해 만든 자댕의 신조어이다. 정화열(1999: 248)

사물 및 관계가 여성적인 것에서 생성됨을 노래하고 있다.

무정형적이고 유동적이며 비사회적인 카오스적 여성은 혼돈의 중심에 서서 만물의 모든 변화 가능성을 품고 있다. 「세상의 첫 여성」에 이어 수록된 제목 없는 시는 이러한 여성의 다의미성과 다형태성을 잘 드러내준다.

> 권태는 웃고 있는 여성하고만 권태를 느낀다. 실성한 웃음으로, 모든 다리橋 아래 붉은 태양들, 마법 풀린 꽃다발의 시든 꽃들, 푸른 달들을 씨앗처럼 뿌리면서 저녁의 웃음으로 웃고 있는 이 무모한 여성이여. 그녀는 곡물을 담는 큰 수레와 같고 그녀의 손들은 싹을 틔우며 우리에게 혀를 내민다. 그녀가 제 뒤에 끌고 가는 길들은 그녀의 가축들이고 그녀의 당당한 걸음은 그 동물들의 눈을 감긴다.
>
> L'ennui ne s'ennuie qu'avec elle qui rit, la téméraire, et d'un rire insensé, d'un rire de fin du jour semant sous tous les ponts des soleils rouges, des lunes bleues, fleurs fanées d'un bouquet désenchanté. Elle est comme une grande voiture de blé et ses mains germent et nous tirent la langue. Les routes qu'elle traîne derrière elle sont ses animaux domestiques et ses pas majestueux leur ferment les yeux. (OCI, p. 179)

이 시의 여성은 디오니소스적 세계를 연상시킨다. 의식의 경계를 넘어서는 광기와 실성한 웃음, 무모함으로 세상의 온갖 금기와 통제

에서 재인용.

를 해체시키면서 씨앗을 뿌리고 싹을 틔우는 생명력과 풍요의 손을 지닌 존재이다. 여성을 둘러싸고 있는 태양과 달은 붉고 푸른 씨앗이 되며, 또한 길들은 가축들로 변형된다.

그리하여 그녀가 걸어가는 길은 스스로의 질서로 세상을 다시 창조하는 능동성을 지니고 있다. 이 시가 펼치는 카오스적인 세계에서 여성과 만물들은 서로가 서로를 수식하고 동일화시키는 은유의 관계로 무질서하게 얽혀 있기 때문에, 역설적으로 의미 생성의 모든 가능성을 내포하고 있다. 엘뤼아르는 여성을 통해 고정되지 않기 때문에 무한한 변용이 가능해진다는 변화지향성의 시학을 펼치고 있는 것이다.

매개적 여성과 관계지향성

엘뤼아르는 새로운 여성 신화를 창조하고자 하는 의미로 매개항이라는 사물명사를 여성형 인칭명사로 바꾸어 '매개하는 여성들'이라는 독특한 단어를 만들어낸다. 그는 많은 화가들과 공동 작업을 했는데, 그중에서 특히 시집 『매개하는 여성들*Médieuses*』(1939)의 모든 시는 발렁틴 위고Valentine Hugo의 삽화를 동반하고 있다. 엘뤼아르라는 남성 시인이 쓰는 여성 신화와 발렁틴 위고라는 여성 화가가 그리는 여성 신화가 합쳐져 조화롭고 전인적인 초현실주의 여성 신화가 탄생한다. 이 시집은 첫 시와 마지막 시를 제외하고는 '매개하는 여성들'이라는 제목 아래 일곱 장으로 나뉜 연작시로 구성되어 있다.

첫 장에서는 자연과 어우러지면서 꿈과 현실, 밤과 아침의 중간 영역을 차지하고 있는 여성들의 모습이 소개된다. 여성은 과일, 꽃, 태양, 새, 비, 하늘, 정원으로 차례차례 비유됨으로써 식물, 천체, 동물,

대지를 아우른다. 이와 조응하여 삽화에서는 여성의 몸의 형태가 과일, 꽃, 곡식의 형태들과 이웃하여 그려지는데, 여성의 등의 선은 튤립의 줄기와 공유하고, 옆은 카네이션과, 앞은 보리와 산딸기들과, 이마는 연꽃들과 그 선을 공유하고 있다. 시인과 화가의 의식 속에서 공통적으로 여성은 자연의 옷을 입고, 자연과 함께 피어나고 무르익어가는 존재인 것이다.

그녀는 검고 푸른 꿈에서 깨어나리라
그녀는 회색빛과 보랏빛으로 어우러진 밤에서 일어나리라 (…)
비로 포장된 부드러운 향기들로 무장한 그녀의 몸은
제 삶의 아침 물렛가락을 풀어놓는다
Elle va s'éveiller d'un rêve noir et bleu
Elle va se lever de la nuit grise et mauve (…)
Son corps pavé de pluie armé de parfums tendres
Démêle le fuseau matinal de sa vie. (OCI, p. 883)

"깨어나리라", "일어나리라"라는 미래형 동사는 꿈과 밤의 세계에서 현실과 아침의 세계로 옮겨가는 여성의 움직임을 보여준다. 이와 더불어 그녀는 검고 푸른, 혹은 회색빛과 보랏빛의 시각적 세계에서 차가운 비의 촉감과 부드러운 향기의 세계로 옮아간다. 엘뤼아르 시에서 때때로 등장하는 물렛가락은 풀어도 풀어도 끊임없이 풀리는 실의 이미지가 끝없이 회전하는 핏줄의 이미지를 연상시킴으로써 영원히 그치지 않는 생명력을 상징한다. 따라서 여성은 이러한 물렛가락의 상징과 아침이라는 생성의 시간성을 내포하는 생명력의 상징이 된다. 이 시의 삽화는 나체의 여성이 바다의 침대 위에서 자고 있는 풍경으로 그려지고 있다. 날개 달린 물고기들이 이 여성의 주변을 에워싸고 있는데, 그들은 자신의 날개를 흔들어 파도를 일으킴으로써 여성이 기분 좋게 잠잘 수 있는 편안한 요람을 만들고 있는 듯 보인다.

2장에서는 화자인 매개하는 여성의 이마에서 세상의 길이 출발한다고 노래한다(OCI, p. 885). 삽화에서도 구불거리는 한 선이 여성의 이마에서 출발해서 그녀의 얼굴 및 몸과 그녀가 읽고 있는 책을 연결시킨다. 뒤에서 나는 새들도 여성의 몸과 똑같이 굽이치는 형태를 하고 있다. 발렁틴 위고는 여성의 몸과 사물과 동물을 같은 선으로 이어줌으로써 이들의 조화로운 결합을 가시화하고 있는 것이다.

6장에서는 시적 화자인 매개하는 여성이 "너"라는 청자에게 말을 건넨다.

> 너는 어디에 있니 나를 보고 있니 내 말을 듣고 있니
> 나를 알아보겠니
> Où es-tu me vois-tu m'entends-tu
> Me reconnaîtras-tu (VI, OCI, p. 897)

이러한 말건넴을 통해 여성들은 자신들이 기거하는 신화적 세계와 청자가 살아가는 현실의 세계의 소통을 시도한다. 엘뤼아르의 시는 대체로 수신자 지향적이다. 언어학자들이 특성화한 분류대로 청자를 전제로 하는 대화체와 구어체가 여성 시인들이 즐겨 구사하는 문체적 특징이라고 본다면, 엘뤼아르는 여성 신화를 다룬 시 속에서 여성의 목소리와 문체를 사용하고자 하는 것이다.

낸시 초도로우는 여성의 주요 특징을 관계지향성, 순환성, 유동성, 수용성으로 설명한다(Chodorow, 1978). 엘뤼아르의 매개하는 여성은 특히 세상의 모든 유동적인 관계를 엮어주고 자아와 세계의 소통을 도와주는 관계지향성을 지니고 있다.

나는 운명에 좌우되지 않고
서리와 이슬 사이 망각과 현존 사이에 존재하는 힘을 갖는다
J'ai le pouvoir d'exister sans destin
Entre givre et rosée entre oubli et présence (OCI, p. 903)

나는 눈과 불을 섞는다
내 조약돌들은 내 부드러움을 지니고 있다
내 계절은 영원하다
Je mêle la neige et le feu
Mes cailloux ont ma douceur
Ma saison est éternelle (OCI, p. 907)

매개하는 여성들이 서 있는 위치는 "사이"의 공간이며, 특히 상반되는 두 요소의 사이이다. 사이의 공간에서 매개적 여성들이 하는 역할은 서로 섞일 수 없는 요소들을 조화롭게 "섞는 것"이다. 그녀들은 서리와 이슬이라는 기온의 차이나, 과거와 현재라는 시간의 차이를 없앤다. 이를 통해 눈은 불에 녹지 않고, 딱딱한 돌은 부드러워지며, 한시적인 계절은 영원성을 획득하게 된다.

세계와 존재들을 매개하기 위해서, 여성들은 세계의 요소들과 닮

아 있고 이웃해 있다. 엘뤼아르는 이러한 특성을 종종 형태와 색채의 유사성과 인접성으로 표현한다. "네 몸의 형태와 색채를 지닌 바다 위에서"(「화합L'Entente」, OCI, p. 462)라는 시구를 통해 펼치는 시인의 인접성에 관한 상상력에 의하면, 해수욕하는 여성과 해수욕장은 서로 닮은 형태와 색채를 지니고 있다. 또한 바다mer는 어머니mère라는 단어를 환기시키면서 또 다른 음성학적 인접성을 이루고 있다. 자연과 여성의 상호작용 속에서 한 형태는 다른 형태의 틀이 되고 있는 것이다. 「내가 말하는 것을 반복하는 여성에게A celle qui répète ce que je dis」라는 시에서도 여성과 세계의 색채는 닮아 있다. "그리고 여성 그녀는/ 변화하는 섬세한 세계의/ 조용히 뛰고 있는 따뜻한 세계의 색채들을 지니고 있었다"(OCI, p. 1198). 여성의 심장처럼 조용히 뛰고 있는 이 세계는 우리가 모르는 새에 끝없이 변화하는 동적인 세계이며, 이를 통해 무한히 생을 새롭게 시작하는 생명력을 지닌다. 여성과 세계는 서로 닮아가고 있는 까닭에, 여성이 세계와 색채를 공유하면서 그 모습으로 변화하고 있는지, 아니면 세계가 여성의 섬세하고 따뜻한 품성을 지니며 여성화되고 있는지 분별하기 어려운 것이다.

엘뤼아르의 매개적 여성은 전형적으로 촉감에 기대어 세계의 형태와 색채 속에 '참여'함으로써 세계와 한 풍경을 이루고 있다. 세계와 인간의 요소들을 조화롭게 이어주고자 하는 매개적 여성의 관계지향성은 세상 만물과 한 몸을 이루고 서로 닮아가려는 접촉지향성으로도 표출되고 있다. 여성은 자신의 존재를 타인에게 주고, 타인의 형태를 통해 자아의 변화를 이루면서 세계 만물의 조화로운 결합을 주재하고 있는 것이다.

4. '지금 · 여기'의 상황 인식과 불사조의 시학

여성을 사유의 중심으로 인식하는 엘뤼아르의 시세계는 창조의 근원이 되는 여성, 다른 존재와 교감하는 소통의 매개체가 되는 여성의 이미지와 더불어, 궁극적으로 죽음을 삶으로 전환시키는 불사조의 이미지로 집약된다. 엘뤼아르의 후기 시집인 『불사조*Le Phénix*』(1951)에 나타나는 여성은 이 전설의 새가 상징하는 재생적 이미지를 보여주고 있다. 불사조는 엘뤼아르 초기 시에 이미 등장한 바 있는데, "차가운 재들 속에서, 결코 제 날개들을 접는 법 없고, 바람에 맞서 싸우는 가장 작은 새들을 찾아보라"(OCI, p. 193)고 하여 새로운 도약을 향해 투쟁하는 힘찬 의지를 상징하고 있다. 『불사조』 시집 서두에 "불사조는 처음이자 처음이 아닌 커플 ― 아담과 이브 ― 이다"라고 명시함으로써, 죽지 않고 끝없이 되살아나는 재생의 상징인 이 새가 인류 최초의 연인들의 이미지로 새롭게 바뀜을 알 수 있다. 엘뤼아르는 사랑하는 두 남녀의 조화로운 결합이 끝없이 새롭게 태어나는 삶을 가져오리라는 믿음을 보여주고 있는 것이다.

나는 네 길 위에 선 마지막 사람
마지막 봄 마지막 눈
죽지 않기 위한 마지막 전투

그리하여 우리는 그 어느 때보다 더욱 낮고 더욱 높이 있다.

Je suis le dernier sur ta route

Le dernier printemps la dernière neige
Le dernier combat pour ne pas mourir

Et nous voici plus bas et plus haut que jamais. (OCII, p. 421)

죽음이 곧 태어남이고 끝이 곧 시작이 되는 역설의 새 불사조를 제목으로 한 이 시에서 마지막이라는 말은 처음이라는 말과 연결된다. 저녁에 죽은 태양은 어둠을 뚫고 아침에 다시 태어나며, 불사조는 종말이 가까워지면 향기 나는 나뭇가지로 둥우리를 틀고 거기에 불을 붙여 몸을 태워 죽은 뒤 재 속에서 새롭게 태어난다. 이와 마찬가지로 이 시에서 너의 마지막 사람이자 마지막 봄, 마지막 눈, 죽음을 향한 마지막 싸움인 나는 너와 결합함으로써 새로운 사람으로 태어나고, 새로운 계절, 새로운 생을 맞는다. 사랑하는 사람들의 결합은 봄과 겨울, 죽음과 생, 비상과 착륙, 위와 아래를 모순 없이 공존하게 하는 힘을 발휘한다.

이 시집을 관류하고 있는 삶과 사랑, 여성과 재생의 중심 테마는 「도미니크의 어린 시절La Petite enfance de Dominique」에서 거듭 강조된다. 이 시는 엘뤼아르의 세 번째 아내였던 도미니크를 제목으로 하고 있는데 삶과 사랑의 조합이 재생을 주관하는 여성 유형으로 형상화되고 있다.

그녀의 두 눈은 감겨 있었다
하지만 그녀는 이미 죽음과 밤에 맞서 서 있었다. (…)

그녀는 사는 것과 죽는 것을 결합시키길 원치 않았다
그녀는 사는 것만 반복시켰고 경계들을 부수었다
그녀는 너무나 빨라 지속하지 않을 수 없었다

Ses yeux étaient fermés
Mais elle était déjà debout contre la mort contre la nuit. (…)

Elle ne voulait pas joindre vivre et mourir
Elle répétait vivre et brisait les barrières
Elle était trop rapide pour ne pas durer (OCII, p.433-434)

8장으로 된 이 시 속에서 도미니크의 탄생과 어린 시절은 불사조의 탄생의 이미지와 동일화된다. 밤을 배경으로 그녀의 탄생 전의 정황을 묘사하고 있는 1장의 마지막 두 행에서, 불사조처럼 죽음 속에서 솟구쳐 일어설 준비가 되어 있는 그녀의 모습을 볼 수 있다. 2, 3장에서는 "펼쳐진 날개들은 그녀의 웃음들을 무지갯빛으로 빛나게 했다"(OCII, p.134)라는 시구에서처럼 불사조 여성의 탄생과 찬연히 빛나는 그녀의 화려한 비상이 노래된다.

그녀는 생을 반복시킴으로써 그냥 흘러가기만 하는 시간성을 거부하고 늘 다시 시작하는 지속의 시간을 창조해낸다. 시인은 4장부터 6장까지 삶과 사랑의 결합을 어린아이-여성의 이미지로 보여주고 있는데, "젊음은 태어나는 것이 아니다 항상 이 세상에 있다"(OCII, p.437)라는 시구를 통해 이 세상에 끝없이 지속되는 젊음의 항시성을 특별히 강조하고 있다. 마지막 장들은 자연과 어린아이-여성의 결합에 바쳐진다. 이를 통해 새롭게 태어나는 세계와 세계 내 존재로서의 인간의 모습이 제시된다.

사랑 안에서 삶은 여전히
그녀의 아이 같은 눈들이 머금은 맑은 물을 갖고 있다
그녀의 입술은 여전히
어떻게 피었는지 알 수 없게 열린 꽃이다

사랑 안에서 삶은 여전히
그녀의 꼭 쥔 아이 같은 손들을 갖고 있다
그녀의 발들은 빛에서 출발하여
빛으로 향해 간다

사랑 안에서 삶은 항상
다시 태어나는 가벼운 심장을 갖고 있다
어느 것도 여기에서 생을 마감하는 것은 없으리라
내일은 어제로부터 가벼워진다.

Dans l'amour la vie a encore
L'eau pure de ses yeux d'enfant
Sa bouche est encore une fleur
Qui s'ouvre sans savoir comment

Dans l'amour la vie a encore

Ses mains agrippantes d'enfant
Ses pieds partent de la lumière
Et ils s'en vont vers la lumière

Dans l'amour la vie a toujours
Un cœur léger et renaissant
Rien n'y pourra jamais finir
Demain s'y allège d'hier.

–「노래Chanson」(OCII, pp. 442–443)

이 시의 여성은 새로 태어나는 순진무구한 어린아이와 동일화되고 있다. 물로 은유화되고 있는 그녀의 눈은 맑음과 투명함을 보여준다. 입술은 꽃으로 전이되어, 우리가 알지 못하는 사이에 만개하는 꽃처럼 세상을 향해 활짝 웃음을 웃는 여성의 개방성을 상징하고 있다. 움켜쥔 손들과 빛에서 출발하여 빛으로 퍼져나가는 그녀의 발들은 응축과 확산의 두 움직임으로 역동성을 띠면서 이 여성의 생명성을 대변한다. 특히 불사조의 여성으로 상징되는 이 유형의 여성에게 항상 동반되는 것이 바로 빛이라고 할 수 있다. 빛은 엘뤼아르 시에서 긍정적으로 나타나는 생명의 신호이다. 빛에서 빛으로 향해 가는 여성의 발들은 무한히 열리는 확산의 공간을 만들어낸다. 이 여성으로 인해 세계는 공간의 제약과 일상적인 시간의 흐름에서 벗어난다. 생의 현존과 순환을 주관하는 심장은 과거의 무게를 떨쳐내고 다시 태어나는 생동감으로 경쾌하게 박동한다. 반복되고 있는 "여전히", "항상"이라는 부사는 새롭게 태어나고 시작하는 상태가 항시적으로 계속됨을 강조하고 있다. 이런 과정을 통해 죽음은 부정된다.

죽음과 삶과 사랑을 한 몸에 안고 있는 재생적 여성의 특성은 「죽음 사랑 삶La Mort l'amour la vie」이라는 시에서 총체화되고 있다. 『삶 시』라는 시집에서 대등 접속사의 생략이 삶과 시의 긴밀한 관계를 표현했듯, 엘뤼아르는 이 시의 제목에서 죽음과 사랑과 삶의 유기적 연관을 드러낸다. 특히 죽음과 삶 사이에 사랑이라는 단어를 위치시킴으로써 사랑이 다른 두 개념을 연결하는 매개항이 되고 있음을 암시하고 있다.

이 시는 구조적으로 세 부분으로 나뉘어 있는데, 첫 번째 부분은 죽음, 두 번째 부분은 사랑, 세 번째 부분은 삶을 다루고 있다. "죽음을 죽음과 함께 나눠 갖고 싶어"했던 절망이 삶에의 희망으로 전환되는 계기가 되는 것은 바로 불사조의 이미지를 가진 여성이 주관하는 두 번째 사랑에 관한 시에서이다.

네가 오니 불이 그제야 되살아났다 (…)
나는 나아갔다 나는 공간과 시간을 얻었다

나는 네게로 갔다 나는 끝없이 빛을 향해 갔다
삶은 육체를 얻었고 희망은 나래를 폈다 (…)
나는 내 최초의 나날들처럼 사랑을 경배하였다.

Tu es venue le feu s'est alors ranimé (…)
J'avançais je gagnais de l'espace et du temps

J'allais vers toi j'allais sans fin vers la lumière
La vie avait un corps l'espoir tendait sa voile (...)
Et j'adorais l'amour comme à mes premiers jours. (OCII, p.441-442)

여성 청자인 '너'가 화자인 '나'에게로 온 사건을 계기로 죽음은 사랑으로 전환된다. 이 사랑의 시는 2연으로 나뉘어 있는데, 1연은 여성이 "나"에게 옴으로써 생긴 변화에 대해서, 2연은 화자가 여성 청자에게 가는 것으로써 생기는 현상에 대해 기술하고 있다. 불사조의 이미지를 지닌 여성은 빛과 온기를 가져다주는 존재이다. 그녀가 오자 세상에는 축제와 생명의 불이 지펴지고, 그 공간에서 "나"는 과거의 차디찬 재를 떨쳐내고 새롭게 비상하는 불사조의 가벼움을 공유하게 된다. 또한 빛처럼 팽창하고 확산하는 존재의 충일감으로 "나"는 더 이상 공간과 시간에 예속된 존재가 아닌, 새로운 공간과 시간을 무한히 펼쳐나갈 수 있는 존재로 바뀐다. 또한 그녀의 "투명한 살결", "두 팔의 빛", "첫 이슬들로 적셔진 입술"을 매개로, 이 시에 기술되는 모든 부정항들 — 그림자, 추위, 고독, 밤, 안개, 피로 — 은 순식간에 사라진다.

1918년에 쓰인 초기 시 「이곳에 살기 위하여」는 엘뤼아르의 시세계를 총체적으로 집약한다. 무엇보다 이 시에서 우리는 극한적인 '지금-여기'에 대한 시인의 상황 인식과 이에 대한 시적 태도를 엿볼 수 있다. 시인의 프로메테우스적 소명의식은 전 작품을 통틀어 일관되게 이어지는 불의 이미지 변용을 통해 나타난다.

창공이 나를 버렸을 때, 나는 불을 피웠다.
그의 친구가 되기 위한 불,
겨울의 어둠 속으로 들어가기 위한 불,
보다 잘 살기 위한 불을.

낮이 나에게 베풀어준 모든 것을 나는 불에게 바쳤다.
숲들, 덤불들, 보리밭들, 포도밭들,
보금자리들과 그들의 새들, 집들과 그들의 열쇠들,
벌레들, 꽃들, 모피들, 축제들을.

나는 불꽃이 파닥거리며 튀는 소리만으로
그 열기에서 뿜어나오는 냄새만으로 살았다.
나는 흐르지 않는 물속에 침몰하는 선박과 같아,
죽은 자처럼 나는 단 하나의 원소만을 가졌다.

Je fis un feu, l'azur m'ayant abandonné,
Un feu pour être son ami,
Un feu pour m'introduire dans la nuit d'hiver,
Un feu pour vivre mieux.

Je lui donnai ce que le jour m'avait donné :
Les forêts, les buissons, les champs de blé, les vignes,
Les nids et leurs oiseaux, les maisons et leurs clés,
Les insectes, les fleurs, les fourrures, les fêtes.

Je vécus au seul bruit des flammes crépitantes,
Au seul parfum de leur chaleur;
J'étais comme un bateau coulant dans l'eau fermée,
Comme un mort je n'avais qu'un unique élément. (OCI, pp. 1032-1033)

바슐라르에 의하면 불은 자연적 존재가 아니라 사회적 존재다. 인간은 어렸을 때부터 불을 건드리면 안 되는 존경과 경외의 대상으로 아버지에 의해 훈육되기 때문이다. 그리고 이러한 사회적 금기에 대한 교묘한 불복종을 그는 '프로메테우스 콤플렉스'라고 명명한다.[4] 그렇다면 시인은 '아버지, 스승'으로 대변되는 현실의 권위이자 금기 그 이상을 넘어서 보고 알고자 하는 욕망을 표방하고 있다고 볼 수 있다. '나'는 다른 사람들로 하여금 있는 그대로의 현실을 넘어 다른 현실을 알게 하고, 있는 그대로의 모습을 넘어 다른 모습을 보게 하는 그런 프로메테우스인 것이다.

'창공이 나를 버렸을 때, 나는 불을 피웠다'에서 '창공'은 권위를 지닌 모든 것, 즉 종교, 정치, 사회, 스승, 부모 등이나 자신이 이상으로 삼았던 것들을 상징한다. 피에르 엠마뉴엘은 창공을 "존재하는 순수한 기쁨부터 이상적인 높이에 이르기까지 이전의 삶에 의미를 준 모든 것"(Emmanuel, 1962: 142)이라고 폭넓게 해석하기도 한다. 또한 창공은 빛이 있는 낮에만 볼 수 있는 것이기에 '창공이 나를 버린 것'은

---

4 불을 훔쳤던 프로메테우스는 아버지, 스승 그 이상으로 알고자 하는 지성에의 의지, 이해하고자 하는 욕구를 표출한다. 바슐라르는 이를 지적 생활에 있어서의 오이디푸스 콤플렉스라고 달리 명명하기도 한다(바슐라르, 2007: 25-34).

시적 화자가 빛이 없는 암흑과도 같은 상황에 처해 있음을 나타낸다고도 할 수 있다. 그리고 그 절망적인 상황에서 '나'는 불을 피우고자 한다.

그런데 시적 화자의 자세는 조금 더 독특하다. '그의 친구가 되기 위한 불', '겨울의 어둠 속으로 들어가기 위한 불'이라는 시구에서 볼 수 있듯이 그는 불을 피움으로써 자신을 버린 대상의 친구가 되고 싶어하며, 자신을 외롭고 힘들게 만드는 혹독한 겨울의 어둠 속으로 스스로 들어가려고 한다. 즉 시인은 현실의 가혹한 조건 속에서도 도피하거나 회피하지 않고 '이곳에서'의 살 길을 모색하는 것이다. 어둠과 나락과 추위, 전쟁의 공포 안에서 불을 피우며 '창공'으로 상징되는 자신을 버린 대상, 자신을 궁지에 몰아넣은 삶을 보듬고 그와 친구가 되어 함께 살아가려 한다.[5] 엘뤼아르에게 있어 불은 생기를 주는 원소이며, 불의 빛과 확산은 위안을 주고 원기를 되찾게 하는 시인의 중심 이미지인 것이다.

그런데 2연은 따뜻함과 빛을 주는 대신 희생을 요구하는 불의 속성을 동시에 보여준다. 나뭇가지 등을 온전히 태우는 소멸이 있어야만 불을 피울 수 있기 때문이다. 그래서 시인은 '낮이 베풀어준 모든 것을 고스란히 불에게 바친다.' 즉 자신이 누렸던 자연 속의 삶, 기쁨, 터전, 자신의 눈으로 볼 수 있는 모든 것을 희생한다. 그리고 3연에서는 자기 자신조차 고스란히 불에게 바친다. 3연은 낮이라는 시각의 세계

5 이는 시인의 삶에서도 일관되었던 태도였다. 첫 아내였던 갈라가 자신을 버리고 공공연하게 에른스트의 애인이 되고, 나중에는 살바도르 달리와 결혼했을 때도 엘뤼아르는 절망적인 '도피 여행' 이후 아무 일도 없었다는 듯이 갈라 및 두 초현실주의 동료들과 잘 지냈다. 2차 세계대전이 발발하여 다른 초현실주의 동료들이 미국이나 다른 곳으로 망명을 갔을 때에도 엘뤼아르는 레지스탕스 활동을 하며 '이곳'에 남아 끝까지 투쟁했다.

를 희생한 후 남게 되는 다른 감각, 즉 후각, 청각, 촉각의 세계가 지배한다. 불꽃을 응시하는 자에게 '불꽃이 파닥거리며 튀는 소리'가 들리고, '불꽃이 타오르는 열기'가 느껴지며, '불꽃의 냄새'가 전달된다.

마지막 연의 '나는 흐르지 않는 물속에 침몰하는 선박'이라는 시구는 물에 저항하지 않고 고스란히 자신을 투신하여 죽는 이미지를 그려내면서 '불'을 '물'이라는 원소로 갑작스럽게 전이시킨다. 신화 속 프로메테우스는 '선지자'라는 뜻을 갖고 있으며, 제우스를 속이고 불을 훔쳐 인간에게 전달해준 '신의 지식'의 전달자, 인간의 대변자라고 할 수 있다. 그는 티탄족과 바다의 요정 사이에서 탄생했기에 '물'의 성분을 내재하고 있다. 또한 그가 물과 흙으로 인간을 창조했다는 점에서도 '물'과의 연관성을 가지고 있다.

이런 연속성 속에서 시인은 망설임 없이 불 속으로 뛰어드는 불나방의 이미지를 아무 저항 없이 고스란히 물속으로 침몰하는 선박의 이미지로 치환한다. 이를 통해 시인은 자신을 원소 그 자체에 온전히 바쳤음을 보여준다. '죽은 자처럼 나에게는 단 하나의 원소만을 가졌다'는 것은 불이라는 원소 자체가 된 자아의 모습을 투영하는 것이다. 이 구절에는 불 속에서 죽음으로써 다시 그 불 속에서 재생하고 싶은 시인의 열망이 담겨 있다. 피에르 엠마뉴엘의 언급처럼, 여기서는 "자기 자신의 현실과 일치되는 것이 관건이다. 인간은 그가 피운 불에서 태어난다. 그는 자기 자신에게서 태어난다"(Emmanuel, 1962: 145). 이와 같이 불은 프로메테우스적 인간인 시인의 소명을 나타내는 중심 원소로 기능한다. 바슐라르가 정확히 지적한 대로 불은 양가성을 지닌 원소여서 "수호신이자 공포의 신, 선이자 악, 소멸이자 재생"(바슐라르, 2007: 26)을 동시에 상징한다. 또한 불은 열기와 빛을 가지고 있으며 새로운 생성을 가능케 하는 '이곳에 살기 위한' 필수 원소인 것이다. 그리하여 시인이 시를 통해 보여주듯 우리는 불을 통해 죽음을 극복하고 삶으로 나아갈 수 있다.

1918년에 쓴 이 시는 양차 대전 시기의 끝자락에 쓰여져 1940년에 출간된 시집 『열린 책*Le Livre ouvert*』 1권에 수록되어 있는데, '1'이라는 일련번호가 붙여지고 이후에 다른 네 편의 시가 추가된 연작시 형태로 출간된다. 연작시에서 불은 생명을 소생시키는 힘으로 그려지고("두 개의 불타는 나무가 나의 생명을 소생시킨다"(OCI, p. 1033), 태양으로 전이되어 새로운 창조의 근원이 된다("풀섶을 헤치며/ 태양을 발견하는/ 너의 손은 그에게 새로운 요람을 창조한다"(OCI, p. 1034)). 초기 시의 '불을 피운다'는 강렬하고 함축적인 이미지는 연작시 5에서 강조와 열거를 통해 명시적이고 설명적인 이미지로 바뀐다.

> 어떠한 인간도 사라지지 않으며
> 어떠한 인간도 그 자신 안에서 잊혀지지 않으며
> 어떠한 그림자도 투명하지 않다. (…)
>
> 무슨 상관이란 말인가 내 이미지가 늘어났던 것이
> 무슨 상관이란 말인가 자연과 거울이 흐려졌던 것이
> 무슨 상관이란 말인가 하늘이 비어 있었던 것이 나는 혼자가 아닌 것을.
>
> Aucun homme n'est invisible
> Aucun homme n'est plus oublié en lui-même
> Aucun ombre n'est transparente (…)

Qu'importe mon image s'est multipliée

Qu'importe la nature et ses miroirs voilés

Qu'importe le ciel vide je ne suis pas seul. (OCI, p.1035)

시인은 두운반복의 기법을 통해서 '어떠한'과 '무슨 상관이란 말인가'를 시의 앞머리에 반복해서 강조하면서 여전히 존재하는 극한의 상황을 타개할 주술적인 힘을 발휘하고자 한다. 마지막 행에서 '나는 혼자가 아니다'라고 외치는 시적 선언은 그 외로움과 고통을 극복하게 하는 원동력으로 '언제나 나와 함께 그 상황을 견디는 타인'이라는 숨은 존재를 환기시키면서 시인의 연대의식을 표출한다. 이와 같이 '이곳에 살기 위하여'는 엘뤼아르가 일관되게 추구한 능동적인 생의 태도였다. 초기 시의 '불을 피우는' 프로메테우스의 이미지는 엘뤼아르의 후기 시에서 '불을 인류에게 전달하는' 전달자로서의 역할로 다시 확장되고 있다.

최초의 불이 한 손에서 다른 손으로 옮겨질 때

최초의 희망찬 외침의 메아리를 나는 상상한다

J'imagine l'écho du premier cri d'espoir

Le premier feu passant d'une main à une autre (OCI, p.107)

우리는 보고 만지고 느끼고 맛보고 들어야 한다

희고 푸른 하늘 아래 불을

대지 위의 별 항상 첫 번째인 불을

그리고 우리의 태어나는 몸 안의 첫 번째 꽃을 피우기 위해서

Il nous faut voir toucher sentir goûter entendre
Pour allumer un feu sous le ciel blanc et bleu
Toujours le premier feu l'étoile sur la terre
Et la première fleur dans notre corps naissant (OCII, p.676)

첫 번째 인용 시에서 우리는 '최초의 불'이 인류에게 전달되어 처음으로 인류에게 밝음을 주는 감동의 순간을 체험하게 된다. 최초의 불빛이 한 손에서 다른 손으로 건네지며 만들어내는 반영은 마치 최초의 외침소리가 한쪽에서 다른 쪽으로 이어지며 메아리처럼 울리는 것과도 같이 상상된다. 그리고 불을 전달하는 손은 천상의 불을 처음으로 인류에게 선사하여 그들에게 빛과 지혜를 주었던 프로메테우스적 사명을 수행하고 있다. '손'은 만물에게 지상의 빛인 불을 전달하고, 그 상징적인 행위를 통해 지혜의 전파자가 되고 있다.

두 번째 인용 시에 대해 조르주 풀레는 "'우리'는 무엇보다도 정신의 절대적인 공동체를 의미하며 또한 공통의 몸의 형태 하에 객관화되어 드러난다"(Poulet, 1973: 196)고 하면서 '우리'가 갖는 결합에 대해 의미를 부여하고 있다. 공통의 몸으로 함께 태어나 합일된 '우리'의 역할은 다섯 가지 감각으로 세계를 감지하여 공통된 힘으로 지상의 불을 천상으로 피워올리는 것으로 드러난다.

엘뤼아르는 시인뿐 아니라 모든 사람들이 '프로메테우스의 형제들'임을 『비의지적인 시와 의도적인 시*Poésie involontaire et poésie intentionnelle*』(1942)에서 강조한 바 있다.

진정한 시인들은 시가 그들에게만 속해 있다고 결코 생각하지 않았

> 다. (…) 비의도적인 시는 그것이 아무리 상투적이고 불완전하고 거칠어도 삶과 세계, 꿈과 사랑, 사랑과 필연성 사이의 관계에 의해 만들어진다. 그러한 시는 우리의 감성을 일깨우고, 우리의 피에 불의 가벼움을 부여한다. 모든 사람은 프로메테우스의 형제다. 우리는 특별한 지성을 갖고 있지 않은 도덕적인 존재들이자 군중 속에 위치한 존재다. (OCI, pp.1132-1134)

엘뤼아르는 시인의 작업이 모든 다른 사람들의 작업과 다르지 않음을 보여준다. 그것은 대중들과 마찬가지로 비의도적인 시를 쓰는 일이다. 그는 "특별한 지성을 갖고 있지 않은 도덕적인 존재들이자 군중 속에 위치한 존재"라는 자각을 바탕으로, 초·중기 시에서 이미지주의로 한순간을 응축시키는 경향에서 벗어나 후기 시로 갈수록 반복과 열거, 서술적인 언어를 통해 대중의 언어에 가까운 시를 쓰게 된다. 나아가서 시인들만이 프로메테우스적 사명을 띤 외로운 존재가 아니라 '모든 사람이 프로메테우스의 형제'라는 탁월한 시적 깨달음을 보여준다. 엘뤼아르의 시에서 나와 타인, 인간과 세계는 서로 경계를 허물고 형제가 되며 닮아가는 이미지를 통해 표출된다.

엘뤼아르의 서정성은 개인적인 측면과 집단적 측면이 함께 결합되어 있다는 특성을 보인다. 그는 사랑에 윤리적 개념을 더하여 아름다움보다는 '순수함', '충실함', '인류애', '자연친화력', 그리고 '관계'를 더욱 강조했다. 그의 참여시는 실상 사랑의 시편들의 연장이었으며, 사랑에 위대함과 인류애를 부여해주며 의미를 확장시킨다. 그리하여 '나'와 '너'를 종합하려는 욕구, 가장 광범위한 '우리'에 도달하고자 하는 열망을 발견할 수 있다. 소박하고 따뜻한 전쟁 시편들에서 그는

“핵심을 표현하기에는 약간의 말이, 그것을 현실화하기 위해서는 모든 말이 필요하다”(OCI, p. 526)를 자주 반복했다. 이 말처럼, 그는 전반기의 시들에서 간결한 말로 핵심을 표현하고자 노력했고, 후반기의 시들에서는 「자유」의 경우처럼 시어의 열거를 통해 이를 현실화, 대중화시키는 데 주력했다. 그가 쓴 상황시는 현실에 시를 복종시키는 것이 아니라 현실에서 영감을 받고 현실에서 자양분을 취해서 정의와 자유를 노래하는 시를 의미한다. 그리하여 행동하는 시, 형제애를 표출하는 그의 시는 극단의 시대에 고통받았던 대중을 위로했고 대중의 지극한 사랑을 받았다. 시인은 자신을 버린 “하늘과 친구가 되기 위해” 불을 피운다고 고백한 초기 시에서부터 “적을 형제로 바꾸는” 인간의 법칙을 노래한 후기 시까지 일관된 태도로 대립되는 것을 껴안으며 극한의 상황에 처한 ‘이곳’과 ‘이 현실’을 변화시키며 살아가는 방식을 제시했다. 그의 시가 갖는 중요한 의의는 개인적인 사랑과 인류애, 시와 현실적 참여를 결합시키면서 ‘지금’ ‘여기’의 현실에 대한 시적 대응을 치열하게 모색했다는 점에 있다.

또한 그의 시에서 여성들은 늘 자신의 모습을 바꾸는 부정형의 가변적 존재들이다. 창조적 여성과 타자지향성, 카오스적 여성과 변화지향성, 매개적 여성과 관계지향성, 재생의 여성과 생명지향성으로 유형화할 수 있는 여성들은 가장 부드럽고 창조적이며 본질적인 여성의 모습으로 형상화되고 있다. 이러한 여성성은 혼돈에서 창조, 매개적 과정을 거쳐 재생으로 향하는 엘뤼아르의 시적 여성과 의식의 흐름을 대변한다.

그는 자신의 창작 과정과 여성의 출산을 동일시한다. 그리하여 시인의 상상계에서 태어나는 여성의 이미지들은 세계의 중심처럼 스스로 편재함으로써 만물을 증식시키며, 탄생을 상징하는 '아기'의 모습으로, 어두울수록 빛을 발하는 '빛'의 존재로, 죽음을 삶에의 희망으로 전환시키는 '불사조'의 이미지로 동일화되고 있는 것이다.

엘뤼아르는 가장 빛나고 아름다운 사랑의 시와 가장 치열하고 투쟁적인 실천시라는 두 경향의 시를 동시에 남겼다. 이를 통해 절망과 고통 속에서 살아가고 있었던 당대 사람들에게 실질적인 희망을 주었다. 엘뤼아르는 초현실주의자들이 로트레아몽 시인의 시구를 내세우며 주창했던 "시는 개인이 아니라 모두에 의해 쓰여야 한다"는 명제를 적극적으로 실천했다는 점에서 큰 의의를 갖는다.

8장

로베르 데스노스: 도시 산책, 의식과 무의식에 이르는 길 찾기

1. 데스노스와 파리

로베르 데스노스Robert Desnos(1900~1945)는 다른 동료 초현실주의 시인들과 달리 다다이즘 활동을 하지 않았으나, 1920년부터 미래의 초현실주의자들을 만나 여러 중요한 실험들에 참여하게 된다. 그는 최면적인 꿈의 실험과 자동기술법에서 뛰어난 능력을 보였는데, 누구보다도 쉽게 가수면 상태에 빠져들어 놀라운 시와 그림들을 생산해냄으로써 '초현실주의의 영매'로 불렸다. 그는 『문학』지에 '로즈 셀라비' 연작 및 자동기술법으로 이뤄진 시와 그림을 실었고, 1924년 『상실의 슬픔에는 상실의 슬픔으로*Deuil pour deuil*』를 통해 언어에 대한 자유를, 1927년 『자유가 아니면 사랑을!*La Liberté ou l'amour !*』을 통해

성性에 대한 자유를 노래했다. 대표적인 시집으로는 『송두리째*Corps et biens*』(1930), 『재산*Fortunes*』(1942) 등이 있다. 그는 1927년 공산당에 가입한 다른 초현실주의 동료들과는 달리 정치 참여를 거부했으며, 1930년에 브르통과 완전히 결별하고 대중적인 시, 라디오와 영화로 활동 영역을 넓히게 된다.

데스노스는 특히 파리의 일상과 대중을 시의 소재로 삼으면서, 그 일상의 영역을 마술적인 공간으로 변형했다. 그의 아버지는 레알 시장의 가금류 위탁 판매인이었다. 그는 어린 시절을 보냈던 파리의 구역들과 거리들, 몽토르궤이유 거리, 쥐즈-콩쉴 거리, 롱바르 거리, 레알 구역, 생-메리 구역 등을 자신의 시와 꿈-산문 속에서 자주 언급하고 있다. 이러한 지표들은 구체적인 현실에 바탕을 두고 있으면서 몽환적이고 환상적인 풍경으로 전개되는 데스노스만의 독특한 도시 이미지를 파악하는 데 기본적인 출발점이 된다. 파리라는 실재의 도시는 시인의 욕망에 의해 일견 대립하는 듯 보이는 꿈과 삶의 이중성을 갖춘 도시로 탈코드화, 코드 전환, 코드 생성된다.

데스노스의 가족은 레알 구역과 거리 하나로 연결되는 생-메리 구역의 생-마르탱 거리에 살았다. 중세 이래 수공업자들과 상인들의 정치적, 경제적, 문화적 활동지였던 파리의 도심 한복판에 있는 이 두 거리는 데스노스의 어린 시절 기억에 강하게 각인되어 작품 속에 무수히 등장한다. 그중 대표적인 시가 『열렸다 닫혔다 하는 문들*Les Portes battantes*』(1936)에 수록된 장시 「생-메리 구역Quartier Saint-Merri」이다. 다음은 그 시의 첫 부분이다.

베르리 거리와

생-마르탱 거리의 모퉁이에
당밀糖蜜 장수가 있다.

4월 어느 날, 보도 위에서
매트리스 소모梳毛 직공이
그가 들고 있던 베개를 끌고, 떨어뜨리고, 터뜨렸다.

그것은 깃털을 날리게 했다
생-메리의 종탑보다 더 높이.
깃털들 몇 개는 당밀을 담은 통에 달라붙었다.

나는 어느 저녁 거기를 다시 지나갔다
4월의 어느 저녁,
술주정뱅이가 개울 속에서 잠자고 있었다.

Au coin de la rue de la Verrerie
Et de la rue Saint-Martin
Il y a un marchand de mélasse.

Un jour d'avril, sur le trottoir
Un cardeur de matelas
Glissa, tomba, éventra l'oreiller qu'il portait.

Cela fit voler des plumes

Plus haut que le clocher de Saint-Merri.
Quelques-unes se collèrent aux barils de mélasse.

Je suis repassé un soir par là,
Un soir d'avril,
Un ivrogne dormait dans le ruisseau.[1]

이 시는 4월의 어느 저녁에서 밤까지의 시간과 생-메리 구역 상업 거리들의 풍경을 배경으로 하고 있다. 베르리 거리와 생-마르탱 거리가 교차하는 모퉁이에 있는 당밀 장수와 지나가는 매트리스 소모 직공은 이 상업 지구 거리들에 실제로 존재했음직한 상인들이다. 이 시에 등장하는 모든 거리의 이름들 또한 실재한다. 이 거리들의 정확한 지명은 이 시가 전개하는 내러티브에 사실성을 부여한다. 그런데 베갯속이 터지면서 터져 나온 깃털들이 파리의 거리를 순식간에 마법의 공간으로 변화시킨다. 터진 베개는 고유의 실용성을 상실한다. 그 안에서 터져 나오는 깃털들은 자유로운 떠돌음의 상징체가 된다. 자유롭게 떠돌아다니는 긴 털의 움직임은 관습화된 일상의 풍경을 넘어서서 고착화된 길의 이름에 새로운 활력을 부여하고 있다.

종탑보다 더 높이 날아오르는 깃털과 당밀 통에 달라붙은 깃털은 달아나고 잡아끄는 '이동 vs 정착'이라는 길항하는 인간의 두 갈망을 상징한다. 시인은 깃털을 매개로 이 거리들에 넓이와 높이를 부여하

1 Robert Desnos, *Œuvres*, Paris: Quarto Gallimard, 1999, p.952. 이하 괄호 안에 페이지 수만 표기.

여 수평적 확장(거리)과 수직적 상승(종탑)이 가능하도록 하고 있다. 그 매개가 되는 것이 '깃털'이다. 깃털은 바람을 타고 파리의 거리들을 이리저리 날아다니기도 하고, 종탑보다 더 높이 상승하기도 한다. 이를 통해 현실의 공간이 마법의 공간으로 전이되는 계기를 마련한다.

"나는 어느 저녁, 거기를 다시 지나갔다"라는 시 구절은 초현실주의자들이 파리의 거리를 배회하는 방식을 보여준다. 그들은 같은 장소를 시간을 두고 여러 번 다시 방문함으로써 같은 장소에서 시시각각 변하는 신비로운 광경을 목격한다. 특히 밤은 돌이킬 수 없는 모험의 시간이다. 초현실주의자들은 종종 일상 속 신비를 찾아 밤의 도시 속으로 모험을 떠나곤 했다. 밤의 도시는 브르통이 "일상의 마법"(Breton, 1970: 102)으로, 레리스Leiris가 "일상의 성스러움"(Leiris, 1970: 65-66)으로 지칭했던 초현실주의적 일상의 경이로움이 표출되는 데 적합한 장소이다. 아라공은 『파리의 농부*Le Paysan de Paris*』에서 환상적인 파리의 밤 풍경을 묘사하면서 "파리는 그 본질에 의해서, 즉 붙잡을 수 없는 그 윤곽, 항상 이중적인 그 이미지로 인해 신화적이다"(Ottinger, 2002: 29)라고 하며 현대적 도시인 파리를 새로운 신화들이 현현하도록 예정된 장소로 표현했다.

밤은 지상과 천상의 모든 것들을 뒤섞는다. 현실과 꿈의 사이를 잇는 매개항이자 새로운 사건들이 일어나는 밤은 시간의 흐름을 식별할 수 없게 하는 낯선 시간이며, 일상의 것들이 잠들고 비일상의 것들이 끼어들어 활동하도록 한다. 따라서 밤의 도시를 탐험하는 것은 미로의 굴곡 속으로 빠져드는 것이며 불안한 산책을 하는 것이다. "왜 자아의 인식이라는 우리 자신의 중심에 이르는 길은 수많은 현대 작가들의 작품 속에서 밤의 산책이라는 모티브를 통해 나타나는가?"(Sansot,

1973: 155)라는 피에르 상소의 질문처럼 도시가 감추고 있는 의식과 무의식의 길들을 탐색하기 위해 초현실주의자들은 밤의 시간을 택한다. 내면의 풍경을 탐사하는 밤으로의 여행은 키리코Chirico의 「어린 아이의 두뇌」(1914)를 시작으로 초현실주의 화가들의 작품들인 르네 마그리트의 「밤의 의미」(1927), 막스 에른스트의 「피에타 혹은 밤 혁명」(1923) 등에서 공통적으로 표현되는 '감은 눈'의 테마와 연결된다. 밤의 도시는 주인공들의 감은 눈과 동일한 상징성을 내포하면서 외적인 풍경이 아니라 내면의 풍경을 현실의 눈이 아닌 내적인 눈으로 보고자 하는 초현실주의자들의 의지를 표명하고 있는 것이다.

"개방의 열쇠를 제공하는 것, 그것이 폭로된 '밤의 의미'이다. 다른 열쇠는 없으며, 있을 수도 없다. 왜냐하면 성공의 비결은 유일하게 이분법들을 부수는 데 있기 때문이다. 밤만이 이러한 힘을 갖고 있다"(Chazal, 1911; Breton, 1999: 905에서 재인용)고 말콤 드 샤잘이 언급했듯이, 밤은 인위적으로 구획 지워진 모든 경계들과 이분법적 구분들을 무너뜨린다. 밤은 그 자체로 상/하, 내/외의 대립 체계를 근본적으로 전도시켜버리거나, 또는 그 대립의 간극을 없애버리는 탈구축의 매개항으로 기능한다. 우리는 "상/하, 내/외의 이항 대립적 공간 구축이 그 경계를 점하는 매개항의 개입에 의하여 코드의 일탈이나 변칙 또는 융합이 생겨나는 다양하고 동적인 현상"(이어령, 2000: 450)을 지켜볼 수 있게 된다. 양가적이며 다면적인 코드를 담고 있는 밤이라는 매개항을 통해 현재와 과거를 가르는 시간의 벽도, 생과 사를 가르는 경계도 없어진다. 이 시의 마지막 부분은 시인이 파리의 길들을 통해 드러내고 싶었던 주제를 집약한다.

생-마르탱 거리와 베르리 거리 모퉁이에서
깃털 하나 보도를 스치며 날고 있었다
바람에 휘몰리는 낡은 종이들과 함께.

새의 노랫소리가 이노성 공원에서 날아올랐다.
다른 새의 노랫소리가 생-자크 탑에서 울렸다.
생-봉 거리에서 긴 외침소리가 들렸다.

그러자 낯선 밤이 파리 위로 올올이 풀렸다.

Au coin des rues Saint-Martin et de la Verrerie
Une plume flottait à ras du trottoir
Avec de vieux papiers chassés par le vent.

Un chant d'oiseau s'éleva square des Innocents.
Un autre retentit à la Tour Saint-Jacques.
Il y eut un long cri rue Saint-Bon

Et l'étrange nuit s'effilocha sur Paris. (p.956)

인용한 부분에서 도시의 길은 이동에 의해 생겨나는 길(발걸음, 혹은 여기서는 사물의 공간), 바라봄에 의해 생겨나는 길(시선의 공간), 생각에 의해 생겨나는 길(의식의 공간) 세 층위가 서로 밀접하게 얽혀서 표현되고 있다. 장소의 이동은 구체적인 장소에서 파리 전체라는 일반적인 장소로 향해 가고 있으며, 이에 따른 시선의 이동과 의식의 이동을 표로 정리해보면 다음과 같다.

여정 / 변별적 요소	생-마르탱 거리, 베르리 거리	이노성 공원	생-자크 탑	생-봉 거리	파리
공간	모퉁이, 보도	공원	탑	도로	파리 전체
대상	깃털, 종이	새 (노랫소리)	다른 새 (노랫소리)	(사람) 외침소리	낯선 밤
감각	시각	시각 > 청각	시각 < 청각	청각	(새로운) 시각
움직임	스치며 날다	날아오르다	울리다	들리다	풀리다
차원	L1	L2	L3	-	-

화자의 시선은 지상에서 벗어나 천상을 향해 점점 상승하고 있다. '길모퉁이'나 '보도'를 지상의 차원 L0로 볼 때, 이곳에서 '스치며 날고 있는 깃털'이나 바람에 휘몰리는 '구겨진 종이'는 지상의 차원을 약간 벗어나 공중에 떠 있다(L1). 공원 역시 지상의 차원에 있지만 공원에서 날아오르는 새의 노랫소리를 통해 시선은 수직으로 상승한다(L2). 그리고 그 시선은 지상의 꼭대기를 점하며 동시에 천상과의 경계 지점에 있는 탑의 공간 속에서 다른 새의 울림소리로 전이된다(L3). 이어지는 생-봉 거리의 외침소리는 시선이 향할 구체적인 대상(사람)이 생략되어 있고, 소리만이 거리 전체를 울리고 있음을 알려준다. 마치 영화 속 암전처럼 화면이 보이지 않고 텅 빈 거리를 울리는 긴 소리만 들림으로써, 화자의 시선이 파리의 거리의 부분들(보도, 공원, 탑, 도로)에서 파리 전체로 이동하기 위한 매개항으로 기능하고 있다.

이에 따라 화자의 의식은 깃털, 종이라는 가벼운 물질에서 출발하여, '새'라는 가벼운 짐승이 내는 노랫소리에 주목함으로써 점점 비가시적인 것, 청각적인 것으로 이끌리고 있으며, 역시 보이지 않는 익명의 사람이 내는 외침소리에 주목함으로써 도시의 완전한 탈물질화 현상에 집중된다. 그리고 마침내 '밤의 도시 파리'가 마치 털실로 짠 스웨터가 풀어지듯 올올히 풀어져 내린다는 비현실적인 풍경을 목도하게 된다. 즉 낯익은 풍경에서 낯선 풍경으로, 가시적인 풍경에서 비가시적 풍경으로, 물질에서 비물질로, 현실의 풍경에서 내면의 풍경으로 의식의 길이 펼쳐지는 것이다. 이를 통해 현실적인 장소로서의 파리가 탈코드화되어 새로운 장소로서의 파리로 전환된다.

이 시의 시간은 공간의 비확정성들을 따라간다. 시간의 이동은 '새의 노랫소리가 날아오른' 순간의 시간에서 다른 노랫소리가 '울리는' 조금 더 긴 여운의 시간으로, 그리고 '긴 외침소리'가 지시하듯 이보다 더 긴 시간으로 이행하여 현실의 시간성을 점점 일탈하고 있다. 또한 깃털과 종이의 움직임을 볼 수 있는 저녁 시간에서부터 점점 이러한 가시적인 것들이 보이지 않는 완전한 어둠의 밤, 깊은 밤의 시간으로 향해 가고 있다. 보고 식별할 수 있는 모든 구분이 없어진 상태, 한 치의 오차도 없이 꽉 짜여진 질서들이 올올이 풀리는 상태의 시간으로 향하는 것이다.

이러한 전 여정은 조밀하게 짜여졌던 밤의 실들을 수평의 움직임으로, 또한 수직의 움직임으로 풀어내는 행위로 귀결된다. 도로, 공원, 탑이라는 머물러 있는 장소들 속에서 깃털, 종이, 바람, 새, 외침소리라는 가장 가냘프고 미세한 질료들의 움직임을 통해서 파리라는 지리적인 공간은 무화된다. 이를 유표화시킨 것이 밤이 "올올이 풀렸다"

라는 구절이다. 어린 시절의 공간이 현실의 공간으로, 다시 초현실의 공간으로 향해 가며, 마찬가지로 현실의 공간, 지리학적 공간이 초현실의 공간, 내적 지리학의 공간으로 향해 가면서 파리라는 정확한 장소가 지리성과 현실성을 점점 벗어나는 과정을 시인은 이끌어내고 있다.

밤이 갖고 있는 상징 하나만으로도 공간의 경계는 무너지는데, 이에 더하여 올올이 풀리는 밤이라는 시구를 통해 시인은 현실의 시간과 공간이 탈코드화되어가는 과정을 더욱 강조해서 가시화한다. 그리하여 밤의 파리를 낯섦과 새로운 시각을 가져오는 시·공간으로, 뜻밖의 신비로움이 출현할 수 있는 비확정적인 시·공간으로 꿈꾸게 하고 있다.

2. 일탈의 시·공간 속 현실과 환상의 융합

「두뇌 서커스단의 이름 없는 거리들이 있는 도시La Ville aux rues sans noms de cirque cérébral」(그림 6)는 1922년 12월 《문학》지에 브르통의 텍스트와 함께 실린 데스노스의 그림 제목이다. 브르통에 의하면 평소에는 그림을 그릴 줄 몰랐던 데스노스가 초현실주의 집단 실험인 꿈의 글쓰기 실험을 통해 경이로운 그림과 시들을 생산해냈으며, 이 그림도 그 결과물 중 하나로 볼 수 있다. 데스노스의 무의식이 그려낸 이 그림에는 "정박지 없는 항구"라는 글씨와 함께 "쾌활한 La Sémillante"이라는 글씨가 두 번 반복해서 쓰여 있다. 떠 있는 배 같기도 하고 도시의 건물 같기도 한 장소들이 늘어서 있고, 그곳 하나하나

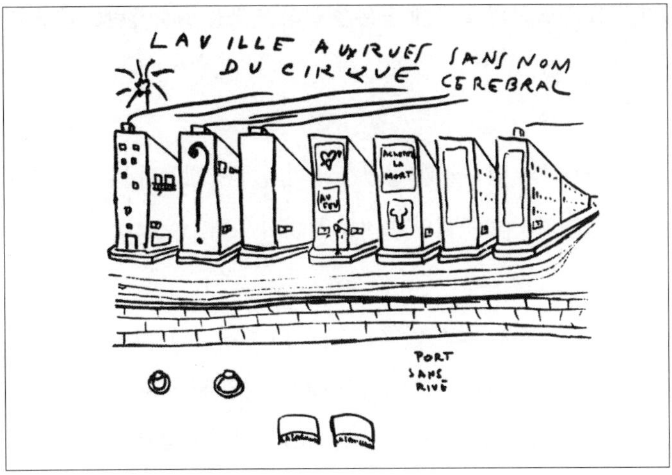

그림 6 데스노스의 「두뇌 서커스단의 이름 없는 거리들이 있는 도시」

마다 물음표가 표시되어 있기도 하다. "불을!"이라는 글씨와 함께 큐피드의 화살이 관통한 심장이 그려져 있기도 하며, 남성 성기의 이미지와 함께 "죽음을 사시오"라는 글이 쓰여 있기도 하다.

이 그림처럼 데스노스가 바라보는 도시는 "두뇌 서커스단"이 보여주는 무의식의 도시로, 뿌리내리고 정착하여 존재하는 곳이 아니라 언제든 떠날 수 있는 항구와 같은 곳이다. 배를 댈 정박지도 없이 아주 자유롭고 유동적으로, 현실에서 꿈으로, 의식에서 무의식으로, 이곳에서 저곳으로 이동하는 장소로 기능하고 있다.

그의 대표적인 시 「잠의 공간들Les Espaces du sommeil」에서는 현실과 꿈이 융합되는 공간이 그려진다.

> 밤에는 본래 세상의 일곱 개의 경이로움들과 거대함과 비극과 매혹이 있다.

밤의 숲들은 잡목림들 속에 숨은 전설의 피조물들과 혼란스럽게 부딪친다.
네가 있다.
밤에는 산책가의 발자국과 살인자의 발자국과 경찰의 발자국과 가로등의 불빛과 넝마주이의 손전등 불빛이 있다.
네가 있다.
(…)
그리고 하늘과 별들의 향기들과 2000년 전의 닭 울음소리와 불타오르는 공원들과 키스들 안에서 들리는 공작새의 울음소리여.
Dans la nuit il y a naturellement les sept merveilles du monde et la grandeur et le tragique et le charme.
Les forêts s'y heurtent confusément avec des créatures de légende cachées dans les fourrés.
Il y a toi.
Dans la nuit il y a le pas du promeneur et celui de l'assassin et celui du sergent de ville et la lumière du réverbère et celle de la lanterne du chiffonnier.
Il y a toi.
(…)
Et les parfums du ciel et des étoiles et le chant du coq d'il y a 2000 ans et le cri du paon dans des parcs en flamme et des baisers. (pp. 539–540)

시인은 등위접속사 '그리고(과)(et)'를 통해서 '경이로움', '거대함',

'비극', '매혹'이라는 병치된 이질적인 요소들을 지속적으로 연결시킨다. 이와 같이 문장이 끊이지 않고 이어지는 속성은 의식의 개입을 최소화하고 무의식의 소리를 그대로 받아 적는 초현실주의의 대표적인 기법인 자동기술의 기제를 환기시키고 있다. 또한 '밤에는', '네가 있다'의 반복을 통해 시에 음악성과 주술적인 리듬이 부여된다. 마치 화자가 꿈속의 풍경을 쫓는 듯, 끝날 것 같은 문장을 다시 시작하고 다시 이어지게 하는 '전치법轉置法, hyperbates'을 통해 서술의 일상적인 질서를 전복시키고 있다. 밤을 채우고 있는 꿈의 요소들이 점점 늘어나고 증폭됨을 보여주고 있는 것이다.

'네가 있다'는 이 시의 핵심을 이루는 시구다. '너'는 쉽게 정체를 알 수 없고 다가가거나 붙잡을 수 없는 수수께끼 같은 존재다. 시인은 마치 그 존재를 불러내려는 듯, 혹은 확인하려는 듯, 마치 후렴구나 마법을 거는 주문처럼 '네가 있다'라는 구절을 반복하고 있는 것이다.

이와 같이 작가가 유랑하며 표현하는 도시 또한 외적 지리학이 아니라 내적인 지리학의 궤적을 보여준다. 즉 내적인 공간은 외적으로 표현되고, 외적인 공간은 내적인 공간의 연장선에 놓여 있게 된다. 구체적인 지명, 지표들은 내면의 세계로 향하기 위한 도약대가 되며, 모든 도시 유랑은 작가의 욕망과 무의식에 따라 자유롭게 도시의 시니피앙들을 변용시키게 하는 계기를 부여한다.

『자유가 아니면 사랑을!』[2]은 현실의 도시가 초현실의 도시, 무의식의 발현체로서의 도시와 얽혀서 도시의 내적 지리학을 이루는 데스노스의 대표적인 꿈-산문le récit de rêve이다. 이 작품에서는 현실과

---

2 Robert Desnos([1927], 1982) 이하 LA로 표기.

상상의 도시뿐 아니라, 20세기의 파리와 18세기 말 혁명의 파리가 겹치기도 하고, 도시의 계열체가 사막, 처녀림, 바다 등으로 다양하게 전이된다.

그 전이의 계기가 되는 것들이 네온사인, 간판 등의 도시 풍경들이다. 반복해서 등장하는 '베베 카둠'이라는 비누광고 간판은 현실적인 도시 풍경에서 비현실적인 풍경으로 전환하는 매개항으로 기능한다.

> 건물의 꼭대기에서, 찬란하게 불을 밝힌 베베 카둠이 새로운 시대를 알린다. 한 남자가 창가에서 엿보고 있다. 그는 기다린다. 그가 기다리는 것은 무엇인가?
> 초인종 소리가 복도를 깨운다. 표시된 문이 닫힌다.
> 자동차 한 대가 지나간다.
> 찬란하게 불을 밝힌 베베 카둠이 홀로 남아 이 광경들의 주의 깊은 증인이 되고 있다. 그 거리는, 그러기를 희망하자마자, 연극무대가 될 것이다. (LA, p. 25)

> 건물의 꼭대기에서 베베 카둠은 그들이 지나가는 것을 바라본다. 그가 현현할 밤이 다가온다… (LA, p. 32)

위 인용문에서 베베 카둠은 자신의 존재로 인해 환해진 세상의 모든 풍경을 지켜보고 있는 전지적인 등장인물이 되고 있으며, 그 존재로 인해 일상의 거리는 연극무대라는 새로운 허구의 공간으로 전환된다. 두 번째 인용문에서도 건물 꼭대기에 위치한 베베 카둠은 밤을 홀로 비춰주는 태양과 같은 존재로, 또는 성스러운 신과 같은 위치와 역할로 자리한다. 지상의 영역, 속된 영역을 점하고 있는 광고 간판이 천상의 영역으로 공간을 이동함과 동시에 의미의 전도를 낳게 되고, 베베 카둠은 파리의 밤 풍경을 빌딩 위쪽에서 내려다보고 있는 20세기의 예수로 코드 전환된다. 이를 통해 작가는 현대 사회에서 광고의 위력이 성스러움, 종교의 영역에까지 확장됨을 상징적으로 보여주고 있다.

그밖에도 다른 장면에서 베베 카둠은 광고 밖의 세계로 뛰쳐나와 또 다른 대표적인 타이어광고 간판인 비벤덤 미슐랭과 싸움으로써 마치 신들이 전쟁을 일으키듯 천둥과 번개, 바람, 비늣기 있는 비를 도시 전체에 뿌리며 평범한 도시를 우화적인 도시로 변화시키는 계기를 부여한다. 심지어 현실의 아이처럼 자라나 서른두 살이 되고 수염을 기른 베베 카둠은 예수 그리스도를 직접적으로 연상케 하는 "크리스티Cristi"라는 이름으로 명명되고 있다. 베베 카둠이 예수의 이미지로 변모하자마자 골고다 언덕의 이야기가 펼쳐진다.

저녁이 온다.
빛나는 광고판들의 불빛 위로 하늘이 급작스럽게 열린다.
오케스트라의 카덴자에 맞춰, 크리스티가 신음한다.
십자가를 단 깃발들이 즐겁게 나부낀다.
가로등들이 켜진다. (LA, p.38)

"크리스티Cristi"라는 단어는 "십자가에 못 박힌crucifié"이라는 단어와 유음의 언어유희를 이룬다. 그리스도와 함께 십자가에 못 박힌 도둑들과 마찬가지로, 크리스티 또한 고통으로 신음한다. 예수의 고통으로 인해 사람들이 구원을 받고 새 하늘이 열렸듯, 크리스티의 고통으로 인해 새 하늘이 "급작스럽게 열린다." 성서적 세계와 현실의 세계, 성과 속의 경계가 무너지고, 자연의 어둠(저녁)과 인공의 빛(크리스티가 내는 광고판 불빛, 가로등), 하늘(하늘에 있는 광고판의 불빛)과 땅(땅에 있는 가로등의 불빛)이 어우러지며, 고뇌(신음하다)와 기쁨(오케스트라의 카덴자, 즐겁게 나부끼다)이 겹쳐진다.

한편 이 꿈-산문 속 도시는 종종 텅 빈 도시, 나아가 사막으로 코드 전환된다. 초현실주의 연구가인 이시카와Kiyoko Ishikawa는 키리코의 그림에서 자주 볼 수 있는 도시의 텅 빈 광장의 풍경이 데스노스의 이 꿈-산문에서 자주 묘사되는 점을 주목하여 "데스노스의 꿈-산문에서 파리는 일상적인 활동이 배제된 사막의 도시에 가깝다"(Ishikawa, 1998: 179)고 설명한다. 이러한 텅 빈 도시는 물리적으로 도시가 텅 비었음을 의미하는 것이 아니라 도시의 외적인 풍경들을 뒤로하고 시점이 내면적인 풍경으로 전이했음을 보여주는 것이다.

내면화된 풍경으로 전환된 도시는 집단 무의식의 발현체이자, 집단무의식을 발견할 수 있는 장소로 기능한다. 에로틱한 도시, 사디즘적인 도시는 인간의 분신이기도 하다. 예컨대 여주인공 루이즈 람므가 나체로 거리를 활보하고 있는 풍경은 욕망이 그려낸 도시 풍경을 보여준다.

> 나는 그녀의 표범무늬 망토에 이끌려 그녀를 따라갔다.
> 포르트 마이요에서 나는 그녀가 벗어던진 검은 실크 원피스를 집어들었다. 나체의 모습, 그녀는 지금 벌거벗은 몸에 짐승 가죽으로 된 망토만 걸치고 있었다. (LA, pp. 22-23)

그밖에도 다른 등장인물인 잔 다르캉시엘이 젖가슴을 드러내놓고 백마를 타고 파리를 활보하는 풍경(LA, p. 53), 7장의 '정액 마시는 사람들의 클럽' 등 도처에 에로틱하고 사디즘적이고 치명적인 풍경들이 도시에 펼쳐진다. 9장 〈신기루들의 궁전〉에서는 키리코의 형이상학적 시기에 흔히 나타나는 적막한 도시처럼 아무 일도 일어나지 않는 장소들의 단조로운 풍경이 전개되다가 갑자기 혼란스런 정념의 사연이 펼쳐지기도 한다(Gendron, 1983: 299).

롤랑 바르트Roland Barthes는 도시 에로티시즘에 대해 "도심은 항상 전복적인 힘들, 단절의 힘들, 유희적인 힘들이 작용하는 공간으로서 체험된다"(Barthes, 1985: 269)고 설명한다. 데스노스는 도시 에로티시즘을 통하여 인간의 욕망과 무의식을 자유롭게 드러내고 있으며, 다른 초현실주의자들과 마찬가지로 사랑의 모든 관습과 금기를 넘어서고자 하는 전복적이며 혁명적인 의지를 표명하고 있다.

3. 도시, 자유로운 상상력의 발현체

도시는 기호들의 담지자이다. 광고 간판, 포스터, 불이 번쩍이는 밤의 네온사인, 동상, 벽의 낙서에서 초현실주의자들은 현실의 평범한 삶이 보여주지 못하는 새로운 삶의 신비를 읽어낸다. 그들은 우리 욕망의 투영체인 도시 공간을 거닐면서 기이한 만남들이 주는 모든 충격을 의미화하고 있으며, 장소에 새겨진 무의식의 기호들을 독해하고 여기에 새로운 의미를 부여하고 있다.

데스노스의 작품에서 도시를 이동하는 행위는 글을 쓰는 행위와 다르지 않다. 데스노스는 도시의 기호을 찾아다니며 끊임없이 새로운 시니피앙을 발견하고 만들어내는 작업을 하고 있다. 다른 초현실주의자들과 마찬가지로 데스노스는 도시의 간판, 네온사인, 포스터, 거리의 이름들에 열광하면서 여기에서 촉발되는 새로운 의미를 탐구했다. 이들의 작업에 주목했던 발터 벤야민은 파사주를 산책하면서 볼 수 있는 곳곳에 붙어 있는 많은 광고물들을 새로운 지각 탄생의 전제 조건으로 간주한다. 현대 도시 문화를 상징하는 이러한 산물들은 현실과 상상의 두 공간 사이를 오갈 수 있게 하는 매개적 공간으로 기능한다. 도시를 상징하는 지표들은 다의성을 띤 기호들이며, 앙드레 브르통의 말처럼, "삶은 암호문처럼 해독되기를 요구하고 있는지도 모른다"(Breton, 2001: 113).

데스노스는 포스터가 갖고 있는 상징성을 다음과 같이 말하고 있다. "바람과 비가 조금씩 나무틀 속으로 스며들어가 그 상처들을 통해 이제 파리에서 사라져버린 이 이상한 공터를 엿보게 해주는 포스터들이 있었다. 이러한 포스터들이 겹쳐서 붙여지면 권투선수와 자동차 간의, 연재소설과 관광기차 광고 간의 예기치 않은 만남들이 생겨났다"(Desnos, 1984: 187). 마치 얼음이 언 연못이 공지로 변하면서 새로운 코드가 생성되듯, 비바람으로 지워진 포스터들, 겹쳐 붙여졌다가 비바람에 찢어져서 이상하게 합쳐진 포스터들은 초현실주의자들이 말하는 '객관적 우연'[3]에 의해 포스터라는 현실의 장소성을 상실하고

---

3 객관적 우연hasard objectif은 앙드레 브르통이 소설 『나자』(1928)에서 그 개념적 단초를 제시하고 나중에 『연통관*Les Vases communicants*』(1931)에서 "외적인 인과성과 내적인 궁극목적성의 만남"으로 정의한 개념이다. 『나자』에서 브르통은 '객관적'이라고 지칭되는 이러한 우연에 의해 야기되는 "어떤 혼란스런 사건들"에 주목하면서 "갑작스런 접근들"과 "아연실색케 하는 우연의 일치들"을 강조하고 있다. 삶을 통해 경험하고는 있지만

전혀 다른 형태와 의미를 생성한다. 이러한 탈코드화된 공간에서 새로운 신비가, 초현실이 탄생한다. 초현실주의 도시 연구자인 마리-클레르 방카르Marie-Claire Bancquart가 "초-현실은 도시 속 여정에서 초현실주의 시인들이 거부하는 형이상학을 대체한다. 그들은 표면들과 멀어지면서 세계를 해독하는 것이 아니라, 반대로 표면들을 탐사하면서 세계를 해독한다. 끝까지 읽혀진 표면들은 현실의 열쇠를 줄 것이다"(Bancquart, 1972: 74)라고 말한 것과 같이, 현실의 표면은 현실의 이면을 탐사할 수 있는 구체적인 출발점이 된다.

새로운 시니피앙을 찾는 작업은 이 작가가 천착하는 언어의 유희에서 집중적으로 표출된다. 앞에서 분석한 『자유가 아니면 사랑을!』에서는 파리의 지명에 관한 유희가 이뤄지는데, 파리에 실재하는 거리명인 피라미드 거리는 현실의 거리를 떠나 다른 장소, 다른 시대, 아른 상상력으로 전이하게끔 해주는 새로운 시니피앙으로 작용한다.

> 얼음 스핑크스가 솟아나 풍경을 완성한다. 불타오르는 이집트로부터 참기 어려울 정도로 매력적인 극점에 이르기까지 기적과도 같은 흐름이 생겨난다. 얼음 스핑크스는 모래 스핑크스에게 말한다. (LA, p.53)

피라미드라는 시니피앙은 고대 이집트의 스핑크스를 연상시키고, 작가는 이를 다른 종류의 새로운 스핑크스, 즉 얼음 스핑크스와 모래 스핑크스로 재창조한다. 이들이 제시하는 수수께끼와 선문답은 피라

늘 인간에게서 벗어나는 어떤 필연성이 이런 종류의 우연을 통해 매우 신비로운 방식으로 나타나게 되고, 여기에 아직 개척되지 않은 신비로운 길이 열린다는 것이다(Clébert, 1996: 304 참조).

미드 거리를 완전히 새롭고 낯선 공간으로 탈바꿈시킨다.

또 다른 예로는 이 작품의 4장에 나오는 "새로 등장한 해적"과 관련된다. "해적corsaire"이라는 단어는 남자 주인공인 코르세르 상글로 Corsaire Sanglot의 이름에서 연상된 단어이고, corsaire라는 시니피앙은 다시 corps(시체)라는 단어와 coffre(금고)라는 단어를 불러들이게 된다. 선박 → 떠다니는 익사자들의 시체 → 떠다니는 신비스런 금고 → 죽은 사이렌의 시체 → 유령 새들로 언어의 유희에 따른 이동을 하고 있으면, 자연스럽게 시선이 바다에서 하늘로 향하게 된다. '유령 새'라는 하이브리드적인 존재는 현실의 공간을 내면적인 공간으로 이끄는 매개항적인 구실을 하고 있다.

> 저녁이면 유령 새들은 투명한 빙하 속에 있는 그들의 둥지로 돌아가고 여명은 그들의 꿈의 날갯짓소리와 그 반향들로 가득 찬다. 그들의 울음소리는 때로 녹음기의 도움 없이도 고독한 사람들의 영혼 속을 오랫동안 울린다. (LA, p. 40)

유령 새는 삶/죽음, 현실/비현실, 생물/무생물의 중간 영역을 점하는 양의적兩儀的인 존재로 기능한다. 이러한 이미지들은 코드 파괴, 코드 전환의 과정을 거쳐 도시 기호들로부터 새로운 애매성의 코드들을 생성하고 있음을 알 수 있다.

한편 '자유가 아니면 사랑을!'이라는 제목 자체도 시니피앙들의 유희적 산물이다. 이 제목이 나타내는 표현은 어법상 자유와 사랑을 대등한 위치에 놓으면서 그 의미를 '이것이 아니면 저것'이라는 양자택일의 문제로 파악하게 한다. 그런데 데스노스의 이 어구는 사실 "자유가 아니면 죽음을!"을 패러디한 것으로, 자유와 죽음 중 하나를 택하겠다는 것이 아니라 자유를 얻지 못하면 차라리 죽느니만 못하다, 즉 자유를 통해 진정한 생을 찾겠다는 의미로 파악된다. 마찬가지로 데스노스 작품의 제목 또한 자유와 사랑 중 하나를 택하겠다는 의미가 아니라, 자유를 통해 진정한 사랑을 찾겠다(마찬가지로 사랑을 통해 진정한 자유를 찾겠다)는 의미를 담고 있다. 실제로 이 작품의 마지막 절은 "텅 빈 하늘의 동이 트기 전에/ 헤엄쳐나갈 때마다 빛나는 바다 속 여인이/ 사랑과 자유를 일치시키리라는 희망 속에"라는 구절로 끝맺고 있어서 사랑과 자유의 합일을 작가가 절실히 추구하고 있음을 알 수 있다.

데스노스는 기존의 문법과 경구를 약간씩 비껴가면서 기존의 언어, 기존의 어법을 자신의 패러다임으로 재창조해낸다. 사실 데스노스의 작품에서 사랑은 에로스와 타나토스가 결합된 '치명적이고' 치열한 속성으로 나타난다("모험의 여정, 그 신비스런 목적은 어쩌면 그대, 내가 그렇게 원하는 치명적인 사랑, 예외적인 사랑, 그리고 살인적인 사랑이었다" LA, p.22). 죽음을 겪어낸 후에라야 생의 욕망과 사랑의 욕망이 더 절실해지는 것과 같이 글쓰기의 여정도 이러한 치열함과 죽음의 위험을 통과한다.

『자유가 아니면 사랑을!』의 1장 전체는 다음과 같은 놀랍고 간결한 문구로 되어 있다.

> 로베르 데스노스
>
> 1900년 7월 4일 파리에서 출생.
>
> 이 글을 쓰는 날인 1924년 12월 13일 파리에서 사망. (LA, p.19)

작품의 시작 부분에 마치 묘비명처럼 작가의 사망 신고를 하고 있다. 멀쩡히 살아 있는 자신을 죽었다고 거짓으로 알린 까닭은 무엇일까?

로베르 데스노스 자신의 허구적 죽음은 글쓰기의 새로운 탄생을 알린다. 이후 등장하는 화자인 '나'는 비일상, 꿈, 무의식, 죽음의 세계, 밤의 세계 속 데스노스로 전환된다. 작가는 이를 통해 궁극적으로 죽음과 단절을 겪어내는 글쓰기, 의식적인 작가를 뛰어 넘어 무의식과 인간의 보편적인 본능을 담아낼 수 있는 글쓰기를 추구하고 있음을 보여준다.

> 내 펜은 하나의 날개, 끊임없는 날갯짓에 힘입어, 종이에 드리운 그 그림자에 힘입어,
> 글자 하나 하나가 비극으로 치달아가거나 신격화로 향해 간다.
> 나는 방금 경이로움의 유기체적이고 시각적인 표현으로서의 글쓰기의 마술적인 현상에 대해 말했다. (LA, p. 47)

4. 도시에 새겨진 무의식의 기호들

롤랑 바르트는 『노트르담의 꼽추』에 나오는 유명한 문구인 "이것이 저것을 죽일 것이다ceci tuera cela"의 예를 들어, 도시 공간이 근본적으로 갖고 있는 시니피앙적인 본질을 가장 잘 표현한 작가들 중 하나가 바로 빅토르 위고라고 말하고 있다. 책을 의미하는 '이것'과 노트르담 사원 건물을 의미하는 '저것'은 두 가지 방식의 글쓰기의 경쟁,

즉 종이 위의 글쓰기와 돌 위의 글쓰기를 의미한다. 바르트에 의하면 위고는 건물과 도시를 진정한 글쓰기의 본질로 다루었으며, 공간 속에 새긴 인간의 흔적으로 인식했던 작가였다.

> 빅토르 위고의 직관. 도시는 글이다. 도시 속에서 이동하는 사람, 즉 도시의 이용객(우리 모두)은 일종의 독서가이다. 이들은 자신들의 필요와 이동성에 따라 언표의 조각들을 뽑아내고 있다. 은밀하게 이들을 활성화하기 위해서 말이다. 우리가 도시에서 이동할 때, 우리는 단 하나의 시구를 변화시켜서 다른 시를 만들어내는 레이몽 크노의 "천억 개의 시들"의 독자가 된다. 우리가 도시에 있을 때 우리는 우리가 모르는 사이, 아방가르드한 독자가 되는 것이다(Barthes, 1985: 268).

바르트는 도시를 시에 비유하고 있다. 도시는 하나의 주제로 집중된 일반적인 고전시가 아니라 아주 자유로운 시이며, 의미와 기능으로 채워져 있지 않고 비워져 있는 시, 시니피앙을 전개하는 시라고 말하면서 이를 도시기호학이 포착하고 노래하게 해야 한다고 강조하고 있다(Barthes, 1985: 271). 바르트가 도시기호학의 사명으로 언급한 "도시의 자유로운 시니피앙을 포착하고 노래하게 하는 일"과 초현실주의자들의 창작 작업은 유사하게 보인다. 초현실주의자들은 도시의 수많은 기호들에서 출발하여 그것들이 갖고 있는 관습화되고 약호화된 의미 이면에 도달하기 위해 기존의 코드를 파괴하고, 그것을 다른 코드로 변환시키며, 새로운 코드를 생성해내는 일을 하고 있다. 그 과정에서 새로운 의미가 발견되고 세상을 보는 다양한 시각이 생겨난다.

초현실주의자들은 도시와 인간의 상호작용에 큰 관심을 기울임으로써 보들레르부터 시작되어 네르발, 로트레아몽, 랭보로 이어지는 도시 산책가들의 계보를 잇고 있다. 보들레르가 처음으로 파리를 시적인 대상으로 삼았을 때, 그는 부랑자, 거지, 행인을 비롯한 익명의 군중의 모습을 파리의 풍경과 동일시하여 산문시라는 새로운 형식에 담아냈다. 그 이후 아폴리네르, 초현실주의 시인들, 그리고 자크 레다Jacques Réda에 이르기까지 많은 시인들이 파리를 배회하며 파리를 그들만의 시적 공간으로 새롭게 조명하고 있다. 그중 초현실주의자들에게 파리는 서로 다른 국적과 개성을 지닌 시인 및 예술가들이 모여 무의식과 경이로움을 추구하고 삶과 언어의 혁명을 주장한 회합의 장소, 투쟁과 혁명의 장소, 발견의 장소였다. 이들은 도시의 길들을 유랑하며 의식과 무의식에 이르는 길을 탐색했다. "초현실주의 시인은 부르주아가 일요일마다 길을 걷듯이 산책을 하는 게 아니라, 산책으로 이끌린다. 즉 어떤 신비한 힘에 이끌려 놀라움, 뜻밖의 만남, 경이로움의 길로 빠져든다"(Clébert, 1996: 435)라고 초현실주의 연구가 클레베르가 지적하고 있듯이, 초현실주의자들에게 산책은 의도적인 여정이나 습관적이고 의례적인 행위가 아니라, 무의식적이고 매혹적인 이끌림의 행위인 것이다.

파리라는 도시를 따라가는 현실의 길은 무의식과 꿈, 초현실이 어우러지는 내적 욕망의 길과 병행하여 데스노스적인 글쓰기의 길을 생성해낸다. 그의 초현실주의적 텍스트는 리얼리즘적 묘사가 갖는 내적 위계 구조를 교란하여 "꿈의 유동적인 배경들"(LA, p. 62)에 고유한 의미의 미끄러짐과 지형적 왜곡들을 시도한다. 일상에서 경이로움을 찾아내는 예언적인 글쓰기를 위해 데스노스는 파리의 거리와 구역들을 돌아다니며 그 속에서 발견되는 기호들을 끊임없이 새롭게 호명하고 있는 것이다.

데스노스가 파리라는 도시를 자신의 상상력의 무대로 삼으면서 언어의 유희 및 시니피앙의 유희에 천착했던 이유는 도시의 자유로운 기호들이 현실과 글쓰기의 공간을 넘나들며 삶과 텍스트 간의 간격을 무화시킬 수 있는 매체가 되어주었기 때문이다. 데스노스에게 고유한 도시 탐구의 의미는 그가 상반된 것들의 단순한 합일에만 주목하고 머무른 것이 아니라, 날것 그대로의 현실과 재현된 현실, 생의 긴장과 죽음의 치명성, 성스러운 영역과 속된 영역이 서로 끼어들고 가치가 전환되며 뒤섞이는 생생한 과정을 그려냄으로써, 코드화되고 관습화된 현실에 대한 적극적이고 혁명적인 거부를 시도했다는 데 있다. 그리하여 그의 작품들은 도시적 삶의 의미가 갖는 일상에 파묻힌 새로운 가치들을 끊임없이 발견해내는 과정을 보여주며, 또한 사람들이 두려움과 어둠의 장벽을 뚫고 어떻게 치열하게 살아가는가를 모색하는 문제에 있으리라는 생각을 하게 해준다.

초현실주의가 원하는 일상의 혁명은 기호의 혁명이기도 하다. 이때 기호는 그 어느 것보다 자유로운 상상력의 발현체로 기능하면서 코드의 애매성과 다의성, 탈코드화의 정도에 의해서 초현실주의sur-réalisme가 지니는 초월성(초sur-)의 강도를 결정한다. 도시의 기호들은 변용 가능한 시니피앙들이기 때문에 개인의 욕망과 무의식, 도시 전체의 집단 무의식을 거울 뒷면이 부재하는 '비치는 면이 없는 거울'처럼 투영한다. 이러한 까닭에 도시 유랑자는 도시의 표면을 의미 깊게 탐색하면서 도시를 변화시키고 자신도 변화하는 모험을 하고 있다. 그리하여 도시는 인간을 닮아가고 인간은 도시에서 자신의 모습을 발견해낸다.

9장

앙드레 브르통: 사랑, 삶, 시의 건축술

1. 감각과 욕망의 원소들

초현실주의의 주창자이자 중심인물인 앙드레 브르통André Breton(1896~1966)에 대한 연구는 그의 사상과 이론, 정치적·예술적 선언, 초현실주의적 실험과 글쓰기에 대한 주제에 집중되어 있다. 삶과 시를 동일한 것으로 보면서, 초현실주의자들이 추구하는 존재론적, 예술적 세계를 시로 형상화하려고 노력했던 브르통의 시세계를 집중적으로 조명할 필요가 있다.

브르통의 주요 시집은 다다이스트 시절에 출판된 시집 『전당포*Mont de Piété*』(1919), 『대지의 빛*Clair de terre*』(1923)과 그 후 9년 만에 출판한 본격적인 초현실주의 시기의 시집 『백발白髮의 권총*Le*

Revolver à cheveux blancs』(1932), 그리고 『물의 공기*L'Air de l'eau*』(1934)를 들 수 있다. 초기 두 시집은 짧고 파편화된 시어의 사용, 일상 구어의 삽입, 활자체나 시 배열의 변형, 미완의 끝맺음, 콜라주 기법의 사용 등을 통해 다다이즘의 전형적인 특징을 보인다. 초현실주의의 전성기 때 시집인 『백발白髮의 권총』부터는 시의 호흡이 길어지고, 단편적으로 조각난 시적 이미지들이 하나의 큰 단위로 종합된다.

브르통의 시집들은 제목에서부터 강렬한 이미지를 환기시킨다. 자동기술법적 시집명인 '대지의 빛Clair de terre'은 '달빛clair de lune'이라는 경구화된 표현에서 '달'을 '대지'로 하나의 명사만을 교체한 것이다. 그런데 하늘의 영역에서 대지의 영역으로의 이미지가 교체되는 순간, 리파테르가 언급한 "현실의 미메시스에 대한 부정" 즉 "초현실의 미메시스"(Riffaterre, 1969: 60)가 생겨난다. 또 다른 제목인 '백발白髮의 권총'은 인간 신체의 일부인 머리카락과 권총의 금속성을 결부시켜 이질적인 이미지를 불러일으킨다. 폭탄 심지의 이미지를 내포하는 머리카락은 시인의 상상력에 의해 일상의 표면을 폭파시키고 그 이면을 드러내는 무서운 파괴력을 가진다. 따라서 '백발白髮의 권총'의 백발 이미지는 생명체의 늙음을 상징한다기보다, 권총이 발사된 후 생기는 흰 연기를 연상시키면서 공격적인 힘을 의미한다고 볼 수 있다.

또한 '대지의 빛', '물의 공기'라는 시집 제목들은 4원소의 근원적 이미지를 담고 있다. '대지의 빛', 그리고 그것과 음성학적 · 의미론적으로 대구를 이루는 '물의 공기L'Air de l'eau'라는 표현은 이 시인이 얼마나 기본적인 원소들의 자유로운 조합과 변용에 천착하는지를 보여준다. 특히 시집 『물의 공기』에서는 물과 공기라는 두 원소의 혼합을 중심으로 원소들의 혼융이 절정에 이른다. 마치 자유로운 혼합을 이루는 데 걸림돌이 되는 요소들을 모두 없앤 듯, 이 시집의 모든 시에는 제목이나 구두점이 없다.

브르통의 시에서 천상과 지상, 물·불·흙·공기, 고체·액체·기체 등 혼합의 중심에 있는 것은 인간의 몸이다. 자유롭게 떠다니는 우주의 원소들만큼이나 몸은 부분으로 조각나 시인의 시 공간을 유영하고 있으며, 우주의 조각들과 몸의 조각들이 어떠한 필연성과 논리적인 연계성 없이 자유롭게 결합하고 있다. 몸의 각 부분이 이질적이고 경이로운 것들이 만나는 장소로 기능하고 있는 것이다. 그는 직접적으로 감지할 수 없는 모든 추상적인 것들을 표현하기 위해 가장 구체적인 몸 이미지를 사용하고 있다.

시인은 다른 초현실주의자들과 마찬가지로 몸과 영혼, 육체와 정신이라는 이분법적 사유에 의문을 제기한다.

> 모순이라는 생각 자체가 내게는 언어도단인 것처럼 여겨진다. 사람들은 너무도 성급하게 몸의 단위와 영혼의 단위를 결합하려 했다. 실상은 어쩌면 우리는 여러 가지 의식들을 지니고 있고 그 의식들이 투표를 한다면 이 상반된 두 생각을 유보 상태로 놓아둘 가능성이 상당히 많은데도 말이다(Breton, 1970: 66).

브르통은 금기시되고 통제되었던 에로티시즘의 분출구로서의 몸을 드러내고자 한다. 『광적인 사랑*L'Amour fou*』(1937)에서 브르통은 육체적 사랑의 진정한 권리에 대해서 다음과 같이 강변한다.

> 사랑이여, 이 세상에 존재하는 유일한 형태의 사랑인 육체적 사랑이

여, 나는 열광한다. 네 독기 어린 그림자, 네 죽음을 부르는 그림자에 열광하지 않은 날이 없었도다.

Amour, seul amour qui sois, amour charnel, j'adore, je n'ai jamais cessé d'adorer ton ombre vénéneuse, ton ombre mortelle(Breton, 1976: 110).

그는 심지어 "와이셔츠를 갈아입듯 마음대로 성전환을 할 수 있었으면 좋겠다"고 말하면서 성性에 관한 모든 금기를 깨고자 했다. 그러나 브르통이 시에서 형상화하는 몸과 사랑은 욕망이나 에로티시즘의 차원을 훨씬 넘어선다. 그는 일상의 몸 이외의 것으로 끊임없이 변용하는 시적 몸을 통해 우리의 몸을 낯설게 함으로써, 기존의 세계와 존재를 새롭게 바라보도록 하고 있다.

브르통 시의 몸은 이질적인 여러 요소를 내포하고 있어서 변화무쌍하고 다양한 상태로 형상화되면서, 그의 시정신의 근본을 이루는 자유와 해방의 정신을 상징하고 있다. 시적 기법과 시도에서 오는 반역성과 모험은 독자들에게 낯섦과 불편함을 줌과 동시에 일탈의 해방감과 유희적 즐거움을 준다. 이 시인에게 몸과 시는 일상에 묻혀 드러나지 않는 삶과 존재의 이면을 구체적으로 드러내 보여주는 중요한 매체로 작용하고 있다. 이를 통해 브르통이 끊임없이 추구하고 있는 것은 시 쓰기와 삶을 합치된 것으로 보려는 시정신의 치열함이다.

2. 광물질의 살과 이미지의 응결성

그녀는 검은 거품더미들 위에서 나를 만나, 내게 빠른 강물의 바닥 속 돌들인 그녀의 입술들을 준다.

elle me rejoint sur les tas de mousse noire et m'offre ses lèvres qui sont des pierres au fond de la rivière rapide.[1]

초기 시집 『대지의 빛』에 수록된 시 「진척된 사랑Amour parcheminé」에서 여성의 입술은 돌에 비유된다. 입술은 사랑하는 사람들을 맺어주는 가장 생동감 있고 예민하고 관능적인 몸의 부분이다. 그런데 차갑고 딱딱하고 무심한 돌이라는 표면상 정반대의 이미지로 은유화되어 낯섦을 느끼게 한다. 빠른 물살과 그 기저에 있는 부동의 돌들이라는 대조는 '그녀'와 '나'의 결합을 신선하게 만든다. 발화의 장소인 입술과 침묵의 상징인 돌은 양립할 수 없는 것처럼 보이지만, 이 시집에서의 돌은 일상에 가려 드러나지 않았던 세상의 어떤 전언을 표상하고 있다. 「망가지지 않는 그물Epervier incassable」(CT, pp. 56-57)의 마지막 구절을 보면, '개개의 돌 아래에는 균열 대신 전언이 있다'고 되어 있고, 그 전언의 내용으로 '길의 행위들로부터 발췌된 기억MÉMOIRE D'UN EXTRAIT DES ACTIONS DE CHEMINS'이라는 글자가 대문자 고딕체로 쓰여 있다. 흩어져 있는 복합적 공간인 길로부터 떠올린 기억의 정수精髓들이 '강물의 바닥 속 돌들인 입술' 속

---

1 André Breton, *Clair de terre*, Paris: Gallimard, 1966, p. 54. 이하 본문에 CT로 표기함. 그밖에도 브르통의 시 인용으로 사용할 텍스트는 다음과 같다. André Breton, *Œuvres complètes* I, II, Paris: Gallimard, 1988, 1992. 이하 본문에 OCI, OCII로 표기함.

에 간직되고 있는 것이다.

브르통의 시에는 돌 가운데에서도 특히 다이아몬드의 이미지가 강하게 드러난다.

> 새들-파리들 새들-꽃들
> 처녀들만이 나체였다
> 그들의 살은 다이아몬드가 빛나듯 빛을 발했다.
> Oiseaux-mouches oiseaux-fleurs
> Les vierges seules étaient nues
> Leur chair brillait comme devrait briller le diamant.
>
> -「이동 막사Camp volant」(OCII, p.66)

살과 광물은 이 시에서 비유의 두 축이 되고 있는데, 부드러운 처녀들의 살과 단단한 광석을 하나로 이어주는 공통항인 투명성은 브르통의 시에서 긍정적인 이미지로 작용한다. 비정형의 물체, 다각도의 몸을 지닌 다이아몬드에 의해 여성의 몸은 지하의 어두운 곳에서일수록 더 빛을 발하는 투명한 몸, 빛나는 몸이 된다. 이러한 여성의 투명한 몸의 이미지는 유리의 이미지로 변용되어 나타나기도 한다.

> 나는 네 유리 허벅지들 위에
> 내 입술들을 댈 시간이 있었다
> J'eus le temps de poser mes lèvres
> Sur tes cuisses de verre
>
> -『물의 공기』(OCII, p.402)

『광적인 사랑』에서 브르통은 크리스털에 끌리고 있는데, 특히 크리스털의 "단단함, 굳기, 균일함, 내·외부의 모든 면에서 반사하는 빛"(OCII, p. 681)에 경탄하고 있다. 시인에 의하면 크리스털은 그 누구의 손도 거치지 않은 자생적 창조의 가장 완벽한 물체이다. 브르통이 『초현실주의와 미술*Le Surréalisme et la peinture*』에서 "자유는 크리스털 속에 있다"(Breton, 1965: 205)고 단언하고 있듯이, 일탈과 자유를 표상하는 크리스털은 초현실주의의 예술의 중심으로 자리하고 있다. 브르통은 칸딘스키에 관한 글에서 눈과 비전의 관계를 말하면서 크리스털의 이미지를 차용하여 이 화가의 눈을 극찬한다.

> 안경알 뒤에 약간 숨은 칸딘스키의 근사한 눈은 안경의 유리와 함께 순수한 크리스털을 형성하여, 어떤 각도에서 보면 수정 속 금홍석金紅石이 발하는 온갖 광채들로 반짝거린다. 이러한 눈은 비전에 있어서 가장 최초의, 가장 위대한 혁명가들 중 한 명의 눈이다(Breton, 1965: 286).

반짝이는 광채와 순수함, 모든 사물을 투시하는 유리의 투명함에 대한 희구는 자연발생적인 창작에 대한 찬미와 그 궤를 같이한다. 유리의 투명성은 소금의 이미지와도 연결된다.

> 내 앞에 소금의 요정이 있다
> 어린 양들로 수놓아진 그의 드레스는
> 바다 깊숙이 가라앉는다
> 그녀의 베일이 떨어질 때마다 온 산이 무지갯빛으로 빛난다

요정은 맑은 물빛처럼 태양을 받아 빛난다

J'ai devant moi la fée du sel

Dont la robe brodée d'agneaux

Descend jusqu'à la mer

Et dont le voile de chute en chute irise toute la montagne

Elle brille au soleil comme un lustre d'eau vive

–『물의 공기』(OCII, p. 400)

암염巖鹽으로 된 사람이 살지 못하는 유명한 내 집

ma fameuse maison inhabitable de sel gemme

–『광적인 사랑』(OCII, p. 784)

소금은 빛남과 정결을 나타내는 이미지로, 생명이 있는 것들에게 절대적으로 필요한 필수 물질이다. 내면에 빛이 숨겨져 있는 이 광물질은 순은의 결정체로 생의 긴장을 불러일으킨다. 시인은 소금을 통해 부패하는 일상 가운데서 인간의 영혼을 지키며 삶을 순수함으로 빛나게 하는 이미지의 응결성을 보여준다. 『나자』에서 언급한 유리로 만든 집(OCI, p. 651)의 이미지에서 볼 수 있듯, 브르통은 예술 작품으로서의 유리나 광석의 이미지와 존재의 공간으로서의 집을 혼합함으로써, 삶과 예술의 거리를 없애려는 초현실주의자들의 열망을 구현한다. 크리스털의 이미지와 더불어 브르통이 헤겔의 사유에서 만나게 된 결정結晶 작용은 그의 시에서 반복되어 나타나는 중요한 모티브다.

비물질적인 판단일 뿐이었던 것이 물질적이 되고, 거기에서 동적 행위가 자기磁氣성의 휴식을 거치지 않고 완전한 휴식에 도달하게 된다. (…) 우리는 존재하기 위해서 그 자체 이외에 다른 것을 필요로 하는 내적 형상을 더 이상 갖지 않고, 스스로 존재하는 형상을 갖게 된다 (Hegel, 1863: 609-610; OCII, p. 1488에서 재인용).

그 자체 이외에 다른 것이 필요하지 않는 완벽함, 스스로 존재하는 형상을 갖추고 있는 결정 작용의 핵심은 다른 이물질의 침투를 허락하지 않는 데 있다. 물렁하고 부서지기 쉬운 육체의 살들은 이 결정 작용에 의해 단단함과 투명성을 획득한다. 브르통은 롤랑 드 르네빌 Rolland de Renéville에게 쓴 편지에서, 헤겔적인 의미에서의 결정 작용이 단단함과 투명성에 천착하는 르네 샤르René Char의 시와 혁명적 신념들의 세계를 관통하는 주제(OCII, p. 329)라고 말하고 있다. 또한 그는 『초현실주의와 미술』에서 인체와 크리스털의 이미지들의 융합을 표현한 초현실주의자들인 말콤 드 샤잘과 헤롤드의 글을 각각 인용하고 있다.

유리로 된 드레스를 짤 때, 크리스털 방울들을 달아야만 비로소 여인들이 총천연색 드레스를 갖게 되리라… 여인들의 엉덩이와 상반신은 태양 속에서 탄력 있어지리라.

Lorsqu'on tissera des robes en verre, mais à grains en cristaux, les femmes auront des robes multicolores… Hanches et bustes de femmes seront élastiques dans le soleil.

> 인체는 특히 불의 지점들의 성좌이며 그곳에서부터 크리스털들이 빛을 발한다.
>
> Le corps humain, notamment, est une constellation de points-feu d'où rayonnent les cristaux(Breton, 1965: 204-205).

유리로 만든 드레스에 태양의 흰빛을 흡수한 크리스털 방울을 덧붙이는 행위는 그 옷을 입은 여성들의 몸을 빛으로 환하게 하며 탄력성을 부여한다. 빛과 투명함이라는 공통항을 통한 몸, 의복, 크리스털의 동일화는 부드러움 속에서 단단함을 보고, 포함되는 것 속에서 포함하는 것을 보는 전도를 가능하게 한다. 브르통의 "눈알무늬를 한 마노의 눈까풀을 지닌 무른 직관"(OCII, p. 398)이라는 시구는 단단함과 무름, 인간의 몸과 광물, 추상과 구상을 합치면서, 직관이라는 비가시적, 추상적 사실을 광물과 인체로 가시화, 구체화시켜 보여주고 있다. 이처럼 광물질을 띤 살의 이미지는 인간계와 광물계, 딱딱함과 부드러움, 고체와 액체 등의 모든 상반되는 경계를 무너뜨린다. 브르통은 동물, 식물, 광물계라는 "세 가지 계를 구분하는 생각 자체가 언어도단의 극치다"(Breton, 1965: 44)라고 단언하고 있는 것이다.

> 수천 마리 천국의 새들의 비상으로 물세례를 받은 네 살은
> 눈雪 속에 누운 치솟는 불꽃이다
> Ta chair arrosée de l'envol de mille oiseaux de Paradis
> Est une haute flamme couchée dans la neige
>
> -「물고기-망원경Le Poisson-télescope」(OCII, p. 396)

여기서 살, 공기, 불, 물은 자유롭게 섞인다. 동물, 인간, 원소의 이러한 만남 속에서, 차가움과 뜨거움의 구분(눈 속의 불), 상승과 하강의 차이(새들의 비상과 물세례 퍼붓기, 눕다와 치솟다)는 무화無化된다. '물 흐르는 빛들'(OCII, p.397), '액체의 공기'(OCII, p.399), '공기는 노랑촉수 물고기빛을 띤 화려한 장미였다'(OCII, p.401) 등의 아름답고 낯선 시구들 속에서 모든 경계 짓는 것들은 사라지고 온갖 사물들은 하나로 화합된다. 빛과 공기는 액체화되거나 '노랑촉수 물고기빛 장미'에 의해 대기大氣의 기운을 신비하고 화려한 불 속으로 끌어들인다.

이러한 광물화한 살의 이미지는 브르통의 시세계의 중요 지향성이라 할 수 있는 경련을 일으키는 아름다움과 연계된다. 그는 『광적인 사랑』에서 "움직임 속에서 파악된 대상을 그 대상의 휴식과 연결시키는 상호 관계의 확립을 거쳐야만 비로소 아름다움-경련을 일으키는 아름다움을 논할 수 있다"(OCII, p.680)라고 쓰고 있다. 시인은 '처녀림 속에 처박힌 증기기관차'의 예에서처럼 움직임과 정지를 동시에 갖고 있는 대상에 천착한다. 『백발의 권총』에 수록된 「집배원 슈발Facteur Cheval」이라는 시에서 시인은 이러한 이미지를 끄집어낸다.

기압계의 거대한 뿌리들에 붙들려
처녀림에서 신음하는 증기기관차
la locomotive en proie aux immenses racines barométriques
Qui se plaint dans la forêt vierge (OCII, p.90)

이러한 증기기관차의 이미지는 백발의 권총이라는 이미지와 중층重層을 이룬다. 즉 자연과 문명, 정지와 돌진이라는 일견 상반된 항들을 동시에 포괄하는 증기기관차의 아름다움은 탄알을 발사할 때의 무서운 파괴력과 장전하지 않았을 때의 휴식이 공존하는 '백발의 권총'이라는 이미지와 유사성을 지니고 있다.

그의 시에서는 '현기증 나는', '미친 듯한', '회전하다'라는 시어들을 빈번하게 접할 수 있는데, 이 또한 경련을 일으키는 아름다움에 대한 추구의 일환이다. 이성적인 것들과 대조되는 이러한 비이성적인 인간의 현상들은 그의 시에서 이성보다 늘 우위를 점한다.

> 판단은 놓인 다리지만 내 현기증만큼 아름답지는 않다
> Le Jugement est un pont jeté mais il n'est pas si beau que mon vertige
>
> —「이동 막사」(OCII, p.66)

> 네 팔의 중심에서 바람들에 의해 장미의 크리스털이 회전한다
> Tes bras au centre desquels tourne le cristal de la rose des vents
>
> —『물의 공기』(OCII, p.397)

> 너는 벌거벗은 채/ 거대한 불꽃놀이의 태양 속에서/ 회전했다
> Tu tournais/ Nue/ Dans un grand soleil de feu d'artifice
>
> —『물의 공기』(OCII, p.401)

의미 관계가 서로 동떨어진 세 명사가 '~의'라는 의미를 지닌 전치사 'de'를 통해 어지럽게 결합되어 있고, 그 혼란스러움은 '회전하다'라는 동사와 연결되어 더욱 강조된다. 이러한 복합 은유의 중심에는 인

간의 몸이 있다. 시인의 상상력에 의해서 가벼움과 향기와 투명한 무게를 지닌 크리스털이 탄생하고 있는데, 그 탄생의 카오스적인 과정은 '회전한다'라는 동사가 표상하듯 언제나 현기증 나는 어지러움을 동반한다. 움직임의 주체인 몸의 이 회전하는 시각에 의해 바람과 장미와 태양은 새롭게 빛나고 있으며, 사물들은 그 위치를 바꾸면서 서로 다른 존재가 되어 유쾌한 축제의 공간을 구축하고 있는 것이다.

3. 다층적, 복합적 몸과 블라종 기법

몸과 몸 이외의 원소들의 자유스런 만남은 『백발의 권총』에 수록된 시 「자유연애L'Union libre」에서 그 절정을 이룬다. 이 시의 제목은 여러 연구자들의 다양한 분석이 나올 만큼 매우 다의적이다. 그것은 모든 나르시시즘적 요소를 배제한 사랑을 일컫는 브르통의 주요 개념인 '선택성 사랑l'amour électif'과 연결된다. 선택성 사랑은 브르통의 설명에 의하면 "물질적인 혹은 다른 우발적인 사태를 무시한 두 존재의 자유로운 선택을 전제로"(OCII, p. 1317) 한다. 세르주 가브론스키Serge Gavronski에 의하면 '자유연애'라는 제목은 "유추의 기법에서 비롯된 자유로운 생각의 진행…, 서로 다른 두 요소의 만남을 일으키는 원칙"(Gavronsky, 1986: 45)을 의미한다. 「자유연애」는 모든 관습, 구속, 일상성에서 벗어나는 자유로운 사랑, 자유로운 결합을 암시한다. 또한 이러한 결합은 남성과 여성의 결합만이 아니라 인간의 몸과 우주의 사물들 간의 자유로운 결합을 포괄적으로 종합하고 있는 것이다.

장 오니무스Jean Onimus는 브르통 시의 "무상적이고 바로크적인 이미지들의 홍수"를 지적하면서 "자동기술에 대한 편견으로 가득한 브르통의 시는 극도로 인공적이다"(Onimus, 1984: 25-26)라고 비판한다. 그러나 자칫 인위적이고 황당하다고 여겨질 수 있는 브르통의 시적 글쓰기는 모든 금기와 통제들을 벗어나 세계와 인간의 모든 구성요소들 간의 자유로운 결합을 추구한 결과물이다. 그의 시의 제목처럼 '자유연애'를 위해 사랑과 자유의 이름으로, 조화로운 결합보다는 괴상하고 우스꽝스러운 결합을 모색하고 있는 것이다.

장작불의 머리칼을 지닌
열기를 띤 번개의 생각들을 지닌
모래시계의 몸매를 지닌 내 아내
호랑이 이빨들 사이에 낀 수달의 몸매를 지닌 내 아내
최고로 큰 별들의 꽃 장식과 꽃다발의 입을 지닌
흰 대지 위에 새겨진 흰 쥐의 흔적들로 된 이빨들을 지닌
반들반들 문지른 호박琥珀과 유리의 혀를 가진 내 아내
(…)
작은 곤돌라의 엉덩이를 지닌
샹들리에와 화살 깃의
흰 공작의 깃대들의
알아차리지 못하게 균형 잡힌 엉덩이들을 지닌 내 아내
사암砂巖과 석면의 엉덩이들을 지닌 내 아내
백조의 등의 엉덩이들을 지닌 내 아내
봄의 엉덩이들과
글라디올러스의 성기를 지닌 내 아내

사금광상과 오리너구리의 성기를 지닌 내 아내
미역과 옛날 사탕의 성기를 지닌 내 아내
거울의 성기를 지닌 내 아내
Ma femme à la chevelure de feu de bois
Aux pensées d'éclairs de chaleur
A la taille de sablier
Ma femme à la taille de loutre entre les dents du tigre
Ma femme à la bouche de cocarde et de bouquet d'étoiles de dernière grandeur
Aux dents d'empreintes de souris blanche sur la terre blanche
A la langue d'ambre et de verre frottés
(…)
Ma femme aux hanches de nacelle
Aux hanches de lustre et de pennes de flèche
Et de tiges de plumes de paon blanc
De balance insensible
Ma femme aux fesses de grès et d'amiante
Ma femme aux fesses de dos de cygne
Ma femme aux fesses de printemps
Au sexe de glaïeul
Ma femme au sexe de placer et d'ornithorynque
Ma femme au sexe d'algue et de bonbons anciens
Ma femme au sexe de miroir (OCII, p.87)

브르통은 이 시에서 여성 몸의 부분들을 그 외적인 요소들과의 은유 관계를 통해서 열거하고 있다. '내 아내'는 30번이나 반복되면서 우주의 다양한 원소들, 식물들, 과일들, 꽃들, 나무들에 비유되고 있다. 브르통은 여성의 몸을 통해 서로 공존할 수 없다고 여겨지는 요소들이 모순 없이 결합할 수 있는 장을 펼치고 있다. 이를 위해 여성 인체의 부분들은 머리카락에서 발끝까지 세분화된다(머리카락, 몸매, 입술, 이빨, 혀, 눈썹, 속눈썹, 관자놀이, 어깨, 손목, 손가락, 겨드랑이, 팔, 다리, 몸짓, 장딴지, 발, 목, 목구멍, 젖가슴, 배, 등, 목덜미, 엉덩이, 성기, 눈). 이처럼 몸의 상부와 하부, 외부와 내부가 세세하게 나열된다. 이 육체의 일부에 대한 비유항은 동물, 식물, 광물, 시간, 계절, 추상적인 감정, 언어, 4원소 등 다양하다. 그리고 인체의 비유항들은 매우 구체적이고 특성화되어 있으며, 그 자체로 또 다른 은유를 만들고 있기도 하다. '호랑이 이빨에 낀 수달'은 몸매를, '칼 맞은 제물'은 혀를, '급류의 침대 바로 그 속에서의 만남'은 목구멍을 비유하고 있는 것 등이 그 예다.

이러한 여성적 몸의 비유들은 위험하고 아슬아슬한 순간들과도 대면하고 있다. 여성의 몸은 '도끼 밑에 있는 나무들의 눈'이 되어, 마치 인간들의 삶이 알지 못하는 순간에 까마득한 어둠으로 추락하듯이, 삶과 죽음의 양면성 앞에 놓인다. 그리하여 여성의 어깨는 샴페인이 되어 흘러내리다가 타자의 목구멍 속으로 흘러들어간다. 손목은 성냥개비로 타오르고, 손가락은 건초가 되어 베어지며, 팔은 물거품이 되어 사라진다. 또한 다리는 로켓으로 발사되어 사라지고 젖가슴은 용광로가 되어 타오른다. 종합하면 이 시에서의 여성의 몸은 먹히는 몸과 태워지는 몸, 흐르는 몸, 베어지는 몸 등 다양한 유형의 상실과 훼손의 이미지로 표현되고 있다.

이를 위해 브르통이 사용하는 은유들은 다층적이고 복합적이다. '온실의 슬레이트 지붕과 유리창들을 달고 있는 수증기의 관자놀이를 지닌 내 아내'에서 볼 수 있듯이, 이 시에서의 은유들은 단일한 원관념, 보조관념의 관계를 넘어서서, 몸을 비유하는 보조관념들이 또 다른 원관념과 보조관념으로 갈라진다. 이를 통해 몸이 가진 다의미성은 더욱 강조된다.

아내의 몸을 구성하는 이 모든 부분들은 마지막 행에서 우주화되어 입체성을 획득하고 있다. 물, 불, 공기, 흙의 4원소로 은유화되는 여성의 눈은 소우주와 대우주, 카오스와 코스모스를 한 몸에 응집시키고 있다.[2] 이를 통해 세계는 여성 몸의 육체성과 감수성을 부여받고, 여성의 몸은 우주적인 몸으로 거듭나게 된다. 이렇게 여성의 몸을 우주적으로 건축하기 위해 브르통은 전통적인 블라종 기법[3]을 새롭게 차용하고 있다. 블라종은 무엇보다 사랑의 시이며, 여성 몸의 비밀

---

2 엘자 아다모비치Elza Adamowicz는 「자유연애」의 구조를 분할과 종합의 구조로 설명하고 있다. "분할의 순간은 종합의 순간과 대조를 이룬다. 세계의 거울인 몸은 자연의 원소들을 포함하고 집결시키는데, 이 과정은 시 전체에서는 암암리에, 그리고 눈이 우주적 이미지로서의 몸을 요약하고 있는 마지막 행에서는 공공연히 드러난다"(Adamowicz, 1989: 573).

3 블라종이라는 말은 원래 문장紋章을 뜻하는 것이었는데 15세기 중엽 여성 몸의 블라종이라는 문학 장르가 생겨나 16세기 마로Marot에 의해 꽃을 피웠다. 여성 몸의 한 부분을 찬미하거나 비난하는 이러한 장르적 특성은 몸의 가치를 절대적으로 폄하하거나 찬미했던 서양의 이분법적 태도와 상통한다. 전통적인 블라종은 몸의 한 부분만을 대상으로 하는 데 비해, 롱사르 이후 블라종은 사랑하는 여성의 몸의 각 부분들을 환유적인 연결고리에 따라 차례로 언급하는 게 특징이다. 몸 전체는 언제나 죽음과 연결되어 있기 때문에 부분에 천착하는 것이라고 롤랑 앙토니올리Roland Antonioli는 분석한다(Antonioli, 1990: 5).

스런 세계에 깊숙이 파고들려는 시인의 욕망이 반영된 글쓰기 기법이다. 사랑, 삶, 시를 동일 선상에 놓았던 브르통에게 블라종은 이 세 요소의 융합을 보여주는 효과적인 장르로 작용한다. 「자유연애」는 따라서 세밀하고 상세한 글쓰기를 통해 여성의 몸이라는 건축물을 짓는 작업의 결과이다.[4]

브르통의 시에서 시적 자아는 자신의 욕망 추구를 여성의 몸-풍경의 일부분들을 열거하는 과정에서 이루어나간다. 명사 구문이 반복되고 세밀하게 나열되는 글쓰기는 현대시의 명사구를 분석한 논문에서 미셸 콜로가 다음과 같이 지적한 것과 통한다. "주체와 객체, 언어 행위와 사물들의 전前술어적 단위는 술어적이고 단언적인 언술이 구분하는 코스모스와 로고스를 하나의 지평 속에 결합시키고자 하는 현대시의 중요한 지향성들 중 하나이다"(Collot, 1992: 107). 브르통은 블라종 기법을 통해 여성의 풍경을 하나하나 자세히 해부함과 동시에 총괄하면서 나, 타인, 세계를 새롭게 건설하고 있다.

브르통은 전통적인 블라종의 수사학적 기법들인 열거, 은유들의 중첩, 연도連禱 등을 사용한다. 전통적인 블라종 기법과 다른 점은 상투적이지 않은 낯선 은유들을 사용한다는 점이다. 그가 사용하는 블라종 기법의 글쓰기는 질서와 무질서, 은유와 환유, 친근함과 생경함을 결부시킨다. 그의 블라종 글쓰기에서는 반복과 열거의 기법을 통

4 『몸의 담화들』이라는 연구서에 의하면, 16세기 몸의 블라종은 문장紋章 블라종과 같은 수사학적인 원리인 환유를 사용한다. 이 연구서는 "문장들이 이름이나 도시를 지시하는 것과 마찬가지로, 몸의 세부들은 존재 전체를 상징하여 환유처럼 작용한다"(부분은 전체의 가치가 있다)고 설명한다. 그렇다면 몸의 블라종 장르는 수사학의 두 문체, 은유와 환유를 얽은 것이다. 하나하나 나열되는 몸의 각 부분들은 몸 전체의 환유이며, 그 부분들은 또 은유적으로 몸 이외의 이질적인 요소들과 동일화되기 때문이다(Quéran, 1993: 40).

한 정형화되고 전통적인 구조가 새롭고 놀라운 은유들과 결합되고 있다. 특히 기이하고 이질적이고 우스꽝스러운 이미지들을 사용해서 '자유연애'라는 제목이 주장하는 사랑의 자유를 그리고 있다.

항상 독자적인 부분들의 총체로 파악되는 여성의 몸은 블라종 기법을 통해 새로운 풍경으로 다시 건축된다. 이는 메를로-퐁티의 '살의 존재론'과도 통하는데, 이 현상학자는 "세계가 곧 살인데, 어떻게 몸과 세계의 경계를 그을 수 있는가?"(Merleau-Ponty, 1964: 152)라는 질문을 던지며 몸과 세계의 풍경들의 일치를 설명한다.

4. '눈'의 광채와 세계의 재구성

초현실주의자들에게 있어서 눈은 그들의 존재론적, 예술적, 혁명적 추구를 표현하는 중요한 역할을 하고 있다. 그들이 시와 그림으로 표현하는 눈은 절단되고, 감겨지고, 텅 빈 이미지가 지배적이다. 에른스트의 실로 꿰어진 눈, 뷔뉘엘과 달리의 영화 「안달루시아의 개Un chien andalou」에 나오는 유명한 이미지인 면도칼로 젊은 여성의 눈을 절단하는 장면, 마그리트 그림에 자주 나오는 눈을 감고 있는 등장인물들, 폴 델보Paul Delvaux의 허공을 응시하는 듯한 여성들의 눈, 빅토르 브라우너Victor Brauner의 뿔이 튀어나오는 눈 등은 이들이 표현하는 눈이 일상의 세계를 보는 눈과는 거리가 먼 것임을 알려준다.

이렇게 가차 없이 공격당하는 눈은 흔히 정신분석적 입장에서 분석되는 사디즘이나 거세의 상징만을 담고 있는 것이 아니라, 초현실주의의 새로운 비전을 얻기 위해 필수적인 과정인 현실적인 눈의 실명을 표현한 것이라 할 수 있다. 눈을 파괴하는 행위는 메를로-퐁티의 표현을 빌리자면 "세속적인 비전이 볼 수 없다고 믿는 것에 볼 수 있는 존재성을 부여하기 위해"(Merleau-Ponty, 1999: 27) 일상의 눈을 파괴하는 것이다.

브르통의 시에서는 이러한 새로운 비전을 상징하는 눈의 이미지가 공격이나 절단의 이미지로 나타나기보다는, 투명한 빛을 발하는 눈, 바깥 세계의 다양한 생물이나 사물들로 변용하는 눈의 이미지로 나타난다. 시인은 사랑의 두 시선이 교차할 때 뿜어나오는 광채를 포착한다.

그녀는 보통의 천사 같은 초록빛보다 더 푸른 눈을 하고 있다
그리고 이 눈들은 붕소硼素 불꽃이 스치는 다른 눈들에 홀려 사랑을 불태운다
Elle a les yeux plus verts que d'ordinaire n'est verte angélique
Et ces yeux plongent se brûlent à d'autres yeux sur lesquels glisse une flamme de bore

-「의식을 잃고Sans connaissance」(OCII, pp. 95-96)

이 여성이 너무 빛나서 나는 그녀를 볼 수 없었다
내 자신이 불타오르는 걸 보았던 이 눈들을 통해.
Cette femme devint si brillante que je ne pus la voir
De ces yeux qui m'ont vu moi-même brûler.

-「유령의 모습들Les Attitudes spectrales」(OCII, p. 70)

첫 번째 시는 매혹적인 빛깔의 눈들과 그 눈들이 다른 눈들과 교차하면서 서로에게 빨려드는 사랑의 불타오름을 '붕소 불꽃'이라는 구체적인 매개항을 통해 은유화하고 있다. 그 눈은 '천사 같은 초록빛보다 더 푸른 눈'이라는 신비한 색채가 강조되고 있다.

눈과 눈의 교류로 이뤄지는 만남과 욕망과 사랑의 대화는 치열하다. 시선의 교류에 의해 광채가 나는 그녀의 몸과 불타오르는 내 몸의 일치는, 마치 그녀의 빛나는 몸이 태양이고 '이 눈들'이 돋보기이며, 내 몸이 돋보기를 통해 열을 받아 불타는 대상이 된 것처럼 읽힌다.

> 다른 색깔들을 지닌 두 눈
> 눈썹들의 포도덩굴 위에 달린 황산철의 눈 금강석처럼 빛나는 진흙의 다른 쪽 눈
> deux yeux de couleurs différentes
> L'un de sulfate de fer sur la treille des cils l'autre de boue diamantée
>
> –「위험한 대구원Le Grand secours meurtrier」(OCII, p.99)

식물과 금속이 결합한 한쪽 눈과 미천한 진흙과 고귀한 다이아몬드가 결합한 다른 쪽 눈이 함께 내는 빛깔들은 포도덩굴처럼 싱그럽고, 황산철처럼 녹슬고, 다이아몬드처럼 빛나고, 진흙처럼 카오스적인 빛깔이다. 이를 통해 브르통이 그려내는 눈은 관념과 감각이 결합되는 상징적인 색깔을 지니고 있다. 그의 시에서 그려지는 눈들은 '멀리서 돌의 바람을 들어올리는' 힘을 지니고 있거나(「완전히 백인인 남자와 여자Un homme et une femme absolument blancs」, OCII, p.89), 다른

물로 비유되면서 투명함과 깊이를 지니기도 한다. 이 깊이에 의해 삶 속에서 보았던 무궁무진한 보물들이 길어 올려진다.

> 계절들은 내 눈들의 맑은 물로 빛나는 그들의 그물을 한 올 한 올 걷어 올린다
> 그리고 이 그물 속에는 내가 보았던 모든 것이 있다 그것은 전설적인 조개의 나선 모양이다.
> Les saisons remontent maille par maille leur filet brillant de l'eau vive de mes yeux
> Et dans ce filet il y a ce que j'ai vu c'est la spire d'un fabuleux coquillage
>
> –「거울들의 매듭Noeud des miroirs」(OCII, p. 88)

브르통이 그리는 눈들은 이처럼 광대무변한 우주를 흡수하는 힘, 외부세계의 내면을 끄집어내어 비추는 힘이 있다. 「자유연애」의 마지막 구절에서 묘사되는 '내 아내'의 눈과 『백발의 권총』의 다른 시 속에서 나타나는 '내 눈들'의 이미지는 이러한 눈의 다양성을 잘 보여준다.

> 애벌레들의 내 눈들 검고 빛나는 밀납으로 봉해진 돌고래들의
> 검고 길다란 돌고래들의 내 눈들
> Mes yeux de chenilles mes yeux de longues baleines noires
> De baleines cachetées d'une cire étincelante et noire
>
> –「쐐기풀 가지가 창문으로 들어온다Une branche d'ortie enetre par la fenêtre」(OCII, p. 99)

눈에 눈물이 가득 고인
자줏빛 갑옷과 자침磁針의 눈들을 지닌 내 아내
사바나의 눈들을 지닌 내 아내
감옥에서 마시는 물의 눈들을 지닌 내 아내
도끼 밑에 항상 놓여 있는 나무의 눈들을 지닌
물의 차원 공기의 차원 땅과 불의 차원에 있는 눈들을 지닌 내 아내
Ma femme aux yeux pleins de larmes
Aux yeux de panoplie violette et d'aiguille aimantée
Ma femme aux yeux de savane
Ma femme aux yeux d'eau pour boire en prison
Ma femme aux yeux de bois toujours sous la hache
Aux yeux de niveau d'eau de niveau d'air de terre et de feu.

–「자유연애」(OCII, p. 87)

첫 번째 시에서 '내 눈들'은 애벌레와 돌고래라는 동물들로 비유된다. 꿈틀거리는 흰 애벌레가 눈의 흰자를, 헤엄치는 검은 돌고래들이 눈의 검은자를 떠올리면서 생동감 있게 그려지고 있다. 이 두 동물은 눈이 지닌 신비감과 변용의 힘을 보여준다. 애벌레들은 탈피의 과정을 통해 나비로 거듭날 것이고, 밀납을 녹여 편지를 꺼내듯, 밀납한 돌고래는 밀납이 녹으면서 물을 뿜어낼 것이기 때문이다.

두 번째 시의 '내 아내의 눈들'은 갑옷처럼 단단하고, 자침처럼 끌어당기는 매력을 발휘한다. 인체어인 눈이 갑옷과 자침의 금속성으로 전이됨에 따라, 여성적 수동성은 날카로운 능동성으로 변화한다. 눈은 또한 사바나처럼 광대하고, 감옥에서 마시는 물처럼 시원한 해

방감을 주고, 도끼 밑 나무처럼 아슬아슬하고, 4원소처럼 우주적이다. 이렇게 눈은 공간, 동물, 의복, 도구, 식물, 원소 등 세상에 존재하는 모든 범주의 것들로 자유롭게 변용하고 있다.

이와 같이 변화무쌍한 눈의 이미지들은 브르통 자신이 『초현실주의와 미술』에서 쓴 유명한 선언, '눈은 야성의 상태로 존재한다'를 떠올리게 한다. 그가 설정하고 있는 야성의 상태의 눈은 "그 눈들의 본능적인 근원들로 돌아간, 즉 어린아이, 광인, 원주민들이 지닌 눈의 상태"를 말하며, 지각과 표상, 감각과 사유, 현실과 초현실, 내면과 외면, 현실과 잠재성을 융합하고 있다고 부이유 베르나르는 지적한다(Bernard, 1998: 199). 이러한 눈은 또한 브르통 자신이 언급한 "편견 없는 눈, 즉 앞으로 볼 것에 대해 아무런 정보도 없는 눈, 또한 서양에서 수세기 동안 가르쳐온 '보는 방식'에 의해 왜곡되지 않은 눈"(Breton, 1966: 238)을 나타내는 것이다. 이러한 브르통의 사유는 메를로-퐁티가 '내부의 시선' 혹은 "그림들과 정신적인 이미지들까지도 보는 제3의 눈"(Merleau-Ponty, 1999: 24)이라고 명명했던 것을 떠올리게 한다. "화가들은 자신이 사물들을 보는 것이 아니라 사물들이 자신을 응시하고 있다고 여긴다"(Merleau-Ponty, 1999: 31)고 퐁티는 지적하면서, 볼 수 있는 대상과 화가들 간의 관계 전도를 설명하고 있다. 이러한 전도 현상은 브르통의 시에서도 중심적인 지향성으로 부각되고 있다.

브르통은 "내가 듣는 것은 아무런 가치가 없다. 내 눈들을 크게 뜨고 보는 것, 그보다 더, 눈을 감고 보는 것만이 있을 뿐이다"(Breton, 1965: 18)라고 주장함으로써 외적 풍경의 반영이 아닌 내면으로 열려 있는 눈의 역할을 강조하고 있다. 그의 시들 속에서 눈은 보기와 보여주기 기능을 동시에 하면서 내면적 풍경을 비추는 일종의 스크린 역할을 하고 있다.

산은 시암보다 더 매혹적인 눈들을 뜬다
La montagne ouvre des yeux plus fascinants que le Siam

–「약속Rendez-vous」(OCI, p.162)

(…) 네 눈의 가장 빛나는
이 황폐화된 노란 장소에서
나무들은 날아다니고
건물들은 질이 나쁜 명랑함에 의해 흔들리기 시작하고
서커스들은 거리에서 극심한 사치를 부리며 계속된다
(...) ce lieu jaune ravagé
Le plus éclatant de ton oeil
Où les arbres volent
Où les bâtiments commencent à être secoués d'une gaieté de mauvais aloi
Où les jeux de cirque se poursuivent avec un luxe effréné dans la rue

–『물의 공기』(OCII, p.406)

눈에 의해 부동의 나무들이 날아다니고 건물들은 흔들린다. 시적 주체의 빛나는 시각에 의해 모든 외부의 풍경들은 내면적 풍경으로 전환된다. 초현실주의자들이 풍경을 그릴 때 그 풍경들은 브르통이 말하듯 "오래전부터 자기 자신의 극점을 향해 길을 떠난 사람의 내적 풍경들이다"(Breton, 1970: 160). 고정성을 배제한 투명한 눈은 보는 주체와 보이는 대상의 자율성을 동시에 존중한다. 인식의 주체로 기능하고 있는 브르통의 초현실주의적 '눈'은 자신의 스크린 속에 존재와 언어를 투영하여, 비가시성의 개념을 해체시키면서 세계를 재구성하고 있는 것이다.

브르통의 독창적인 몸의 건축학은 인체와 우주를 아주 세세한 부분들로 분해하고, 이 모든 것들을 자유롭게 혼합한 뒤 정교하게 짜맞춰 새로운 몸으로 탄생시키는 데 있다. 블라종 기법의 변용을 통해 그는 여성의 몸을 원소, 식물, 동물, 광물, 계절 등으로 다양하게 은유화하면서 일상의 모든 구성요소들이 포용력 있는 여성 인체의 일부와 동화되도록 만든다. 이를 통해 세계는 감각화되고 여성의 몸은 우주적인 몸으로 탄생하는 상호 침투가 일어난다.

또한 이렇게 새로이 건축된 몸은 안과 밖, 상부와 하부, 보이는 몸과 보이지 않는 몸, 몸과 세계, 몸과 정신의 어떠한 이분법적 구분들도 무너뜨린다. 기존의 모든 미학적, 도덕적 규범에서 벗어나겠다는 초현실주의자들의 선언처럼, 타오르고 흐르며, 베어지는 몸과 아슬아슬하고 우스꽝스러운 몸은 새로운 초현실주의만의 미학, 즉 브르통 자신의 용어처럼 "경련을 일으키는" 미학을 대변하고 있다.

10장

벵자멩 페레: 경이로움과 넌센스의 시학

1. 일상의 환상성과 시적 도약

벵자멩 페레Benjamin Péret(1899~1959)는 브르통의 곁에 남아 초현실주의를 끝까지 수호한 시인이다. 대표 시집으로는 『위대한 놀이*Le Grand Jeu*』(1928), 『최상급의 포도주*De derrière les fagots*』(1934), 『나는 승화시킨다*Je sublime*』(1936) 등이 있으며, 동화로는 『양고기, 그의 삶, 그의 작품*Le Gigot, sa vie, son œuvre*』(1957) 등이 있다. 시, 동화, 산문, 회화 비평, 영화 비평 등 모든 저작을 총괄하는 7권의 방대한 전집이 '벵자멩 페레 친구들 연합'의 이름으로 출간된 바 있다. 동화적인 요소가 혼재되어 있는 그의 시는 시와 서사의 교묘한 줄타기를 통해 독특한 환상성을 유발한다. 시를 통해 서사적 텍스트를 패러디하고 있다는 느낌이 들 정도로 그의 시는 의미와 문맥을 배제한 허무맹랑한 이야기처럼 보이기도 하며, 그런 이유로 어떠한 논리적 분석도 의미가 없을 것처럼 여겨지기도 한다. 하지만 대표 시집 『위대한 놀이』[1]에 수록된 시들을 비롯한 페레의 시들은 자동기술법을 연상시키는 매우 빠른 발화 속도와 은유의 연쇄 아래 환상성을 체계적으로 촉발시키는 특성을 갖고 있으며, 이를 통해 관습화된 현실을 뛰어넘는 시적 도약을 성취하고 있다. 기존 환상문학의 특징들과 초현실주의의 환상성 속에 페레의 시를 위치시켜보면 '놀이'라 불리는, 그러나 결코 가볍지만은 않은 시적 도약의 의미를 발견하게 된다.

이성의 전능함을 거부하면서 우연과 욕망, 무의식의 자발적인 힘을 중시했던 초현실주의자들은 환상문학의 역사에 한 획을 그은 18세기 범죄소설과 유령소설을 선호했다. 그들은 환상문학이 보여주는 경이의 세계를 통해 내면세계를 꿰뚫어볼 수 있는 능력을 발전시키고자 했다. 또한 범죄소설이 드러내는 금지된 세계를 통해 질서정연한 삶에 의문을 제기하고 인간 질서의 위선을 폭로하고자 했다. 환상문학 속에는 악몽과 유령, 낯섦을 유발하는 어두운 존재들이 가득하다. 환상의 세계는 비논리적 징후와 전조前兆에 휩싸여 있으며 이성보다는 감성, 의식보다는 무의식과 꿈의 영역에 닿아 있다. 초현실주의자들은 '경이로움'의 발견을 강조하면서 이를 가능하게 하는 방법으로 자동기술법, 착란적 비평 방법, 초현실주의적 놀이 등을 끊임없이 실험했다. 환상예술에 관한 뛰어난 저작을 남긴 마르셀 브리옹Marcel Brion은 이에 대해 "가장 깊숙이 감춰진 은둔 속에서, 가장 불가능한

1 Benjamin Péret, *Le grand jeu*, Paris: Gallimard, 1928. 이하 GJ로 표기.

표현 형태 속에서 기이한 것의 도발을 보여주는 초현실주의는 그 누구도 결코 넘지 못할 경지로, 환상성을 생성하는 환각적인 기법들을 개발했다"(Brion, 1961: 48)고 언급하며 환상예술에 대한 초현실주의의 기여를 밝힌 바 있다.

그런데 정작 환상문학의 역사에서 초현실주의가 언급되는 경우는 거의 없다. 왜일까? 로제 카이와Roger Caillois가 지적하고 있듯이 환상문학은 세계의 현상을 이성적이고 필연적인 질서로 파악하는 과학적 인식에 반발하여 나타난 것으로 낭만주의와 함께 시작되는 문예 양식이다(Caillois, 1987: 27). 그런 이유로 환상문학에 대한 연구는 주로 18, 19세기의 문학 작품을 중심으로 이루어져 왔다. 하지만 20세기 환상문학을 다룬 연구서에서도 초현실주의 문학이 다뤄지지 않는 것은 마찬가지다. 조르주 자크멩George Jacquemin은 19, 20세기 환상문학에 대한 연구서에서 앙리 미쇼Henri Michaux와 앙드레 브르통, 쥘 쉬페르비엘Jules Supervielle과 쥘리앙 그라크Julien Gracq의 산문을 짧게 언급한다. 그에 따르면 미쇼와 브르통은 "탐구되지 않은 환상성"이라는 점에서, 쉬페르비엘은 "환상성을 특징짓는 운명에의 맞섬을 결여하고 있다"는 점에서 기존의 환상성과 구분된다. 또한 그라크의 경우는 "모험이 환상적인 것이 되는 것을 갈망하는 것이 아니라 시적 경이로움과 관련된다"(Jacquemin, 1974: 165-166)는 이유로 환상문학에서 배제된다. 마찬가지로 츠베탕 토도로프를 비롯한 대부분의 환상문학 연구자들은 서사가 중시되는 환상성의 영역에서 시를 배제하고 있다. 시가 강조되는 초현실주의 문학이 환상문학 속에 포함될 수 없었던 또 다른 이유다.

한편 『환상문학의 거장들』을 쓴 프랑수아 레이몽François Raymond

과 다니엘 콩페르Daniel Compère는 초현실주의가 현실과 비현실의 경계를 다루는 환상문학을 수용하지 못한다고 평가하면서 그 근거로 브르통이 초현실주의 선언문에 쓴 다음의 말을 인용한다. "환상적인 것 속에서 감탄할 만한 사항은 거기에 환상적인 것이 없다는 사실이다: 거기에는 현실만이 있다"(레이몽, 콩페르, 2001: 306). 이러한 브르통의 언급이 환상을 배제시키고 있다는 것이다. 그런데 이 말이 과연 환상을 거부하거나 배제시키는 말일까? 오히려 브르통의 언급은 환상성을 현실로까지 끌어들이는 지향성을 보여주고 있는 것이 아닐까? 사실 초현실주의자들은 특별한 장소에서 벌어지는 환상성이 아니라, 도시 어디에서나 발견할 수 있는 일상의 환상성을 강조한다. 브르통의 언급은 환상을 배제시킨 것이 아니라 환상과 실재, 현실과 비현실의 강력한 얽힘을 부각시킨 것으로 읽어야 한다. 그리고 비단 초현실주의자들뿐 아니라 19세기 환상예술을 대표하는 동판화가 로돌프 브레댕Rodolphe Bresdin 또한 일찍이 현실과 환상의 긴밀한 연결고리를 강조한 바 있다. "현실을 파고들라, 형태들의 낯섦과 형태 너머의 낯섦을 응시할 수 있는 자에게 현실은 환상의 고갈되지 않는 샘이다"(Brion, 1961: 43에서 재인용).[2] 환상은 "현실을 왜곡하면서가 아니라 현실을 고양시키면서 발견"(Brion, 1961: 43)하는 것이며, 초현실주의자들은 다른 사람이 정상적인 것만 발견하는 일상적인 대상 속에서 모든 종류의 환상적인 형태들을 읽어낼 수 있기 위한 계시적인 능력을 발전시켰다.

2 브레댕은 계시적인 창조 능력을 '현실의 디테일'이라는 방향에서 발전시켰으며, 항상 현실에서 출발하고, 지각으로 감지된 후 바로 발명이 작동하도록 했다.

환상문학의 연구자들은 환상성의 공포스러운 측면, 즉 "세계의 안정성을 깨뜨리는 금지와 위협적인 측면"(카이와),[3] "자연적인 법칙만을 인지하고 있는 존재가 순간 초자연적인 성격을 가진 사건에 직면할 때 경험하게 되는 동요"(Todorov, 1970: 29)를 강조하면서 이를 '경이로움'의 개념과 구분한다. 그러나 초현실주의가 밝힌 일상의 경이로움은 용, 유니콘, 요정들이 살고 있는 세계의 경이로움과 구분되며, 환상성에서 간과해서는 안 될 중요한 특성이라고 생각된다. 왜냐하면 환상성은 반드시 공포와 놀라움으로만 충족되지 않으며 인간이 환상성에서 기대하는 복합적인 미감이 분명히 있기 때문이다. 초현실주의의 두 축인 현실과 초현실의 관계 속에서 발현되는 환상성은 초현실주의에 고유한 시학적 특성뿐 아니라, 환상문학에서 다루는 환상성을 재조명할 수 있는 중요한 쟁점이 될 수 있으리라 생각한다. 이를 규명하기 위해 자동기술법적인 시 쓰기에 능했던 페레의 시 작품들을 중점적으로 분석해보고자 한다.

2. 언어의 해체와 "위대한 놀이"

루이 박스Louis Vax는 전통적인 환상문학에서 환상이 끼어드는 세 가지 방식에 대해 다음과 같이 설명한다.

---

3 "경이로움의 세계는 용, 유니콘, 요정들이 살고 있는 곳이다. 그곳에서는 기적과 변신이 수시로 일어나고 요술 지팡이가 흔히 사용된다. 반면 환상성은 초자연적인 것이 세계의 일관적인 법칙을 단절하는 형식으로 나타난다. 이곳에서의 기적은 지금까지 확실하고 불변하는 법칙이 지배하는 세계의 안정성을 깨뜨리는 금지와 위협적인 것으로 변한다"(Caillois, 1987: 18-19).

작가가 이야기의 주제를 한 번에 예고하는 경우가 있고, 우리를 마술적인 분위기 속에 빠지게 함으로써 마법을 그럴듯하게 여기게 하는 경우가 있다. 혹은 이와 반대로 가장 물질적이고 가장 구태의연한 현실로 우리를 데려가는 경우가 있다. 각 방법마다 장단점이 있다. 첫 번째 경우는 이야기의 신선미를 어느 정도 잃게 함으로써 오해의 소지를 없앤다. 두 번째의 경우는 마음을 흔들면서 비평적인 정신을 깨운다. 마지막 경우는 '계시적인 것'을 감정의 안개 속이나 추상화의 에테르 속으로 함몰시키는 대신 일상성의 땅 위에 뿌리박게 함으로써, 독자들로 하여금 더욱 생생한 감동을 느끼게 한다(Vax, 1979: 40).

페레를 포함한 초현실주의 시인들의 작품은 세 번째 경우에 속한다. 현실에 대항한 혁명을 선언한 후, 초현실주의자들은 자신들만의 발견으로 무장한 채 현실로 되돌아온다. 그들은 현실의 한가운데에서 초현실적인 것이 출현하는 모습을 통해 경이로움을 발견하게 된다. 이러한 경이로움에 대한 지각은 초현실주의 작품들의 가장 큰 부분을 차지한다. 페레는 미지의 유령을 이 세상으로 데려오는 대신 우리에게 익숙했던 대상을 미지의 것으로 전환한다. 지금까지 익숙했던 대상이 갑자기 낯선 사물이 되고, 친숙했던 사람들이 미지의 사람들이 됨으로써, 우리는 자연스럽게 환상과 기이함을 느끼게 된다.

달걀은 깨졌다
그리고 자명종은 더 이상 울리지 않는다
왜 그런지 내게 말해주겠니
너는 조용히 있고 싶어한다

아 그건 내 알 바 아니야 너도 마찬가지고

배는 우현으로 기운다
달걀은 깨지지 않았다
자명종은 8시 10분을 알린다
말귀를 잘 알아듣는 사람이여 안녕

Les œufs sont cassés
et le réveille-matin ne sonne plus
Veux-tu me dire pourquoi
tu veux rester tranquille
Ah ça ne me regarde pas et toi non plus

Le bateau penche sur tribord
Les œufs ne sont pas cassés
Le réveille-matin sonne huit heures dix
À bon entendeur salut

–「아시아의 우현Tribord asiatique」(GJ, p.208)

페레의 시는 의식의 통제를 가장 덜 받는 즉각적인 시, 비합리적인 시로 정평이 나 있다. 하지만 위 예문에서 볼 수 있듯이 그의 시는 생각보다 훨씬 체계적으로 환상성을 유발한다. 위 시의 첫 두 행에서 벌어진 사건, 즉 달걀이 깨지고 자명종이 갑자기 울리지 않는 사건은 환상문학의 특징인 이상한 일이 일어날 것 같은 전조前兆로 기능한다.

전통적인 환상문학에서라면 그러한 전조가 뒤에 나올 등장인물의 행동 및 사건과 긴밀히 연결되어 전개되었을 것이다. 그런데 페레의 시에서는 마치 베르히트의 소격효과처럼 환상으로의 몰입을 방해하는 구어체적인 서술이 뒤이은 3행에 걸쳐 개입된다. 즉 시인은 가장 일상적인 구어체("왜 그런지 내게 말해주겠니", "아 그건 내 알 바 아니야 너도 마찬가지고")를 사용하고 있다. 그리고 화자의 존재 혹은 청자의 존재를 알리는 메타언어적 발화("너는 조용히 있고 싶어한다")가 이어진다. 이런 '대화시'적 요소는 시집 『위대한 놀이』 곳곳에서 발견된다. 그리고 시인은 그 대화시의 형식을 빌려 자신은 앞의 두 사건이 벌어진 이유를 알고 싶지 않다고 선언하며, 우리 또한 궁금해하지 말라고 경고하는 듯하다. 이를 통해 자신의 시와 일반적인 환상적 이야기를 명확하게 구분하고자 한 것이다.

2연에서 배가 우측으로 기우는 순간은 현실의 질서를 교란하고 환상이 침투할 여지를 마련한다. 그것은 질서 잡힌 상태에서는 깨닫지 못한 다른 자각을 가능케 하는 순간이다. 시인은 '달걀은 깨지지 않았다', '자명종은 8시 10분을 알린다'라고 하며 앞의 연에서 나온 서술을 뒤의 연에서 뒤집는다. 이야기를 만들어내자마자 그것을 무너뜨리는 것이다. 이를 통해 지속적인 긴장감과 불편함을 유발시킨다. 1연이 평범한 일상의 서술이라면, 2연은 1연을 전복하면서 환상이 솟아날 여지를 보여준다. 환상이 출현하는 순간은 안정된 시간과 공간 속에서가 아니라 배가 우측으로 기우는 찰나의 순간이며, 깨졌다고 생각한 달걀이 깨지지 않았다는 전복된 자각이 동반되면서, 더 이상 울리지 않는 자명종이 8시 10분에 맞춰 요란하게 울려대는 순간이다. 그리고 나서 시인은 마지막 행에서 기존 시공의 개념을 넘어 환상의 소리를 들을 수 있는 사람('말귀를 잘 알아듣는 사람')과의 공모를 유도한다.

그렇기 때문에 마지막 행은 결말이 아니라 또 다른 시작을 의미한다. 아침 8시 10분은 전통적인 환상 이야기나 공포스런 이야기에서 환상이 출현하는 시간이 아니다. 시인은 신비로움에 적합한 시간이 따로 있지 않으며, 신비의 정령은 밤의 어둠 속이 아니라 빛나는 아침의 햇살 아래에서도 출현할 수 있음을 보여준다. 루이 박스는 환상의 이러한 속성을 "어떤 시간, 어떤 장소에 불쑥 나타나는 기이한 현상을 말하는 대신, 시인-화자는 당신으로 하여금 당신 주변에 항상 그리고 어디에나 있는, 그러나 범속한 관심들이 당신으로 하여금 이를 알아차리지 못하게 막고 있었던 명증성들을 포착하게끔 인도한다"(Vax, 1979: 196)고 언급하고 있다. '안녕salut'이라는 인사는 또 다른 청자에게 건네는 말이며, 일상의 사건들을 체계적으로 부정한 뒤 현실에 대한 새로운 풍경이 펼쳐질 시작을 예고한다. 페레의 시가 촉발하는 환상성은 몽환과 안개로 세계를 마취시키는 것이 아니라, 오히려 언어와 세계를 흔들고 깨워 각성[4]시킨다.

리오넬 레Lionel Ray는 「벵자멩 페레의 마술적 예술」이라는 글에서 페레의 텍스트가 보여주는 표면적인 무질서 아래 상대적으로 단순한 형태적 메커니즘을 추출할 수 있다고 말하면서 "페레의 글쓰기가 자

4 이집트의 초현실주의 시인 조르주 에나인Georges Henein은 이를 "현실의 일깨움réveil du réel"이라고 말한다. "가장 시급한 것은 작품을 만드는 것이 아니라 이미 있는 것을 발견하는 것이며, 풀밭 속에 숨겨진 혹은 도로의 먼지로 뒤덮인 다이아몬드가 탁탁 소리를 내게 하는 것이다. 이러한 현실에서 깨어남의 원칙 자체에 초현실주의 유희가 근거하는데, 따라서 우리가 흔히 여기에 에피소드적인 관심만을 기울이는 것은 매우 잘못된 일이다"(Henein, 1978: 102-103).

동기술법적이라 해도, 그리고 작시법에 대한 고려를 전혀 하지 않고 있다고 해도, 그의 글쓰기는 전통적인 시의 메커니즘을 따르고 있지 않다고 말하기 어렵다. 모든 초현실주의자들처럼, 페레의 시에서 통사는 결코 비문법적이지 않으며, 언어의 가장 관습적인 방식들을 고수하고 받아들이고 있다"(Bougnoux, Gateau, 1978: 200)고 분석하고 있다. 시인은 관습적인 것의 새로운 측면, 일상 속에 갑자기 끼어드는 무의식과 꿈의 영역을 부각시킴으로써 환상을 유발한다. 일상의 언어는 그의 시를 통해 환상을 유발하는 마법의 도구로 전환한다.

인간의 신비 혹은 그 반대

설명하기 위해 무얼 해야 하나
두 사람과 물고기 세 마리
그런 것이 신비
줄이기 위해 무얼 해야 하나
자기 나이를 확신하기
그런 것이 신비

늘리기 위해 무얼 해야 하나
걷거나 내려가거나 올라가기
그런 것이 신비

땅

Mystère de l'homme ou réciproquement

Pour expliquer que faut-il
Deux hommes et trois poissons
C'est un mystère

Pour diminuer que faut-il
Être sûr de son âge
C'est un mystère
Pour augmenter que faut-il
Marcher ou descendre ou monter
C'est un mystère

Terre

-「1/4사람 1/2사람Homme de quart homme de demi」(GJ, p.209)

이 시는 다다이스트 시인 자크 리고Jacques Rigaut(1898~1929)에게 헌사되었다. 그는 아편과 코카인 등의 마약 중독자였고, 마약 치료 클리닉에서 권총 자살로 생을 마감한 비운의 작가이다. 아포리즘 같은 단절의 글쓰기 형태의 선구자이며, 이를 통해 끊임없이 생에 대한 도발을 감행했던 시인이다. 이러한 시인에게 헌사된 시답게 이 시에는 단절과 절단의 이미지가 가득하다. 시인은 세계와 언어를 해체시키고 그 내부를 들여다봄으로써 일상의 환상성을 촉발시키고자 한다. 신비를 추출하기 위해서는 온전한 것을 1/4, 1/2로 잘라볼 것을 이 시는 권고하는 듯하다. 그 대상이 사람이든 언어든 상관하지 않으며 '인간의 신비' 혹은 '신비로운 인간'을 밝히기 위한 가장 효율적인 방법이 될 수 있다는 것이다. 시인은 인간과 단어를 절단함으로써 보이지 않았던 신비로움을 추출하는 사도마조히즘적인 희열을 표출한다. 마치 초현실주의 예술가 한스 벨머Hans Bellmer가 여자 인형의 팔다리를 임의적으로 떼고 붙이면서 시도했던 욕망의 유희처럼 말이다. 이는 주체에 대한 공격을 의미하며, 오지리스와 같은 사지 절단의 신화를 환기시키면서 신화적 신비와 성스러움을 향한 도약을 표방한다.

'설명하기 위해', '줄이기 위해', '늘리기 위해' 해야 할 일이라는 목적의식적 질문은 그것과 무관하거나 엉뚱한 해답과 연결된다. 이는 초현실주의의 '질문과 해답 놀이'를 연상시킨다. 앞 장에서 설명한 바 있는 이 놀이는 서로 다른 두 참가자가 상대방이 모르는 상태에서 한 사람은 자신의 머릿속에 떠오르는 질문을, 다른 한 사람은 '왜냐하면'으로 시작되는 해답을 적어 맞춰보는 것이다. 그렇게 되면 기존의 논리와 이성의 법칙에서 벗어난 신비로운 관계가 맺어질 수 있으며, 신선하고 놀라운 문장들을 얻어낼 수 있다. 바로 이러한 목적과 행동의 괴리에서 신비감이 생성된다.

이 시에서 계속해서 반복되는 '신비mystère'라는 시어를 1/2로 자르면 mys-tère가 되고 1/2 뒷부분은 동음이의어의 유희에 의해 terre로 전환된다. 이는 초현실주의적 아포리즘을 연구한 마리-폴 베랑제Marie-Paule Berranger의 지적처럼 "모든 이미지의 원천인 언어의 규칙이 논리적인 연결 관계보다 우세하다"(Berranger, 1987: 77)는 것을 보여준다. 맨 마지막 행에 독립해서 남은 '땅terre'이라는 단어는 초현실주의적 환상이 지닌 속성을 상징적으로 드러낸다. 그것은 현실과 동떨어진 환상이 아니라 현실에서 출발하는 환상이라는 의미를 표출한다. 페레의 시는 관습성의 비관습화, 익숙한 것의 낯설게 하기를 통해 현실에서 환상을 발견하고자 하는 치열한 투쟁 과정이라고 할 수 있다.

내가 영원 앞에 선
석마石馬라면
영원한 여행자들에게 꼭 필요한 우비를
식물의 정령들에게 부탁하리라
나 오늘 머물러 있는 곳은
인간의 생각 인간의 추억과
서투른 손 물병 속에 든 물처럼 빛깔 없는 손에 의해
이미 퇴색해버린 인간의 야망을 모두 덮으며
영원히 내리는 비와 눈물에 젖은 성모 마리아상像들이 울고 있는 곳
그러나 레몬빛과 혹독한 폭우의 빛깔을 가진
내 사랑하는 사람의 눈이 살고 있는 곳
얼어붙은 우물 속이라네

Quand je serai le cheval de pierre
debout devant l'éternité
je demanderai aux divinités des plantes
le manteau de pluies indispensable aux voyageurs éternels
Aujourd'hui je suis dans un puits glacé
où pleurent les madones noyées par leurs larmes et la pluie éternelle

qui recouvre les pensées des hommes
leurs souvenirs et leurs ambitions déjà flétris
par une main inexperte
et incolore comme l'eau d'une carafe
où vit cependant l'oeil de ma bien-aimée
couleur de citron et d'orage implacable

–「손발이 묶여Pieds et poings liés」(GJ, p. 44)

위 시의 제목인 '손발이 묶여'는 '꼼짝달싹 못 하고'라는 경구화된 의미로도 읽힘과 동시에, 인체 중에서도 가장 활발하게 움직이는 손발의 묶임을 문자 그대로 가시화한다. 석마石馬와 여행자, 비와 눈물, 추억과 영원의 이미지들은 대칭을 구조화하고 있다. 인간과 식물의 정령, 인간과 성모마리아는 현실의 영역과 신적인 영역을 가른다. 또한 '퇴색해버린', '얼어붙은', '빛깔 없는' 등의 형용사는 한계에 묶여 있으면서 영원을 갈망하는 존재의 이중성을 표현한다.

물병 속에 든 물, 사람의 눈, 얼어붙은 우물은 갇혀 있는 이미지면서 인간의 유한한 운명을 상징한다. 그러나 그 부동성으로 인해 오히려 살아 움직이는 것들과 존재의 내면을 비추는 장소로 기능할 수 있다. 또한 이런 부동의 이미지들은 비 오는 날 식물의 정령들이 내미는 우비, 딱딱한 석마를 적시는 성모마리아의 눈물에 의해 부드럽게 순화된다. 빗물과 눈물을 통해 감정적인 움직임을 유발하고 카타르시스를 느끼게 한다. 이질적인 대칭을 이루는 이미지들이 마술 같은 환상성에 의해 용해되고 있는 것이다.

화자인 '나'의 공간적, 시간적, 물질적 위치 전환은 환상을 유발한다. 그 안에서 과거의 기억들, 현재의 풍경들, 그리고 미래의 예측이 혼재되며, 이를 통해 과거, 현재, 미래에 내가 점하는 위치를 재점검하는 계기가 부여된다. 페레 시에서 강박적으로 등장하는 '기다림'의 이미지는 채워지지 않고 해갈되지 않는 욕망을 드러낸다. 이 시에서 기다림은 텍스트에 명시적으로 나타나지 않고 있지만, '영원 앞에 서 있다'는 시적 언급 이면에 내재되어 시의 환상적인 정조를 만들어내는 데 기여한다. 시인의 분신이라고 할 수 있는 존재가 바로 '영원한 떠돌이' 혹은 '영원한 여행자'이다. 그는 환상을 응시하고, 기다리고, 환상에 참여하고 때로는 환상을 도발하는 신비의 탐험가이다. 멀리 떨어져 있거나 세상을 개괄적인 전체성으로만 파악한다면 거기에서는 아무것도 발견할 것이 없다. 세상과 밀착해서 그 안으로 파고들며, 디테일을 추출해내야만 보이지 않던 것이 보이고, 신비와 환상이 추출될 수 있음을 이 시는 보여주고 있다.

3. 이미지의 변용과 마술적 예술

초현실주의적 마술의 개념은 '경이로움'과 혼동되기도 하고, 시적 정신의 마술적인 힘이 실제 현실에서 출현하는 것을 지칭하는 '객관적 우연le hasard objectif'과 혼동되기도 한다. 환상이 산문과 연관된다면 마술은 단연 시와 연관된다. "마술은 시의 살과 피다"(Péret, 1945)라고 페레가 말한 바 있듯이 마술은 세상의 암호 해석을 주재한다. 여기에서는 '감추고 드러내기'라는 마술적 원리가 중요한 기제로 작동하고 있다. 마술은 비밀이나 잃어버린 힘들의 회복에 기여한다. 페레는 사전적 정의를 내리는 방식을 사용해서 사실을 알려주듯 환상을 예고하며, 이러한 방식으로 시에서 마술적 환상성을 유발해낸다.

초현실주의자들은 '환상'이라는 용어 대신 '마술'이라는 용어를 사용하기를 선호한다. 이러한 표현은 『1차 초현실주의 선언』에 이미 "초현실주의의 마술적 예술의 비밀"이라는 소제목으로 등장한다. 브르통은 환상적인 것의 범위를 넓혀 '변덕스러움', '기이함'뿐 아니라 '전도된 세상' 등의 민중의 이미지들, 살갗이 벗겨진 사람의 해부학적 형상, SF소설의 전신인 공간 여행에 관한 소설책의 일러스트레이션, 광인들의 예술, 원시 예술 등을 포함시킨다. 그는 이를 '환상예술art fantastique'이라고 부르지 않고 '마술적 예술art magique'이라고 불렀다.[5] 초현실주의자들은 이를 통해 공식적인 미학과는 또 다른 새로운 영역을 개척하고자 했다.

나는 귀인 것을 담배라 부른다
그리고 진드기들이 그걸 이용해서 햄에게로 뛰어든다
거기에서부터 향료가 든 빵에서 솟아난 샘물들과
장님들이 명확히 보지 못하도록 방해하는 안경들 사이에
대단한 싸움이 벌어진다
내 앞에 있는 여자가 해부대를 먹어치웠음에도
룰렛판은 가방 속에 숨은

---

5 브르통은 『마술적 예술*L'Art magique*』이라는 책(Gérard Legrand과 공저)을 1957년 출간한다. 이 책은 최초로 선사시대부터 현대까지 예술과 마술이 만나는 지점을 탐사한 책이다. 그는 여기에서 예술 작품들이 성취한 '힘', '경이로움', '고양exaltation'에 관한 자신의 그간의 탐구를 정리한다.

중국 왕자에게 좌절을 안겨주리라
그 가방 속에는 펜대처럼
장갑을 끼고 장화를 신은 한 떠돌이가
수확이 끝난 포도넝쿨 위로 저 멀리 나타나는 무지개를
쉽게 발견할 수 있으리라
포도주가 적포도주가 될지 백포도주가 될지 망설일 때
그리고 미래가 티롤 무곡을 불러대며
자신에게 등을 돌릴까 두려워
미래를 정면으로 바라보길 영원히 거부할 때
티롤 지역에서는 갈색 머리가 아니라면
금발이 문제
혹은 사냥을 성공하기 위해
굴뚝 속에서 부는 바람이
강물이 제 침대 속에서 잠들 수 없게 방해하기 위해
자고를 죽인 산토끼가 문제
J'appelle tabac ce qui est oreille
et les mites en profitent pour se jeter sur le jambon
d'où un remarquable combat entre les sources
jaillissant du pain d'épices
et les lunettes qui empêchent les aveugles de voir clair
Même si la femme en face de moi mangeait une table de
dissection
la roulette donnerait des déboires à un prince chinois
qui se cache dans une valise

dans laquelle un vagabond ganté et botté
comme un porte-plume
reconnaîtrait facilement l'arc-en-ciel qui apparaît loin
au-dessus des vignes après la vendange
quand le vin hésite à devenir rouge ou blanc
et renonce à tout jamais à regarder l'avenir en face
de peur que celui-ci lui tourne le dos
en sifflant une tyrolienne
où il serait question de cheveux blonds
à moins que ce ne soit de cheveux bruns
ou bien de lièvres qui tuent les perdrix
pour que la chasse soit bonne
et que le vent qui souffle dans les cheminées
empêche les rivières de dormir dans leur lit

-「그는 누구인가Qui est-ce」[6]

이 시의 화자는 "나는 귀인 것을 담배라 부른다"는 비상식적인 정의를 내린 후 그 이유를 결코 설명하지 않는다. 내가 그렇게 불렀으면 그다음부터는 그냥 그걸 인정해야 한다는 어투이다. 이는 기호 체계와 감각의 교란, 인체와 사물의 교란을 시작하겠다는 일종의 선전 포고의 의미를 띤다. 환상문학의 작가들이 그러하듯 페레 또한 "우리의

6 *De derrière les fagot*(1934)에 수록된 시. in Benjamin Péret, *Œuvres complètes*, tome 2, 1971, p. 111. 이하 괄호 안에 tome 1은 OCI, tome 2는 OCII로 표기하고 페이지 수만 표기함.

현실에서 관습적으로 통용되는 현상에 질문을 던지고 사회 규범과 문화적 질서를 교란하기 위해 환상적인 이야기를 고안"(오생근, 2003: 31)한다. 그리고 연쇄적으로 일어나는 독특한 이미지와 은유, 새로운 논리의 제시를 통해 혼란스러움을 유발한다. 등장인물들의 출현 배경은 결코 설명되지도 암시되지도 않는 가운데, 황당한 사건들이 연속적으로 일어난다.

이 시에서 인간, 동물, 식물, 사물, 음식, 자연물 등 모든 대상들은 종種의 구분을 막론하고 의인화되어 있다. 그리고 자신만의 의지를 가지고 행동하며, 어떤 선택의 상황 앞에서 망설인다. '포도주가 적포도주가 될지 백포도주가 될지'를 진지하게 망설이는 행위, '미래를 정면으로 바라보길 영원히 거부하기를' 결정하는 이야기 등은 진지한 유머에 속한다. 우연과 필연, 확률과 선택, 자신의 욕망과 세상 운행의 법칙, 다른 등장인물의 행동이 나의 행동에 미치는 파장 등의 얽힘을 독특한 에피소드로 표현하고 있기 때문이다.

그러나 한편으로 이 시는 시만이 보여줄 수 있는 서정적 환상성을 보여준다. 시인은 인과관계의 규모를 거대하게 키운다. 어떤 원인이 당장 눈앞의 결과를 가져오는 즉각적이고 가시적인 인과관계, 미시적 인과관계가 아니라, 시·공간적으로 멀리 떨어져 있는 존재들의 행위가 다른 어떤 존재들에게 미치는 영향을 연결시킨다. 진드기들이 햄에게로 뛰어들면 샘물과 안경이 싸우고, 여자가 해부대를 먹어치우면 룰렛판이 중국 왕자에게 좌절을 안겨준다는 식으로, 우주와 세상 만물의 거대한 나비효과처럼 한군데의 움직임이 다른 곳에 미치는 파장은 크다. 이런 방식으로 모든 환상적 재현물이 자신만의 이유와 의미를 갖고 있으며, 만물이 서로 연결되어 있음을 시인은 보여주고 있는 것이다.

시는 본질적으로 미세한 움직임이 큰 우주에 미치는 파장을 이야기해왔다. 페레의 시는 이러한 새로운 인과관계를 이야기가 있는 메타시로 구현한다. 샤를 오디에Charles Odier는 환상의 속성을 '탈이분법adualisme'(Odier, 1947)으로 규정하면서, 환상의 왕국에서는 객관적인 것과 주관적인 것의 경계가 무너지고, 유령이 출몰하며, 비판정신이 침묵함을 드러낸 바 있다. 이는 '모든 것은 모든 것 안에 있다'는 초현실주의의 '내재성'의 철학과 연결된다. "삶과 죽음, 현실과 상상, 과거와 미래, 소통할 수 있는 것과 없는 것, 높은 것과 낮은 것이 서로 모순되는 것으로 지각되지 않기 시작하는 정신의 어떤 지점"(Breton, 1988: 781)은 초현실주의적 환상이 출현하는 탈이분법의 지점이다.

> 낡은 가방 양말 그리고 앙디브가
> 내장이 기거하는 제단 위에서 자라나는
> 풀잎 두 개 사이에서 만났네
> 그러자 소파를 받기 위해 양파를 빌려준
> 부동산 은행이 생겨났네
> 그리고 세상은 계속된다
> 작은 모래 더미가 이쪽에서
> 버려진 용수철이 저쪽에서
> 루이 15세 거실에서
> 모자란 귀 하나와
> 끈적끈적한 수염이 다시 만났네
> 그리고 개밀이

엉덩이를 핥고 발을 밟는
살아 있는 암캐를 도와주네
그리고 우리는 끝도 없이 말할 수 있으리라
손이 잡아 쥐자 구토하는
문 달린 온갖 단추들에 대해
넥타이의 시체 때문에
코를 막아 쥔 온갖 계단들에 대해
수치심에 어찌할 바 모르는 금붕어들에 대해 (…)
La vieille valise la chaussette et l'endive
se sont donné rendez-vous entre deux brins d'herbe
croissant sur un autel habité par des tripes
Il en est résulté la création d'une banque hypothécaire
qui prête des oignons pour recevoir des fauteuils
Et le monde continue
Un petit tas de sable par ci
un ressort abandonné par là
Une oreille en moins se retrouve
barbe poisseuse
dans un salon Louis XV
Et le chiendent aide la chienne de vie
qui lèche des culs et marche sur des pieds
Et nous n'en finirions pas s'il nous fallait parler
de tous les boutons de porte vomissant quand la main les
empoigne

de tous les escaliers qui se bouchent le nez
à cause du macchabée des cravates
et des poissons rouges qui meurent de honte (…)

–「그것은 계속된다Ça continue」(OCII, p. 41)

'기이한 것'을 선호하는 환상의 세계에서는 다양한 조합들이 가능하고 어떠한 만남도 허용된다. 이를 마르셀 브리옹은 '관계의 환상성'이라 정의내린 바 있다. "관계들을 구성하는 요소들이 황당한 것이 아니라 관계 그 자체가 황당하다. 따라서 기이한 것의 환상성은 근본적으로 관계의 환상성이다"(Brion, 1961: 34). 환상성은 이러한 면에서 초현실주의의 미학을 발생시키는 '초현실주의적 만남'과 닿아 있다. 잘 알려져 있다시피 초현실주의는 19세기 시인 로트레아몽의 시구 '해부대 위 우산과 재봉틀의 기이한 만남'을 모토로 하여 서로 이질적인 것이 제3의 공간에서 만났을 때 촉발되는 경이로움[7]을 탐구했다. 초현실주의에 의하면 경이로움은 인간의 밖에 있으면서도 인간 안에 들어 있으며, 우리로 하여금 그것을 발견케 하는 것은 과학이 아니라 시이다.

이 시에서는 '낡은 가방', '양말', '앙디브'라는 같은 기준으로 분류될 수 없는 것들, 인간의 편의에 따라 도구적으로 분류된다면 패션잡화,

---

7 초현실주의 역사에서 경이로움이라는 용어는 그것과 유사한 용어들인 환상적인 것, 신비로움, 수수께끼 등의 의미로 변화했다. 브르통은 초기에 범죄소설들의 고딕문학에서 경이로움을 찾았다. 피에르 마빌Pierre Mabille은 1940년에 『경이로움의 거울*Le Miroir du merveilleux*』(Sagittaire, avec 7 dessins de Masson et une couverture de Tanguy, réédité en 1962 avec une préface de Breton)이라는 선집을 출간함으로써 가장 일상적인 오브제를 비롯하여 경이로움이 어디에나 있음을 밝혔다.

의복, 식품에 해당하는 이 세 대상이 같은 위계 및 개인의 자격으로 의인화되어 서로 만나고 있다. 그런데 이러한 만남은 '해부대 위의 우산과 재봉틀의 만남'보다 더 복잡하다. 왜냐하면 '제3의 공간'은 그저 정태적인 공간이 아니라 움직이고 자라며 변신하는 유동적인 공간이기 때문이다. 따라서 서로 이질적인 것들이 만나기만 하면 되는 문제를 벗어난다. 수식하는 것이 또 다른 수식의 대상이 되는 현란한 은유를 통해 시적 대상들 스스로 변신을 하게 된다. 초현실주의 운동에 가담한 바 있는 아르튀르 아르포Arthur Harfaux와 모리스 앙리Maurice Henry는 "아무런 예외 없이 모든 오브제들을 우리가 고려해야 한다. 스프용 숟가락조차도, 양말대님까지도, 우리 중 한 명까지도, 갑자기 호스의 얽힘 속으로 변신할 수 있어야 한다"(Harfaux et Henry, 1933: 23-24)고 말한 바 있다. 이처럼 초현실주의자들은 오브제에 중요성을 부여한다. 오브제들이 기능을 바꿔야 하며 다른 존재를 환기시키면서 잠재적인 의미들을 보여줄 수 있어야 한다는 것이다. 이때의 오브제는 "쾌락의 원칙에 충실하기 위해 현실의 원리를 벗어나는 주관성의 계시자"(Béhar, Carassou, 1992: 232)로 기능한다.

원문의 12행 "개밀이 살아 있는 암캐를 도와주네le chiendent aide la chienne de vie"에서 볼 수 있듯이 '개밀chiendent'과 '암캐chienne'라는 두 시어는 유사음으로 이뤄진 동음이의어의 유희를 통해 환상적인 서사를 탄생시킨다. 언어의 유희는 가시화 · 물질화되어 '개밀'이라는 식물을 '암캐'라는 동물로 전환하는 계기를 마련하고 있는 것이다. 초현실주의는 있는 그대로의 세계를 인정하는 것이 아니라, 그것을 욕망의 법칙에 따라 재창조하고자 한다. 초현실주의에 있어 "꿈꾸어진 오브제는 구현되어야 하며, 몽상의 대상은 그림으로 그려져야 하고,

언어유희는 물질화되어야 한다"(Chénieux-Gendron, 1987: 88). 따라서 물물 교환도 일상의 법칙에서 벗어난다. 대등한 가치를 가진 것들을 교환하는 것이 아니라, '부동산 은행'이 "소파를 받기 위해 양파를 빌려준다"는 식이다. 이런 방식으로 이 시는 굉장히 많은 사례를 열거하는데, 그 사례가 계속될수록 이야기나 문제를 명확히 하는 것이 아니라 이야기를 더 미궁 속으로 빠뜨리면서 환상성을 증폭시킨다. 이 시가 반복하여 강조하는 것처럼 이야기는 계속되며, 이와 더불어 세상의 운행과 말의 흐름, 환상의 연쇄 또한 지속된다.

4. 은유의 연속성과 연금술적 승화

브르통은 페레에 대해 다음과 같이 말한 바 있다. "페레만이 언어를 그 진한 농도와 분리시킴으로써 '섬세한 것의 상승'을 도발하는 연금술적인 '승화'에 해당하는 작업을 언어를 통해 충분히 구현할 수 있었다. (…) 모든 것은 해방되며, 움직임, 변신의 일반적인 원칙을 유효하게 함으로써 모든 것은 시적으로 구원된다"(Breton, 1966: 384-5). 일견 무질서해 보이는 페레의 시는 혼란을 위한 혼란이 아니라 연금술적인 승화의 작업이며, 이때 얻어지는 구원은 종교적인 승화나 구원이 아니라, '시적인 구원'이다. 페레의 시는 시적인 도약의 순간, 존재의 전환을 매 순간 포착하여 이를 표현하고 있다.

내 귀의 새여 새여
날아 오르라

날아 오르라 공기의 흐름처럼
그대 깃털이 신음하는 소금 유령을 향해. (…)

그대 손으로 바람의 가녀린 몸을 감싸 안으라
오류와 피의 바람들이 우리의 몸 속에서 부풀어 오른다

Oiseaux oiseaux de mes oreilles
Envolez-vous
Envolez-vous comme un courant d'air
vers le spectre de sel où gémissent vos plumes. (…)

Entourez de vos mains le corps fragile des vents
Les vents de l'erreur et du sang s'enflent dans nos corps
comme un poème du sel

– 『돌 속에 잠들다, 잠들다*Dormir, dormir dans les pierres*』 (OCI, pp. 45-47)

공기의 흐름, 깃털, 바람의 몸, 유령 등의 시어가 보여주듯 이 시는 기화하는 가벼운 이미지들로 가득하다. 소리를 포착하는 고정된 신체기관인 귀는 바람처럼 유동적이며 소리를 내는("그대 깃털이 신음하는") 새들로 변신한다. 몸의 구체적인 부위들은 은유가 계속 이어짐에 따라 확장된다. 시인은 육체가 없는 것에는 육체를 부여하고, 육체는 탈물질화한다. 즉 몸의 일부가 동물로, 나아가 공기로 변화하여 비물질화되고, 바람이 형체를 지니게 됨으로써 물질화되고 있다. 또한 청각, 시각, 촉각 등의 감각을 교환하고 있다. 액체, 기체, 고체의 전환과 물질의 변형 과정을 보여줌으로써 경계를 넘는 환상성의 미감을 촉발시키고 있기도 하다. 시인은 움직임과 정지, 응고와 용해의 과정을 자연스럽게 이행시키면서 시적 결정화 작업, 시적 승화 작업을 수행하고 있다. 꿈의 세계는 물질성을 결핍하고 있다 할지라도, 그 자체에 속한 견고함을 가지고 있다. 다른 시·공간 차원에 존재가 있을 가능성에 관한 믿음을 주기도 한다. 시인은 정확하면서도 만져지지 않는 세계를 창조하여 언젠가는 새로운 변형을 이루게 될 물질의 영원성을 그려내고 있다.

페레는 은유의 독특한 사용으로 환상성을 유발한다. 예를 들면 "뼈를 적신 비"라는 시구에서 표출된 비의 강렬한 침투력은 어느새 새로운 은유의 연속으로 이어진다. "뼈들의 비는 어느 날 밤의 귀에 도달할 것이다"(OCI, p.40). '뼈를 적신 비'라는 설명적인 문구는 '뼈들의 비'로 압축되면서 '뼈들이 소유한 비' 즉 이미 몸의 안, 뼈의 안으로 들어온 비를 환기시킨다. 외부의 요소가 인체 안으로 침투하자마자, 그것은 이내 '밤의 귀'에 도달할 것이라는 동적인 은유를 통해 외부로 확산된다. 인간과 세계, 몸과 몸 밖의 환경, 안과 밖의 경계가 무너지고, '뼈를 적신'이라는 촉감, 빗소리라는 청각적인 요소, 밤의 귀라는 시청각적인 요소가 혼재되면서 새로운 지각적 현실을 환기시킨다.

서사가 갖는 선조성의 제약에서 벗어난 시는 훨씬 용이하게 수수께끼적인 모호함, 의미의 열림과 조우할 수 있다. 이런 이유로 시의 형태, 문채, 시적 배열, 리듬이라는 언어적 특징들은 환상성의 도래에 기여한다. 페레의 은유는 수사 그 자체로 그치는 것이 아니라 생동감 있는 이야기를 만들어내고, 그 이야기가 또 다른 은유로 이어짐으로써 새로운 환상적인 서사를 탄생시킨다. 은유로 연결되어 있는 대상들은 가시화되고 물질적으로 형상화된다. 즉 시인은 은유métaphore와 변형métamorphose을 일치시킴으로써 환상을 유발하고 있다. 세계와 인간, 내부와 외부의 재빠른 전환과 교류, 그리고 서사와 시의 교류로 환상성의 그물이 조밀하게 짜여진다. 시에서의 환상성을 연구한 미셸 비엔느에 의하면, 시와 환상적인 것은 공통적으로 사물들의 의미를 불안하게 하고 착란시키는 기능을 갖고 있으며, 현실과 완전히 멀어지지는 않으면서도 이와 일정한 거리를 두어 일상 패러다임에 의문을 제기한다(Viegnes, 2006: 13). 그는 환상성의 본질을 "내적으로 디에제틱diégétique한 것"으로 본 츠베탕 토도로프와 이렌 베시에르의 이론을 반박하면서, 환상성은 단 하나의 문학 장르로 환원될 수 없고, 한 장르에만 속한 경계들을 초월하여 (시, 영화, 음악, 혹은 다른 형태의 담론 속) 언어와 재현의 무한한 변주 속에서 성취된다고 설명한다. 즉 환상 효과는 기법이나 모티브의 총합으로 객관화되거나 축소될 수 없다는 것이다. 왜냐하면 그것은 어떤 특별한 태도, 어떤 특별한 시각의 결과이며, "현실의 경계들에 대해 질문하는 데 사용되는 프리즘"(Viegnes, 2006: 45-48)이기 때문이다.

인간은 순환하는 시를 발견한다
시가 식물의 흐름처럼 구르고 부딪치면서
주기적으로 밀물과 썰물을 준비하는 것을
그는 알아차린다

오 성인聖人들이여 당신들은 건강한 유방들에 둘러싸여 있지 않은가

당신들의 서명이 알코올중독의 떨림으로 흔들리는
엄지손가락들의 손을 표시하리라
오 성인들이여 손에 무엇을 지니고 있는가
그것은 그렇게 손이 없어질 때까지
더 작은 다른 손이 감싸는
더 작은 손인가

먼지가 고독 속에서 움직인다
먼지는 그를 감싸는 침묵이
썩은 나무 밑둥의 목소리를 가진
날개 달린 유령들로
흰 여인처럼 가벼운 여성들로
만년설에 사로잡혀
산에서 내려온 늙은이들로
무용 신발이
돌고 선회하고 뛰어드는
물렁한 높은 산들로 가득하기를 바란다

L'homme découvre la poésie circulaire
Il s'aperçoit qu'elle roule et tangue
comme les flots de la botanique
et prépare périodiquement son flux et son reflux

O saints que n'êtes-vous ceints de seins sains

Votre seing figurerait une main de pouces
agitée d'un tremblement alcoolique
O saints qu'avez-vous sur la main
Est-ce une main plus petite
que recouvre une autre main plus petite
et ainsi jusqu'à la consommation des mains

La poussière s'agite dans sa solitude
Elle veut que le silence qui l'entoure
se peuple de fantômes ailés
aux voix de troncs pourris
de femmes légères comme la dame blanche
de vieillards descendus de la montagne
en proie aux neiges éternelles
des grandes montagnes molles
où tournent virent et plongent
les chaussons de danse

-「나뭇잎들의 결혼Le Mariage des feuilles」(GJ, p. 103)

시인은 태어나고 죽는 인류의 순환, 땅에 떨어진 나뭇잎이 썩어서 다시 새로운 싹을 틔우는 식물의 순환, 밀물과 썰물을 반복하는 바다의 순환을 중첩시킨다. 인간, 식물, 바다의 영역이 은유적으로 병치되면서 '순환의 시'의 주제로 응집된다. 그러한 순환은 단순한 반복의 의미를 넘어서 새로운 생의 리듬을 만들어내고, 감추고 드러냄을 반복함으로써 현실을 매번 새롭게 발견하게 한다.

이 시의 세 연은 일견 전혀 관련이 없는 듯 보인다. 각각의 연의 중심 테마를 이루는 '순환하는 시'와 '성인들의 손' 그리고 '먼지'는 비교할 수 없는, 혹은 의미가 잡히지 않는 「나뭇잎들의 결혼」이라는 제목 아래 놓여 있다. 하지만 좀 더 세밀하게 들여다보면 기존의 환상동화에서 빈번하게 등장하는 소재인 2연의 손의 분리는 1연의 나뭇잎의 떨어짐과 같은 위계에 놓인다. 3연의 먼지로 대변되는 미립자의 세계와 1연의 생명체의 순환이라는 거시적인 세계를 같은 위계에 놓고 응시하는 순간, 순환의 시는 소우주와 대우주를 넘나드는 메타의 상태로 전환된다. 식물의 생성과 떨어짐, 밀물과 썰물이 교차하는 바다의 움직임이 공간 및 위계라는 지표를 상실한 순간, 마술과 같은 환상성이 촉발된다.

그러한 환상성은 특히 2연의 시작을 알리는 두 시구("O saints que n'êtes-vous ceints de seins sains/ Votre seing figurerait une main de pouces 오 성인聖人들이여 당신들은 건강한 유방들에 둘러싸여 있지 않은가/ 당신들의 서명이 (…) 엄지손가락들의 손을 표시하리라")에 나타난 동음이의어의 유희에 의해 증폭된다. 같은 음으로 된 여러 단어들 saints(성인), ceints(둘러싸인), seins(유방), sains(건강한), seing(서명)이 연쇄적으로 열거됨으로써 반복적인 리듬을 형성하고 낯선 의미를 지속적으로 만들어내고 있는 것이다. 그 낯섦은 동일음의 연쇄를 통해 성인聖人이라는 정신적인 세계와 유방이라는 가장 관능적이고 육체적인 세계가 대면하게 되는 데서 비롯된다. 또한 전혀 상관없는 '성인'과 '서명'이라는 두 단어가 역시 동일음의 유희를 통해 만나게 됨으로써 자연스럽게 '성인의 손'이라는 연결항으로 이어진다는 사실에서 비롯된다. 그런데 이보다 더 중요해 보이는 것은 우연의 생산성을 목격하게 함으로써 시인이 환상의 자생적인 측면을 강조한다는 점이다. 또한 의미를 추출하는 것보다는 이미지가 전환되어 환상을 유발하는 과정과 그 과정에서 촉발되는 유희성을 부각시킨다는 사실이 중요하다.

위 시는 페레의 '순환의 시학'을 상징화한다. 순환의 시라는 개념을 통해 포함하는 것과 포함되는 것의 관계, 틀의 안과 밖의 관계를 새롭게 설정하는 것은 페레 시의 주된 특징을 이룬다.

페레의 시는 언어유희를 통해 세상과 언어의 변형의 순간, 지속적인 변신의 과정을 가시화해 보여줌으로써 환상의 "매혹적인 낯섦"(Viegnes, 2006: 349)[8]의 측면을 형상화한다. 그 구체적인 방식으로 페레는 일상의 환상성을 구현하고 있다. 그 과정에서 환상의 세계에 들어갈 수 있는 단서를 없앰으로써 시적 도약을 유발한다. 또한 서사를 패러디하는 방식으로 초현실주의적 만남을 시화詩化하여 마술적 환상성을 구현한다. 그의 시에서 연속적으로 등장하는 은유 및 이미지의 홍수는 현실과 환상의 전환을 급격하게 이룰 수 있는 효과적인 시적 장치로 기능한다. 그는 언어유희를 통해 그간 환상문학에서 간과되었던 환상의 유희적 측면을 드러냈으며, 우연의 미끄러짐이 만들어내는 생산성과 창조성의 몫을 보여주고 있다.

---

8 미셸 비엔느에 의하면 시의 환상성은 프로이트가 말하는 '근심을 유발하는 낯섦inquiétante étrangeté'이 아니라 '매혹적인 낯섦envoûtante étrangeté'이다. 시는 역설적으로 환상성이 촉발하는 '풍요로운' 근심을 집약하고 있으며, 공포에 휩싸이게 하기보다는 애매성을 보장하여, 근심을 유발하면서도 고양한다는 것이다.

부록

초현실주의 시인들의 대표 시

제조소

앙드레 브르통과 필립 수포

낯선 동물들과 공장의 관대한 사람들이 동심원 속에 있다
키스의 거리
젊은이들의 병
벽의 침대의 새장의 그리고 서커스의 종이들
인사들의 작업실들
어떤 빠른 춤 어떤 춤
섬세한 화학
주사위를 던져라
바다의 한 사내
한 사내가 지나간다 나는 그를 보고 싶다
그는 철로들의 흔적 얼어붙은 내 손가락들보다 더 파랗게 파랗게
　달린다
철로들 공장들
철이 탄다
장작
감옥들의 담배 꿈들의 엄마
교차로의 술집 병적인 구애
목요일 목요일
당신의 손을 잡아라 나무들의 머리
태양들의 평안

Les Manufactures

André Breton et Philippe Soupault

Les animaux étrangers et les généreux industriels sont dans
le même cercle
L'avenue des baisers
Maladie des jeunes gens
Les papiers du mur des lits des cages et des cirques
Ateliers des saluts
Une danse vite une danse
La chimie délicate
Jetez les dés
Un homme à la mer
Un homme passe je veux le voir
Il court bleu plus bleu que mes doigts gelés tache des rails
Les chemins de fer les usines
Le fer brûle
Le bois
Le tabac des prisons mère des rêves
Un bar rond-point galanterie maladive
Jeudi jeudi
Prenez votre main la tête des arbres
Calme des soleils

소금으로 구성된 몸
트럭들이여 우리에게 결과물들을 가져다다오
그림자들 우리의 여자 친구들
장군이 손들에게
아름다운 시계들을 주문한다

Corps composés sels

Camions apportez-nous les résultats

Les ombres nos amies

Un général commande à des mains

Les belles montres

결코 시작은 없었다

앙드레 브르통과 필립 수포

기와 기름 섬 낫도끼
도끼질에 대통령이 몸을 움츠린다
피신하는 게 좋겠다
최고의 노동자들은 무서운 존재들
아무도 두 발자국 앞조차 보지 않는다
죄수복 입은 여자
나는 재판소에서 나오면서 이런 만남을 이해할 수 없다
메달로 된 벨트
카페 테라스의 포물선 안의 톱밥
메뚜기 떼의 구름 침전물
물고기 뼈의 해골 위에 지어진 나라 전체가 있다
모든 것이 일곱 번 루비 색깔을 지닌다

N'a jamais eu de commencement

André Breton et Philippe Soupault

Tuiles huile île serpe
A coups de hache le président se couvre
Il va falloir se mettre à l'abri
Les meilleurs ouvriers sont à craindre
On ne voit plus à deux pas devant soi
La femme au fagot
Je ne comprends pas cette rencontre en sortant du Palais
Ceinture de médailles
Sciure en arc de cercle aux terrasses des cafés
Nuage de sauterelles sédiment
Il y a des pays entiers construits sur des carcasses des arêtes
Tout a la couleur du rubis sept fois

자유연애

앙드레 브르통과 필립 수포

장작불의 머리칼을 지닌
열기를 띤 번개의 생각들을 지닌
모래시계의 몸매를 지닌 내 아내
호랑이 이빨들 사이에 낀 수달의 몸매를 지닌 내 아내
최고로 큰 별들의 꽃 장식과
　꽃다발의 입을 지닌
흰 대지 위에 새겨진 흰 쥐의 흔적들로 된
　이빨들을 지닌
반들반들 문지른 호박琥珀과 유리의 혀를 가진 내 아내
칼에 찔린 제물의 혀를 가진
눈을 떴다 감았다 하는 인형의 혀를 가진
경이로운 돌의 혀를 가진 내 아내
나뭇가지로 쓴 어린아이 글씨의 속눈썹들을 지닌
제비 둥지 가장자리의 눈썹들을 지닌 내 아내
온실 지붕의 슬레이트와
유리창에 서린 김의 관자놀이들을 지닌 내 아내
샴페인과 얼음 아래로 돌고래들의 머리를 한 분수대의
어깨를 지닌 내 아내
성냥개비 손목을 지닌 내 아내
우연과 하트 카드의 손가락들을 지닌

L'Union libre

André Breton et Philippe Soupault

Ma femme à la chevelure de feu de bois
Aux pensées d'éclairs de chaleur
A la taille de sablier
Ma femme à la taille de loutre entre les dents du tigre
Ma femme à la bouche de cocarde et de bouquet d'étoiles de dernière grandeur
Aux dents d'empreintes de souris blanche sur la terre blanche
A la langue d'ambre et de verre frottés
Ma femme à la langue d'hostie poignardée
A la langue de poupée qui ouvre et ferme les yeux
A la langue de pierre incroyable
Ma femme aux cils de bâtons d'écriture d'enfant
Aux sourcils de bord de nid d'hirondelle
Ma femme aux tempes d'ardoise de toit de serre
Et de buée aux vitres
Ma femme aux épaules de champagne
Et de fontaine à têtes de dauphins sous la glace
Ma femme aux poignets d'allumettes
Ma femme aux doigts de hasard et d'as de coeur

베어진 건초의 손가락들을 지닌 내 아내
담비와 너도밤나무의
세례 요한 축제일 밤의
쥐똥나무와 엔젤 피시 서식처의 겨드랑이들을 지닌
바다와 수문의 거품의
밀과 방아를 섞은 팔들을 지닌 내 아내
폭죽의 다리들과
시계와 절망의 움직임들을 지닌 내 아내
딱총나무의 뼛골의 종아리들을 지닌 내 아내
머리글자의 발들을 지닌
열쇠 꾸러미의 발들을 지닌 술 마시고 있는 배 널빤지 틈막이 직공
의 발들을 지닌 내 아내
탈곡하지 않은 보리의 목을 지닌 내 아내
급류의 침대 바로 그 안에서 만난
황금 골짜기의 목구멍을 지닌 내 아내
밤의 유방들을 지닌
바닷가 두더지 굴의 유방들을 지닌 내 아내
루비 용광로의 유방들을 지닌
이슬 아래 장미의 분광分光의 유방들을 지닌 내 아내
나날들의 펴진 부채의 배를 지닌
거대한 발톱의 배를 지닌 내 아내
수직으로 달아나는 새의 등을 지닌
수은의 등을 지닌
빛의 등을 지닌
구르는 돌과 젖은 분필의

Aux doigts de foin coupé
Ma femme aux aisselles de martre et de fênes
De nuit de la Saint-Jean
De troène et de nid de scalares
Aux bras d'écume de mer et d'écluse
Et de mélange du blé et du moulin
Ma femme aux jambes de fusée
Aux mouvements d'horlogerie et de désespoir
Ma femme aux mollets de moelle de sureau
Ma femme aux pieds d'initiales
Aux pieds de trousseaux de clés aux pieds de calfats qui boivent
Ma femme au cou d'orge imperlé
Ma femme à la gorge de Val d'or
De rendez-vous dans le lit même du torrent
Aux seins de nuit
Ma femme aux seins de taupinière marine
Ma femme aux seins de creuset du rubis
Aux seins de spectre de la rose sous la rosée
Ma femme au ventre de dépliement d'éventail des jours
Au ventre de griffe géante
Ma femme au dos d'oiseau qui fuit vertical
Au dos de vif-argent
Au dos de lumière
A la nuque de pierre roulée et de craie mouillée

그리고 방금 마신 물컵이 추락하는 목덜미를 지닌 내 아내
작은 곤돌라의 엉덩이를 지닌
샹들리에와 화살 깃의
흰 공작의 깃대들의
알아차리지 못하게 균형 잡힌 엉덩이들을 지닌 내 아내
사암砂巖과 석면의 엉덩이들을 지닌 내 아내
백조의 등의 엉덩이들을 지닌 내 아내
봄의 엉덩이들과
글라디올러스의 성기를 지닌 내 아내
사금광상과 오리너구리의 성기를 지닌 내 아내
미역과 옛날 사탕의 성기를 지닌 내 아내
거울의 성기를 지닌 내 아내
눈에 눈물이 가득 고인
자줏빛 갑옷과 자침磁針의 눈들을 지닌 내 아내
사바나의 눈들을 지닌 내 아내
감옥에서 마시는 물의 눈들을 지닌 내 아내
도끼 밑에 항상 놓여 있는 나무의 눈들을 지닌
물의 차원 공기의 차원 땅과 불의 차원에 있는 눈들을 지닌 내 아내

Et de chute d'un verre dans lequel on vient de boire
Ma femme aux hanches de nacelle
Aux hanches de lustre et de pennes de flèche
Et de tiges de plumes de paon blanc
De balance insensible
Ma femme aux fesses de grès et d'amiante
Ma femme aux fesses de dos de cygne
Ma femme aux fesses de printemps
Au sexe de glaïeul
Ma femme au sexe de placer et d'ornithorynque
Ma femme au sexe d'algue et de bonbons anciens
Ma femme au sexe de miroir
Ma femme aux yeux pleins de larmes
Aux yeux de panoplie violette et d'aiguille aimantée
Ma femme aux yeux de savane
Ma femme aux yeux d'eau pour boire en prison
Ma femme aux yeux de bois toujours sous la hache
Aux yeux de niveau d'eau de niveau d'air de terre et de feu.

마술적 감각

말콤 드 샤잘

18
"나는 세계
일주를 했다네"
이 남자가 말한다.
– "딱한 양반
그대는
그대 육체 안에서
일 센티미터도
전진하지 못했소."

26
중심은
머리를 꺼내어
원이 되었네.
원이
머리를 다시 집어넣으니
중심이 되었네.
허공의
목을 잘라라
그리고 기하학을 멈춰라.

Sens magique

Malcolm de Chazal

18

"J'ai fait le tour
De la Terre"
Dit cet homme.
– "Pauvre homme
Tu n'as pas
Avancé
D'un centimère
Dans ton corps."

26

Le centre tira
La tête
Il devint cercle.
Le cercle
Rentra la tête
Il devint centre.
Coupe le cou
Du vide
Et cesse la géométrie.

33

나는 들었네
수탉의 울음소리를
내가 구겼던
종이 안에서.
나는 몸을 기울였고
보았네
종이가
닭 벼슬 모양을 하고 있음을.

39

시간 앞에
앉은 이는
등에
공간을
둔다.
공간 앞에
앉은 이는
등에
시간을
둔다.
정면에 있는
시간-공간은
밤이다.
아무도 그걸 볼 수 없다.

33

J'ai entendu
Un cri de coq
Dans une feuille
Que j'ai froissée.
Je me suis penché
J'ai vu
Que la feuille
Avait forme de crête.

39

Qui s'assoit
Face au temps
A
L'espace
Dans le dos.
Qui s'assoit
Face à l'espace
A
Le temps
Dans le dos.
Le temps-espace
De face
Est la nuit.
Nul ne la voit.

147
돌은
빗속에서만
제 심장이 뛰는 소리를
듣는다.

193
우리 자신으로부터
우리 자신에까지 이르는
가장 짧은 길은
세계다.

270
별 하나가
하늘 안으로
미끄러져 들어갔다.
공간이
양보했고
시간이 내려왔다.

147

La pierre

N'entend

Son cœur battre

Que dans la pluie.

193

Le plus court chemin

De nous-mêmes

A nous-mêmes

Est l'Univers.

270

Une étoile

Glissa

Dans le ciel.

L'espace

Avait cédé

Le temps tombait.

처럼

로베르 데스노스

컴, 영국인이 영국인에게 말한다, 그리고 그 영국인이 온다.
코모, 역장이 말한다, 그리고 이 도시로 온 여행객이 기차에서 손가방을 내린다.
꼬메, 다른 사람이 말한다, 그리고 그는 먹는다.
꼼므, 나는 처럼이라고 말한다 그리고 모든 것은 변모한다, 대리석은 물로, 하늘은 오렌지로, 포도주는 평야로, 선線은 여섯으로, 심장은 고통으로, 두려움은 센강으로.
그러나 만일 영국인이 에즈라고 말하면, 이제 자신의 차례가 된 그는 그 자신의 취향대로 형태를 바꾸는 세상을 보게 된다
그리고 나, 나는 카드에서 단 하나의 기호만을 본다
만일 그게 2월이면 하트 에이스를,
플랑드르 지방의 재난엔, 다이아몬드 에이스와 클로버 에이스를,
모험가들의 손에는 스페이드 에이스를.
그리고 그대에게 작은 물단지건, 모슬린이건 단호박이건,
내가 마셍이라고 즐겨 말한다면.
영국인은 머신이라고 말할 거고,
역장은 머신에 도착했다고 말할 거고,
마친, 하고 다른 사람은 말할 거고,
나 또한
아무개.

Comme

Robert Desnos

Come, dit l'Anglais à l'Anglais, et l'Anglais vient.
Côme, dit le chef de gare, et le voyageur qui vient dans cette ville descend du train sa valise à la main.
Come, dit l'autre, et il mange.
Comme, je dis comme et tout se métamorphose, le marbre en eau, le ciel en orange, le vin en plaine, le fil en six, le cœur en peine, la peur en seine.
Mais si l'Anglais dit as, c'est à son tour de voir le monde changer de forme à sa convenance
Et moi je ne vois plus qu'un signe unique sur une carte
L'as de cœur si c'est en février,
L'as de carreau et l'as de trèfle, misère en Flandre,
L'as de pique aux mains des aventuriers.
Et si cela me plaît à moi de vous dire machin,
Pot à eau, mousseline et potiron.
Que l'Anglais dise machin,
Que machin dise le chef de gare,
Machin. dise l'autre,
Et moi aussi.
Machin.

그리고 그거.
그대가 이 시의 목적을 이해하지 못해도
사실 그대는 신경도 안 쓰겠지.
게다가 나도 그렇다.
시, 내가 그대에게 약간 부탁해도 되나?
시여? 나는 그대에게 약간의 잼과,
또 약간의 양 넓적다리 고기와,
또 잔에 조금 담긴 포도주를 부탁한다
우리를 시작하게 하기 위해서…
시, 나는 그대에게 몇 시인지 묻지 않는다.
시, 나는 그대의 양아버지가 구조대원처럼 털이 많은지 묻지 않는다.
시, 내가 그대에게 약간의 …을 부탁해도 되나?

시, 나는 그대에게 동냥을 부탁하지 않는다,
내가 그대에게 베풀리라.
시, 나는 그대에게 몇 시인지 묻지 않는다,
내가 그대에게 시간을 주리라.
시, 나는 그대에게 잘 지내는지 묻지 않는다,
그건 짐작할 수 있다.
시여, 시여, 나는 그대에게 약간의 …을 부탁한다
나는 내가 사랑하는 여자와 행복하기 위해 그대에게 약간의 금을 부탁한다.

Et même machin chose.
Il est vrai que vous vous en foutez
Que vous ne comprenez pas la raison de ce poème.
Moi non plus d'ailleurs.
Poème, je vous demande un peu?
Poème? je vous demande un peu de confiture,
Encore un peu de gigot,
Encore un petit verre de vin
Pour nous mettre en train...
Poème, je ne vous demande pas l'heure qu'il est.
Poème, je ne vous demande pas si votre beau-père est poilu comme un sapeur.
Poème, je vous demande un peu...?

Poème, je ne vous demande pas l'aumône,
Je vous la fais.
Poème, je ne vous demande pas l'heure qu'il est,
Je vous la donne.
Poème, je ne vous demande pas si vous allez bien,
Cela se devine.
Poème, poème, je vous demande un peu...
Je vous demande un peu d'or pour être heureux avec celle que j'aime.

이상적인 여자애인

로베르 데스노스

나는 오늘 아침 내가 인내심을 가지고 길들이고 있는 어여쁜 동물의 이빨들을 닦아주느라 늦었다. 그것은 카멜레온이다. 이 사랑스런 동물은 보통 때처럼 몇 개비의 담배를 피웠고, 그 후 나는 떠났다.

계단에서 나는 그녀를 만났다. "나 접시꽃"이라고 그녀는 내게 말했고 그동안 나에게로 강물 흐르는 그녀의 시선에 나 하늘 가득히 나 자신 나 크리스털. 그러나 그는 열쇠 그리고, 여자 애인! 너는 아름다운 꽃병이 품은 소나무 나는 나를 의자 만일 길들 무덤들.

계단, 항상 도서관인 계단과 태양이 울리지 않는 것보다 더 심연인 아래에 있는 군중.

다시 올라갑시다! 그러나 소용없고, 추억들은 스스로 정어리! 막 단추가 저금통. 추락하세요, 추락하세요! 그에 대한 판결문이 여기 있다. "새벽에 그 무희는 무용복을 입고 재물로 바쳐진 그녀의 보석들과 함께 총살형에 처해지리라 그녀의 몸에 총알을. 군사들이여, 보석들의 피를!"

뭐라고, 이미 나 거울. 여자 애인 너는 검은 정사각형이고 만일 조금 전의 구름들 물망초라면, 그것들은 항상 현재인 영원함 속에서 물레방아들.

Idéal maîtresse

Robert Desnos

Je m'étais attardé ce matin-là à brosser les dents d'un joli animal que, patiemment, j'apprivoise. C'est un caméléon. Cette aimable bête fuma, comme à l'ordinaire, quelques cigarettes puis je partis.

Dans l'escalier je la rencontrai. "Je mauve" me dit-elle et tandis que moi-même je cristal à pleine ciel-je à son regard qui fleuve vers moi. Or, il serrure et, maîtresse! Tu pitchpin qu'a joli vase je me chaise si les chemins tombeaux.

L'escalier, toujours l'escalier qui bibliothèque et la foule au bas plus abîme que le soleil ne cloche.

Remontons! mais en vain, les souvenirs se sardine! à peine, à peine un bouton tirelire-t-il. Tombez, tombez! En voici le verdict : "La danseuse sera fusillée à l'aube en tenue de danse avec ses bijoux immolés au feu de son corps. Le sang des bijoux, soldats!"

Eh quoi, déjà je miroir. Maîtresse tu carré noir et si les nuages de tout à l'heure myosotis, ils moulins dans la toujours présente éternité.

밤이던 낮

로베르 데스노스

그는 강바닥으로 날아올랐다.
흑단나무로 된 돌들, 금으로 된 철사들 그리고 가지 없는 십자가.
모든 것은 아무것도 아닌 것.
나는 그녀를 사랑으로 증오한다 누구나 그렇듯이.
망자는 텅 빈 거대한 입김들로 숨을 쉬었다.
컴퍼스는 다섯 변으로
사각형들과 삼각형들을 그렸다.
그런 후에 그는 다락방으로 내려갔다.
정오의 별들은 다시 찬란히 빛났다.
사냥꾼은 센강 한가운데의 강가에서
자루에 물고기를 가득 담아 되돌아왔다.
지렁이는, 원주圓周에서
원의 중심을 표시한다.
침묵으로 내 두 눈은 시끄럽게 연설했다.
그러자 우리는 군중들이 운집했던 한적한 산책로로 걸어갔다.
발걸음이 우리를 잘 쉬게 했을 때
우리는 앉을 용기를 냈고
그리고 나서 잠에서 깼을 때 우리의 눈은 감겼다
그리고 새벽이 우리에게 밤의 물탱크들을 들이부었다.
비가 우리를 건조시켰다.

Un jour qu'il faisait nuit

Robert Desnos

Il s'envola au fond de la rivière.
Les pierres en bois d'ébène, les fils de fer en or et la croix sans branche.
Tout rien.
Je la hais d'amour comme tout un chacun.
Le mort respirait de grandes bouffées de vide.
Le compas traçait des carrés
et des triangles à cinq côtés.
Après cela il descendit au grenier.
Les étoiles de midi resplendissaient.
Le chasseur revenait, carnassière pleine de poissons
Sur la rive au milieu de la Seine.
Un ver de terre, marque le centre du cercle
sur la circonférence.
En silence mes yeux prononcèrent un bruyant discours.
Alors nous avancions dans une allée déserte où se pressait la foule.
Quand la marche nous eut bien reposé
nous eûmes le courage de nous asseoir
puis au réveil nos yeux se fermèrent
et l'aube versa sur nous les réservoirs de la nuit.
La pluie nous sécha.

생-메리 구역

로베르 데스노스

베르리 거리와
생-마르탱 거리의 모퉁이에
당밀糖蜜 장수가 있다.

4월 어느 날, 보도 위에서
매트리스 소모梳毛 직공이
그가 들고 있던 베개를 끌고, 떨어뜨리고, 터뜨렸다.

그것은 깃털을 날리게 했다
생-메리의 종탑보다 더 높이.
깃털들 몇 개는 당밀을 담은 통에 달라붙었다.

나는 어느 저녁 거기를 다시 지나갔다,
4월의 어느 저녁,
술주정뱅이 하나가 개울 속에서 잠자고 있었다.

같은 창문에 불이 켜졌다.
쥐즈-콩쉴 거리의 모퉁이로부터
사내아이들이 노래를 불렀다.

Quartier Saint-Merri

Robert Desnos

Au coin de la rue de la Verrerie
Et de la rue Saint-Martin
Il y a un marchand de mélasse.

Un jour d'avril, sur le trottoir
Un cardeur de matelas
Glissa, tomba, éventra l'oreiller qu'il portait.

Cela fit voler des plumes
Plus haut que le clocher de Saint-Merri.
Quelques-unes se collèrent aux barils de mélasse.

Je suis repassé un soir par là,
Un soir d'avril,
Un ivrogne dormait dans le ruisseau.

La même fenêtre était éclairée.
Du côté de la rue des Juges-Consuls
Chantaient des gamins.

거기, 그 문 앞에서, 나는 멈춘다.
바로 그곳에서 그녀는 떠났다.
머리가 헝클어진 그녀의 어머니가 창가에서 울부짖었다.

옷을 거의 걸치지 않은, 열세 살의 소녀,
검은 속눈썹들 아래 근사한 두 눈,
가냘픈 팔과 다리들.

헛되이 아버지는 일어나
무거운 걸음으로
나막신을 질질 끌며 갔고,

그의 불행을 증명하듯
비가 오는 하늘.
헛되이, 그녀는 거리를 가로질러 달렸다.

그녀는 한순간 롱바르 거리에서 멈췄다
그 후에 아폴리네르의 플루트 연주가가 지나갔던
바로 그 장소에서.

생-메리 수도원으로부터 소문들이 생겨났다.
피가 배수구들로 흘렀다,
봄과 미래의 태음월太陰月들의 시초.

게르브 도르의 시계가

Là, devant cette porte, je m'arrête.
C'est de là qu'elle partit.
Sa mère échevelée hurlait à la fenêtre.

Treize ans, à peine vêtue,
Des yeux flambant sous des cils noirs,
Les membres grêles.

En vain le père se leva-t-il
Et vint à pas pesants,
Traînant ses savates,

Attester de son malheur
Le ciel pluvieux.
En vain, elle courait à travers les rues.

Elle s'arrêta un instant rue des Lombards
À l'endroit exact où, par la suite,
Passa le joueur de flûte d'Apollinaire.

Du cloître Saint-Merri naissaient des rumeurs.
Le sang coulait dans les ruisseaux,
Prémice du printemps et des futures lunaisons.

L'horloge de la Gerbe d'Or

레알 구역 쪽으로 달려가는 마차들의 소리에,
다른 시계들에 대답했다.

반쯤 벌거벗은 소녀는
철제 셔터를 내리고 있던
어떤 남자 약사를 만났다.

안구眼球들의 노랑 초록 빛들이
그의 눈에서 빛났고,
젖은 콧수염들이 늘어져 있었다.

— 아이야, 이 시간에 거리에서 무얼 하고 있니?
자정이란다,
가서 자렴.

— 젊었을 때, 나는 밤에 쏘다니는 걸 좋아했지
밤에 책들을 읽으며 꿈꾸길 좋아했지.
내 젊은 날의 밤들은 어디에 있을까?

— 이후 일과 삶의 노력이
내게 감미로운 꿈을 선사해주었지.
이런 또 다른 사랑으로 나는 밤을 사랑하지.

약간 멀리에서, 다리를 따라
한 군부대가 지나갔다

Répondait aux autres horloges,
Au bruit des attelages roulant vers les Halles.

La fillette à demi nue
Rencontra un pharmacien
Qui baissait sa devanture de fer.

Les lueurs jaune et verte des globes
Brillaient dans ses yeux,
Les moustaches humides pendaient.

— Que fais-tu, la gosse, à cette heure, dans la rue?
Il est minuit,
Va te coucher.

— Dans mon jeune temps, j'aimais traîner la nuit
J'aimais rêver sur des livres, la nuit.
Où sont les nuits de mon jeune temps?

— Le travail et l'effort de vivre
M'ont rendu le sommeil délicieux.
C'est d'un autre amour que j'aime la nuit.

Un peu plus loin, au long d'un pont
Un régiment passait

중무장하고 무겁게.

그러나 소녀는 약사의 말을 듣고 있었다.
오브리-르-부셰 거리의 모퉁이에서
리아베프 혹은 그의 유령이 거짓말쟁이들을 저주하였다.

— 꼬마야 가서 자렴
시계가 자정을 치고 있어
거리를 쏘다닐 나이도 아니고 그럴만한 시간도 아니란다.

물이 부교浮橋에 부딪쳐 찰랑거렸다
세 명의 늙은이가 다리 아래에서 대화를 나누고 있었다
한 명은 맞다고 했고 다른 한 명은 아니라고 했다.

— 맞아 시간은 짧아, 아니야 시간은 길어…
— 시간은 존재하지 않아 세 번째 늙은이가 말했다.
그러자 소녀가 나타났다.

약사는 휘파람을 불며
생-마르탱 거리로 멀어져갔고
그의 그림자가 길어졌다.

— 좋은 아침이야 꼬마야, 늙은이들 중 한 명이 말했다
— 좋은 저녁이야, 다른 두 늙은이가 말했다
— 당신들에게서 고약한 냄새가 나요, 꼬마가 말했다.

Pesamment.

Mais la petite fille écoutait le pharmacien.
Liabeuf ou son fantôme maudissait les menteurs
Du côté de la rue Aubry-le-Boucher.

— Va te coucher petite
Les horloges sonnent minuit
Ce n'est ni l'heure ni l'âge de courir les rues.

L'eau clapotait contre un ponton
Trois vieillards parlaient sous le pont
L'un disait oui et l'autre non.

— Oui le temps est court, non le temps est long…
— Le temps n'existe pas dit le troisième.
Alors parut la petite fille.

En sifflotant le pharmacien
S'éloignait dans la rue Saint-Martin
Et son ombre grandissait.

— Bonjour petite dit l'un des vieux
— Bonsoir dirent les deux autres
— Vous sentez mauvais dit la petite.

부대는 생-자크 거리로 사라졌다,
한 여자가 강둑에서 울고 있었다,
둑길 위에 상처 입은 새가 절뚝이고 있었다.

— 당신들에게서 고약한 냄새가 나요, 꼬마가 말했다
— 우리는 모두 고약한 냄새가 나지, 첫 늙은이가 말했다
우리가 죽으면 말이다.

— 당신들은 이미 죽었네요, 꼬마가 말했다
당신들에게서 고약한 냄새가 나니까요!
나만 결코 죽지 않을 거예요.

유리창 깨지는 소리가 들렸다.
이내 소방차들의
장중한 경적소리가 울렸다.

희미한 빛이 센강을 비췄다.
남자들이 달리는 소리가 들렸고,
이내 군중들의 소리가 들렸다.

펌프소리는 밤에 리듬을 붙였다,
웃음소리들과 비명소리들이 뒤섞였다,
회전목마가 움직이기 시작했다.

목마들인지 아니면 도금한 돼지들인지

Le régiment s'éloignait dans la rue Saint–Jacques,
Une femme criait sur le quai,
Sur la berge un oiseau blessé sautillait.

— Vous sentez mauvais dit la petite
— Nous sentirons tous mauvais, dit le premier vieillard
Quand nous serons morts.

— Vous êtes morts déjà, dit la petite
Puisque vous sentez mauvais!
Moi seule ne mourrai jamais.

On entendit un bruit de vitre brisée.
Presque aussitôt retentit
La trompe grave des pompiers.

Des lueurs se reflétaient dans la Seine.
On entendit courir des hommes,
Puis ce fut le bruit de la foule.

Les pompes rythmaient la nuit,
Des rires se mêlaient aux cris,
Un manège de chevaux de bois se mit à fonctionner.

Chevaux de bois ou cochons dorés

지난 축제 이후
광장 위에 잊힌 채 놓여 있다.

샤를마뉴 대제는 불그스름한 낯빛을 띠었다,
무심한 시간들이 울렸다,
한 환자가 오텔-디유에서 죽어가고 있었다.

생-마르탱-데-샹으로 멀어져갔던
약사의 그림자가
밤이 되자 짙어졌다.

병사들이 이미 거리에서 노래를 부르고 있었다.
농부들은 그들을 보기 위해
회색빛 얼굴들을 창문에 붙이고 있었다.

작은 소녀는 강둑길로 향하는
계단을 다시 올라갔다.
유령선이 다리 아래로 지나갔다.

세 명의 늙은이가
물소리가 들리고 바람이 부는 곳에서
잠을 잘 준비를 하고 있었다.

다리의 과녁판에 던져진 화살들인,
죽은 물고기들이 물살을 타고,

Oubliés sur le parvis
Depuis la dernière fête.

Charlemagne rougeoyait,
Impassibles les heures sonnaient,
Un malade agonisait à l'Hôtel-Dieu.

L'ombre du pharmacien
Qui s'éloignait vers Saint-Martin-des-Champs
Épaississait la nuit.

Les soldats chantaient déjà sur la route:
Des paysans pour les voir
Collaient aux fenêtres leurs faces grises.

La petite fille remontait l'escalier
Qui mène de la berge au quai.
Une péniche fantôme passait sous le pont.

Les trois vieillards se préparaient à dormir
Dans les courants d'air au bruit de l'eau.
L'incendie éventrait ses dernières barriques.

Les poissons morts au fil de l'eau,
Flèches dans la cible des ponts,

그림자들과 함께 흘러가고 있었다.

자동차 경적소리
새의 노랫소리
종소리

— 저런, 소녀야
네 치마가 갈기갈기 찢겨 떨어져
네 살이 드러나 보이는구나.

— 어디를 가니 소녀야?
— 또 당신이네요 그 눈을 한
약사님! 당구공같이 둥근 두 눈!

낡은 시계처럼 고장 난,
저기, 노트르담 광장 위에
회전목마가 제 음악을 내지르고 있었다.

경직된 말들이 사거리에서 뒷발로 일어서 있었다.
흉측하게 벌거벗은
세 명의 늙은이가 거리를 걸어가고 있었다.

생-마르탱 거리와 베르리 거리 모퉁이에서
깃털 하나 보도를 스치며 날고 있었다
바람에 휘몰리는 낡은 종이들과 함께.

Passaient avec des reflets.

Tintamarre de voitures
Chants d'oiseaux
Son de cloche

— Ho! petite fille
Ta robe tombe en lambeaux
On voit ta peau.

— Où vas-tu petite fille?
— C'est encore toi le pharmacien
Avec tes yeux! ronds comme des billes!

Détraqué comme une vieille montre,
Là-bas, sur le parvis Notre-Dame
Le manège hennissait sa musique.

Des chevaux raides se cabraient aux carrefours.
Hideusement nus,
Les trois vieillards s'avançaient dans la rue.

Au coin des rues Saint-Martin et de la Verrerie
Une plume flottait à ras du trottoir
Avec de vieux papiers chassés par le vent.

새의 노랫소리가 이노성 공원에서 날아올랐다.
다른 새의 노랫소리가 생-자크 탑에서 울렸다.
생-봉 거리에서 긴 외침소리가 들렸다.

그러자 낯선 밤이 파리 위로 올올이 풀렸다.

Un chant d'oiseau s'éleva square des Innocents.

Un autre retentit à la Tour Saint-Jacques.

Il y eut un long cri rue Saint-Bon.

Et l'étrange nuit s'effilocha sur Paris.

잠의 공간들

로베르 데스노스

밤에는 본래 세상의 일곱 개의 경이로움들과 거대함과 비극과 매
　혹이 있다.
밤의 숲들은 잡목림들 속에 숨은 전설의 피조물들과 혼란스럽게
　부딪친다.
네가 있다.
밤에는 산책하는 사람의 발자국과 살인자의 발자국과
　경찰의 발자국과 가로등의 불빛과
　넝마주이의 손전등 불빛이 있다.
네가 있다.
밤에는 기차들과 배들이 지나가고 빛이 비추는 고장들의 환영이
　지나간다. 황혼의 마지막 숨결들과
　새벽의 첫 전율들.
네가 있다.
피아노 한 곡조, 목소리의 파편.
문이 삐걱거린다. 괘종시계.
그리고 생명체들과 사물들과 물질의 소리들만 있는 게 아니다.
또 나를 쫓거나 끊임없이 나를 초월하는 내가 있다.
여성 희생자인 네가, 내가 기다리는 네가 있다.
이따금씩 이상한 형상들이 잠이 드는 순간에 나타나고
　사라진다.

Les Espaces du sommeil

Robert Desnos

Dans la nuit il y a naturellement les sept merveilles du monde et la grandeur et le tragique et le charme.
Les forêts s'y heurtent confusément avec des créatures de légende cachées dans les fourrés.
Il y a toi.
Dans la nuit il y a le pas du promeneur et celui de l'assassin et celui du sergent de ville et la lumière du réverbère et celle de la lanterne du chiffonnier.
Il y a toi.
Dans la nuit passent les trains et les bateaux et le mirage des pays où il fait jour. Les derniers souffles du crépuscule et les premiers frissons de l'aube.
Il y a toi.
Un air de piano, un éclat de voix.
Une porte claque. Un horloge.
Et pas seulement les êtres et les choses et les bruits matériels.
Mais encore moi qui me poursuis ou sans cesse me dépasse.
Il y a toi l'immolée, toi que j'attends.
Parfois d'étranges figures naissent à l'instant du sommeil et disparaissent.

내가 눈을 감을 때, 빛나는 개화開花가 피어나고
시들고 다시 생겨난다
불꽃놀이의 통통한 불꽃들처럼.
내가 피조물들과 함께 탐험하는 미지의 고장들이여.
틀림없이 네가 있다, 오 아름답고 은밀한 여성 스파이여.
그리고 그 면적을 가늠할 수 있는 영혼이여.
그리고 하늘과 별들의 향기들과 2000년 전의 닭 울음소리와
불타오르는 공원들과 키스들 안에서 들리는 공작새의
울음소리여.
창백한 빛 속에서 음산하게 꽉 쥐고 있는 손들과 놀라 기절하게
하는 도로에서 삐걱거리는
차축車軸들이여.
내가 알지 못하는, 반대로 내가 아는,
네가 틀림없이 있다.
그러나 내 꿈들 속에 있으면서 나타나지 않은 채 짐작하게 하는 집요한 이여.
현실에서도 꿈속에서도 잡을 수 없는 너.
환영 속에서 너를 갖고자 하는 내 의지로 내게 속해 있는 너 그러나 현실에서만큼이나 꿈에서도 눈을 감은 채로만 내 얼굴로 네 얼굴에 다가갈 수 있는 너.
물결이 해안가에 부딪쳐 죽고, 까마귀가 폐허가 된 공장들에서 날아다니고, 나무가 납빛 태양 아래 삐걱거리며 썩어가는 쉬운 수사법이 형용할 수 없는 너
내 꿈들의 근원이자 변모로 가득한 내 정신을 흔드는 너
그리고 내가 네 손에 입맞출 때 네 장갑을

Quand je ferme les yeux, des floraisons phosphorescentes apparaissent et se fanent et renaissent comme des feux d'artifice charnus.

Des pays inconnus que je parcours en compagnie de créatures.

Il y a toi sans doute, ô belle et discrète espionne.

Et l'âme palpable de l'étendue.

Et les parfums du ciel et des étoiles et le chant du coq d'il y a 2000 ans et le cri du paon dans des parcs en flamme et des baisers.

Des mains qui se serrent sinistrement dans une lumière blafarde et des essieux qui grincent sur des routes médusantes.

Il y a toi sans doute que je ne connais pas, que je connais au contraire.

Mais qui présente dans mes rêves s'obstine à s'y laisser deviner sans y paraître.

Toi qui restes insaisissable dans la réalité et dans le rêve.

Toi qui m'appartiens de par ma volonté de te posséder en illusion mais qui n'approches ton visage du mien que mes yeux clos aussi bien au rêve qu'à la réalité.

Toi qu'en dépit d'une rhétorique facile où le flot meurt sur les plages, où la corneille vole dans des usines en ruines, où le bois pourrit en craquant sous un soleil de plomb,

Toi qui es à la base de mes rêves et qui secoues mon esprit plein de métamorphoses et qui me laisses ton gant quand

내게 남겨준 너.
밤에는 별들과 바다의 어두운 움직임과,
강물들, 숲들, 도시들, 풀밭들,
수백만 또 수백만의 생명체들의 허파들이 있다.
밤에는 세상의 신비로움들이 있다.
밤에는 수호천사들이 없지만
잠이 있다.
밤에는 네가 있다.
낮에도 그렇다.

je baise ta main.

Dans la nuit, il y a les étoiles et le mouvement ténébreux de
la mer, des fleuves, des forêts, des villes, des herbes, des
poumons de millions et millions d'êtres.

Dans la nuit, il y a les merveilles du mondes.

Dans la nuit, il n'y a pas d'anges gardiens mais il y a le
sommeil.

Dans la nuit il y a toi.

Dans le jour aussi.

사랑의 질서와 무질서

폴 엘뤼아르

나는 원소들로부터 출발하기 위해 암송하리라
네 목소리 네 눈 네 손 네 입술들을

나는 땅 위에 있다 만일 네가 거기에 없다면
내가 거기에 있을 수 있을까

바닷물과 민물과
마주한 이 욕조 속에서

불꽃이 우리들의 눈 속에 건축했던
이 욕조 속에서

네 두 손의 미덕 때문에
네 두 입술의 은총 때문에
내가 그 안으로 들어갔던
행복한 눈물의 이 욕조여

태어나는 풀밭과 같은
인간의 이 첫 상태여

Ordre et désordre de l'amour

Paul Eluard

Je citerai pour commencer les éléments
Ta voix tes yeux tes mains tes lèvres

Je suis sur terre y serais-je
Si tu n'y étais aussi

Dans ce bain qui fait face
A la mer à l'eau douce

Dans ce bain que la flamme
A construit dans nos yeux

Ce bain de larmes heureuses
Dans lequel je suis entré
Par la vertu de tes mains
Par la grâce de tes lèvres

Ce premier état humain
Comme une prairie naissante

우리들의 침묵 우리들의 말
사라져버린 빛
되돌아오는 빛
새벽과 저녁은 우리를 웃게 만든다

우리 육체의 한가운데서
모든 것은 꽃피고 익어간다

내가 내 늙은 뼈들을 누이는
내 삶을 마감할

네 삶의 지푸라기 위에서.

Nos silences nos paroles
La lumière qui s'en va
La lumière qui revient
L'aube et le soir nous font rire

Au cœur de notre corps
Tout fleurit et mûrit

Sur la paille de ta vie
Où je couche mes vieux os

Où je finis.

자유

폴 엘뤼아르

초등학교 내 공책 위에
내 책상과 나무 위에
모래 위에 눈雪 위에
나는 네 이름을 쓴다

내가 읽은 모든 페이지 위에
모든 백지 위에
돌 피 종이 또는 재 위에
나는 네 이름을 쓴다

황금 동상들 위에
병사들의 무기 위에
국왕들의 왕관 위에
나는 네 이름을 쓴다

밀림과 사막 위에
새의 둥지들 위에 금작화들 위에
내 어린 시절의 메아리 위에
나는 네 이름을 쓴다

La Liberté

Paul Eluard

Sur mes cahiers d'écolier
Sur mon pupitre et les arbres
Sur le sable sur la neige
J'écris ton nom

Sur toutes les pages lues
Sur toutes les pages blanches
Pierre sang papier ou cendre
J'écris ton nom

Sur les images dorées
Sur les armes des guerriers
Sur la couronne des rois
J'écris ton nom

Sur la jungle et le désert
Sur les nids sur les genêts
Sur l'écho de mon enfance
J'écris ton nom

밤의 경이로움 위에
나날들의 흰 빵 위에
약혼 시절들 위에
나는 네 이름을 쓴다

창공의 내 모든 누더기 옷들 위에
곰팡이 슬은 태양 연못 위에
생기 넘치는 달 호수 위에
나는 네 이름을 쓴다

들판 위에 지평선 위에
새들의 날개 위에
그리고 그림자들의 방아 위에
나는 네 이름을 쓴다

새벽이 내뿜는 매 입김 위에
바다 위에 배들 위에
미친 산 위에
나는 네 이름을 쓴다

구름들의 거품 위에
폭풍우의 땀방울들 위에
굵고 무미한 빗방울 위에
나는 네 이름을 쓴다

Sur les merveilles des nuits
Sur le pain blanc des journées
Sur les saisons fiancées
J'écris ton nom

Sur tous mes chiffons d'azur
Sur l'étang soleil moisi
Sur le lac lune vivante
J'écris ton nom

Sur les champs sur l'horizon
Sur les ailes des oiseaux
Et sur le moulin des ombres
J'écris ton nom

Sur chaque bouffée d'aurore
Sur la mer sur les bateaux
Sur la montagne démente
J'écris ton nom

Sur la mousse des nuages
Sur les sueurs de l'orage
Sur la pluie épaisse et fade
J'écris ton nom

반짝이는 형상들 위에
여러 빛깔의 종들 위에
육체적 진리 위에
나는 네 이름을 쓴다

깨어난 오솔길들 위에
펼쳐진 큰길 위에
넘치는 광장들 위에
나는 네 이름을 쓴다

불 켜진 램프 위에
불 꺼진 램프 위에
모인 내 가족들 위에
나는 네 이름을 쓴다

거울과 내 방의
반으로 자른 과일 위에
텅 빈 조개껍질 내 침대 위에
나는 네 이름을 쓴다

먹성 좋고 다정한 나의 개 위에
그의 쫑긋한 두 귀 위에
그의 허둥대는 다리 위에
나는 네 이름을 쓴다

Sur les formes scintillantes
Sur les cloches des couleurs
Sur la vérité physique
J'écris ton nom

Sur les sentiers éveillés
Sur les routes déployées
Sur les places qui débordent
J'écris ton nom

Sur la lampe qui s'allume
Sur la lampe qui s'éteint
Sur mes maisons réunies
J'écris ton nom

Sur le fruit coupé en deux
Du miroir et de ma chambre
Sur mon lit coquille vide
J'écris ton nom

Sur mon chien gourmand et tendre
Sur ses oreilles dressées
Sur sa patte maladroite
J'écris ton nom

내 문의 발판 위에
익숙한 물건들 위에
축복받은 불의 물결 위에
나는 네 이름을 쓴다

조화로운 모든 살결 위에
내 친구들의 이마 위에
내민 손 하나하나 위에
나는 네 이름을 쓴다

놀라운 것들을 간직한 유리창 위에
자상한 입술들 위에
침묵 저 너머에
나는 네 이름을 쓴다

부서진 내 은신처 위에
무너진 내 등대들 위에
내 권태의 벽들 위에
나는 네 이름을 쓴다

욕망 없는 부재 위에
헐벗은 고독 위에
죽음의 계단들 위에
나는 네 이름을 쓴다

Sur le tremplin de ma porte
Sur les objets familiers
Sur le flot du feu béni
J'écris ton nom

Sur toute chair accordée
Sur le front de mes amis
Sur chaque main qui se tend
J'écris ton nom

Sur la vitre des surprises
Sur les lèvres attentives
Bien au-dessus du silence
J'écris ton nom

Sur mes refuges détruits
Sur mes phares écroulés
Sur les murs de mon ennui
J'écris ton nom

Sur l'absence sans désir
Sur la solitude nue
Sur les marches de la mort
J'écris ton nom

되찾은 건강 위에
사라진 위험 위에
회상 없는 희망 위에
나는 네 이름을 쓴다

그 한마디 말의 힘으로
나는 내 생을 다시 시작한다
나는 너를 알기 위해 태어났다
네 이름을 부르기 위해

자유여.

Sur la santé revenue
Sur le risque disparu
Sur l'espoir sans souvenir
J'écris ton nom

Et par le pouvoir d'un mot
Je recommence ma vie
Je suis né pour te connaître
Pour te nommer

Liberté.

물고기

폴 엘뤼아르

물고기들, 헤엄치는 사람들, 배들은
물을 변화시킨다.
물은 온순하여
무언가 자신을 건드리는 것을 위해서만 움직인다.

물고기는 앞으로 나아간다
장갑 속에 손가락을 끼울 때처럼,
헤엄치는 사람은 천천히 춤을 추고
배는 숨을 쉰다.

그러나 온순한 물은 움직인다
물을 건드리는 것을 위하여,
물이 실어가고
또 실어오는
물고기, 헤엄치는 사람, 배를 위하여.

Poisson

Paul Eluard

Les poissons, les nageurs, les bateaux
Transforment l'eau.
L'eau est douce et ne bouge
Que pour ce qui la touche.

Le poisson avance
Comme un doigt dans un gant,
Le nageur danse lentement
Et la voile respire.

Mais l'eau douce bouge
Pour ce qui la touche,
Pour le poisson, pour le nageur, pour le bateau
Qu'elle porte
Et qu'elle emporte.

올바른 정의

폴 엘뤼아르

포도로 포도주를 만들고
석탄으로 불을 피우고
입맞춤으로 인간들을 만드는 것
이것이 인간들의 따뜻한 법칙이다

전쟁과 비참함
죽음의 위험들에도 불구하고
온전히 살아가는 것
이것이 인간들의 힘든 법칙이다

물을 빛으로
꿈을 현실로
적들을 형제들로 바꾸는 것
이것이 인간들의 유연한 법칙이다

완벽해지면서
어린아이의 가슴 깊은 곳으로부터
지고의 이성에까지 이르는
낡고도 새로운 법칙이여.

Bonne justice

Paul Eluard

C'est la chaude loi des hommes
Du raisin ils font du vin
Du charbon ils font du feu
Des baisers ils font des hommes

C'est la dure loi des hommes
Se garder intact malgré
Les guerres et la misère
Malgré les dangers de mort

C'est la douce loi des hommes
De changer l'eau en lumière
Le rêve en réalité
Et les ennemis en frères

Une loi vieille et nouvelle
Qui va se perfectionnant
Du fond du cœur de l'enfant
Jusqu'à la raison suprême.

네가 일어서자…

폴 엘뤼아르

네가 일어서자 물은 펼쳐지고
네가 눕자 물은 활짝 피어난다

너는 심연에서 빠져나온 물이다
너는 뿌리내린 대지다
그 위에서 모든 것은 자리를 잡는다

너는 소음들의 사막에서 침묵의 거품들을 만든다
너는 무지개의 현들 위에서 밤의 찬가들을 노래한다
너는 어디에나 있고 너는 모든 길들을 없앤다

너는 자연을 뒤덮어 재생시키는
정확한 불꽃의 영원한 젊음 속에
시간을 희생시킨다

여성이여 너는 너의 몸과
항상 똑같은 몸을 낳는다

너는 닮음이다.

Tu te lèves…

Paul Eluard

Tu te lèves l'eau se déplie
Tu te couches l'eau s'épanouit

Tu es l'eau détournée de ses abîmes
Tu es la terre qui prend racine
Et sur laquelle tout s'établit

Tu fais des bulles de silence dans le désert des bruits
Tu chantes des hymnes nocturnes sur les cordes de l'arc-en-ciel,
Tu es partout tu abolis toutes les routes

Tu sacrifies le temps
À l'éternelle jeunesse de la flamme exacte
Qui voile la nature en la reproduisant

Femme tu mets au monde un corps toujours pareil
Le tien

Tu es la ressemblance.

시인의 임무

폴 엘뤼아르

6

나는 내가 사랑하는 존재들의 쌍둥이 형제다
본래 그들의 분신이자 그들 진실의
가장 좋은 증거다 나는 나를 입증하기 위해
내가 선택한 사람들의 긍지를 지킨다

그들은 매우 많다 그들은 셀 수도 없다
그들은 그들을 위해 그리고 나를 위해 거리로 나간다
그들은 내 이름을 갖고 있고 나는 그들의 이름을 갖고 있다
우리는 한 나무에 달린 닮은 과일들이다

자연보다 그리고 모든 증거보다 더 위대한

7

내가 그렇게 말하기 때문에
나는 내 욕망들이 옳다는 걸 안다
나는 우리가 진흙탕에
빠지는 걸 원치 않는다
나는 태양이 우리들의 고통들을
어루만져 주기를 우리에게 생기를 주기를

Le Travail du poète

Paul Eluard

6

Je suis le jumeau des êtres que j'aime
Leur double en nature la meilleure preuve
De leur vérité je sauve la face
De ceux que j'ai choisis pour me justifier

Ils sont très nombreux ils sont innombrables
Ils vont par les rues pour eux et pour moi
Ils portent mon nom je porte le leur
Nous sommes les fruits semblables d'un arbre

Plus grand que nature et que toutes les preuves

7

Je sais parce que je le dis
Que mes désirs ont raison
Je ne veux pas que nous passions
A la boue
Je veux que le soleil agisse
Sur nos douleurs qu'il nous anime

현기증 나도록 원한다
나는 우리들의 손과 우리들의 눈이
공포에서 되돌려져 순수하게 열리기를 바란다

내가 그렇게 말하기 때문에
나는 내 분노가 옳다는 걸 안다
하늘은 짓밟혔고 인간의 살은
조각났고
얼어붙고 능욕당하고 찢어졌다

나는 그 육체에 정의를 되돌려주기를
자비심 없는 정의를 원한다
학대자들 우리 중에서 근본 없는 우두머리들의
뺨을 누가 보기 좋게 후려쳐주기를 원한다

내가 그렇게 말하기 때문에
내 절망이 그른 것임을 나는 안다
나와 비슷한
사람들을 만들어낼
부드러운 배들은 어디에나 있다
내 자부심은 틀리지 않았다
낡은 세계는 나를 해치지 못한다 나는 자유롭다
나는 왕의 아들이 아니다 나는 누군가 쓰러뜨리려 했기에
우뚝 서 있는 사람이다

Vertigineusement
Je veux que nos mains et nos yeux
Reviennent de l'horreur ouvertes pures

Je sais parce que je le dis
Que ma colère a raison
Le ciel a été foulé la chair de l'homme
A été mise en pièces
Glacée soumise dispersée

Je veux qu'on lui rende justice
Une justice sans pitié
Et que l'on frappe en plein visage les bourreaux
Les maîtres sans racines parmi nous

Je sais parce que je le dis
Que mon désespoir a tort
Il y a partout des ventres tendres
Pour inventer des hommes
Pareils à moi
Mon orgueil n'a pas tort
Le monde ancien ne peut me toucher je suis libre
Je ne suis pas un fils de roi je suis un homme
Debout qu'on a voulu abattre

세상의 첫 여성

파블로 피카소에게

폴 엘뤼아르

평원의 수인囚人, 빈사 상태의 미친 여성아,
빛은 네 위에서 자취를 감춘다, 하늘을 보려므나
하늘은 네 꿈을 나무라기 위해 눈들을 감았고,
하늘은 네 사슬들을 끊기 위해 네 드레스를 잠궜다.

한데 묶인 바퀴들 앞에서
부채가 폭소를 터뜨린다.
풀이 엮어내는 위험한 그물들 속에서
길들은 그들의 광채를 잃는다.

그렇다면 너는 따뜻하고 다정한 네 손바닥 속이나
네 머리의 곱슬대는 머리칼 속에
배船들이 아몬드 열매로 맺혀 있는
파도들을 붙잡아둘 수 없겠니?

별들을 붙잡아둘 수 없겠니?
사지가 찢긴, 너는 그들과 흡사하다,
그들 불의 둥지 속에서 너는 살고
네 빛은 그곳에서 퍼져나간다.

Première du monde

à Pablo Picasso

Paul Eluard

Captive de la plaine, agonisante folle,
La lumière sur toi se cache, vois le ciel :
Il a fermé les yeux pour s'en prendre à ton rêve,
Il a fermé ta robe pour briser tes chaînes.

Devant les roues toutes nouées
Un éventail rit aux éclats.
Dans les traîtres filets de l'herbe
Les routes perdent leur reflet.

Ne peux-tu donc prendre les vagues
Dont les barques sont les amandes
Dans ta paume chaude et câline
Ou dans les boucles de ta tête ?

Ne peux-tu prendre les étoiles ?
Écartelée, tu leur ressembles,
Dans leur nid de feu tu demeures
Et ton éclat s'en multiplie.

입마개 한 새벽으로부터 단 하나의 외침이 터져 나오려 하고,
소용돌이치는 태양이 나무껍질 아래 넘쳐흐른다.
태양은 네 감은 눈까풀들 위에 머무르리라.
오 다정한 여성이여, 네가 잠을 잘 때, 밤과 낮은 섞인다.

De l’aube bâillonnée un seul cri veut jaillir,
Un soleil tournoyant ruisselle sous l’écorce.
Il ira se fixer sur tes paupières closes.
Ô douce, quand tu dors, la nuit se mêle au jour.

너는 어디에 있니 나를 보고 있니 내 말을 듣고 있니…

폴 엘뤼아르

너는 어디에 있니 나를 보고 있니 내 말을 듣고 있니
나를 알아보겠니
가장 아름다운 나 가장 외로운 나
나는 바이올린처럼 강물의 물결을 붙들고
나날들을 흘러가게 한다
배들을 구름들을 흘러가게 한다
내 곁에선 권태도 죽는다
나는 내 목구멍으로 올라오는 웃음소리들과 함께
내 보물들 어린 시절의 모든 메아리들을 붙잡는다

*

내 풍경은 정말 큰 행복이고
내 얼굴은 투명한 세계
다른 곳에서 사람들은 검은 눈물들을 흘린다
그들은 이 동굴에서 저 동굴로 옮겨 다닌다
여기에서 사람들은 길을 잃을 염려가 없고
내 얼굴은 맑은 물속에 있다 나는 내 얼굴이
단 하나의 나무를 노래하고
조약돌들을 매끄럽게 하고

Où es-tu me vois-tu m'entends-tu...

Paul Eluard

Où es-tu me vois-tu m'entends-tu
Me reconnaîtras-tu
Moi la plus belle moi la seule
Je tiens le flot de la rivière comme un violon
Je laisse passer les jours
Je laisse passer les bateaux les nuages
L'ennui est mort près de moi
Je tiens tous les échos d'enfance mes trésors
Avec des rires dans mon cou

*

Mon paysage est un bien grand bonheur
Et mon visage un limpide univers
Ailleurs on pleure des larmes noires
On va de caverne en caverne
Ici on ne peut pas se perdre
Et mon visage est dans l'eau pure je le vois
Chanter un seul arbre
Adoucir des cailloux

지평선을 비추는 걸 본다
나는 나무에 기댄다
조약돌 위에 물 위에
눕는다 나는 태양 비에게
그리고 성실한 바람에게 갈채를 보낸다

*

너는 어디에 있니 나를 보고 있니 내 말을 듣고 있니
나는 커튼 뒤에 있는
드리워진 첫 번째 커튼 뒤에 있는 피조물이다
어쨌든 녹음과
허무의 식물들의 여주인
물의 여주인 공기의 여주인인
나는 나의 고독을 다스린다
너는 어디에 있니
벽을 따라 내내 나를 꿈꾸었기에
너는 나를 본다 너는 내 말을 듣는다
그리고 너는 내 마음을 변화시키고
내 눈의 한가운데를 앗아가고자 한다

*

나는 서리와 이슬 사이 망각과 현존 사이에서
운명 없이 존재할 힘을 갖고 있다

Refléter l'horizon
Je m'appuie contre l'arbre
Couche sur les cailloux
Sur l'eau j'applaudis le soleil la pluie
Et le vent sérieux

*

Où es-tu me vois-tu m'entends-tu
Je suis la créature de derrière le rideau
De derrière le premier rideau venu
Maîtresse des verdures malgré tout
Et des plantes de rien
Maîtresse de l'eau maîtresse de l'air
Je domine ma solitude
Où es-tu
À force de rêver de moi le long des murs
Tu me vois tu m'entends
Et tu voudrais changer mon cœur
M'arracher au sein de mes yeux

*

J'ai le pouvoir d'exister sans destin
Entre givre et rosée entre oubli et présence

*

추위든 더위든 나는 근심하지 않는다
나는 네 욕망들을 통해
네가 내게 준 내 자신의 이미지와 멀어지리라
내 얼굴은 별 하나만을 갖고 있을 뿐

*

양보해야 한다 나를 사랑하는 건 소용 없다
나는 밤의 꿈인 일식
내 크리스털 커튼들을 잊으라

나는 내 자신의 이파리들 속에 있다
나는 내 자신의 거울 속에 있다
나는 눈과 불을 섞는다
내 조약돌들은 내 부드러움을 갖고 있다
내 계절은 영원하다.

*

Fraîcheur chaleur je n'en ai pas souci
Je ferai s'éloigner à travers tes désirs
L'image de moi-même que tu m'offres
Mon visage n'a qu'une étoile

*

Il faut céder m'aimer en vain
Je suis éclipse rêve de nuit
Oublie mes rideaux de cristal

Je reste dans mes propres feuilles
Je reste mon propre miroir
Je mêle la neige et le feu
Mes cailloux ont ma douceur
Ma saison est éternelle.

불사조

폴 엘뤼아르

나는 네 길 위에 선 마지막 사람
마지막 봄 마지막 눈
죽지 않기 위한 마지막 전투

그리하여 우리는 그 어느 때보다 더욱 낮고 더욱 높이 있다.

*

우리의 장작더미에는 모든 것이 있다
솔방울들과 포도넝쿨들이 있고
진흙과 이슬의

물보다 더 강한 꽃들이 있다.

*

불꽃은 우리의 발밑에서 타올라 우리의 머리에 불의 관을 씌우고
우리의 발 앞에서 벌레들과 새들과 사람들도
날아오르리니

날아오르는 것들은 곧 앉으리라.

Le Phénix

Paul Eluard

Je suis le dernier sur ta route
Le dernier printemps la dernière neige
Le dernier combat pour ne pas mourir

Et nous voici plus bas et plus haut que jamais.

*

Il y a de tout dans notre bûcher
Des pommes de pin des sarments
Mais aussi des fleurs plus fortes que l'eau

De la boue et de la rosée.

*

La flamme est sous nos pieds la flamme nous couronne
A nos pieds des insectes des oiseaux des hommes
Vont s'envoler

Ceux qui volent vont se poser.

*

하늘은 맑고 땅은 어둡지만
연기는 하늘로 사라지고
하늘은 모든 불꽃을 삼켜버렸다

불꽃은 땅 위에 남아 있다.

*

불꽃은 마음의 구름이며
모든 피의 나뭇가지들이다
불꽃은 우리의 노래를 부르고

겨울날 서린 김을 사라지게 한다.

*

어둠과 공포의 근심은 불에 탔고
재는 환희와 아름다움의 꽃을 피웠으며
우리는 언제나 석양에 등을 돌린다

모든 것은 새벽의 빛깔을 지닌다.

*

Le ciel est clair la terre est sombre
Mais la fumée s'en va au ciel
La ciel a perdu tous ces feux

La flamme est restée sur la terre.

*

La flamme est la nuée du cœur
Et toutes les branches du sang
Elle chante notre air

Elle dissipe la buée de notre hiver.

*

Nocturne et en horreur a flambé le chagrin
Les cendres ont fleuri en joie et en beauté
Nous tournons toujours le dos au couchant

Tout a la couleur de l'aurore.

노래

폴 엘뤼아르

사랑 안에서 삶은 여전히
그녀의 아이 같은 눈들이 머금은 맑은 물을 갖고 있다
그녀의 입술은 여전히
어떻게 피었는지 알 수 없게 열린 꽃이다

사랑 안에서 삶은 여전히
그녀의 꼭 쥔 아이 같은 손들을 갖고 있다
그녀의 발들은 빛에서 출발하여
빛으로 향해 간다

사랑 안에서 삶은 항상
다시 태어나는 가벼운 심장을 갖고 있다
어느 것도 여기에서 생을 마감하는 것은 없으리라
내일은 어제로부터 가벼워진다.

Chanson

Paul Eluard

Dans l'amour la vie a encore
L'eau pure de ses yeux d'enfant
Sa bouche est encore une fleur
Qui s'ouvre sans savoir comment

Dans l'amour la vie a encore
Ses mains agrippantes d'enfant
Ses pieds partent de la lumière
Et ils s'en vont vers la lumière

Dans l'amour la vie a toujours
Un cœur léger et renaissant
Rien n'y pourra jamais finir
Demain s'y allège d'hier.

죽음 사랑 삶

폴 엘뤼아르

그 어떤 접촉도 메아리도 없이 완전히 헐벗은 내 슬픔으로
나는 깊이와 광대함을 무너뜨릴 수 있을 것 같았다
나는 아무도 손대지 않은 문이 달린 내 감옥 안에 누워 있었다
죽는 법을 알고 있는 현명한 망자처럼
자신의 무無라는 화관만을 쓴 망자처럼
나는 잿더미가 된 사랑을 빨아들인 독기의
부조리한 파도들 위에 누워 있었다
내게는 고독이 피보다 더욱 생생하게 느껴졌다

나는 생을 해체하고 싶었다
나는 죽음을 죽음으로 함께하고 싶었고
내 마음을 허공으로, 허공을 삶으로 돌려놓고 싶었으며,
유리창도 수증기도 남기지 않고
앞이나 뒤나 어디에나 흔적 없이 모든 것을 지우고 싶었다
예전에 나는 손을 포개 얼음을 녹였었는데
예전에 나는 삶의 맹세를 무력화하는
겨울의 뼈를 없앴었는데.

*

네가 오니 불이 그제야 되살아났다

La Mort l'amour la vie

Paul Eluard

J'ai cru pouvoir briser la profondeur l'immensité
Par mon chagrin tout nu sans contact sans écho
Je me suis étendu dans ma prison aux portes vierges
Comme un mort raisonnable qui a su mourir
Un mort non couronné sinon de son néant
Je me suis étendu sur les vagues absurdes
Du poison absorbé par amour de la cendre
La solitude m'a semblé plus vive que le sang

Je voulais désunir la vie
Je voulais partager la mort avec la mort
Rendre mon cœur au vide et le vide à la vie
Tout effacer qu'il n'y ait rien ni vitre ni buée
Ni rien devant ni rien derrière rien entier
J'avais éliminé le glaçon des mains jointes
J'avais éliminé l'hivernale ossature
Du vœu de vivre qui s'annule.

*

Tu es venue le feu s'est alors ranimé

어둠은 사라져 차가운 땅에 별이 빛났으며
땅은 네 투명한 살결로 뒤덮였고
나는 내가 가벼워진 것을 느꼈다
네가 오니 고독은 사라졌다
대지의 안내인을 얻은 나는 앞으로 나아갈 수 있었고
내가 궤도를 이탈하리라는 것을 알고 있었다
나는 나아갔다 나는 공간과 시간을 얻었다

나는 네게로 갔다 나는 끝없이 빛으로 향해 갔다
삶은 육체를 얻었고 희망은 나래를 폈다
잠은 꿈으로부터 흘러나왔고 밤은
새벽에 신뢰의 눈빛을 약속하였다
네 두 팔의 빛은 안개를 걷어냈고
네 입술은 첫 이슬들로 적셔졌으며
찬란한 휴식은 피로를 몰아냈고
나는 내 최초의 나날들처럼 사랑을 경배하였다.

*

밭은 경작되고 공장들은 빛나며
밀은 거대한 물결 속에서 자라난다
추수 포도수확의 수많은 목격자들이 있다
아무것도 혼자이거나 유일한 것은 없다
바다는 하늘이나 밤의 눈 안에 있다
숲은 나무들에게 안전을 보장해주고
집의 벽들은 같은 살갗을 지니고 있고

L'ombre a cédé le froid d'en bas s'est étoilé
Et la terre s'est recouverte
De ta chair claire et je me suis senti léger
Tu es venue la solitude était vaincue
J'avais un guide sur la terre je savais
Me diriger je me savais démesuré
J'avançais je gagnais de l'espace et du temps

J'allais vers toi j'allais sans fin vers la lumière
La vie avait un corps l'espoir tendait sa voile
Le sommeil ruisselait de rêves et la nuit
Promettait à l'aurore des regards confiants
Les rayons de tes bras entr'ouvraient le brouillard
Ta bouche était mouillée des premières rosées
Le repos ébloui remplaçait la fatigue
Et j'adorais l'amour comme à mes premiers jours.

*

Les champs sont labourés les usines rayonnent
Et le blé fait son nid dans une houle énorme
La moisson la vendange ont des témoins sans nombre
Rien n'est simple ni singulier
La mer est dans les yeux du ciel ou de la nuit
La forêt donne aux arbres la sécurité
Et les murs des maisons ont une peau commune

길들은 항상 만난다.
인간들은 화합하기 위해
서로 이해하고 서로 사랑하기 위해 태어나
아이들을 낳고 그들은 인간들의 아버지가 될 것이고
아무런 연고도 없는 아이들은
인간들과
자연과 그들의 조국을
모든 사람들의 조국으로
모든 시대의 조국으로 다시 창조하리라.

Et les routes toujours se croisent.
Les hommes sont faits pour s'entendre
Pour se comprendre pour s'aimer
Ont des enfants qui deviendront pères des hommes
Ont des enfants sans feu ni lieu
Qui réinventeront les hommes
Et la nature et leur patrie
Celle de tous les hommes
Celle de tous les temps.

이곳에 살기 위하여

폴 엘뤼아르

창공이 나를 버렸을 때, 나는 불을 피웠다.
그의 친구가 되기 위한 불,
겨울의 어둠 속으로 들어가기 위한 불,
보다 잘 살기 위한 불을.

낮이 나에게 베풀어준 모든 것을 나는 불에게 바쳤다.
숲들, 덤불들, 보리밭들, 포도밭들,
보금자리들과 그들의 새들, 집들과 그들의 열쇠들,
벌레들, 꽃들, 모피들, 축제들을.

나는 불꽃이 파닥거리며 튀는 소리만으로
그 열기에서 뿜어나오는 냄새만으로 살았다.
나는 흐르지 않는 물속에 침몰하는 선박과 같아,
죽은 자처럼 나는 단 하나의 원소만을 가졌다.

Pour vivre ici

Paul Eluard

Je fis un feu, l'azur m'ayant abandonné,
Un feu pour être son ami,
Un feu pour m'introduire dans la nuit d'hiver,
Un feu pour vivre mieux.

Je lui donnai ce que le jour m'avait donné :
Les forêts, les buissons, les champs de blé, les vignes,
Les nids et leurs oiseaux, les maisons et leurs clés,
Les insectes, les fleurs, les fourrures, les fêtes.

Je vécus au seul bruit des flammes crépitantes,
Au seul parfum de leur chaleur;
J'étais comme un bateau coulant dans l'eau fermée,
Comme un mort je n'avais qu'un unique élément.

한순간의 거울

폴 엘뤼아르

그것은 빛을 흩뜨린다,
그것은 표면에서 해방된 이미지들을 인간들에게 보여준다,
그것은 관심을 다른 데로 돌릴 가능성을 인간들에게 주지 않는다.
그것은 돌처럼 단단하다,
무정형의 돌,
움직임과 시각의 돌,
그리고 그것의 섬광은 그 어떤 갑옷이나 그 어떤 가면도 일그러뜨
　릴 만큼 찬란하다.
손에 쥐어졌던 것은 손의 형태를 취하는 것을
　경멸하기까지 한다,
이해되었던 것은 더 이상 남아 있지 않다,
새는 바람과,
하늘은 그의 진실과,
인간은 그의 현실과 뒤섞였다.

Le Miroir d'un moment

Paul Eluard

Il dissipe le jour,
Il montre aux hommes les images déliées de l'apparence,
Il enlève aux hommes la possibilité de se distraire.
Il est dur comme la pierre,
La pierre informe,
La pierre du mouvement et de la vue,
Et son éclat est tel que toutes les armures, tous les masques en sont faussés.
Ce que la main a pris dédaigne même de prendre la forme de la main,
Ce qui a été compris n'existe plus,
L'oiseau s'est confondu avec le vent,
Le ciel avec sa vérité,
L'homme avec sa réalité.

사랑에 빠진 여성

폴 엘뤼아르

그녀는 내 눈까풀 위에 서 있고
그녀의 머리칼은 내 머리칼 안에 있네,
그녀의 손은 내 손과 같은 형태이고,
그녀의 눈은 내 눈과 같은 색깔,
그녀는 내 그림자 속에 잠기네
하늘 위로 던진 조약돌처럼.

그녀는 항상 두 눈을 뜨고 있어서
나를 잠들지 못하게 하네.
빛으로 가득 찬 그녀의 꿈들은
태양들을 증발시키고,
나를 웃고, 울고, 다시 웃게 하며,
아무런 할 말이 없어도 말하게 하네.

L'Amoureuse

Paul Eluard

Elle est debout sur mes paupières
Et ses cheveux sont dans les miens,
Elle a la forme de mes mains,
Elle a la couleur de mes yeux,
Elle s'engloutit dans mon ombre
Comme une pierre sur le ciel.

Elle a toujours les yeux ouverts
Et ne me laisse pas dormir.
Ses rêves en pleine lumière
Font s'évaporer les soleils,
Me font rire, pleurer et rire,
Parler sans avoir rien à dire.

아시아의 우현

벵자멩 페레

달걀은 깨졌다
그리고 자명종은 더 이상 울리지 않는다
왜 그런지 내게 말해주겠니
너는 조용히 있고 싶어한다
아 그건 내 알 바 아니야 너도 마찬가지고

배는 우현으로 기운다
달걀은 깨지지 않았다
자명종은 8시 10분을 알린다
말귀를 잘 알아듣는 사람이여 안녕

Tribord asiatique

Benjamin Péret

Les œufs sont cassés
et le réveille-matin ne sonne plus
Veux-tu me dire pourquoi
tu veux rester tranquille
Ah ça ne me regarde pas et toi non plus

Le bateau penche sur tribord
Les œufs ne sont pas cassés
Le réveille-matin sonne huit heures dix
À bon entendeur salut

1/4사람 1/2사람

자크 리고에게

벵자멩 페레

인간의 신비 혹은 그 반대

설명하기 위해 무얼 해야 하나
두 사람과 물고기 세 마리
그런 것이 신비

줄이기 위해 무얼 해야 하나
자기 나이를 확신하기
그런 것이 신비

늘리기 위해 무얼 해야 하나
걷거나 내려가거나 올라가기
그런 것이 신비

땅

Homme de quart
Homme de demi

À Jacques Rigaut

Benjamin Péret

Mystère de l'homme ou réciproquement

Pour expliquer que faut-il
Deux hommes et trois poissons
C'est un mystère

Pour diminuer que faut-il
Être sûr de son âge
C'est un mystère

Pour augmenter que faut-il
Marcher ou descendre ou monter
C'est un mystère

Terre

손발이 묶여

벵자멩 페레

내가 영원 앞에 선
석마石馬라면
영원한 여행자들에게 꼭 필요한 우비를
식물의 정령들에게 부탁하리라
나 오늘 머물러 있는 곳은
인간의 생각 인간의 추억과
서투른 손 물병 속에 든 물처럼 빛깔 없는 손에 의해
이미 퇴색해버린 인간의 야망을 모두 덮으며
영원히 내리는 비와 눈물에 젖은 성모 마리아상들이 울고 있는 곳
그러나 레몬빛과 혹독한 폭우의 빛깔을 가진
내 사랑하는 사람의 눈이 살고 있는 곳
얼어붙은 우물 속이라네

Pieds et poings liés

Benjamin Péret

Quand je serai le cheval de pierre
debout devant l'éternité
je demanderai aux divinités des plantes
le manteau de pluies indispensable aux voyageurs éternels
Aujourd'hui je suis dans un puits glacé
où pleurent les madones noyées par leurs larmes et la pluie éternelle
qui recouvre les pensées des hommes
leurs souvenirs et leurs ambitions déjà flétris
par une main inexperte
et incolore comme l'eau d'une carafe
où vit cependant l'oeil de ma bien-aimée
couleur de citron et d'orage implacable

그는 누구인가

벵자멩 페레

나는 귀인 것을 담배라 부른다
그리고 진드기들이 그걸 이용해서 햄에게로 뛰어든다
거기에서부터 향료가 든 빵에서 솟아난 샘물들과
장님들이 명확히 보지 못하도록 방해하는 안경들 사이에
대단한 싸움이 벌어진다
내 앞에 있는 여자가 해부대를 먹어치웠음에도
룰렛판은 가방 속에 숨은
중국 왕자에게 좌절을 안겨주리라
그 가방 속에는 펜대처럼
장갑을 끼고 장화를 신은 한 떠돌이가
수확이 끝난 포도넝쿨 위로 저 멀리 나타나는 무지개를
쉽게 발견할 수 있으리라
포도주가 적포도주가 될지 백포도주가 될지 망설일 때
그리고 미래가 티롤 무곡을 불러대며
자신에게 등을 돌릴까 두려워
미래를 정면으로 바라보길 영원히 거부할 때
티롤 지역에서는 갈색 머리가 아니라면
금발이 문제
혹은 사냥을 성공하기 위해
굴뚝 속에서 부는 바람이

Qui est-ce

Benjamin Péret

J'appelle tabac ce qui est oreille
et les mites en profitent pour se jeter sur le jambon
d'où un remarquable combat entre les sources
jaillissant du pain d'épices
et les lunettes qui empêchent les aveugles de voir clair
Même si la femme en face de moi mangeait une table de dissection
la roulette donnerait des déboires à un prince chinois
qui se cache dans une valise
dans laquelle un vagabond ganté et botté
comme un porte-plume
reconnaîtrait facilement l'arc-en-ciel qui apparaît loin
au-dessus des vignes après la vendange
quand le vin hésite à devenir rouge ou blanc
et renonce à tout jamais à regarder l'avenir en face
de peur que celui-ci lui tourne le dos
en sifflant une tyrolienne
où il serait question de cheveux blonds
à moins que ce ne soit de cheveux bruns
ou bien de lièvres qui tuent les perdrix
pour que la chasse soit bonne

강물이 제 침대 속에서 잠들 수 없게 방해하기 위해
자고를 죽인 산토끼가 문제

et que le vent qui souffle dans les cheminées
empêche les rivières de dormir dans leur lit

그것은 계속된다

벵자멩 페레

낡은 가방 양말 그리고 앙디브가
내장이 기거하는 제단 위에서 자라나는
풀잎 두 개 사이에서 만났네
그러자 소파를 받기 위해 양파를 빌려준
부동산 은행이 생겨났네
그리고 세상은 계속된다
작은 모래 더미가 이쪽에서
버려진 용수철이 저쪽에서
루이 15세 거실에서
모자란 귀 하나와
끈적끈적한 수염이 다시 만났네
그리고 개밀이 엉덩이를 핥고 발을 밟는
살아 있는 암캐를 도와주네
그리고 우리는 끝도 없이 말할 수 있으리라
손이 잡아 쥐자 구토하는
　문 달린 온갖 단추들에 대해
넥타이의 시체 때문에
코를 막아 쥔 온갖 계단들에 대해
수치심에 어찌할 바 모르는 금붕어들에 대해
너무나 오래전부터 개울물에 빠진

Ça continue

Benjamin Péret

La vieille valise la chaussette et l'endive
se sont donné rendez-vous entre deux brins d'herbe
croissant sur un autel habité par des tripes
Il en est résulté la création d'une banque hypothécaire
qui prête des oignons pour recevoir des fauteuils
Et le monde continue
Un petit tas de sable par ci
un ressort abandonné par là
Une oreille en moins se retrouve
barbe poisseuse
dans un salon Louis XV
Et le chiendent aide la chienne de vie
qui lèche des culs et marche sur des pieds
Et nous n'en finirions pas s'il nous fallait parler
de tous les boutons de porte vomissant quand la main les
   empoigne
de tous les escaliers qui se bouchent le nez
à cause du macchabée des cravates
et des poissons rouges qui meurent de honte
et des pigeons qui refusent de se poser sur des nez

코 위에 앉기를 거부하는 비둘기들에 대해
아무도 개울물에 모험을 걸지 않으리
왜냐면 너무 늙거나 너무 젊으니
혹은 기차를 놓칠지도 모르니
다행히 기차가 탈선할 예정이지만

tombés depuis trop longtemps dans le ruisseau
où nul n'ose s'aventurer
parce que trop vieux ou trop jeune
ou parce qu'il va perdre son train
qui heureusement déraillera

나뭇잎들의 결혼

벵자멩 페레

인간은 순환하는 시를 발견한다
시가 식물의 흐름처럼 구르고 부딪치면서
주기적으로 밀물과 썰물을 준비하는 것을
그는 알아차린다

오 성인들이여 당신들은 건강한 유방들에 둘러싸여 있지 않은가
당신들의 서명이 알코올중독의 떨림으로 흔들리는
엄지손가락들의 손을 표시하리라
오 성인들이여 손에 무엇을 지니고 있는가
그것은 그렇게 손이 없어질 때까지
더 작은 다른 손이 감싸는
더 작은 손인가

먼지가 고독 속에서 움직인다
먼지는 그를 감싸는 침묵이
썩은 나무 밑둥의 목소리를 가진
날개 달린 유령들로
흰 여인처럼 가벼운 여성들로
만년설에 사로잡혀
산에서 내려온 늙은이들로

Le Mariage des feuilles

Benjamin Péret

L'homme découvre la poésie circulaire
Il s'aperçoit qu'elle roule et tangue
comme les flots de la botanique
et prépare périodiquement son flux et son reflux

O saints que n'êtes-vous ceints de seins sains
Votre seing figurerait une main de pouces
agitée d'un tremblement alcoolique
O saints qu'avez-vous sur la main
Est-ce une main plus petite
que recouvre une autre main plus petite
et ainsi jusqu'à la consommation des mains

La poussière s'agite dans sa solitude
Elle veut que le silence qui l'entoure
se peuple de fantômes ailés
aux voix de troncs pourris
de femmes légères comme la dame blanche
de vieillards descendus de la montagne
en proie aux neiges éternelles

무용 신발이
돌고 선회하고 뛰어드는
물렁한 높은 산들로 가득하기를 바란다

des grandes montagnes molles
où tournent virent et plongent
les chaussons de danse

참고문헌

1장 _ 원시 예술과 마술적 환기력

벨, 마이클, 『원시주의』, 김성곤 옮김, 서울대학교출판부, 1985.

Ades, Dawn, "Paolozzi, Surrealism, Ethnography", in Eduardo Paolozzi, *Lost Magic Kingdoms and Six Paper Moons from Nahuatl*, London: Museum of Mankind, 1985.

Blachère, Jean-Claude, *Les Totems d'André Breton: surréalisme et primitivisme littéraire*, Paris: l'Harmattan, 1996.

Bounoure, Gilles, "Compte rendu de Surréalisme et arts primitifs. Un air de famille", *Le Journal de la Société des Océanistes*, n° 138-139, 2014.

Breton, André, *Anthologie de l'humour noir*, Paris: Le Sagittaire, 1950.

_____, *Avant-propos au catalogue de l'exposition Océanie*, Paris: Galerie Andrée Olive, 1948.

_____, *Entretiens*, Paris: Gallimard, 1952.

_____, *L'Amour fou*, Paris: Gallimard, [1937], 1976.

_____, *Le Surréalisme et la peinture(1928-1965)*, Paris: Gallimard, 1965.

_____, "Main première", Préface à l'ouvrage de Karel Kupka, *Un art à l'état brut*, Lausanne: Ed. Claire-fontaine, 1962.

_____, *Perspective cavalière*, Paris: Gallimard, « L'imaginaire », 1970.

Eluard, Paul, *Lettres à Gala*, Paris: Gallimard, 1984.

Féau, Etienne(dir.), *Arts d'Afrique des Amériques et d'Océanie*, Paris: Larousse, 2006.

Gamboa, Fernando, *Chefs-d'oeuvre de l'Art mexicain*, Paris: Petit Palais, avril-juin 1962.

Gaulmier, Jean, *édition commentée de L'Ode à Charles Fourrier*, Paris: Klincksieck, 1961.

Girard, Françoise · Lehmann, Maurice, *Chefs-d'oeuvre du Musée de l'Homme*, Paris: Musée de l'Homme, 1965.

Jouffroy, Alain, « La collection André Breton », *L'îil*, n° 10, octobre 1955.

La Révolution surréaliste, n° 7, 1926.

La Révolution surréaliste, n° 9-10, 1927.

Le Brun, A., "L'humour noir", dans *Le Surréalisme*, Mouton, 1968.

"Le Monde au temps des surréalistes", *Variétés*, 1929.

Laniel-Le François, M.-E. · Pierre, José · Camacho, Jorge, *Kachina des Indiens Hopi,* Strasbourg: Danièle Amez, 1992.

Leclercq, Sophie, "Beau comme la rencontre fortuite d'un veston aphrodisiaque et d'un masque yup'ik ou le primitivisme des surréalistes par l'analogie", in Salzmann, Daniel et al., *Surréalisme et Arts primitifs: un air de famille*, Ostfildern: Hatje Cantz Verlag, 2014.

Miller, Judith, *Les Arts premiers*, Paris: Gründ, 2007.

Mortal, Anne, "Voir les kachina", *Mélusine*, «Merveilleux et surréalisme», Lausanne: L'Âge d'Homme, 1999.

Newton, Douglas(ed.), *Arts of the South Seas*, Prestel Publishing, 2003.

Pierre, José, "Surréalisme et sauvagerie", in *André Breton et la peinture*, Lausanne: L'Âge d'Homme, 1987.

Salzmann, Daniel et al., *Surréalisme et Arts primitifs: un air de famille*, Ostfildern: Hatje Cantz Verlag, 2014.

Westheim, Paul, *Arte antiguo de México*, Fondo de cultura económica, México-Buenos Aires, 1950. Cité dans José Pierre, 'Surréalisme et sauvagerie', *André Breton et la peinture*, Lausanne: L'Age d'homme, 1987.

2장 _ 로트레아몽의 시적 유추와 초현실주의적 수용

러셀, 제프리 버튼, 『메피스토펠레스: 근대 세계의 악마』, 김영범 옮김, 르네상스, 2001.

______, 『데블: 고대로부터 원시 기독교까지 악의 인격화』, 김영범 옮김, 르네상스, 2001.

로트레아몽, 『말도로르의 노래』, 윤인선 옮김, 청하, 1997.

바슐라르, 가스통, 『반항의 시인 로트레아몽』, 윤인선 옮김, 청하, 1985.

신현숙, 『초현실주의』, 동아출판사, 1992.

융, C. G., 『존재와 상징』, 통천사, 1983.

조윤경, 『초현실주의와 몸의 상상력』, 문학과지성사, 2008.

카뮈, 알베르, 『반항하는 인간』, 김화영 옮김, 책세상, 2003.

Abastado, Claude, *Introduction au surréalisme*, Paris: Bordas, 1986.

Aragon, Louis, "Lautréamont et nous", *Lettres françaises*, n° 1186, 1er juin 1967.

Baudelaire, Charles, "Mon coeur mis à nu", in *Œuvres complètes*, texte établi, presenté et annoté par Claude Pichois, Paris: Gallimard, 1975.

Baudiffier, Serge, *Les grands fondateurs de la poésie moderne I*, Paris: France Loisirs, 1992.

Blanchot, Maurice, *Lautréamont et Sade*, Paris: Minuit, 1949.

Breton, André, *Anthologie de l'humour noir*, Paris: Sagittaire, 1940.

______, *Manifestes du surréalisme*, Paris: Gallimard, 1972.
______, "Préface" in Lautréamont, *Œuvres complètes*, G.L.M., 1938.
Burke, E., *A Philosophical Enquiry of the Sublime and the Beautiful*, New York: Boulton, 1958.
Clébert, Jean-Paul, *Dictionnaire du Surréalisme*, Paris: Seuil, 1996.
Eluard, Paul. *L'évidence poétique*, G.L.M, 1937.
______, *Œuvres complètes*, tome I, II, Paris: Gallimard, «Bibliothèque de la Pléiade», 1968.
Hoeller S. A., *The Gnostic Jung and The Seven Sermons to the Dead*, Wheaton: Quest Books, 2006.
Lautréamont, Nouveau, Germain, *Œuvres complètes*, Paris: Gallimard, «Bibliothèque de la Pléiade», 1970.
Lautréamont, "Lettre à Verboeckhoven", Paris, 10. 23.
Pierssens, Michel, *Lautréamont: éthique à Maldoror*, Lille: Presses universitaires de Lille, 1984.

3장 _ 아폴리네르의 '새로운 정신'

마생, 로베르, 『글자와 이미지』, 김창식 편역, 미진사, 1994.
피아, 파스칼, 『아폴리네르』, 황현산 옮김, 열화당, 1983.
황현산, 「象形詩와 동시성의 미학」, 『외국문학』 51호, 1997.
Apollinaire, Guillaume, *L'Esprit nouveau et les poètes*, Paris: J. Haumont, [1917], 1946.
______, *Œuvres poétiques, texte établi et annoté par Marcel Adéma et Michel Décaudin*, Paris: Gallimard, 1965.
______, *Œuvres complètes*, édité par Michel Décaudin, Paris: André Balland et Jacques Lecat, 1966.
Archives de la préfecture de police de Paris, Ba 399. Le gagne petit,

1886. 5. 14.

Barrère, J. B., *Le Regard d'Orphée ou l'échange poétique*, Paris: Société d'Edition d'Enseignement Supérieur, 1977.

Bertrand, Jean-Pierre, Durand, Pascal, *Les poètes de la modernité: De Baudelaire à Apollinaire*, Paris: Seuil, 2006.

Bohn, Willard, *The Aesthetics of Visual Poetry, 1914-1928*, Chicago: The University of Chicago Press, 1986.

Breton, André, *Manifestes du surréalisme*, Paris: Gallimard, [1924], 1979.

_____, *Je vois J'imagine, Poèmes-objets*, Paris: Gallimard, 1991.

Burgos, J., "Apollinaire ou le corps en pièces", in *Recherches & Travaux*, n° 36, 1989.

Butor, Michel, "Préface" in Guillaume Apollinaire, *Calligrammes*, Paris: Gallimard, [1925], 1966.

Campa, Laurence, *La poétique de la poésie*, Paris: SEDES, 1998.

Collot, Michel, *La matière-émotion*, Paris: PUF, 1997.

Csergo, Julia, "Extension et mutation du loisir citadin, Paris XIXe siècle-début XXe siècle", in Alain Corbin, *L'avènement des loisirs 1850-1960*, Paris: Aubier, Rome: Laterza, 1995.

Daudin, Claire, *Guillaume Apollinaire: Alcools*, Rosny: Bréal, 1998.

Debon, Claude, *Calligrammes dans tous ses états*, Calliopées, 2008.

Décaudin, Michel, "「1909」, obscurité et composition chez Apollinaire", *Cahiers de l'Association internationale des études françaises*, 1963, n° 15.

_____, *Le dossier d'Alcools*, Paris: Minard, 1971.

_____, "Et moi aussi je suis peintre" in Claude Tournadre(dir.), *Les critiques de notre temps et Apollinaire*, Garnier Frères, 1971.

_____, "Apollinaire à la recherche d'une victoire sur l'espace et le temps" in Claude Tournadre(dir.), *Les critiques de notre temps et Apollinaire*, Garnier Frères, 1971.

Dininman, Françoise, "*Blessures et muti-lations symboliques dans l'oeuvre d'Apollinaire*", in *La Revue des lettres modernes*, 1987.

Durry, Marie-Jeanne, *Guillaume Apollinaire: Alcools*, Paris: Société d'Edition d'Enseignement Supérieur, 1978.

Jacaret, Gilberte, *La Dialectique de l'ironie et du lyrisme dans Alcools et Calligrammes de G. Apollinaire*, Paris: Nizet, 1984.

Lapacherie, Jean-Gérard, "Écriture et lecture du calligramme", *Poétique*, n° 50, Paris: Seuil, 1982.

『Le Figaro』, 1909. 2. 20.

Lejeune, Dominique, *La France de la Belle Epoque 1896~1914*, Paris: Armand Colin, 1995.

Madou, Jean-Paul, "Eros solaire et figures du désir" in *La Revue des lettres modernes*, "Guillaume Apollinaire 17: expérience et imagination de l'amour", 1987.

Rees, Garnet, *Guillaume Apollinaire: Alcools*, London: The Athlone Press, 1975.

Reverdy, Pierre, *Nord-Sud*, n° 8, octobre, 1917.

Tzara, Tristan, "Alcools", *Œuvres complètes*, t. 5, Paris: Flammarion, 1982.

4장 _ 자동기술법과 글쓰기의 속도 실험

세바, 조르주, 『초현실주의』, 최정아 옮김, 동문선, 2005.

Aragon, Louis, 'L'Homme coupé en deux', *Les Lettres françaises*, n° 1233 du 9 au 15 mai 1968.

Audoin, Philippe, "Préface", in André Breton et Philippe Soupault, *Les*

Champs magnétiques, Paris: Gallimard, 1971.

Béhar, Henri, *Les pensées d'André Breton: guide alphabétique*, L'Age d'Homme, 2000.

Berranger, Marie-Paule, *Le Surréalisme*, Paris: Hachette, 1997.

Bonnet, Marguerite, *André Breton, naissance de l'aventure surréaliste*, Paris: José Corti, 1975.

Bréchon, Robert, *Le Surréalisme*, Paris: Armand Colin, 1971.

Breton, André, *Œuvres complètes*, tome 1, édition établie par Marguerite Bonnet avec la collaboration de Philippe Bernier, Etienne-Alain Hubert et José Pierre, Paris: Gallimard, «Bibliothèque de la Pléiade», 1988.

Breton, André, *Entretiens*, Paris: Gallimard, 1952.

______, in *Mélusine*, n° 4 "Le Livre surréaliste", 1981.

______, *Manifeste du surréalisme*, Paris, 1924.

______, Philippe Soupault, *Les Champs magnétiques*(1920), Paris: Gallimard, 1971.

Cazaux, Jean, *Surréalisme et psychologie : endophasie et écriture automatique*, Paris: José Corti, 1938.

Eluard, Paul, *Œuvres complètes*, tome I, Paris: Gallimard, 1968.

Freud, S, *Introductory Lectures of Psychoanalysis*, 1917. 『정신분석강의』, 임홍빈 옮김, 열린책들, 2002.

Houdebine, Jean-Louis, "Le Concept d'écriture automatique, sa signification et sa fonction dans le discours idéologique d'André Breton", *Littérature et idéologie, La Nouvelle critique*, n° 39, 1970.

Jouffroy, Alain, dans *Change*, n° 7, Paris: Seuil, 1970.

Murat, Michel, Berranger, Marie-Paule(dir.), *Une pelle au vent dans les sables du rêve*, Lyon: Presses universitaires de Lyon, 1992.

5장 _ 초현실주의 놀이들과 우발성의 미학

La révolution surréaliste, n° 9–10, 1er Octobre 1927.

Alquié, Ferdinand, *Entretiens sur le surréalisme*, Walter de Gruyter, 2015.

Audoin, Philippe, "Le Surréalisme et le jeu", in Ferdinand Alquié, *Entretiens sur le surréalisme*, Walter de Gruyter, 2015.

Breton, André, *Le Surréalisme et la peinture*, Paris: Gallimard, 1965.

_____, *Œuvres complètes*, Paris: Gallimard, «Bibliothèque de la Pléiade», 1988.

_____, *Perspective cavalière*, Paris: Gallimard, 1970.

_____, "Signe ascendant", dans *La Clé des champs*, Paris: Le Livre de poche, coll. «Biblio essais», 1953.

Clébert, Jean–Paul, *Dictionnaire du Surréalisme*, Paris: Seuil, 1996.

Desnos, Robert, *Corps et biens*, Paris: Gallimard, [1930], 1953.

_____, *Fortune*, Paris: Gallimard, [1934], 1945.

_____, *Œuvres*, Paris: Quarto Gallimard, 1999.

Eluard, Paul, *Œuvres complètes*, édition établie par Marcelle Dumas et Lucien Scheler, Paris: Gallimard, «Bibliothèque de la Pléiade», 1968.

Evrard, Franck, *L'atelier d'écriture*, Paris: Ellipses, 2009.

Garrigues, Emmanuel(pré.), *Les jeux surréalistes: mars 1921～septembre 1962*, Paris: Gallimard, 1995.

Médium, numéro 2, février 1954.

Médium, numéro 3, mai 1954.

Riffaterre, Michael, "La Métaphore filée dans la poésie surréaliste", *Langue française*, n° 3, 1969.

Riffaterre, Michael, "Intertextualité surréaliste" in *Mélusine*, n° 1, 1980. pp. 27–37.

Saporta, Marc, *André Breton ou le surréalisme, même*, Lausanne: L'Age d'homme, 1988.

Sebbag, Georges, *En Jeux surréalistes*, Paris: Jean Michel-Place, 2004.

6장 _ 언어콜라주 및 시적 아포리즘의 마술적 감각화

바르바라, 르노, 『지각: 감각에 관하여』, 공정아 옮김, 동문선, 2003.

바슐라르, 가스통, 『공간의 시학』, 곽광수 옮김, 민음사, 1990.

트러브리지, 조지, 『見神者 스웨덴 보르그傳: 그의 生涯, 思想, 教義, 異蹟』, 송준식 옮김, 송산출판사, 1986.

Aragon, Louis, *Les Collages*, Paris: Hermann, 1965.

Barbaras, Renaud, *Merleau-Ponty*, Paris: Ellipses, 1997.

Berranger, Marie-Paule, *Dépaysement de l'aphorisme*, Paris: Corti, 1988.

Breton, André, *Arcane 17*, Paris: U.G.E., 1965.

_____, *Le surréalisme et la peinture*, Paris: Gallimard, 1965.

_____, "Second Manifeste du surréalisme", in *Œuvres complètes I*, établies par Marguerite Bonnet avec la collaboration de Philippe Bernier, Etienne-Alain Hubert et José Pierre, Paris: Gallimard, 1988.

Chazal, Malcolm de, *Le Premier sens plastique*, Toulouse: L'Ether Vague, 1945.

_____, *Sens-Plastique*, Paris: Gallimard, 1948.

_____, *Sens magique*, Paris: Lachenal & Ritter, 1983.

Clébert, Jean-Paul, *Dictionnaire du surréalisme*, Paris: Seuil, 1996.

Collot, Michel, *La matière-émotion*, Paris: PUF, 1997.

Desnos, Robert, *Corps et biens*, Paris: Gallimard, [1930], 1996.

Eluard, Paul, *Œuvres complètes I*, édition établie par Marcelle Dumas et Lucien Scheler, Paris: Gallimard, «Bibliothèque de la Pléiade»,

1968.

Furlong, Robert, "Ecrire et peindre 'au-delà de soi-même': la vie et l'œuvre de Malcolm de Chazal", publié dans *L'Autobiographie spirituelle de Malcolm de Chazal*, Paris: L'Harmattan, 2008.

Hudry, F.(éd), *Le Livre des vingt-quatre philosophes: résurgence d'un texte du IVe siècle*, Paris: J. Vrin, 2009.

Laügt, Elodie, "Malcolm de Chazal ou la pratique de l'aphor-isthme", *French Studies*, vol. 2, 2008.

Matthews, J. H., "Malcolm de Chazal: A Surrealist Independent", *Books Abroad*, vol. 44, n° 2, spring 1970.

Merleau-Ponty, Maurice, *Le Visible et l'Invisible*, Paris: Gallimard, 1964.

______, *Phénoménologie de la perception*, Paris: Gallimard, 1945.

Piégay-Gros, Nathalie, 'Collages et faits divers surréalistes', in *Poétique*, 2009/3, n° 159.

Moret, Philippe, *Tradition et modernité de l'aphorisme*, Genève: Droz, 1997.

Poulet, Geroges, *Les métamorphoses du cercle*, Paris: Flammarion, 1979.

7장 폴 엘뤼아르: 삶과 시의 혁명, 그리고 매개적 여성

김상일, 「카오스, 신화적 상징 그리고 문명」, 『외국문학』, 1993년 가을호.

바슐라르, 가스통, 『불의 정신분석』, 김병욱 옮김, 이학사, 2007.

정화열, 『몸의 정치』, 민음사, 1999.

Bergez, Daniel, *Eluard ou le rayonnement de l'être*, Seyssel: Champ Vallon, 1982.

Béhar, Henri·Taminaux, Pierre(dir.), *Poésie et politique au XXe sicle*,

Paris: Hermann, 2011.

Boisson, Madeleine, "Première du monde: essai de commentaire", *Eluard 75, Centre XXe siècle*, 1975.

Chodorow, N., *The reproduction of Mothering: psychoanalysis and the sociology of gender*, Berkeley: University of California Press, 1978.

Eluard, Paul, *Œuvres complètes*, tome I, II, Paris: Gallimard, 1968.

Emmanuel, Pierre, "Commentaire", *Europe*, Juillet-Août, 1953, Novembre-Dcembre 1962.

Hudry, F.(éd), *Le Livre des vingt-quatre philosophes: résurgence d'un texte du IVe siècle*, Paris: J. Vrin, 2009.

Launay, Michel, "Le rire poétique de Paul Eluard", *Hommage à Jean Onimus*, Nice: Les Belles Lettres, 1979.

Maillard-Chary, Claude, *Paul Eluard et le thème de l'oiseau: la phénixologie du grand d'aile*, Paris: L'Harmattan, 2009.

Martinoir, Francine de, *La Littérature occupe : les années de guerre 1939- 1945*, Paris: Hatier, 1995.

Meschonnic, Henri, "Eluard, poète classique", *Pour la poétique III: une parole écriture*, Paris: Gallimard, 1973.

Jean, Marcel(ed.), *Arp on Arp: poems, essays, memories*, trans. by Neugroschel, New York: Viking, 1969.

Onimus, Jean, "Les images de la féminité dans Médieuses", *Les mots la vie*, n° 2, 1984.

Paligot, Carole Reynaud, "Ambitions et désillusions politiques du sur-réalisme en France (1919-1969), in Wolfgang Asholt(dir.), *Surréalisme et politique-politique du surréalisme*, Amsterdam-New York, Rodopi, 2007.

Poulet, Georges, "Paul Eluard et la multiplication de l'être", *Europe*, n°

525, Janvier 1973.
Régent, Anne, *Capitale de la douleur*, Bréal, 2000.
Winn, Colette, "Le symbolisme des mains dans la poésie de Paul Eluard", *Romanische Forschungen*, 1983.

8장 로베르 데스노스: 도시 산책, 의식과 무의식에 이르는 길 찾기

이어령, 『공간의 기호학』, 민음사, 2000.
Bancquart, Marie-Claire, *Paris des Surréalistes*, Paris: Seghers, 1972.
Barthes, Roland, "Sémiologie et urbanisme", *L'aventure sémiologique*, Paris: Seuil, 1985.
Breton, André, *Nadja*, Paris: Gallimard, [1928], 2001.
______, *Œuvres complètes*, t III, édition établie par Marguerite Bonnet avec la collaboration de Philippe Bernier, Etienne-Alain Hubert et José Pierre, Paris: Gallimard, «Bibliothèque de la Pléiade», 1999.
______, *Perspective cavalière*, Paris: Gallimard, 1970.
Clébert, Jean-Paul, *Dictionnaire du surréalisme*, Paris: Seuil, 1996.
Desnos, Robert, *Ecrits sur les peintres*, Paris: Flammarion, 1984.
______, *La liberté ou l'amour*, Paris: Gallimard, [1927], 1982.
______, *Œuvres*, édition établie par Maris-Claire Dumas, Paris: Gallimard, 1999.
Gendron, Jacqueline Chénieux, *Le surréalisme et le roman*, L'Age d'homme, 1983.
Ishikawa, Kiyoko, *Paris dans quatre textes narratifs du surréalisme*, Paris: L'Harmattan, 1998.
Leiris, Michel, "Le Sacré dans la vie quotidienne", *Change*, n° 7, 1970.
Ottinger, Didier, *Surréalisme et mythologie moderne*, Paris: Gallimard, 2002.

Sansot, Pierre, *Poétique de la ville*, Paris: Klincksieck, 1973.

9장 앙드레 브르통: 사랑, 삶, 시의 건축술

Adamowicz, Elza, "Narcisse se noie: lecture de *L'Union libre* d'André Breton", *Romanic Review*, vol. 80, n° 4, nov., 1989.

Antonioli, Roland, "Avant-propos", *Le corps de la femme : du blason à la dissection mentale*, Actes du colloque, Lyon: Universitaire de Lyon III, 1990.

Bernard, Vouilloux, "Le trésor de l'œil: André Breton dans l'image" *Po&sie*, n° 84, 1998.

Breton, André, *Clair de terre*, Paris: Gallimard, 1966.

______, *L'Amour fou*, Paris: Gallimard, [1937], 1976.

______, *Le Surréalisme et la peinture*, Paris: Gallimard, 1965.

______, "Les Chants de Maldoror", *Les Pas perdus*[1924], Paris: Gallimard, Coll. Idées, 1970.

______, *Œuvres complètes* I, Paris: Gallimard, 1988.

______, *Œuvres complètes* II, Paris: Gallimard, 1992.

______, *Perspective cavalière*, Paris: Gallimard, 1996.

Collot, Michel, "La Syntaxe nominale dans la poésie moderne" *Ellipses Blancs Silences*, Pau: Universitaire de Pau, 1992.

Gavronsky, Serge, *Ecrire l'homme*, Roma: Bulzoni editore, 1986.

Merleau-Ponty, Maurice, *Le Visible et l'invisible*, Paris: Gallimard, 1964.

______, *L'œil et l'esprit*, Paris: Gallimard, 1999.

Onimus, Jean, *Les mots la vie*, n° 2, 1984.

Quéran, Odile · Trarieux, Denis, *Les Discours du corps*, Paris: Presses Pochet, 1993.

Riffaterre, Michael, "La métaphore filée dans la poésie surréaliste",

Langue française, n° 3, 1969.

10장 벵자멩 페레: 경이로움과 넌센스의 시학

오생근, “환상문학과 문학의 환상성”, 『문학의 숲에서 느리게 걷기』, 문학과 지성사, 2003.

레이몽, 프랑수아 · 콩페르, 다니엘, 『환상문학의 거장들』, 고봉만 외 옮김, 자음과모음, 2001.

Béhar, Henri · Carassou, Michel, *Le surréalisme*, Paris: Le livre de Poche, 1992.

Berranger, Marie-Paule, “L’un dans l’autre”, in Jacqueline Chénieux-Gendron(éd.), *Du Surréalisme et du plaisir*, Paris: Corti, 1987.

Bessière, Irène, *Le Récit fantastique*, Paris: Larousse, 1974.

Bougnoux, Daniel, Jean-Charles Gateau(dir.), *Le surréalisme dans le texte*, Publications de l'Université des langues et lettres de Grenoble, 1978.

Breton, André, *Anthologie de l’humour noir*, Paris: Jean-Jacques Pauvert, 1966.

_____, “Second Manifeste du surréalisme”, in *Œuvres complètes* I, établies par Marguerite Bonnet avec la collaboration de Philippe Bernier, Etienne-Alain Hubert et José Pierre, Paris: Gallimard, 1988.

Brion, Marcel, *L’Art fantastique*, Paris: Albin Michel, 1961.

Caillois, Roger, *Obliques précédé de Images, images…*, Paris: Gallimard, 1987.

Chénieux-Gendron, Jacqueline, “Plaisir(s) de l'image” in Jacqueline Chénieux-Gendron(éd.), *Du Surréalisme et du plaisir*, Paris: Corti, 1987.

Harfaux A. et Henry, M. “A propos de l’expérience portant sur la connaissance irrationnelle des objets", dans *Le Surréalisme A.S.D. L.R.*, n° 6, 15 mai 1933.

Henein, G., "La Voix du poète a tout changé de l'homme hormis l'indifférence"(s.d.), dans *Deux effigies*, Genève: Puyraimond, 1978.

Jacquemin, Georges, *Littérature fantastique*, Paris: Nathan, 1974.

Odier, C., *L'Angoisse et la pensée magique*, Neuchâtel et Paris: Delachaux & Niestlé, 1947.

Péret, Benjamin, *Le grand jeu*, Paris: Gallimard, 1928.

_____, *La parole est à Péret*, Paris: Le Terrain Vague, 1945.

_____, *Œuvres complètes*, tome 1, Paris: Losfeld, 1969.

_____, *Œuvres complètes*, tome 2, Paris: Le Terrain Vague, 1971.

Todorov, Tzvetan, *Introduction à la littérature fantastique*, Paris: Seuil, 1970.

Vax, Louis, *Les chefs-d'œuvre de la littérature fantastique*, Paris: Puf, 1979.

Viegnes, Michel, *L'Envoûtante étrangeté. Le fantastique dans la poésie française (1820-1924)*, Grenoble: Presses universitaires de Grenoble, coll. « Bibliothèque de l'imaginaire », 2006.

찾아보기

[ㄹ]

[ㅁ]

꿈의 거울

초현실주의 시의 이미지와 언어 실험

펴낸날 1판 1쇄 2018년 10월 30일
지은이 조윤경
펴낸이 김헌민
펴낸곳 이화여자대학교출판문화원
주소 서울특별시 서대문구 이화여대길 52 (우03760)
등록 1954년 7월 6일 제9-61호
전화 02) 3277-2965(편집), 362-6076(마케팅)
팩스 02) 312-4312
전자우편 press@ewha.ac.kr
홈페이지 www.ewhapress.com
책임편집 이혜지
찍은곳 (주)현문자현

ISBN 979-11-5890-294-0 93860
값 28,000원

* 잘못된 책은 바꾸어 드립니다.

이 도서의 국립중앙도서관 출판예정도서목록(CIP)은 서지정보유통지원시스템 홈페이지(http://seoji.nl.go.kr)와 국가자료공동목록시스템(http://www.nl.go.kr/kolisnet)에서 이용하실 수 있습니다. (CIP제어번호: CIP2018033069)